कहावतकोश

PROVERB DICTIONARY

सामान्य, नैतिक एवं उपदेशात्मक कहावतें

(संस्कृत, हिन्दी तथा अँग्रेजी)

कहावतकोश

PROVERB DICTIONARY

सामान्य, नैतिक एवं उपदेशात्मक कहावतें

(संस्कृत, हिन्दी तथा अँग्रेजी)

सम्पादक

आर. एस. रमन

निधि बुक सेन्टर

दिल्ली (भारत)

प्रथम संस्करण : 2019

प्रकाशक :
निधि बुक सेन्टर
3421-ए, द्वितीय तल, नारंग कालोनी, त्रीनगर,
दिल्ली-110035 फोन : (O) 32967505, 27393083
E-Mail : nbc3421@yahoo.co.in

ISBN : 978-81-902086-8-0 (HB)
ISBN : 978-81-8391-022-4 (PB)

लेजर टाइप सेटिंग :
ए-वन ग्राफिक्स
पीतमपुरा, दिल्ली-88

मुद्रक : **बीडीएच प्रिंटर** द्वारा सालासर इमेजिंग सिस्टम, दिल्ली

PREFACE

There are two kinds of propensities in the human heart : one, leading to the spiritual affairs, and the other, to temporal affairs. The first is mainly associated with intellect and is characterised by the predominence of knowledge and Bhava, *i.,e* inner light. THe second is mainly associated with mind and is particularly concerned with the social world and attraction of the heart. The function of the first class of propensities is the discrimination of ego and non-ego, the determination of god and Jeev, this world and the next world, virtue and vice, as well as disquisition on other metaphysical points of a similar nature. The function of the second class of propensities is the experience of social enjoyments by maintainig connexion of the mind with the external world, transmission of the feelings of one human being into the heart of another human being, etc. The sutras of the Darshans are serviceable in the discriminations assigned to the first class of propensities : the proverbs of the mothertongue are still more helpful in matters relating to the world of sense.

As the Shastric aphorisms, equal in force with the mantras, enable the intellect to comprehend the mysteries which are beyond the scope of mind, language, and reason, so the proverbs as embodied in a language are helpful in enabling the mind to transmit to the external world, subtle feelings and sentiments, and likewise to understand and expound in a nut-shall, a high and comprehensible idea.

The proverbs current in a certain language are, indeed, so very helpful to persons to enter into one another's feelings as to render it simply useless for them to expect so much help from any other quarter. For every proverb embodies in a condensed form so many sentiments that a detailed description of them may well form the subject matter of a beautiful treatise.

This Kahawat Kosh (Proverb Dictionary) has been published with a view to serve the mother-tongue. Mother tongue in the image of the mother of the universe. No inprovement of a nation can be rendered wholly perfect unless the mother tongue in improved. Nay religion of a nation cannot be fully developed prosperity can not quickly crown a nation, knowldge can not fully manifest it self in the country, national sentiments can not be preserved in tact, the glory of the native land can not be preserved unless the mother tongue be preserved and improved.

Proverb is the indispensable part of the language like idiom and grammer Hindi language is our national language and also mother tongue. It has uncounted proverbs. In this Dictionary the ordinary proverbs are collected from Hindi language and clarified in simple Hindi and translated in Sanskrit and English languages also same Maxims of sanskrit language are translated in Hindi and English languages. Beside this same preachingful proverbs are collected of sanskrit language and translated in Hindi language.

I think this Dictionary is very useful and helpful for students, teachers and readers also. The people who know Sanskrit or English or Hindi, they can understand easily proverbs.

Delhi
1.1.2007

—Editor

मन की बात

भाषा और बोली में मुहावरा, कहावत, नीतिपरक कहावत और उपदेशात्मक सूक्ति का विशिष्ट स्थान है। इनका प्रयोग शिक्षित और अशिक्षित, स्त्री और पुरुष तथा छोटे और बड़े लिखते अथवा बोलते समय खूब करते हैं। इनके कारण भाषा में सौंदर्य वृद्धि के साथ ही सहृदयता, सुग्राह्यता, अलौकिकता, माधुर्यता, गेयता एवं श्रेष्ठता की पुष्टि होती है। भाषा की व्यापकता एवं लोकप्रियता का विस्तार होता है।

मुहावरा मानवीय हृदय का सूक्ष्म अनुभव होता है। जिसमें व्यापकता के कारण अर्थ असीमित हो जाता है। मुहावरा सम्पूर्ण वाक्य का महत्वपूर्ण अंश होता है जिसका शाब्दिक अर्थ नहीं होता बल्कि उससे प्रयोजन सिद्धि स्पष्ट हो जाती है।

'अंग-अंग मुस्काना'–यह मुहावरा है। इसका शाब्दिक अर्थ किया जाय तो यह एकदम अर्थहीन हो जाएगा। क्योंकि मुस्कराहट में मुँह तथा अधरों का प्रयोग होता है। चेहरे पर भी मुस्कराहट झलक सकती है। किसी-किसी के दाँत भी मुस्कराहट में झलकने लगते हैं। लेकिन यहाँ शरीर के प्रत्येक अंग के मुस्कराने की बात कही गई है अर्थात् नख-शिख तक। लेकिन क्या हाथ, पैर, टाँगें, अँगुलियाँ, कोहनी, पोरूए, पेट, गर्दन आदि मुस्कराते हैं अथवा मुस्करा सकते हैं? नहीं। इसलिए प्रयोजन सिद्धि के लिए इस मुहावरा का प्रयोग किया गया है। इसका अर्थ है–अत्यधिक प्रसन्न होना।

लोकोक्ति अथवा कहावत–दोनों एक दूसरे के पर्याय हैं। कहावत का जन्म किसी घटना अथवा कहानी से होता है। कहावत में एक विशेषता और है वह यह कि कहावत मुहावरा की तरह अधूरा वाक्य न होकर एक सम्पूर्ण वाक्य होता है जिसका अर्थ महत्वपूर्ण तथा विशिष्ट होता है।

'दौलत तेरे तीन नाम-परसा, परसू, परशुराम'–यह कहावत है। यह परिपूर्ण वाक्य है जो एक कहानी से सम्बद्ध है। किसी गाँव में परशुराम नामक एक व्यक्ति रहता था। वह अत्यधिक गरीब था। गरीब होने के कारण उस गाँव के सभी छोटे-बड़े उसे परसा कह कर ही बुलाते थे। कोई उसको परशुराम नहीं कहता था। उस व्यक्ति ने परिश्रम करके कुछ दौलत जुटाई। वह आराम से रोटी-दाल खाने लगा–अर्थात् उसकी आर्थिक स्थिति कुछ सुधरी तो लोग उसका आदर करने लगे और परसू कहना आरंभ कर दिया।

उस व्यक्ति ने धीरे-धीरे तिजारत आरंभ कर दी। तिज़ारत में उसे भारी मुनाफा हुआ। फलस्वरूप धनवान हो गया। उसने लोगों को धन उधार देना आरंभ कर दिया। झोपड़ी के स्थान पर आलीशान घर बना लिया। सरकारी हाकिम या कर्मचारी गाँव में आते तो वे परसू के द्वार पर ही उठते-बैठते। गाँव के लोग परसू से डरने लगे और सबने उसको परशुराम कहना आरंभ कर दिया। यह सारा खेल दौलत का था जिसने परसा को परसू और परसू को परशुराम बनाया।

इस तरह की घटनाएँ और कहानियाँ आज भी सुनने-देखने को बहुतायत रूप में मिलती हैं। ऐसी घटनाएँ अत्यधिक प्राचीन काल से घटती आ रही हैं और भविष्य में भी घटती रहेंगी। इनमें सच्चाई है और इनसे शिक्षा भी मिलती है।

कहावत और मुहावरे में भारी अंतर है, लेकिन अधिकांश शिक्षित लोग बोलने और लिखने में गलती कर जाते हैं जबकि अशिक्षित लोग बोलने में ऐसी गलती नहीं करते।

साधारण कहावतों के अलावा नीतिपरक कहावतें भी प्रचलित हैं जिनसे नैतिक शिक्षा प्राप्त होती है। ये कहावतें न्याय शास्त्र की व्याख्या से सम्बद्ध हैं। यद्यपि समय के अनुसार मानवीय दृष्टिकोण में परिवर्तन हुआ है। समाजिक रीति-रिवाजों में परिवर्तन हुआ है। नैतिकता बदली है। मनुष्य की सोच बदली है जिसे अत्याधुनिकता कह कर वह नैतिकता के प्राकृतिक स्वरूप को धूमिल करना चाहता है। लेकिन नैतिकता कभी मिट नहीं सकती, क्योंकि इसका सम्बन्ध मानवीय हृदय से है, मन से है, चित्त से है, आत्मा से है, सत्य से है, भगवान या प्रकृति से है। यह सारभौमिक तथा ब्रह्माण्डीय है।

जलमृणालन्याय : (नीति परक कहावत)–अर्थात् तालाब में जल बढ़ जाने से कमल के मृणाल भी बढ़ जाते हैं, ग्रीष्म ऋतु में जल घटने से कमल के पौधे सूख जाते हैं, परन्तु मृणाल छोटे नहीं होते हैं। इसी प्रकार महत्वपूर्ण व्यक्ति दीन होने पर भी अपनी महत्ता नहीं छोड़ सकता। इसे स्वाभिमान सूचक न्याय कहते हैं।

एक अन्य उदाहरण प्रस्तुत है जिसका प्रयोग न्याय के लिए संभवत: राजा अथवा न्यायाधीश करता होगा।

तन्दुलभक्षण न्याय : अर्थात् सफेद साठी के चावल मिट्टी के पात्र में रख कर सूर्य के सामने पानी में मिलाकर रात भर रखना। सुबह जिसकी परीक्षा लेनी हो उसको खिला कर पीपल के पत्ते पर थुकवाएं। यदि दाड़ी लाल हो जाए और तालु फटने लगे, शरीर काँपने लगे तो समझना चाहिए वह अपराधी है।

नीति परक कहावतें ऋषि, मुनियों, विद्वानों न्याय शास्त्रियों और विभिन्न विषयों

के विशेषज्ञों द्वारा गढ़ी गई हैं जिनकी सारगर्भिता और सत्यता को नकारा नहीं जा सकता। ये वैज्ञानिक कसौटी पर भी पूरी तरह खरी हैं।

उपदेशात्मक सूक्तियाँ भी कहावतों का ही एक प्रारूप कहा जा सकता है। इनमें नैतिकता के साथ-साथ नैसर्गिकता, यथार्थता और सत्यता एक साथ मिश्रित है। लेकिन इन सबसे अलग एक महत्त्वपूर्ण गुण और है धार्मिकता। संसार में अनेक धर्म हैं जिनके अलग-अलग सिद्धांत हैं। अलग-अलग शिक्षाएं हैं। अलग-अलग उपदेश हैं। कोई निराकारी है तो कोई साकारी। कोई ईश्वरवादी है तो कोई अनीश्वरवादी। कोई मूर्ति पूजक है तो कोई प्रकृतिपूजक अर्थात् हर धर्म की अपनी-अपनी विशेषताएं हैं। लेकिन उपदेशों में साम्यता है। प्रत्येक धर्म प्रवर्तक या धर्म संस्थापक या अवतारी या भगवान का पुत्र या संदेशवाहक या स्वयं भगवान झूठ को झूठ कहता है। झूठ बोलना पाप बताता है। भ्रष्टाचार को गलत बताता है। ऐसी स्थिति में उपेदशात्मक सूक्तियों को सारभौमिक सत्य न कहना गलत है।

इस कहावत कोश में अनगिनत, अजाने, श्रेष्ठतम मनीषियों की तपस्या का प्रतिफल संग्रहीत है जिन्हें हमने देखा नहीं लेकिन हम उन्हें अच्छी तरह जानते हैं, पहचानते हैं, उनके गढ़े शब्दों से सुपवित्र चिन्तन धारा के सत्य से जो अनश्वर है। आप भी उन्हें हमारी तरह पहचान जाएंगे जब यह कोश पढ़ेंगे।

कोश की भाषा एवं शैली आपके मन को रुचिकर एवं प्रभावशाली प्रतीत होगी। सरलता, सहजता एवं सुग्राह्यता पर जोर दिया गया है। ताकि विद्यार्थी समझ सकें, शिक्षक समझा सकें और पाठक गुन सकें। सरस बनाने के लिए आवश्यकतानुसार आम भाषा का प्रयोग किया गया है। किसी भी पाठक को समझने-समझाने में कठिनाई न हो, इसलिए आवश्यकतानुसार संस्कृत, हिन्दी, अंग्रेजी तीन भाषाओं की अनूदन शैली में यह कोश तैयार किया गया है। हाँ, उपदेशात्मक सूक्तियाँ सिर्फ संस्कृत तथा हिन्दी के अनूदन में संग्रहीत हैं। साधारण कहावतों में हिन्दी भाषा के तत्सम, तद्भव, देशज, शब्दों के अलावा अंग्रेजी, पुर्तगाली, पश्तो, तुर्की, अरबी, फारसी, फ्रांसीसी, डच, रूसी, चीनी, जापानी आदि विदेशी भाषाओं के शब्द और ब्रज, अवधी, राजस्थानी, सिंधी, पंजाबी, भोजपुरी, उर्दू, महाराष्ट्री, शौर सैनी, गुजराती, बुंदेलखण्डी, हरियाणवी, बुंदेली, बघेली छत्तीसगढ़ी, बांगरु, मैथिली, बंगाली आदि भारतीय भाषाओं और बोलियों के शब्द मिश्रित हैं। ऐसे मिश्रित शब्दों वाली कहावतों को आम भाषा में लिख कर समझाने का प्रयास भी किया गया है।

हम भारतीय कला प्रकाशन के संस्थापक श्री सी. पी. गौतम के आभारी हैं जिन्होंने इस कोश के सम्पादन का कार्यभार हमें सौंपा।

कोश में त्रुटियाँ भी अवश्य होंगी। आप से अनुरोध है कि आप अपने सुझाव हमें अवश्य भेजें ताकि भविष्य में हम अपनी त्रुटियों को दूर करने का सफलतम् प्रयास कर सकें।

कोश आपके हाथ में है। कैसा बन पड़ा यह निर्णय तो आप ही कर सकेंगे, क्योंकि सुधी पाठक आप ही हैं।

दिल्ली **—आर० एस० रमन**
1-1-2007

संकेताक्षर

(सं)	संस्कृत
(हिं)	हिन्दी
(अं)	अँग्रेजी
(Lit.)	Literal-शाब्दिक
(Prov.)	Proverb-कहावत

भूमिका

भारत में २६ जनवरी १९५० ई० को भारतीय संविधान लागू हुआ तथा २० अगस्त १९५० ई० को राष्ट्र भाषा परिषद् ने सर्व सम्मति से हिन्दी भाषा को राजभाषा के रूप में स्वीकार करने की सिफारिश कर दी तत्पश्चात निर्णय किया गया कि हिन्दी को राजभाषा के रूप में विकसित किया जाय। बेशक २६ जनवरी १९६५ ई० तक राजभाषा अँग्रेजी ही बनी रहे तथा प्रान्तीय भाषाओं में हिन्दी भाषा का विकास रुके नहीं। १९५५ ई० में राजभाषा का आयोग गठित किया गया। १९७६ ई० से गृह मंत्रालय का राजभाषा विभाग निरंतर राजभाषा हिन्दी की प्रगति तथा सरकारी काम काज में इसके प्रयोग के लिए नियम तथा आदेश जारी करता रहता है।

आज हमारे देश में हिन्दी उत्तर प्रदेश, मध्य प्रदेश, बिहार, हरियाणा, राजस्थान, हिमाचल प्रदेश, दिल्ली, झारखण्ड के अलावा पंजाब तथा उत्तरांचल के कुछ क्षेत्रों में बोली जाती है। इसके साथ ही अहिन्दी भाषी क्षेत्रों के नगरों कलकत्ता, मुम्बई, अहमदाबाद, शिलांग, देहरादून आदि में भी बोली जाती है। भारत के अतिरिक्त विश्व के अनेक देशों जैसे सूरीनाम, मॉरीशस, फिजी, नेपाल, इंग्लैंड, सोवियत संघ, अफ्रीका, अमरीका, सिंगापुर, मलेशिया आदि में भी हिन्दी बोलने-समझने तथा पढ़ने-लिखने वाले लोग हैं।

हमारे विचार से हिन्दी शब्द किसी न किसी प्रकार तोड़-मरोड़ कर निकला संस्कृत शब्द से ही है। संस्कृत भाषा में एक नदी का नाम है सिंधु। वैसे सिंधु का एक अर्थ समुद्र भी है। कहते हैं अरब के खलीफा मौहम्मद बिम कासिम ने ७१२ ई० में सिंध प्रान्त के राजा दारा पर हमला किया। अरबवासी सिंधु को हिन्दु या हिन्द कहते थे। अरबवासियों की भाषा में 'स' अक्षर नहीं था। 'स' के स्थान पर वे 'ह' अक्षर प्रयोग करते थे जैसे 'सप्ताह' के स्थान पर 'हफ्ता' आदि।

इस प्रकार सिंधु नदी के क्षेत्र को हिन्दु अथवा हिन्द कहा जाने लगा। हिन्द से हिन्दी शब्द बना। हिन्दी शब्द का एक अर्थ 'हिन्दुस्तान का रहने वाला' भी है।

बहरहाल 'हिन्दी' शब्द भाषा के रूप में प्रचलित है। हिन्दी में पाचन शक्ति अत्यधिक गहन है जिस कारण अनेक भाषाओं के शब्द हिन्दी में रच-बस गये हैं। प्रसिद्ध कवि एवं भाषाविद अमीर खुसरो (१२५४-१३२५ ई०) ने 'हिन्दी' अथवा हिन्दवी भाषा के लिए महानतम् कार्य किया है। उन्होंने अपने 'नुह सिपहर' नामक ग्रंथ में लिखा है कि हिन्दी अनेक भाषाओं का मिश्रण है-

सिंदी ओ लाहोरी ओ कश्मीरी ओ कबर
घोर समंदरी ओ तिलंगी ओ गुजर
मअबरी ओ गोरी बंगाल ओ अवद
दिल्ली ओ पेरामनश अंदर हगह हद
ईन हमह हिन्दवीस्त कि जि अय्याम-ए-कुहम

आज हिन्दी में संस्कृत के तत्सम, तद्भव तथा देशज के अलावा अँग्रेजी, पुर्तगाली, पश्तो, तुर्की, अरबी, फारसी, फ्रांसीसी, डच, रूसी, चीनी, जापानी, आदि विदेशी भाषाओं के अनेक शब्द समाहित हो चुके हैं।

भारतीय द्रविड़ परिवार की तमिल, तेलुगु, कन्नड़, मलयालम के अनेक शब्द हिन्दी भाषा में समा चुके हैं। वैदिक संस्कृत, लौकिक संस्कृत, प्राकृत, पालि, शौरसेनी, पैशाची, महाराष्ट्री, डोगरी, मागधी, अर्ध मागधी आदि भाषाओं के भी अनेक शब्द हिन्दी में मिश्रित हैं। इसके अतिरिक्त आधुनिक भारतीय भाषाएँ सिंधी, पंजाबी, पहाड़ी, बंगाली, असमी, उड़िया, लंहदा, गुजराती, मराठी, ब्रज बांगरू, राजस्थानी भोजपुरी, कनौजी, बुंदेली, मैथिली, मगधी, अवधी, बघेली, छत्तीसगढ़ी, हरियाणवी, उर्दू आदि भाषाओं का कुछ न कुछ रूप-स्वरूप हिन्दी की छाप बन चुका है। आजकल सिंधी, पंजाबी, उर्दू आदि भाषाओं को हिन्दी लिपि 'देवनागरी' में ही खूब लिखा-पढ़ा जाने लगा है।

भाषा के विषय में महान् लेखक इंशा अल्ला खाँ ने लिखा है-

न शुद्ध हिन्दी न उर्दू, खालिश
जबान गोया मिली जुली हो।
घुली हुई हो दूध में मिसरी
मगर दूध से धुली डली हो।।

सच भाषा कोई भी हो, उसमें मिठास हो, चाहत हो, एक दूसरे को आकर्षित करने की विधा हो, एक डोर से सबको बांधने की क्षमता हो, पूरे समाज अथवा राष्ट्र

को प्रगति पथ पर ले जाने की ललक हो यही श्रेष्ठतम् भाषा के लक्षण हैं। ऐसी ही भाषा राष्ट्र का प्राण कहलाती है।

हिन्दी भाषा में ऐसे गुण विद्यमान हैं। यह भाषा अभी जवान भी नहीं हो पाई। भाषा विद् निरंतर इसको सजा-संवार रहे हैं। व्याकरण, रस, छन्द, अलंकार आदि विषयों पर अनुसंधान हो रहे हैं। भाषा की ऐसी ही एक विधा है—कहावत। जैसा कहा जा चुका है कि हिन्दी में अनेक भाषाओं और बोलियों का मिश्रण है, फलस्वरूप उनकी कहावतें भी हिन्दी में समा चुकी हैं। कहावत को लोकोक्ति भी कहते हैं। कहावतों का धरातल कोई कथा अथवा लोक कथा होता है जिसमें रस, अलंकार आदि पूरी तरह समाये होते हैं। कुछ कहावतों में छन्दबद्धता भी होती है। हमारे विचार से कहावतों का जन्म मानव जन्म के साथ ही हो गया होगा। आखेटीय जीवन–यापन के समय में ही बड़ी उम्र के स्त्री–पुरुष अपने बच्चों को आपबीती कहानियों से सम्बद्ध कहावतें गढ़ कर सुनाते होंगे। उस समय कहावतें बोलियों में कण्ठस्थ स्थिति में तथा थोड़ी तुरुड़–मुरुड़ होकर पीढ़ी दर पीढ़ी फैलती रहती होंगी। धीरे–धीरे जब भाषाओं का विकास हुआ तो कहावतें भी भाषाओं का एक प्रमुख अंग बन गईं।

हमारे देश में एक कहावत प्रचलित है—एक कोस पै पानी बदले डेढ़ कोस पै बानी अर्थात् एक ही बोली का प्रारूप एक ही क्षेत्र में बदल जाता है। फलस्वरूप कहावत का शाब्दिक दृष्टि से रूप थोड़ा–बहुत बदल जाता है परन्तु उसका अर्थ नहीं बदलता।

प्रस्तुत कहावत कोश में साधारण कहावतों के अलावा नैतिक तथा उपदेशात्मक कहावतें भी संकलित हैं। साधारण कहावतों में हिन्दी, उर्दू के अलावा हिन्दी के प्रारूप राजस्थानी, पंजाबी, हरियाणवी, ब्रज, अवधी आदि उपलब्ध हैं। कहावतों का हिन्दी भाषा में अर्थ समझाया गया है। साथ ही उनका संस्कृत तथा अँग्रेजी भाषाओं में अनुवाद भी है। नैतिक कहावतें संस्कृत तथा हिन्दी अनुवाद सहित संग्रहीत हैं।

कहावत कोश इस प्रकार तैयार करने का प्रयास किया गया है कि आधुनिक परिवेश के शिक्षार्थी–शिक्षक एवं पाठक किसी न किसी प्रकार कहावतें समझ–समझा सकें। इसके अलावा एक प्रयास तथा उद्देश्य और है वह यह कि भारतीय शिक्षार्थी–शिक्षक एवं पाठक भारतीय कहावतों को किसी न किसी रूप में जीवन्तता प्रदान करते रहें चाहे हिन्दी के माध्यम से, चाहे संस्कृत के माध्यम से, चाहे अँग्रेजी के माध्यम से। भाषा और साहित्य में कहावत का विशद् रूप गागर में सागर के समान है। कोई–कोई कहावत तो इतनी व्यापकता संजोए हुए हैं कि उस पर छोटा–मोटा उपन्यास रचा जा

सकता है। संस्कृत भाषा के विद्वानों–मनीषियों ने जो नैतिक एवं उपदेशात्मक कहावतें गढ़ी है वे बेजोड़ हैं। उनमें जीवन–दर्शन की भरमार है।

कहावत कोश तैयार करने में मेरी पत्नी श्रीमति उमेशरानी रमन का भारी सहयोग है। उन्होंने अनेक कहावतें समझने में उनका अर्थ जानने में तथा शब्द चयनात्मक सहायता की है। मैं उनका हृदय से आभारी हूँ।

अंत में, मैं उन सभी ज्ञात–अज्ञात रचनाकारों को कोटि–कोटि प्रणाम करता हूँ जिन्होंने इन कहावतों की रचना की। मैं उन कण्ठस्थियों व संग्रहीतकारों का भी पूरे मन से आभारी हूँ जिन्होंने इन कहावतों को संजोया है। फलस्वरूप आज ये कहावतें लिखित रूप मे उपलब्ध हैं। आवश्यक सुझावों से मेरी चैतन्यता जगाते रहिए ताकि भविष्य में कुछ और अच्छा कर सकूं।

–सम्पादक

अनुक्रमाङ्क

नैतिक कहावतें

उपदेशात्मक कहावतें

कहावतकोश

अ

अति का फूला सैंजना डाल पात से जाय।

(हिं) अधिक फूल आने के कारण सैंजना (एक वृक्ष) की डालियाँ-पत्तियाँ टूट जाती हैं-अर्थात् घमंडी का सदैव नुकसान होता है।

(सं) पतनान्ताः समुच्छयाः।

(अं) Too quick growth lasteth not.

अति सब में बुरी होती है।

(हिं) किसी भी क्षेत्र में आधिक्य अच्छा नहीं होता अर्थात् अति से नुकसान होता है।

(सं) अति सर्वत्र वर्जयेत् ।

(अं) Golden means between two extremes.

अधजल गगरी छलकत जाय।

(हिं) घड़ा जल से पूरी तरह भरा न होने पर छलकता है अर्थात् अधूरी योग्यता छिपती नहीं।

(सं) अत्यन्तं श्लाघते क्षुद्र आत्मानं न गुणी जनः। शब्दायतेऽपूर्णघटो निरन्तरम्।

(अं) Empty vessel sounds much.

अधर में घर बनाना।

(हिं) धरती और आसमान के बीच (अधर) में घर नहीं बनाया जा सकता-अर्थात् कल्पना वास्तविकता में नहीं बदली जा सकती।

(सं) अनागतवर्ती चिन्तामसम्भाव्यां करोति यः। स एव पाण्डुरः शेते सोमशर्मपिता यथा।

(अं) Building castles in the air.

अनाड़ी बंज भारी।

(हिं) अनाड़ी किसान सब्जी-फल की खेती नहीं कर सकता।

(सं) व्यापारे ह्यपटुः सम्यक् महावाणिज्यनायकः

(अं) Knows little, attempts much.

अपना पूत पराया डंगर।

(हिं) अपने पुत्र को पुत्र और दूसरे के पुत्र को जानवर समझना-अर्थात् अन्य की वस्तु के मुकाबले अपनी वस्तु को श्रेष्ठ समझना।

(सं) ममता स्वेषु सर्वेषाम्।

(अं) Every cook praises his own broth.

अपना हाथ जगन्नाथ।

(हिं) आत्म निर्भरता।

(सं) स्वीयं कस्मै न रोचते।

(अं) Self-done is done best.

अपनी-अपनी खाल में सभी जीव खुशहाल।

(हिं) अपना निवास स्थान सबको अच्छा लगता है।

(सं) अनेकदोषदुष्टोऽपिकायः कस्य न वल्लभः।

(अं) Every one loves his own skin.

अपनी ओर निहारो।

(हिं) अपने आप को पहचानो।

(सं) स्वात्मानमवलोकय।

(अं) Look at thyself ! Physician, heal thyself !

अपनी करनी अपने आगे।

(हिं) जैसा कार्य वैसा परिणाम।

(सं) यादृशाचरणं यस्य स तादृग् विन्दते फलम्।

(अं) As you sow, so you shall reap.

अपनी करनी परमान, क्या हिन्दू क्या मुसलमान।

(हिं) हिन्दू हो अथवा मुसलमान सबको अपने कर्मों का फल भोगना पड़ता है।

(सं) स्वे स्वे कर्मण्यभिरतः संसिद्धिं लभते नरः।

(अं) You shall be judged by your act, not creed.

अपनी करनी पार उतरनी।

(हिं) स्वयं कार्य करने से प्रतिफल मिलता है।

(सं) स्वकर्म्मणैव संसारात् पारं गच्छन्ति मानवाः।

(अं) As they brew, so let them drink.

अपनी गांठ पैसा, तो पराया आसरा कैसा।

(हिं) अपने पास धन है तो दूसरे के भरोसे रहने की आवश्यकता नहीं।

(सं) स्वात्मावलम्बस्य कुतः पराशा।

(अं) Why seek help when you have means?

अपनी टेंट सूझे नहीं और की फूली निहारे।

(हिं) अपनी कमियाँ नजर अंदाज कर दूसरों में कमियाँ ढूंढ़ना।

(सं) खलः सर्षपमात्राणि परनिन्दयाणि पश्यति । आत्मनो बिल्वमात्रणि पश्यन्नपि न पश्यति।

(अं) Does not see the beam in one's own eyes but sees the mote in other's.

अपनी डाढ़ी का मचरका ।

(हिं) दिहाड़ी पर रखे व्यक्ति को निर्धारित मजदूरी देनी पड़ेगी चाहे उससे काम करवाओ या न करवाओ।

(सं) सदोषो वाऽसि निर्दोषो दण्डार्हस्त्वं न संशयः।

(अं) Plough or not plough, you must pay your rent.

अपनी नरमी दुश्मन को खाय ।

(हिं) सुखद व्यवहार से शत्रु भी पराजित हो जाता है।

(सं) मृदुना दारुणं हन्ति।

(अं) A soft word turneth away wrath. Love disarms opposition.

अपने-अपने ओसरे कुए भरे पनिहार ।

(हिं) प्रत्येक व्यक्ति को अपना कार्य करने का अवसर अवश्य मिलता है।

(सं) अपेक्ष्यते स्वावसरो ध्रुवं जनैः।

(अं) Every dog has his day.

अपने जामे में सभी नंगे ।

(हिं) कोई न कोई कमी सबमें होती है।

(सं) वसनाभ्यन्तरे नूनं नग्नाः सर्वे न संशयः।

(अं) Every one is naked under his clothes.

अपने मन से पूछिये मेरे मन की बात ।

(हिं) मेरे हृदय की बात तुम्हारा हृदय ही समझ सकता है।

(सं) सतां हि सन्देहपदेषु वस्तुषु प्रमाणमन्तः करणप्रवृत्तयः।

(अं) Love begets love. True hearts beat in unison.

अपने मुँह से धन्ना बाई ।

(हिं) अपनी प्रशंसा स्वयं करना।

(सं) स्वात्मानं श्लाघते मूढः।

(अं) Self-praise is no praise.

अपनो है फिर आपनो यामें फेर न सार । गोड़ नमत निज उदर को कहत सकल संसार ।

(हिं) अपना, अपना ही होता है।

(सं) स्वजना उपकुर्व्वन्ति स्वजनानेव निश्चितम्। प्रकृत्या नमतः पादावुदराऽभिमुखं यथा।

(अं) Near is my shirt, but nearer my skin.

अब सतवन्ती बनी लूट खायो संसार ।

(हिं) लोगों को लूटने-ठगने के बाद अपने आप को सत्यवादी बताना।

(सं) वृद्धा वेश्या तपस्विनी।

(अं) After a life of sin turns holy ascetic.

अभी सेर में पौनी भी नहीं कती ।

(हिं) अभी काम बाकी है और तुम सोच रहे हो कि तुमने सारा काम कर लिया।

(सं) पदमेकं न चलितं क्रोशेष्वद्यावधि ध्रुवम्।

(अं) The task is not yet one-fourth done.

अरजी हमारी आगे मरजी तिहारी है ।

(हिं) अपने काम के लिए हम निवेदन कर सकते हैं, आप हमारा काम करें या न करें यह आप पर निर्भर है।

(सं) कृतन्निवेदनं देव यदिच्छसि तथा कुरु।

(अं) We can but pray, fulfilment rests with you.

अरे जौहरी बावले सुन मेरे दो बोल । बिन गाहक जनि खोल तू गठरी रतन अमोल ।

(हिं) जो किसी वस्तु का महत्त्व न जानता हो उसे वह वस्तु दिखाने से क्या लाभ।

(सं) अरसिकेषु कवित्वनिवेदनं शिरसि मा लिख मा लिख मा लिख।

(अं) Don't scatter pearls before swine.

अलख अखण्ड आदि अविनाशी ।

(हिं) ईश्वर का विनाश नहीं हो सकता, उसे देखा नहीं जा सकता, उसे विभाजित नहीं किया जा सकता।

(सं) अखण्डं विभु ब्रह्म नित्याविनाशि समस्ताव्दिरुपादिहीनं प्रशान्तम्।

(अं) The Formless, the Indivisible, the One without Beginning, One without End.

अपना दूर से सूझता है ।

(हिं) अपना-पराया दूर से दिखाई पड़ जाता है।

(सं) सर्व: स्वतां पश्यति दूरतो हि।

(अं) One's own is ever evident to one.

अकेला चना भाड़ नहीं फोड़ता ।

(हिं) जिस काम के लिए अनेक व्यक्तियों की आवश्यकता हो उसे एक व्यक्ति नहीं कर सकता।

(सं) न ह्येकं चणकं कुर्यात् खण्डशो भर्जनं सखे ।

(अं) United you can what singhly you can't.

अशरफ़ी लुटें कोयलों पर मुहर ।

(हिं) जहाँ सोने के सिक्के लुट रहे हों, वहाँ कोयले माँगने वाला मूर्ख ही होगा।

(सं) रत्नं चौरा हरन्त्येव शीताङ्गारे महादरः।

(अं) Penny wise pound foolish.

अपने स्वार्थ को गधा चराते ।

(हिं) न करने योग्य काम भी स्वार्थवश करने लगना।

(सं) स्वार्थिनः किं न कुर्वन्ति ।

(अं) One is slave to one's own interest. The selfish stick at nothing.

अपनी बुद्धि पराया धन कई गुना दिखाई देता है ।

(हिं) अपनी बुद्धि तथा दूसरे का धन बहुत बड़ा महसूस होता है।

(सं) अन्यस्य वित्तं स्वमतिञ्च नैकगुणं प्रपश्यन्ति जना जगत्याम् ।

(अं) Intelligence of self and wealth of others look bigger.

अवसर चूकी डोमिनी गावे ताल बेताल ।

(हिं) अपना कार्य समय पर न कर पाने के कारण बहक जाना।

(सं) व्यतीते समये कार्य्यं व्यर्थतां वहते खलु ।

(अं) There is time for every work and work for every time.

अरहर की टट्टी गुजराती ताला ।

(हिं) छोटे कार्य के लिए बड़ा प्रयास।

(सं) अल्पस्य हेतोर्बहुलः प्रयासः ।

(अं) Laying a battery for killing a mosquito.

अपनी नींद सोना अपनी नींद उठना ।

(हिं) स्वतंत्र वृत्ति।

(सं) स्वतन्त्रस्य निजाधीनं शयनं जागृतिस्तथा । न स्वातन्त्र्यसमं सुखम् ।

(अं) Do as you need, not as you are told.

अपनी नाक कटे तो कटे दूसरे का सगुन तो बिगड़े ।

(हिं) अपने नुकसान के साथ दूसरे का भी नुकसान।

(सं) प्रणाशयन्ते शकुनं परेषां छित्त्वाऽपि स्वीयां किल नासिकां वै ।

(अं) To cut one's nose to spite other's face.

अपने घर में कुत्ता भी सिंह हो जाता है ।

(हिं) सुरक्षित स्थान पर कमजोर भी अपने आप को ताकतवर समझता है।

(सं) स्वगृहे कुक्कुरोऽपि सिंहायते । स्वस्थाने बलवन्तः स्युः क्षुद्रा जीवगणा अपि ।

(अं) A cur is a lion in his own kennel.

अर्क तरुन की डार तें कहुँ गज बाँधे जाहिं ?

(हिं) पौधे की डाल से हाथी नहीं बाँधा जा सकता।

(सं) गजो नैवाऽर्कवृक्षेषु बद्धः कचन दृश्यते ।

(अं) To lean upon a broken reed.

अपनी-अपनी ढपली अपना-अपना राग ।

(हिं) अपने विचार से अपना कार्य करना।

(सं) अनैक्ये यान्ति संसारे व्यक्तिस्वाधीनतां जनाः ।

(अं) Dancing to one's own pipe.

अमरौती खाकर कौन आया है ।

(हिं) संसार में कोई अमर नहीं है।

(सं) मरणं प्रकृतिः शरीरिणाम् । नाऽस्ति कोऽप्यमरो लोके ।

(अं) Every creature is mortal, die it must.

अनमांगे मोती मिले मांगे मिले न भीक ।

(हिं) कई बार माँगने से भीख भी नहीं मिलती और कई बार बिना माँगे अपार सम्पत्ति मिल जाती है।

(सं) अयाच्ञया लभेन्मुक्ता याच्ञयानलभेत्तृणम् ।

(अं) Lots you get without begging, by begging you don't get a petty dole.

अमानत में ख़यानत ।

(हिं) शुभ कार्य में विघ्न।

(सं) आशावतां श्रद्दधतां च लोके किमर्थिनां वञ्चयितव्यमस्ति ।

(अं) Treachery played where trust reposed.

अपना दाम खोटा तो परखनेवाले का क्या दोष ?

(हिं) तुम्हारे परिवार का कोई व्यक्ति बदचलन हो और उसे बाहर के लोग भी बदचलन कहें तो उनका क्या दोष?

(सं) परीक्षकस्य को दोषो मुद्रा चेद्दोषदूषिता ?

(अं) What blame to fault-finder, when there is fault to find?

अयाना जाने हिया स्याना जाने किया ।

(हिं) मूर्ख कार्य करने का हर फैसला दिल पर छोड़ देता है, परन्तु चतुर कार्य करने में विश्वास रखता है।

(सं) विदन्ति हृदयं बाला निपुणाः कार्यकौशलम्।

(अं) The wise look to deeds, the foolish to appearances.

अस्सी की आमद चौरासी का ख़र्च ।

(हिं) आमदनी से अधिक खर्च।

(सं) आयादपि व्ययोऽधिकः।

(अं) Earning five, spending ten.

अभी तो बेटी बाप की है ।

(हिं) विवाह सम्पन्न न होने तक लड़की अपने पिता की बेटी ही होती है।

(सं) दानात्पूर्व्वं दातुरेवाऽधिकारः।

(अं) Lit. Before marriage the daughter is in her father's hands.

अति भक्ति चोर के लक्षण ।

(हिं) अत्यधिक भक्ति करने वाले में चोर के लक्षण अवश्य होंगे-अर्थात् वह चोरी करना चाहेगा।

(सं) अत्यन्तं विनयो ज्ञेयं महावञ्चकलक्षणम्।

(अं) Too much piety is suspicious.

अटका बनियाँ दे उधार ।

(हिं) यदि किसी दुकानदार का आप पर उधार बकाया है तो पूर्व उधार चुकाये बिना वह आपको फिर उधार दे सकता है, क्योंकि उसे यह डर रहेगा कि यदि उधार न दिया तो पहले का उधार भी डूब सकता है।

(सं) ऋणं पौर्व्विकमादातुमृणं दत्ते पुनर्वणिक्।

(अं) Rules relax when times go hard.

अपना वही जो आवे काम ।

(हिं) जो सुख-दुःख में साथ दे वही अपना है।

(सं) काले सहायकः स्वीयः

(अं) A friend in need is friend indeed.

अपना-अपना कमाना अपना-अपना खाना ।

(हिं) अपने-अपने हिसाब से अपना-अपना जीवन-यापन करना

(सं) स्वयमाहृत्य भुञ्जानाः प्राणिनो हि स्वभावतः । स्वार्थे सत्का हि जन्तवः।

(अं) Lit. Earned by self, enjoyed by self.

अपनी फूटी न देखे दूसरे की फूली निहारे ।

(हिं) अपने बड़े-बड़े दोष नजर अंदाज कर दूसरों के छोटे-छोटे दोषों का बखान करना।

(सं) स्वदोषसङ्घं न विलोकयन्ते पश्यन्ति दोषञ्च परस्य स्वल्पम्।

(अं) Sees the mote in other's eyes, but not the beam in one's own eyes.

अन्नदान महादान ।

(हिं) अनाजदान श्रेष्ठतम् दान है।

(सं) सर्वेभ्योऽपि हि दानेभ्यश्चान्नदानं विशिष्यते।

(अं) No charity like feeding the starving.

अपने मुँह मियाँ मिट्ठू ।

(हिं) अपनी तारीफ स्वयं करना।

(सं) आत्मानं श्लाघते मूढः।

(अं) Beating one's own drum. Blowing one's own trumpet.

अपनी जाँघ उघारिये आपन मरिये लाज ।

(हिं) किसी अपने की बदनामी करने से आपकी भी बदनामी होगी।

(सं) स्वगुप्तदोषानुद्घाट्य स्वयमेव हि लज्जते।

(अं) One is taken at one's own valuation.

अभी होठों का दूध नहीं छूटा है ।

(हिं) बड़ी उम्र में भी बचपना।

(सं) अहो शिशुत्वं तव खण्डितन्न स्मरस्य सख्या वयसाप्यनेन।

(अं) Still in swaddling clothes. Yet in leading strings.

अब के बचे तो सब घर रचे ।

(हिं) अबकी बार बच गए तो सारा घर संभाल लेंगे।

(सं) लौकिकी बत गाथेयं कल्याणी प्रतिभातिमे । एति जीवन्तमानन्दो नरं वर्षशतादपि । जीवन्नरो भद्रशतानि पश्चेत्।

(अं) The crisis on which the whole future hangs. The crux of the situation.

अब की बार बेड़ा पार ।

(हिं) आशावादी।

(सं) वारेऽस्मिन् सफलं ध्रुवम्।

(अं) On the last rung of success.

अब की अब के साथ, जब की जब के साथ ।

(हिं) वर्तमान को महत्त्व देना।

(सं) यूयं वयं वयं यूयं इत्यासीन्मतिरावयोः । अधुना मित्र ! किं जातं ? यूयं यूयं वयं वयम्।

(अं) Do to-day what is to-day's, leave to tomorrow what is to-morrow's. Leave nothing for the tomorrow what can be done to day.

अच्छे भये अटल, प्राण गये निकल ।

(हिं) सोचा कुछ और, हो गया कुछ और।

(सं) दीपमुद्योतयेद्यावन्निर्वाणस्तावदेव सः।

(अं) The flaring up of the lamp before extinguishment. The fool's stand before the inevitable.

अधेला न दे अधेली दे ।

(हिं) कम देना, परन्तु प्रसन्न होकर देना।

(सं) रक्षत्यल्पं यच्क्षति बहुलम्।

(अं) Penny-wise, pound-foolish.

आ

आई थी मिलने दलहनी लगी दलने ।

(हिं) करना था कुछ और करने लगी कुछ और।

(सं) किङ्कर्तुमागतः कस्मिन्नासकतः।

(अं) Could not do which wants to do.

आई बहू आयो काम गई बहू गयो काम ।

(हिं) किसी को चैन से न रहने देना।

(सं) यावद्गृहिणी तावत्कार्य्यम् । न गृहं गृहमित्याहुर्गृहिणी गृहमुच्यते।

(अं) Keep no more cats than will catch mice.

आकाश बाँधू पाताल बाँधू घर की टट्टी खुली ।

(हिं) दूसरों को शिक्षा देना, स्वयं उस पर अमल न करना।

(सं) परोपदेशे पाण्डित्यम्।

(अं) An unjust judge preaches justice. The devil quoting scriptures.

आँख लजियाई बेटी पराई ।

(हिं) जब बेटी पराई हो जाती है तो पिता की आँखे लज्जा से झुक जाती हैं।

(सं) मौनम् स्वीकारलक्षणम्।

(अं) Silence gives consent.

आँखों देखी परशुराम, कभी न झूठी हो ।

(हिं) प्रत्यक्ष को प्रमाण की आवश्यकता नहीं।

(सं) प्रत्यक्षस्य प्रमाणं किम्।

(अं) Seeing is believing.

आग को आग मारती है ।

(हिं) जहर नष्ट करने के लिए जहर ही सर्वोत्तम औषधि है।

(सं) विषस्य विषमौषधम्।

(अं) Diamond cuts diamond.

आग फूस का बैर है ।

(हिं) आग और सूखे तिनके एक स्थान पर सुरक्षित नहीं रह सकते। तिनके जल जाएंगे।

(सं) तस्माद् घृतं च वह्निं च नैकत्र स्थापयेद्बुधः।

(अं) Lit. Fire is enemy of dried straw.

आग बिना धुआँ नहीं ।

(हिं) किसी घटना के पीछे कोई न कोई कारण अवश्य होता है।

(सं) पर्वतो वह्निमान् धूमात्।

(अं) No smoke without fire.

आग लगन्ते झोपड़ी जो निकसे सो लब्ध ।

(हिं) सब नष्ट होने से कुछ बच जाय वही उपलब्धि है।

(सं) सर्वनाशे समुत्पन्ने अर्द्धं त्यजति पण्डितः।

(अं) Better lose half than lose all. Half a loaf is better than no bread. Something is better than nothing.

आग लगाय तमाशा देखे ।

(हिं) गलत काम के लिए लोगों को प्रेरित करे और गलत होते समय किसी मासूम की तरह तमाश देखें।

(सं) अग्निमुद्दीप्य कौतुकं पश्यति।

(अं) Nero fiddles while Rome burns.

आगे नाथ न पीछे पगहा ।

(हिं) अनियंत्रित।

(सं) रज्जुर्न पश्चान्न पुरोऽधिपाता।

(अं) Nothing before, nothing behind.

आगे पग से पत बढ़े पाछे से पत जाय ।

(हिं) आगे बढ़ने से आबरू बढ़े और पीछे लौटने से आबरू घटे–अर्थात् जहाँ चाह वहाँ राह।

(सं) पुंसां प्रतिष्ठा स्वकरे विराजते।

(अं) Where there is a will there is a way.

आज कल तो तुम्हारे नाम कमान चढ़ती है ।

(हिं) आजकल तुम जो कुछ करते हो, उसे सब अच्छा मानते हैं।

(सं) त्वन्नामश्रवणान्मित्र ! कुरुते भ्रूकुटिभ्रमम्।

(अं) Rolling in wealth.

आज कल तो खूब छक्के पंजे उड़ाते हो ।

(हिं) मौजमस्ती में जीवन यापन करना।

(सं) स्वैरं वर्त्तयसेऽधुना।

(अं) To live in clover.

आज के थपे आज ही नहीं जलते।

(हिं) किसी भी कार्य का तुरन्त प्रतिफल नहीं मिलता।

(सं) सर्वे कालमपेक्षते।

(अं) Done is haste is really waste. Haste is waste.

आठौ गाँठ कुम्मैत ।

(हिं) कुछ काम न कर सिर्फ बातें बनाना।

(सं) वाच्येव शूरो न तु कार्यकाले।

(अं) Unready with hand, too ready with tongue.

आँत भारी तो माथ भारी ।

(हिं) भूखा होने पर जो सबको भूखा समझे और पेट भरा होने पर सबके पेट भरे समझे।

(सं) अन्तःसारो बहिर्भाति।

(अं) Still waters are deep. Sobriety, temperance and tranquility are Nature's best physicians.

आत्मा में पड़े तो परमात्मा की सूझे ।

(हिं) भूख के सामने भगवान भी नगण्य है।

(सं) तुष्टात्मा परमात्मानं द्रष्टुमर्हति पूरुषः।

(अं) A hungry man is an angry man.

आदमी-आदमी में अन्तर, कोई हीरा कोई पत्थर ।

(हिं) जिस प्रकार पत्थरों में कोई हीरा और कोई सिर्फ पत्थर होता है- अर्थात् पत्थर होने के बावजूद दोनों में अंतर होता है उसी प्रकार मनुष्यों में अंतर होता है।

(सं) विविधाः पुरुषा लोके क्वचित्काचः क्वचिनमणिः।

(अं) Human nature varies as the human figure.

आदमी का तोल एक बोल में पहचानिये ।

(हिं) आदमी की बातचीत से आदमी पहचाना जा सकता है।

(सं) स्वल्पसँल्लापमात्रेण पुंसां परिचयो भवेत्।

(अं) One word of a man shows his worth.

आदमी की पैठ पुजती है ।

(हिं) ऊँची पहुँच वाले इंसान को लोग महत्त्व देते हैं, आम इंसान को नहीं।

(सं) पुंसां गौरवहेतुः स्यात् सदा लोकेऽत्र प्रत्ययः।

(अं) Rank lends dignity to words.

आदमी को ओछी पूँजी मत जानो ।

(हिं) इंसान बहुत महत्त्वपूर्ण होता है।

(सं) माऽवगचछ नरं तुच्छं मानवं बलमुत्तमम्।

(अं) Man is a worm, man is God.

आदमी भूल चूक का पुतला बना है ।

(हिं) हर इंसान से गलती हो सकती है।

(सं) सदोषाः खलु मानवाः।

(अं) To err is human.

आधी छोड़ सारी को धावे आधी रहे न सारी पावे ।

(हिं) जो एक साथ सब कुछ प्राप्त करने को भागता है उसे कुछ नहीं मिल पाता।

(सं) यो ध्रुवाणि परित्यज्य अध्रुवाणि निषेवते । ध्रुवाणि तस्य नश्यन्ति अध्रुवं नष्टमेवहि ।

(अं) Grasp all lose all.

आप काज महा काज ।

(हिं) अपना कार्य स्वयं करना ही श्रेष्ठ है।

(सं) यत् यत् आत्मवशं कर्म तत् तत् सेवेत यत्नतः।

(अं) Master's eye makes horses fat.

आपको न चाहे उसके बाप को न चाहिये ।

(हिं) जो आपको प्यार न करे, उसे आप भी प्यार न करें।

(सं) यस्त्वामिच्छति तन्त्वमपीच्छ यस्त्वान्नेच्छति तं कदाचिदपि नेच्छ।

(अं) Do as you would be done by.

आप डूबे तो जग डूबा ।

(**हिं**) आप हैं तो सब कुछ है, आप नहीं तो कुछ भी नहीं।

(**सं**) आत्मावत् सर्वभूतेषु सदा पश्यति वै नरः।

(**अं**) A man judges by his own standard.

आप न जावे सासरे औरन को सिख देय ।

(**हिं**) स्वयं ससुराल न जाये, दूसरों को ससुराल जाने की शिक्षा दे अर्थात् स्वयं गलत काम करे और दूसरों को गलत काम न करने की शिक्षा दे।

(**सं**) परोपदेशे पाण्डित्यम्

(**अं**) An unjust judge preaches justice.

आप न जोगी गीदड़ी कागे न्यौतन जाय ।

(**हिं**) गीदड़ी स्वयं तो जोगन (योगिनी) है नहीं, कौए को जोगी (योगी) बनने के लिए आमंत्रित करे अर्थात् जो कार्य स्वयं करना न जानता हो वही कार्य दूसरों को करने के लिए प्रेरित करे।

(**सं**) नास्ते कपर्दिका गेहे द्वारे नृत्यति नर्त्तिका

(**अं**) A mangy slut, a rich coat.

आप मिले सो दूध, माँगे मिले सो पानी ।

(**हिं**) स्वयं दूध में पानी मिलाना फिर भी उसे शुद्ध दूध बताना और बाहरी व्यक्ति के शुद्ध दूध को भी पानी बताना अर्थात् अपने आपको बुरा होने के बावजूद अच्छा बताना और दूसरों को अच्छा होने के बावजूद बुरा बताना।

(**सं**) पानीयं वा निरायासं स्वाद्वन्नं वा भयोत्तरम् । विचार्य्य खलु पश्यामि तत्सुखं यत्र निर्वृतिः ।

(**अं**) Priceless is the gift unbegged.

आपा तजे तो हर को भजे ।

(**हिं**) मनुष्य अभिमान त्याग कर ही भगवान की भक्ति कर सकता है।

(**सं**) अहंत्यागी हरिं लभेत्।

(**अं**) "Give thine all away and come unto me." Crosses are ladders that lead to heaven.

आभा चमके बीजली गधे मरोडे कान ।

(हिं) आकाश में बिजली चमकती देख गधा उसे अपना चमत्कार समझ इतराये-अर्थात् अच्छा कार्य करे कोई और मूर्ख उसे अपना किया समझ इतराये।

(सं) रासभश्चरति क्षेत्रं तन्तुवायस्तु ताड्यते।

(अं) The fool is subject to fancied terrors.

आम टूट मस्तक पर पड़े, याको जतन कहा कोउ करे ।

(हिं) यकायक सिर पर मुसीबत आ जाये तो बचाव असंभव है।

(सं) प्रायो गच्छति यत्र दैवहतकस्तत्रैव यान्त्यापदः।

(अं) No warding off unknown dangers.

आम फले नीचो नमे एरँड (एरण्ड) ऊँचो जाय ।

(हिं) फल आने पर आम का पेड़ नीचे झुक जाता है तथा अरण्डी का पेड़ ऊँचा उठ जाता है-अर्थात् अच्छे लोग झुक (विनम्र)जाते हैं और बुरे लोग ऊँचे (घमण्डी) हो जाते हैं।

(सं) आम्रानमन्ति फलिन एरण्डा उच्छयन्त्यधिकम्।

(अं) Towers are measured by their shadows. The talented are humble, fools vain.

आम बोओ आम खाओ, इमली बोओ इमली खाओ ।

(हिं) आम का पौधा लगाने से मीठा फल मिलता है और इमली का पौधा लगाने से खट्टा फल मिलता है।

(सं) अवश्यमेव भोक्तव्यं कृतं कर्म शुभाशुभम्।

(अं) As you sow, so shall you reap.

आया है सो जायगा का राजा का रंक ।

(हिं) राजा या गरीब या फकीर कोई भी हो जो संसार में पैदा हुआ है वह मरेगा भी अवश्य।

(सं) मृत्युर्जन्मवतां वीर ! देहिनां सह जायते।

(अं) Man is mortal.

आये वीर भागे पीर ।

(हिं) सशक्त के सामने मक्कार अशक्त हो जाता है।

(सं) तारा नैव प्रकाशन्ते भानौ भातीह. भास्वरे।

(अं) Stars are not seen by sunshine.

आरती वक्त सोवै बालभोग वक्त जागे ।

(हिं) आरती के समय सोना और प्रसाद वितरण के समय जाग जाना–अर्थात् परिश्रम की आवश्यकता के समय गायब हो जाना और मुफ्त में मजदूरी लेने के लिए फुर्ती से आजाना।

(सं) नीराजनायां स्वपिर्ति जागर्त्यहो द्रुतं मोदकभक्षणे पुमान्।

(अं) Sleeping at devotions, waking to share offerings.

आलसी सदा रोगी ।

(हिं) आलस सबसे बड़ा रोग है।

(सं) आलस्यं हि मनुष्याणां शरीरस्थो महान् रिपुः।

(अं) The idle are inclined to mischief. An idle brain is the devil's worship.

आ पड़ोसन लड़ैं ।

(हिं) लड़ाई के लिए पड़ोसन को उकसाना–अर्थात् खाली समय में निरर्थक कार्य करना।

(सं) कलहङ्कुरुते निरुद्यमः।

(अं) A bad workman quarrels with his tools. The irritable ever pick quarrels.

आ बैल मुझे मार ।

(हिं) किसी से बेमतलब झगड़ना।

(सं) विपतिं स्वयमीहते ।

(अं) Do not whip the old sores.

आशा जिये निराशा मरे ।

(हिं) आशावादी सदैव प्रगति करता है और निराशावादी असफल होता है।

(सं) आशा जीवनहेतुः स्यान्निराशा मृत्युकारणम्।

(अं) Hope is the anchor of the soul. Hope is life, despair death.

आस पराई जो तके जीवतही मर जाय ।

(हिं) जो दूसरों पर निर्भर रहते हैं उनको तो जन्म लेते ही मर जाना चाहिए-अर्थात् दूसरों पर निर्भर रहने वाला कभी सुखी नहीं रह सकता-सफल नहीं हो सकता।

(सं) रोगी चिरप्रवासी परान्नभोजी परावसथशायी । यज्जीवति तन्मरणं यन्मरणं सोऽस्य विश्रामः।

(अं) Trust your own right arm.

आहारे व्यवहारे लज्जा न कारे ।

(हिं) भोजन एवं व्यवहार के समय शर्म नहीं करना चाहिए।

(सं) आहारे व्यवहारे च त्यक्तलज्जः सुखी भवेत्।

(अं) Business is business.

आँखों के अन्धे नाम नयनसुख ।

(हिं) नाम के अनुसार गुण न होना-अर्थात् जैसे नाम हो दयावान तथा हो वह क्रूर।

(सं) अन्धकारमयः सूर्यः।

(अं) Bishop in name, thief in deed.

आसमान का थूका मुँह पर आता है ।

(हिं) जो अपने से बड़े (महान) का अनादर करता है, दरअसल यह उसी का अनादर है, बड़े का नहीं।

(सं) अहो दुरन्ता बलवद्विरोधिता।

(अं) To spit at the moon.

आँधरी घोड़ी फोफले चना ।

(हिं) कमजोर को सस्ती और अप्रिय वस्तु देना अर्थात् अँधी घोड़ी के सामने खाने को खराब चने रख देना।

(सं) सुलभं मूर्खवञ्चनम्।

(अं) Cheap and nasty.

आगे दौड़ पीछे चौड़ ।

(हिं) उतावलापन अधिक लेकिन गति बहुत धीमी–कार्य की जल्दबाजी लेकिन काम में मन न लगाना।

(सं) गुरोरधीतं गुरवे समर्पितम्।

(अं) More haste, less speed.

आदमी का आदमी ही शैतान ।

(हिं) जीव, जीव को खाता है– अर्थात् इंसान का सबसे बड़ा दुश्मन इंसान ही है।

(सं) जीवो जीवस्य भक्षकः।

(अं) Man is the worst enemy of man.

आती बहू जनमता पूत सब को अच्छा लगता है ।

(हिं) जब बहू पहली बार आती है और पुत्र जन्म लेता है तो सबको अच्छा लगता है। बाद में इनमें अनेक बुराइयाँ नजर आने लगती हैं–अर्थात् नई वस्तु को सब महत्त्व देते हैं, पुरानी होने पर उसे महत्त्वहीन समझने लगते हैं।

(सं) वधवा आगमनं तद्वत्पुत्रोत्पत्तिमहोत्सवः। सर्वेभ्यो रोचते ह्येषा लोकरीतिः सनातनी।

(अं) Expectancy lends enchantment to what is coming.

आम के आम, गुठलियों के दाम ।

(हिं) आम खाने के बाद उसकी गुठली बेचकर पैसे वसूलना–अर्थात् ऐसा कार्य करना जिससे लाभ ही लाभ हो।

(सं) एका क्रिया द्व्यर्थकरी प्रसिद्धा।

(अं) Eat the fruit and sell the seed.

आम खाने कि पेड़ गिनने ।

(हिं) मतलब से मतलब रखना–अर्थात् कर्म करते रहना, फल की परवाह न करना। फल तो मिलेगा ही।

(सं) प्रकृतमनुसरामः किं वृथा पल्लवितेन।

(अं) Gather in the harvest, why count the stalks ?

आती लक्ष्मी को लात मारना ठीक नहीं ।

(हिं) अपने आप धन प्राप्त हो तो उसे स्वीकार कर लेना चाहिए।

(सं) कृत्वा निधिर्निर्धनमेति किञ्च तं स वाक्कपाटं घटयन्निरस्यति

(अं) Take the tide at the flood. Take time by the forelock.

आप करे सो काम पल्ले हो सो दाम ।

(हिं) अपना कार्य स्वयं करना ही सफलतम् कार्य है तथा अपनी जेब का धन ही अपना धन है।

(सं) पुस्तकेषु च या विद्या परहस्ते गतं धनम् । प्राप्ते परीक्षासमये न सा विद्या न तद्धनम्

(अं) Expected money is of no worth until obtained.

आठ कनौजिया नौ चूल्हे ।

(हिं) (एकता में अनेकता -अर्थात् जितने लोग उतने ही मत)

कन्नौज के राजा जयचन्द को इतिहासकार देशद्रोही बताते हैं। उसने पृथ्वीराज चौहान पर चढ़ाई करने के लिए मौहम्मद गौरी को आमंत्रित किया था अर्थात् राजा जयचन्द फूट का समर्थक था। इसीलिए इस कहावत में कनौजिया (फूट का पर्याय) शब्द जोड़ दिया गया है।

(सं) कान्यकुब्जा द्विजाःसर्वे चुल्लीपाकविभेदकाः।

(अं) Sectarianism run riot.

आओ रे पत्थर पड़ मेरे पाँव ।

(हिं) मूर्ख को शरण देना।

(सं) शलभतां भजतेऽर्चिषि मूढधीः।

(अं) To court trouble.

आदमी में नउवा पंछियों में कउवा ।

(हिं) मनुष्यों में नाई और पक्षियों में कौआ बहुत चालाक माना जाता है। प्राचीन काल में नाई को छत्तीसा अर्थात् छत्तीस विद्याओं का ज्ञाता माना जाता था चाहे उसने कभी पाठशाला का द्वार तक न देखा हो।

(सं) नराणां नापितो धूर्तः पक्षिणां चैव वायसः।

(अं) Lit. The barber is the cleverest amongst men and thecrow amongst birds.

आदमी जानिये बसे सोना जानिये कसे ।

(हिं) इंसान की पहचान तब होती है जब वह पास-पड़ौस में रहता है। इसी प्रकार सोने की पहचान कसौटी पर कसने के बाद होती है।

(सं) सहवासी विजानीयाञ्चरित्रं सहवासिनः । हेम्नः संलक्ष्यते ह्यग्नौ विशुद्धिः श्यामिकाऽपि वा।

(अं) Trial tests worth.

आग खाय तो अंगारा उगले ।

(हिं) जो जैसा खायेगा वैसा ही उसके पेट से बाहर आएगा-अर्थात् अच्छे बुरे कार्य से फल भी वैसा ही मिलेगा।

(सं) कार्यं निदानाद्धि गुणानधीते

(अं) Sow the wind and reap the whirlwind.

आप बीती कि जग बीती ।

(हिं) अपने ऊपर गुजरी घटना महत्त्वपूर्ण होती है किसी अन्य पर गुजरी नहीं। अपने ऊपर गुजरी घटना से इंसान शिक्षा ग्रहण कर सकता है।

(सं) स्वतः प्रमाणं परतः प्रमेयम्

(अं) Self-experience is the best proof.

आप लिखे खुदा पढ़े ।

(हिं) अपना लिखा स्वयं न पढ़ पाना-अर्थात् ऐसी बात कहना जिसे वह स्वयं न समझ सके।

(सं) स्वयमपि लिखितं स्वयं न वाचयति।

(अं) Illegible scrawl.

आग लगी तब कुआँ खुदा ।

(हिं) आवश्यकतानुसार दुर्गम कार्य करने का प्रयास जिसमें सफलता संदिग्ध होती है।

(सं) प्रोद्दीप्ते भवने तु कूपखननं प्रत्युद्यमः कीधशः।

(अं) To shut the stable-door after the horse has fled.

आमों की कमाई निबुओं में गमाई ।

(हिं) महत्त्वपूर्ण वस्तु बेचकर महत्त्वहीन वस्तु खरीद अधिक लाभ प्राप्त करने की आकांक्षा अर्थात् मूर्खता पूर्ण कार्य करना।

(सं) एकत्रार्जितमति वसु हारितमन्यत्र लोभेन।

(अं) Won by the right hand, lost by the left. Lightly got, lightly spent.

आँख का अन्धा गांठ का पूरा ।

(हिं) मतलव में चौकस।

(सं) लोकव्यवहृतिविमतिः कुटिलजनैर्वञ्च्यते धनिकः।

(अं) Empty of brains but plenty in pelf.

आँख बची माल दोस्तों का ।

(हिं) जरा सी भूल बड़ा नुक्सान।

(सं) असावधाना विपदां सखायः।

(अं) What is lost to sight is lost to hand.

आँखें हुई चार तो दिल में आया प्यार, आँखें हुई ओट तो दिल में हुआ खोट ।

(हिं) मिलते समय बेहद प्यार (दिखावा) और अलग होते ही एक-दूसरे को नीचा दिखाने का प्रयास।

(सं) परोक्षे कार्यहन्तारं प्रत्यक्षे प्रियवादिनम् । वर्जयेत्तादृशं मित्रं विषकुम्भं पयोमुखम्।

(अं) Love at first sight. Out of sight, out of mind.

आँख कान में चार अंगुल का फरक है ।

(हिं) आँखों देखी सच और कानों सुनी झूठी हो सकती है।

(सं) कर्णौ च तृप्तौ न तु चक्षुषी मे।

(अं) There is great difference between hearing and seeing.

आसमान से गिरा खजूर में अटका ।

(हिं) न इधर का न उधर का।

(सं) प्रायो गच्छति यत्र भाग्यरहितस्तत्रैव यान्त्यापदः।

(अं) Swallowing a camel, straining at a gnat.

आधे माधे कँबली कान्धे ।

(हिं) किसी की नकल कर उसी जैसा बनने का प्रयास अर्थात् कंधे पर कंबली धारण करने से कोई कृष्ण नहीं बन सकता।

(सं) रोगे व्यपगते मित्र ! भिषजः किं प्रयोजनम्।

(अं) 'Of what use a gun' when the fight is done ?

आदर न भाव झूठे माल खाव ।

(हिं) जहाँ सम्मान नहीं वहाँ खाने को जूठन मिलती है।

(सं) प्रदत्तमपमानेन भोजनं विषसन्निभम्।

(अं) Swift to promise, slow to fulfil.

आधा तजे पण्डित सरबस तजे गँवार ।

(हिं) सब गंवाने से यदि आधा गंवाना पड़ जाय तो आधा गंवाने वाले को विद्वान और सब गंवाने वाले को मूर्ख समझना चाहिए।

(सं) अर्द्धं जहति विद्वांसः सर्वं मुञ्चन्ति वालिशाः।

(अं) Better to lose half than lose all.

आधा तीतर आधा बटेर ।

(हिं) दुरंगा-अर्थात् जो शत्रु तथा मित्र दोनों के बीच मिलने का प्रयास करता है।

(सं) अर्द्धेन तित्तिरो भाति अर्धेनास्ति चवर्तकः।

(अं) Neither fish nor flesh, nor good red herring.

आधे गाँव दिवाली आधे गाँव फाग ।

(हिं) एक ही परिवार अथवा एक ही समाज में अलग-अलग मत।

(सं) अर्द्धदुःखसुखमभ्यनयस्त्वं साश्रुभानुविहसद्विधुनेत्रः।

(अं) Half the face smiling, half in tears. Part in sunshine and part in shade.

इ

इन नयनन का यही विशेष वह भी देखा यह भी देख ।

(हिं) आँखें अच्छे बुरे दोनों दृश्य देखती हैं।

(सं) दुःखमापतितं सेव्यं सुखमापतितं तथा चक्रवत् परिवर्त्तन्ते दुःखानि च सुखानि च।

(अं) It is a world of change, of sunshine and rain.

इन तिलों में तेल नहीं ।

(हिं) चतुर व्यक्ति को मूर्ख ठग नहीं सकता।

(सं) तिलपिञ्ञा इमे कस्मादेतेषु तैलसम्भवः।

(अं) Sucked orange.- Life without Love.

इस हाथ दे उस हाथ ले ।

(हिं) जैसा कर्म वैसा फल।

(सं) अत्युत्कटैः पापपुण्यैरिहैव फलमश्नुते।

(अं) Lit . Given with one hand and taken by the other.

इक लख पूत सवा लख नाती ता रावण घर दिया न बाती ।

(हिं) घमंड नहीं करना चाहिए। घमंड से सब नष्ट हो जाता है।

(सं) दुर्गं त्रिकूटं परिखा समुद्रो रक्षांसि योधा धनदश्च बन्धुः । सञ्जीविनी यस्य मुखाग्रविद्या स रावणः कालवशाद्विनष्टः।

(अं) It is all a vanity of vanities. Pride goeth before destruction.

इधर न उधर यह बला किधर ।

(हिं) नुकसान पहुँचाने वाली घटना दिखाई नहीं देती–अर्थात् जो होना है, वह हो कर रहता है।

(सं) कौतस्त्येयं विपन्मित्र ! न जाने किं करिष्यति।

(अं) Lit . Bewildered by terror. Vagueness lends terror.

इल्लत जाय धोय धाय आदत कभी न जाय।

(हिं) धोने योग्य को धो कर साफ किया जा सकता है, परन्तु स्वभाव कभी नहीं बदला (धोया) जा सकता।

(सं) स्वभावो दुरतिक्रमः।

(अं) Habit is second nature.

इल्म का परखना और लोहे के चने चबाना बराबर है ।

(हिं) किसी के इल्म की जाँच करना अत्यधिक कठिन है।

(सं) अशक्यैव गुणज्ञता।

(अं) There is no plummet for sounding the depth of learning.

इलाज से बचाव अच्छा।

(हिं) किसी भी कार्य में बचाव अच्छा होता है ताकि वह कार्य विनाशकारी रूप धारण न कर सके।

(सं) निदानेयात सुरक्षाः श्रेष्ठतम् अस्ति।

(अं) Prevention is better then cure.

ई

ईश्वर की गति ईश्वर जाने ।

(हिं) भगवान के कार्य भगवान ही समझता है।

(सं) अहिरेव विजानाति पादक्रममहेः स्वयम्।

(अं) Inscrutable are the ways of providence.

ईर्ष्या द्वेष कभी ना कीजे आयु घटे और तन छीजे ।

(हिं) ईर्ष्या-द्वेष नहीं करना चाहिए। ऐसा करने से उम्र घटती है और शरीर का विनाश होता है।

(सं) ईर्ष्याद्वेषौ न कर्त्तव्यौ शरीरायुर्विनाशकौ।

(अं) No fever consumeth as envy and hate.

ईंट का घर मिट्टी कर दिया ।

(हिं) बर्बाद करना।

(सं) कृतं सर्व विनाशितम्।

(अं) Lit . Reduced a brick building into dust.

ईद के चाँद हो गये ।

(हिं) कभी-कभी दिखाई पड़ना।

(सं) द्वितीयाचन्द्रवन्मित्र ! दुर्लभं दर्शनं तव ।

(अं) Made himself scarce.

ईंट का जवाब पत्थर से।

(हिं) जो जैसा व्यवहार करे उसके साथ वैसा व्यवहार करना।

(सं) सुभाषितस्य उत्तरः क्रोधास्ति।

(अं) Tit for Tat.

उ

उज्ज्वलता मन उज्ज्वल राखै वेद पुराण सकल अस भाखै ।

(हिं) मन पवित्र तो सब कुछ पवित्र-ऐसा वेदों-पुराणों में कहा गया है।

(सं) शुचि भूषयते वपुर्मनः इति वेदादिपुराणसम्मतम्।

(अं) Cleanliness is next to godliness.

उठि प्रभात सुमिरिये श्रीगणेश देवा ।

(हिं) प्रातः उठकर इष्ट का स्मरण करना चाहिए।

(सं) ब्राह्मे मुहूर्त्त उत्थाय चिन्तयेत्परमेश्वरम्।

(अं) Early to bed and early to rise makes man healthy, wealthy and wise.

उठ मुंवा भतीजी आई ।

(हिं) अरे मुंए (प्यार से मूर्ख कहना) उठ जा भतीजी आ गई है-अर्थात् अच्छा कार्य करने का समय आ गया है।

(सं) निद्रां जहीहि भो मूढ भ्रातृजेयं समागता।

(अं) Lit . Awake O fool ! niece is come.

Note- This is a proverb showing incongruousness.

उठी पैंठ आठवें दिन ।

(हिं) साप्ताहिक बाजार एक दिन लगने के बाद सातवें दिन ही पुनः लगता है-अर्थात् अवसर चूकना नहीं चाहिए।

(सं) प्रतीक्षते जातु न काल आर्त्तम्।

(अं) Time and tide tarry for no man.

उतर गई लाज की लोई तो क्या करेगा कोई ।

(हिं) जब कोई लज्जा और शर्म खो दे तो उसका कोई क्या बिगाड़ सकता है।

(सं) एकां लज्जां परित्यज्य सर्वत्र विजयी भवेत्।

(अं) Lit - Nothing can shame the shameless.

उतरा घाटी हुआ माटी ।

(हिं) जो एक बार गलत कार्य प्रारंभ कर देता है वह बार-बार वही दोहराता है।

(सं) नाशो हि पतनाभ्दुवम्।

(अं) Slipping down is falling down.

उतावला सो बावला ।

(हिं) जल्दबाजी में कार्य करने वाला मूर्ख होता है।

(सं) सहसा विदधीत न क्रियामविवेक:परमापदां पदम्।

(अं) Do in haste repent at leisure. More haste less speed.

उद्यम के सिर लक्ष्मी पंखा की सी ब्यार ।

(हिं) व्यापार में लक्ष्मी (दौलत) पंखे की हवा के समान होती है अर्थात् व्यापार में कभी मुनाफा तो कभी घाटा।

(सं) उद्योगिनं पुरुषसिंहमुपैति लक्ष्मीः।

(अं) Where there is a will there is a way. Energy brings prosperity.

उद्यम से दारिद्र घटे ।

(हिं) निरंतर कार्य करने से गरीबी मिट जाती है।

(सं) उद्यमेन हि सिध्यन्ति कार्य्याणि न मनोरथैः।

(अं) Where energy comes poverty disappears.

उधार देना बैर बिसाहना ।

(हिं) उधार लेने-देने से आपसी प्रेम समाप्त हो जाता है।

(सं) ऋणदानं शत्रुताक्रय:।

(अं) To lend to a friend is to lose a friend.

उन धारी है देह वृथा जग में, जिन नेह के पन्थ में पांव न दीन्ह्यो।

(हिं) यदि प्रेम के मार्ग पर पैर नहीं रखा तो संसार में शरीर धारण करना व्यर्थ है अर्थात् सबसे प्रेम करना चाहिए।

(सं) तेषां वृथा जन्म गतं जगत्यां प्रेम्णो न पन्था अवलोकितो यै:।

(अं) God is love. Lit . Vain is the life which has not trodden the path of love.

उलटा चोर कोतवाल को डांटे ।

(हिं) अपराधी न्यायाधीश को दोषी ठहराये।

(सं) गृहे परिधृतश्चौर: प्रत्युताधिपतिं क्षिपेत्।

(अं) Lo ! the thief cries shame on the thief-catcher.

उंगली पकड़कर पहुंचा पकड़ना।

(हिं) धीरे-धीरे करीब जाने का प्रयास।

(सं) सूचीप्रवेशे मुसलप्रवेश:।

(अं) Give an inch and will take an ell. Entree of the nose followed by the whole body of the camel.

उधार का खाना फूस का तापना ।

(हिं) जिस प्रकार घास-फूस की आग थोड़ी देर गर्मी प्रदान करती है उसी प्रकार उधार खाने से पूरी तरह भूख शान्त नहीं होती।

(सं) अभ्रच्छाया खलप्रीतिर्नवसस्यमृणानि च । किञ्चित्कालोपभोग्यानि यौवनानि धनानि च।

(अं) Better do without than run into debt.

उत्तम खेती मध्यम बंज निकृष्ट चाकरी भीख निदान ।

(हिं) सबसे उत्तम कार्य है खेती, दूसरे स्थान पर व्यापार और नौकरी करना भीख माँगने के समान है।

(सं) लक्ष्मीर्वसति वाणिज्ये तदर्द्धं कृषिकर्म्मणि तदर्द्धं । राजसेवायां भिक्षायां नैव नैव च।

(अं) Lit . The best occupation is agriculture, medium trade, next service and the last and worst mendicancy.

उघरे अन्त न होय निबाहू, कालनेमि जिमि रावण राहू ।

(हिं) सब भेद खुलते रहने से जीवन पर्यन्त निर्वाह नहीं हो सकता। ठीक उसी तरह जैसे रावण की समस्त बुराइयों का भेद खुलने से उसे मृत्यु रूपी ग्रहण ने जकड़ लिया।

(सं) कपटं न निगुह्यते ।

(अं) The thief has his day till caught.

ओखली में सिर दिया तो मूसलों का क्या डर।

(हिं) जो बुरे कार्य आरंभ कर दे, उसे और बुरे कार्य करने से डर नहीं लगता।

(सं) मनस्वी कार्य्यार्थी न गणयति दु:खं न च सुखम्।

(अं) Why fear wetting when in for a swim.

उधार दीजे दुश्मन कीजे ।

(हिं) उधार देने से दुश्मनी बढ़ती है।

(सं) यदि चेद्विपुला प्रीतिस्त्रीण्येतानि न कारयेत् । वाग्वादो ह्यर्थसम्बन्धः पश्चाद्दाराभिभाषणम्।

(अं) Lit . Indiscrimenate giving on credit ruins custom.

उधार दिया ग्राहक खोया ।

(हिं) उधार देने से ग्राहक आना बंद कर देता है।

(सं) आहारे व्यवहारे च त्यक्तलज्ज: सुखी भवेत् ।

(अं) Lit. Indiscrimenate giving on credit ruins custom.

उगले तो अन्धा खाय तो कोढ़ी ।

(हिं) यह कहावत सर्प तथा छछूंदर पर आधारित है। सर्प चूहा समझकर छछूंदर पकड़ लेता है। छछूंदर की दुर्गंधि के कारण वह उसे निगलना नहीं चाहता। दांत टूट जाने के भय के कारण उगलना नहीं चाहता। सर्प के दांत कोमल होते हैं। इस प्रकार यह कहावत बन गई-अर्थात् ऐसा कार्य नहीं करना चाहिए जिससे ग्लानि हो तथा वह कार्य भी सम्पन्न न हो सके।

(सं) विघ्रस्योभयथोदय:।

(अं) On the horns of a dilemma.

ऊ

ऊंघते को ठेलते का बहाना ।

(हिं) ऊँघते व्यक्ति (जिसे नींद सता रही हो) को जानबूझ कर धक्का देने के बाद कह दिया जाए कि वह तो स्वयं नींद के कारण गिर गया-अर्थात् किसी को स्वाभाविक क्षम्य गलती के लिए दोषी ठहराना।

(सं) कृतापराध: परानाक्षिपति।

(अं) Lit - Excuses come readily to the lips of the lazy.

ऊंची दुकान फीका पकवान ।

(हिं) नाम बहुत प्रसिद्ध, कार्य अत्यधिक बुरे।

(सं) अन्त:सारविहीनस्य बहिराडम्बरं बहु।

(अं) Great cry and little wool. Sounding brass.

ऊधो जी ! रैन को सुपनो भयो ।

(हिं) स्वप्न में प्रिय से मिलन-अर्थात् स्वप्न सच नहीं होता।

(सं) सखि ! म: स्वन्पवज्जात: प्राणेशस्य समागम: ।

(अं) Lit . O Udho ! it has become a night's dream.

ऊधो वो ए द्वार का जाने ।

(हिं) असलियत हजम करना हर व्यक्ति के वश की बात नहीं।

(सं) किं किरातो विजानीयान्मौक्तिकस्य महर्घताम्।

(अं) Lit . O Udho ! what can he know about this gate.

ऊधो बन आये की बात ।

(हिं) समय सबसे अधिक बलशाली है।

(सं) समय एव करोति बलाबलम्।

(अं) Nothing succeeds like success.

ऊसर खेत में केसर ।

(**हिं**) ऊसर में केसर उगाना-अर्थात् असंभव को संभव बनाने का प्रयास।

(**सं**) शिलायां कमलोद्भव:।

(**अं**) Hair does not grow on the palm.

ऊँट के मुँह में जीरा ।

(**हिं**) अधिक खाने वाले को थोड़ा खिलाने से उसकी भूख शांत नहीं हो सकती।

(**सं**) समुद्रे पृषत: पातो रवये दीपदर्शनम्।

(**अं**) A drop in the ocean.

ऊधो का लेना न माधो का देना ।

(**हिं**) एकाकी-अर्थात् जिसे किसी से कोई सरोकार नहीं।

(**सं**) उदासीनो हि पुरुषो निश्चलं सुखमश्नुते।

(**अं**) Lit So indifferent as to be interested in nothing.

ऊंट की चोरी निहुरे निहुरे ।

(**हिं**) खुल्लम-खुल्ला किया जाने वाला कार्य गुप्त तरीके से नहीं किया जा सकता।

(**सं**) आमाद: पिहितस्यापि लशुनस्य विसर्पति।

(**अं**) Lit. Going to lift a camel, but crouching to escape observation.

ऊंट के गले में बिल्ली ।

(**हिं**) बड़े के साथ छोटे का निर्वाह असंभव है।

(**सं**) गजमपि त्रसयन्ति पिपीलिका:।

(**अं**) Lit. Cat at the throat of a camel.

ऊजड़ खेड़ा नाम निवेड़ा ।

(**हिं**) ऊजड़ खेड़े को आबादी संभालने वाला कहना-अर्थात् अपाहिज के हाथ सुदृढ़ हथियार देना।

(सं) अक्षरशत्रुर्नान्मा विद्याधरः।

(अं) Cripple christened Armstrong.

ऊंट बहे गदहा थाह ले ।

(हिं) सशक्त मुसीबत में हो और कमजोर जाँच-पड़ताल करे-अर्थात् बुद्धिमान की परेशानी की मूर्ख जाँच-पड़ताल करे।

(सं) गजा यत्र विलीयन्ते गर्दभानां कथैव का।

(अं) Fools rush in where angel's fear to tread.

ए

एक आवत एक जात है या घर यही रीति ।

(हिं) एक आता है, एक जाता है। इस घर की यही रीति है-अर्थात् संसार में जो जन्म लेता है वह मरता भी है।

(सं) जातस्य हि ध्रुवं मृत्युर्ध्रुवं जन्म मृतस्य च ।

(अं) Old order changeth giving place to new.

एक और एक ग्यारह ।

(हिं) एकता में शक्ति निहित है।

(सं) सङ्घशक्तिः कलौ युगे।

(अं) Union is strength.

एक कहो न दस सुनो।

(हिं) किसी को एक गाली दी जाय तो वह भी चार गालियाँ दे सकता है।

(सं) परोद्वेगकरं वाक्यं नोच्येत हित कांक्षिभि।

(अं) Least said soonest mended. Silence is golden.

एक को पानी एक को कींच ।

(हिं) सौतेला व्यवहार-अर्थात् घर आये दो मेहमानों में से एक को अच्छा भोजन तथा दूसरे को खराब भोजन खिलाना।

(सं) विषमप्यमृतं क्वचिद्भवेदमृतं वा विषमीश्वरेच्छया।

(अं) What is food to one is poison to another.

एक खजेली कुतिया सौ कुत्तों को खजेला करे ।

(हिं) एक खाज वाली कुतिया अनेक कुत्तों को खाज (छूत की बीमारी) लगा सकती है-अर्थात् एक बुरा इंसान अपने जैसे अनेक इंसान बुरे स्वभाव के बना सकता है।

(सं) एकेनैव स्फुलिङ्गेन दह्यते सकलं वनम्।

(अं) A diseased sheep infects the whole flock. One bad woman can be the undoing of a host of men.

एक खाय मलीदा एक खाय भूस ।

(हिं) एक दूध में रोटी मीड़ कर खाये और एक भूसी खाये-अर्थात् जैसी करनी वैसी भरनी।

(सं) भाग्यं फलति सर्वत्र।

(अं) Inequalities of fortune.

एक तो मियां बावले दूजे खाई भंग ।

(हिं) पागल व्यक्ति नशा करने पर और अधिक पागल हो जाता है।

(सं) मर्कटस्य सुरापानं तत्र वृश्चिकदंशनम्।

(अं) A mad man drunk.

एक थैली के बट्टे।

(हिं) एक थैली के बाट-अर्थात् सब एक स्वभाव के।

(सं) हर्म्येष्टकानि सर्वाणि समानानि भवन्त्यहो।

(अं) Chip of the old block.

एक दिन पाहुना दूसरे दिन अनभावना ।

(हिं) रिश्तेदारी में अधिक रहने से अपमान होने लगता है।

(सं) दिवसादेकात्परं परस्य गेहे भवति निवासान्निरादरोऽतिथीनाम्।

(अं) A chronic guest overstays his welcome.

एक नयन अमृत झरे एक नयन में विष बसे ।

(हिं) भेदभाव करना।

(सं) विषकुम्भं पयोमुखम्।

(अं) Breathing hot and cold from the same mouth.

एक पड़े लोटते हैं दूसरे चोखी मांगते हैं ।

(हिं) एक मौज उड़ाये और एक रोटी के लिए तरसे।

(सं) व्यसनोन्मत्तो व्यसनी जन्मान्ध इव परदु:खमपश्यन् कष्टं व्यसनस्य याचते भूरि।

(अं) Lit. One drunkard rolls on the ground another calls for more drinks.

एक पापी नाव को डुबाता है ।

(हिं) एक बुरे व्यक्ति के कारण पूरा परिवार बुरा कहलाने लगता है।

(सं) एकेनैव कुपुत्रेण नाश्यते कुलमुत्तमम्।

(अं) Lit. One sinful passenger is sufficient to bring disaster on a whole boat-load of fellow- travellers. Beware of evil company.

एक बेल के तूंबड़े ।

(हिं) एक बेल के सब एक जैसे फल।

(सं) समानानि फलान्येकवृक्षजान्यखिलान्यहो।

(अं) Birds of the same feather.

एक मरता सौ पर भारी ।

(हिं) अकेला बहादुर व्यक्ति अनेक के लिए भारी पड़ता है-अर्थात् बहादुर व्यक्ति का सामना कई-कई लोग मिलकर भी नहीं कर पाते।

(सं) प्राणै: पणतो वद किं न कुर्य्यु: ।

(अं) Lit. One man is more than a match for a hundred if bent on fighting till death.

एक माला के मनके ।

(हिं) सभी सज्जनों में समान गुण होते हैं।

(सं) समाना एव वर्त्तन्ते सूत्रे मणिगणाःस्नजः।

(अं) A bead of the same rosary.

एक म्यान में दो खड़ग दीठा सुना न कान ।

(हिं) एक म्यान में दो तलवारें, ऐसा देखने-सुनने में नहीं आता-अर्थात् एक घड़े में दो घड़े पानी नहीं भरा जा सकता।

(सं) मृगेन्द्रद्वयमेकस्मिन् बने दृष्टं श्रुतं न च ।

(अं) Two kings can't rule one kingdom.

एक रोता सौ को रुलावै ।

(हिं) परिवार में एक व्यक्ति परेशान हो तो पूरा परिवार परेशान होता है।

(सं) दुःखार्त्तः सूयते भूरि दुःखमेव समन्ततः।

(अं) A gloomy man sheds gloom on the whole company.

एक हंसता भला न एक रोता भला ।

(हिं) एक ही स्थान पर एक व्यक्ति बैठा हँस रहा हो और एक बैठा रो रहा हो तो अच्छा नहीं-अर्थात् सुख और दुःख का साथ नहीं होता।

(सं) जगति हर्षविषादविकाशनं सहचरेण विना न विभाव्यते।

(अं) Laughing by oneself and weeping by oneself are both unnatural.

एक हाथ से ताली नहीं बजती ।

(हिं) जब दो में झगड़ा होता है तो किसी न किसी रूप में दोनों ही दोषी होते हैं।

(सं) न तालिकैकैककरेण ताड्यते।

(अं) No clapping with one hand.

एते पांव पसारिये जेती लांबी सौर।

(हिं) अपनी क्षमता के अनुसार कार्य करना चाहिए।

(सं) चेष्टितं सकलैः सर्व्वं स्वानुरुपं प्रशस्यते।

(अं) Cut your coat according to your cloth.

एरे ताड़वृक्ष एतो बढ़ के कहा कियो ।

(हिं) ऐ ताड़ वृक्ष इतना बढ़ कर तूने क्या किया–अर्थात् आदमी जितना बड़ा हो, उसे उतने ही बड़े कार्य करना चाहिए। यदि वह ऐसा नहीं कर सकता तो उसका कोई महत्त्व नहीं।

(सं) किन्तेन हेमगिरिणा रजताद्रिणा वा यत्र स्थिताश्च तरवस्तरवस्त एव । मन्यामहे मलयमेव यदाश्रयेण जम्बीरनिम्बकुटजा अपि चन्दनाः स्युः।

(अं) Lit. O Palm tree ! what good thy growing so tall.

एक नारी सदा ब्रह्मचारी ।

(हिं) एक पत्नीय वृतीय पुरुष भी ब्रह्मचारी जैसा ही होता है–अर्थात् सत्यवादी लोग सिर्फ एक सत्य पथ पर चलकर भी महान कार्य कर लेते हैं।

(सं) स पुमान् ब्रह्मचार्य्येव एकनारीव्रतो हि यः।

(अं) Lit. A man who is true to one woman may be called a brahmachari (i.e. one under the vow of chastity).

एक मछली तमाम पानी को गंदला कर देती है ।

(हिं) एक की बदनामी से उसका सारा (घर) समाज बदनाम हो जाता है।

(सं) एकेन शुष्कवृक्षेण दग्धं हि सकलं वनम्।

(अं) Lit. One fish dirties the whole pond.

एक पंथ दो काज ।

(हिं) एक कार्य के साथ कोई अन्य कार्य भी करना।

(सं) एका क्रिया द्व्यर्थकरी प्रसिद्धा।

(अं) Killing two birds with one stone.

एक तवे की रोटी क्या मोटी क्या छोटी ।

(हिं) एक तवे की रोटी छोटी अथवा मोटी हो सकती है–अर्थात् एक परिवार के लोगों का रहन–सहन अलग हो सकता है, परन्तु स्वभाव एक समान ही होगा।

(सं) क्षुद्रंवाऽथ विशालं वा पावनं तुलसीदलम्।

(अं) Coin of the same mintage.

एक अनार सौ बीमार ।

(हिं) वस्तु एक चाहने वाले अनेक।

(सं) एकिकैव सगुणा दमयन्ती सर्व्व एव विबुधाः कमितारः।

(अं) One vacancy and innumerable candidates.

एक से दो भले ।

(हिं) एक से दो सदैव अच्छे होते हैं क्योंकि समय पर वे एक-दूसरे के काम आ सकते हैं।

(सं) अपेक्षयैकस्य द्विकौ वरिष्ठौ।

(अं) Two heads better than one head (in making a decision).

एकान्तवासा झगड़ा न झांसा ।

(हिं) एकान्त में रहने वाले से झगड़ा-झंझट कौन करेगा। दूसरा होगा ही नहीं-अर्थात् अकेले शान्तपूर्वक रहना।

(सं) एकान्ते सुखमास्यतान्तु कुटिलैर्वादः परित्यज्यताम्।

(अं) Remote from cities livid a swain, Unvexed with any cares of gain.

एक दम हज़ार उम्मैद ।

(हिं) एक व्यक्ति से अनेक व्यक्ति कुछ न कुछ प्राप्त करने की उम्मीद रखें।

(सं) अल्पशक्तेस्तु जीवस्य खल्वसंख्या मनोरथाः।

(अं) All hopes hanging by a single thread.

एक दर बंद हज़ार दर खुले ।

(हिं) एक दरवाजा बंद हो जाए तो और दरवाजे खुले मिलेंगे-अर्थात् एक व्यक्ति से मदद न मिल सके तो अन्य के पास जाना चाहिए अर्थात् आशावादी होना चाहिए।

(सं) गुप्तं प्रयत्नादपि निन्द्यकर्म्म प्रकाशमायाति यथेक्षुदण्डः।

(अं) Lit. If one door is shut thousand are open.

ऐ

ऐसी करनी ना करे जो करके पछताय ।

(हिं) ऐसा कार्य न करो जिससे बाद में पश्चाताप करना पड़े।

(सं) अपरीक्ष्य न कर्त्तव्यं कर्त्तव्यं सुपरीक्षितम्।

(अं) Look before you leap. Do in haste repent at leisure.

ऐसो को प्रकट्यो जगमाहीं प्रभुता पाय जाहि मद नाहीं ।

(हिं) संसार में ऐसा कोई नहीं जिसे सत्ता प्राप्त करने के बाद घमंड न हुआ हो।

(सं) धनमदो मदयन्ति न किं नरम्।

(अं) Pride and power go together.

ओ

ओछे के घर खाना जनम-जनम का ताना ।

(हिं) ओछे व्यक्ति का कभी अहसान नहीं लेना चाहिए, क्योंकि वह उम्र भर ताने मारता रहेगा।

(सं) दुःखदा खलसङ्गतिः।

(अं) No misery like owing obligation to the mean-minded.

ओझ भरे न रोग बढ़े ।

(हिं) अत्यधिक भोजन खाने से रोगों का जन्म होने लगता है।

(सं) यावद्भैषज्यबाहुल्यं तावद्रोगो विवर्द्धते ।

(अं) No overfeeding, no sickening.

ओछे की प्रीत बालू की भीत ।

(हिं) ओछे व्यक्ति से स्नेह करना रेत की दीवार के समान है, न जाने कब ढह जाए-अर्थात् ओछे व्यक्ति से स्नेह नहीं करना चाहिए।

(सं) सङ्गतानि कुबुद्धीनां तडिद्विलसितान्यपि । क्षणद्वयं न तिष्ठन्ति घनारब्धान्यपि स्वयम् ।

(अं) Love of the base has no base.

ओस के चाटे प्यास नहीं बुझती ।

(हिं) ओस चाटने से प्यास शांत नहीं होती–अर्थात् आवश्यकतानुसार आवश्यक वस्तु मिलना आवश्यक है।

(सं) कपर्दिकाप्रदाने न भूपतिर्न प्रसीदति ।

(अं) Toy gun to kill Tiger ! Dame Partington putting back the Atlantic Ocean with her mop and pail.

ओछों के ढिंग बैठकर अपनी भी पत जाय ।

(हिं) ओछे व्यक्तियों की संगत से भले व्यक्ति की लाज भी समाप्त हो जाती है–अर्थात् संगत का असर आदमी पर अवश्य पड़ता है।

(सं) संसर्गजा दोषगुणा भवन्ति।

(अं) Society of the mean demeans.

औ

औगुन चित न धरौ ।

(हिं) प्रिय व्यक्ति के अवगुणों पर ध्यान नहीं देना चाहिए।

(सं) दुर्गुणा दूरतस्त्याज्या: । क्षन्तव्यो मेऽपराध: शिव शिव शिव भा: श्रीमहादेव शम्भो।

(अं) Save me from temptation ! (Lit) - Keep my mind off from evil.

औगुन ऊपर गुण करे ताको नाम सपूत ।

(हिं) जो अवगुणों को अपने गुणों से समाप्त कर दे वही सच्चा सपूत है।

(सं) उपकारपरो नित्यमपकारपरेऽप्यरौ ।

(अं) Returning good for evil. Noble revenge.

औघट चले न चौपट गिरे ।

(हिं) उल्टा–सीधा चलेगा तो चौपट्टा गिरेगा–अर्थात् ठीक तरह से काम न करने वाला अपने लक्ष्य तक नहीं पहुँचता वह राह में भटक जाता है।

(सं) दत्तावधानस्य कुत: पराजय: ।

(अं) Follow the straight path ! (Lit) No following a bad road, no courting a bad fall.

और को औषध है सजनी पै स्वभाव को औषध है न कछू ।

(हिं) रोग ठीक करने के लिए औषधि है, परन्तु स्वभाव परिवर्तन के लिए कोई औषधि नहीं।

(सं) स्वभावो मूर्द्धनि वर्त्तते ।

(अं) Habit is second nature.

औलाती का पानी मँगरे पर नहीं चढ़ता ।

(हिं) औलाती-जिस स्थान पर छप्पर से वर्षा का पानी टपकता है। मंगरा-छप्पर का ऊपरी हिस्सा जो मुंडेर से बंधा होता है। औलाती से पानी नीचे गिरने के बाद ऊपर मगरे पर नहीं चढ़ सकता-अर्थात् एक बार कलंक लग जाए तो कभी नहीं मिट सकता।

(सं) त्वं चेन्नीचपथेन गच्छसि पयः कस्त्वां निरोद्धुं क्षमः।

(अं) Lit . Water in the valleys can never climb up to hill tops. How can the low and mean appreciate what is high and noble ?

अं

अन्तकाल सुधरा तो सब सुधरा ।

(हिं) अपनी गलती सुधारने वाला अंततः पूरी तरह सुधरा मान लिया जाता है।

(सं) यं यं वाऽपि स्मरन् भावं त्यजत्यन्ते कलेवरम् । तं तमेवैति कौन्तेय ! सदा तद्भावभावितः ।

(अं) All is well that ends well.

अन्त बुरे का बुरा ।

(हिं) बुरे का अंत बुरा होता है।

(सं) कथाऽपि खलु पापानामलमश्रेयसे यतः।

(अं) He who sows thorns will never reap grapes.

अन्त भला सो भला ।

(हिं) जिसका अंत अच्छा होता है उसे अच्छा मान लिया जाता है।

(सं) अन्ते वरं चेत्सकलं वरिष्ठम् ।

(अं) Right at the last is ever right.

अन्त मता सो मता ।

(हिं) जो अंत में पागल हो जाता है उसे पागल ही माना जाता है।

(सं) अन्ते मतिः सा गतिः।

(अं) Faith at the end alone availeth.

अन्त राम सो काम ।

(हिं) अंत में सिर्फ ईश्वर काम आता है।

(सं) एक एव सुहृद्धर्म्मो निधनेऽप्यनुयाति यः ।

(अं) God at the last.

अन्धा तब पतियाए जब दो आँखें पाए।

(हिं) अंधे को तब ही विश्वास होगा जब उसे दिखाई देने लगे-अर्थात् जाँच-परख कर ही असलियत जानी जा सकती है।

(सं) विनैव चक्षुषोर्लाभं कथमन्धस्य प्रत्ययः।

(अं) Lit . The blind will only believe when he can see with both eyes.

अन्धों में काना राजा ।

(हिं) अंधों का नेता एक आँख में रोशनी वाला हो सकता है-अर्थात् मूर्खों को थोड़ी सी बुद्धि वाला भी शिक्षा दे सकता है।

(सं) निरस्तपादपे देशे एरण्डोऽपि द्रुमायते ।

(अं) One eyed leading the blind.

अन्धेर नगरी अनबूझ राजा ।

(हिं) अव्यवस्थित राज्य में न्याय-अन्याय में अंतर न जानने वाला राजा।

(सं) अबला यत्र प्रबला बालो राजा निरक्षरो मन्त्री । नहि नहि तत्र धनाशा जीवित आशाऽपि दुर्लभा भवति ।

(अं) Reign of Lawlessness. Lit —The king an idiot and his kingdom a chaos.

अन्धी पीसे कुत्ते खायँ ।

(हिं) सोच-समझ कर कार्य न करने वाले का सदैव नुकसान होता है।

(सं) धर्म्मान्धो वञ्च्यतं धुर्तैर्बडिशे मत्स्यवत् सदा ।

(अं) Lit . When the blind grinds the handmill, dogs eat the flour.

अन्धा क्या चाहे दो आँख ।

(हिं) जरूरतमंद जरूरत पूरी होने पर संतुष्ट हो जाता है।

(सं) सर्वः स्वार्थं समीहते ।

(अं) Wish is father to the thought. Lit—The blind only yearns for her two eyes.

अन्धे के हाथ बटेर ।

(हिं) अनाड़ी को काम की चीज मिल जाना।

(सं) दैवाद्दरिद्रेण निधिर्यथाऽऽप्तः।

(अं) What good is fortune to one who can't use it?

अन्धा बांटे रेवड़ी फिर-फिर अपने को दे ।

(हिं) स्वार्थी सदैव अपनों के हित के लिए कार्य करता है।

(सं) स्वार्थं हि साधयत्यनधो निजान्धत्वप्रकाशनात् ।

(अं) The blind moving in a circle.

क

कछुए का काटा कठौती से डरे ।

(हिं) किसी को कछुआ काट ले तो उसे कठौती (लकड़ी का तसला) से भी डर लगता है-अर्थात् किसी काम में धोखा खाने वाले को प्रत्येक काम में धोखे का अहसास होता है।

(सं) रज्जौ यथाहेर्भ्रमः। न गङ्गदत्तः पुनरोति कूपम्। क्षादा रवि

(अं) A burnt child dreads the flame tint.

कजिया को कालो मोहड़ो ।

(हिं) काजल की कोठरी में जाने से कुछ न कुछ कालौंच अवश्य लगती है। कालौंच न लगे यह असंभव है अर्थात् जहाँ लात-घूंसे चल रहे हों, (झगड़ा हो रहा हो) आप भी वहाँ पहुँचें (चाहे बीच बचाव के लिए ही) तो आपको पहले से यह समझ लेना चाहिए कि आपके भी लात-घूँसे लग सकते हैं।

कजिया फारसी के कूज़ शब्द से बना है जिसका अर्थ है-मिट्टी का सकोरा। कूज़ से कुजिया अथवा कजिया शब्द बना जो राजस्थान में मिट्टी की हंडिया के लिए प्रयोग होने लगा। पहले सब्जी, चावल आदि मिट्टी की पकी हंडिया में बनाने का चलन था। मिट्टी की हाँडी चूल्हे पर चढ़ाई जाए तो यह निश्चय है कि उसका नीचे का भाग तो काला होगा ही, मोहड़ा (ऊपरी भाग) भी अवश्य कालौंच से काला होगा।

(सं) युधि शरेण कृतव्रणविग्रहो न कुसुमैरपि विग्रहमिच्छति ।

(अं) You must expect blows if you go into a fight.

कड कपूर कपास एक मोल है ।

(हिं) कीमती कपूर और कपास एक भाव में नहीं बिक सकते-अर्थात् जैसे सोना और लोहा एक भाव में नहीं बिक सकते हैं।

(सं) सर्वार्थवित् पाणिनिरेकसूत्रे श्वानं युवानं मघवानमाह ।

(अं) Chalk and cheese at an equal price.

कण-कण जोड़े मन जुड़े ।

(हिं) थोड़ा-थोड़ा जोड़कर (संचय) मन (४० सेर)भर अनाज (अब एक क्विंटल कह सकते हैं, पर क्विंटल का वज़न मन से अधिक होता है)एकत्र किया जा सकता है-अर्थात् बूंद-बूंद से घड़ा भर सकता है।

(सं) यथा बिन्दुप्रपातेन क्रमशः पूर्य्यते घटः। सा रीतिः सर्वविद्यानां धर्म्मस्य च धनस्य च ।

(अं) Little Little makes a mickle.

कतवारी को सुधरे बतवारी को बिगड़े ।

(हिं) जो सूत कातने वाली मन लगा कर सूत कातती है उसका सूत अच्छा होता है और जो सूत कातने पर ध्यान न देकर बातें करने में व्यस्त रहती है, उसका सूत खराब होता है-अर्थात् जो लोग मन से कार्य नहीं करते उनका कार्य बिगड़ जाता है।

(सं) उद्यमेन हि सिध्यन्ति कार्य्याणि न मनोरथैः।

(अं) The worker works and wins, the talker talks and talks. The critics will criticise and writers will write.

कदकी तेलन कदका पाला ।

(हिं) निरर्थक चिन्तन-अर्थात् जो घटना घट चुकी उसके बारे में सोचना, जिसका कोई समाधान नहीं।

(सं) पञ्चवर्षीयबालाया: पुत्रो द्वादशवार्षिक:।

(अं) A thing of yesterday.

कपड़े का नाहर ।

(हिं) कपड़े का शेर-अर्थात् धोखा देकर भयभीत करना।

(सं) यथा चर्ममयो मृग:।

(अं) A bogey. Donkey in lion's skin. A figure of straw.

कपूर खिलाये सत नहीं चढ़ता ।

(हिं) सुगंधित वस्तु खिलाकर किसी को गंधयुक्त (खुशबूदार) नहीं बनाया जा सकता।

(सं) द्युतिं सैंहीं किं श्वा धृतकनकमालोऽपि लभते ?

(अं) The king's uniform does not make a soldier of a coward.

कभी घी घना और कभी मुट्ठीचना ।

(हिं) कभी नाना प्रकार के व्यंजन खाना और कभी पानी पीकर (या कम खा कर) गुजारा करना।

(सं) क्वचिच्छाकाहारी क्वचिदपि च दधयोदनरुचि: ।

(अं) Life is full of ups and downs.

कमला काहू की न भई ।

(हिं) लक्ष्मी (दौलत) किसी के पास सदैव नहीं रहती।

(सं) चञ्चला कमला सदा ।

(अं) Riches have wings.

कमानी न पहिया गाड़ी जोत मोरी मैया ।

(हिं) गाड़ी में न पहिया न कमानी और कहा जाये इसे चलाओ-अर्थात् कोई भी यंत्र परिपूर्ण हिस्सों के बिना संचालित नहीं किया जा सकता।

(सं) प्रातराशो गृहे नास्ति ब्राह्मणानां निमनत्रणम् ।

(अं) All show, no substance.

कमावै टोपीवाला उड़ावै धोतीवाला ।

(हिं) टोपी पहनने वाला अर्थात् अंग्रेज कमाये और धोती पहनने वाला अर्थात् बंगाली उड़ाए। यह कहावत तब प्रचलित हुई जब भारत में अंग्रेजी शासन था। उस समय बंगाली (धोती-कुर्त्ता पहनने वाले) बड़े-बड़े ओहदे पर थे। उन्हें अंग्रेजी सरकार वेतन अच्छा देती थी। जिस कारण वे बंगाली बड़े ठाठ से रहते थे।

(सं) ये कुमार्गगता नित्यममितव्ययकारिणः । अर्थोपार्ज्जकचित्तानां वृत्तीर्नैव विदन्ति ते ।

(अं) Lit. The hat-wearer earns and the dhoti- wearer spends.

Note - This note refers to the days when Bengalees (dhotee-wala) held most of the fat posts under English officers (topi-wala) in British India.

करकी नाड़ी करही जाने ।

(हिं) हाथ की नाड़ी (नफज़) चतुर वैद्य ही समझ सकता है, हर कोई नहीं अर्थात् जो जिस काम के बारे में अच्छी तरह जानता है वही उस काम को कर सकता है।

(सं) विद्वानेव विजानाति विद्वज्जनपरिश्रमम् ।

(अं) Lit. The wrist only knows of the pulse within the wrist.

कर गुज़रान गरीबी से ।

(हिं) गरीबी है तो गरीबी में गुजर-बसर करनी चाहिए-अर्थात् स्वाभिमान किसी भी परिस्थिति में खोना नहीं चाहिए।

(सं) साधारण्येन वर्तेत ।

(अं) Simple life is happy life.

करजदार, पत्थर खाय हरवार ।

(हिं) कर्जदार को हमेशा कर्ज देने वाले से भला-बुरा सुनना पड़ता है अतः कर्ज लेने से बचना चाहिए-अर्थात् गलत काम करने पर भला-बुरा अवश्य सुनना पड़ता है।

(सं) अधमर्णैः सदा दुःखं भुज्यते जन्मजन्मनि ।

(अं) He that goes a - borrowing goes a- sorrowing.

करम न दे यारी ताको मैं कहा करूं ।

(हिं) किसी का भाग्य साथ न दे तो उसके लिए क्या किया जा सकता है।

(सं) प्रतिकूलतामुपगते हि विधौ विफलत्वमेति बहुसाधनता ।

(अं) It is vain fighting against fate.

करम बिना नर कौड़ी न पावे ।

(हिं) कर्म (कार्य) न करने से पुरुष कुछ नहीं प्राप्त कर सकता।

(सं) भाग्यात्परं नैव ददाति किञ्चित् ।

(अं) No success without luck.

कर्म रेख अमिट है ।

(हिं) भाग्य रेखा मिटाई नहीं जा सकती–अर्थात् जो भाग्य में लिखा है वही मिलेगा।

(सं) यत्पूर्वं विधिना ललाटलिखितं तन्मार्ज्जितुं कः क्षमः । भाविनी कर्म्मरेख

(अं) No one can withstand the decrees of Fate.

कर्महीन खेती करे बैल मरे या सूखा पड़े ।

(हिं) भाग्य हीन किसान के किसानी के समय बैल मर जाते हैं या सूखा पड़ने से फसल सूख जाती है–अर्थात् भाग्यहीन का सदैव नुकसान होता है।

(सं) प्रायो गच्छति यत्र भाग्यरहितस्तत्रैव यान्त्यापदः।

(अं) The unlucky wight never wins in the fight. All my swans have turned into geese.

कर लिया सो काम भज लिया सो राम ।

(हिं) जो कर लिया जाय वही कार्य और जितना भगवान को याद किया जाय वही भक्ति–अर्थात् संतुष्टि आप पर निर्भर है।

(सं) यत्नतः कुरु कर्त्तव्यं हरिस्मरणमेव च । क्षणादूह्हवं न ज्ञायेत विधाता किं करिष्यति ।

(अं) Do not leave for to-morrow the work for to- day.

कर से कंघना खूटे !

(**हिं**) शक्तिशाली है और बुद्धिमान नहीं तो कोई महत्व नहीं–अर्थात् यदि कंगन हाथ में न पहना जाय तो उसका कोई महत्त्व नहीं।

(**सं**) उपायेन हि यत् सिद्धं न तत् सिद्धं पराक्रमैः।

(**अं**) Strength is useless without skill.

करी भलाई आपनी चित सों दे बिसराय । मानो डारी कूप में काहू सों न जनाय ॥

(**हिं**) भलाई करके भूल जाना चाहिए किसी को जताना ठीक नहीं। समझ लो कि कोई वस्तु कुएं में गिर गई है और कभी हाथ नहीं आएगी–अर्थात् नेकी कर दरिया में डाल।

(**सं**) मय्येव लीनतां यातु यन्मयोपकृतं हरे ! नरः प्रत्युपकारार्थी विपत्तिमभिवाञ्छति ।

(**अं**) Do not let thy left hand know the good thy right hand does.

करे कोई भरे कोई ।

(**हिं**) बुरा कार्य करता है कोई और उसका परिणाम भोगता है कोई और।

(**सं**) क्षेत्रशस्यं खरो भुङ्क्ते तन्तुवायस्तु ताड्यते ।

(**अं**) One is to blame, others bear the shame.

करेगा सेवा तो पायेगा मेवा ।

(**हिं**) अच्छा कार्य करने से अच्छा ही फल प्राप्त होता है।

(**सं**) सर्व्वां गुरुगतां विद्यां शुश्रुषुरधिगच्छति ।

(**अं**) No sweat no sweet.

करे सो डरे ।

(**हिं**) जो बुरे कार्य करता है, वही भयभीत रहता है।

(**सं**) यः करोति विभेति सः।

(**अं**) Guilty conscience.

कलियुग का पहरा है ।

(हिं) बुरे आदमी पर बुरा समय हावी रहता है।

(सं) हा कष्टं खलु वर्त्तते कलियुगे धन्या नरा ये मृताः।

(अं) Evil times breed evil thoughts.

कहत बड़े जन सांच है बात हवा ले जात ।

(हिं) मुँह से निकली बात बहुत दूर तक पहुँचती है।

(सं) षट्कर्णो भिद्यते मन्त्रः । दिवा निरीक्ष्य वक्तव्यं रात्रौ नैव च नैव च । धूर्ताः सर्वत्र तिष्ठन्ति वटे वररुचिर्यथा ।

(अं) Walls have ears.

कहबे को अबला बोलवे को सबला ।

(हिं) औरत को अबला (कमजोर) कहा जाता है, लेकिन बोलने में बहुत सशक्त होती है।

(सं) योषितः कलहप्रियाः।

(अं) Lit. In name the weaker sex, in talking the strongest. "One tongue is sufficient for the woman".

कहां-कहां मन रुच करे दियो सो तन छन भंग ।

(हिं) शरीर नाशवान है, बावजूद इसके मन को न जाने क्या-क्या अच्छा लगता है।

(सं) अनन्तशास्त्रं बहुला च विद्या स्वल्पश्च कालो बहुविघ्नता च ।

(अं) Art is long but time is fleeting.

कहां राजा भोज कहां गंगू तेली ।

(हिं) छोटे और बड़े या गरीब और अमीर में समानता नहीं हो सकती।

(सं) क्व सूर्य्यप्रभवो वंशः क्व चाल्पविषया मतिः।

(अं) Comparison are odious.

कहां राम राम कहां टांय टांय ।

(हिं) एक कार्य करे और एक सिर्फ बातें बनाये।

(सं) वयं क्व वर्णाश्रमरक्षणोचिताः क्व जातिहीना मृगजीवितच्छिदः।

(अं) Lit. The pet parrot cries 'Ram, Ram,' and also "screeches tain, tain", but Ram Ram, is one thing and 'tain, tain' another thing.

कहीं डूबे भी तिरे हैं ।

(हिं) डूबने वाला तैरना नहीं जानता।

(सं) गतायुर्नैव जीवति ।

(अं) Crows are never the whiter for washing.

कहे कुछ सुने कुछ ।

(हिं) कहना कुंछ और सुनना कुछ –अर्थात् मक्कारी करना।

(सं) कर्णस्पर्शे कटिचालनम् ।

(अं) I ask for a fork and you bring me cake.

कहे दिन की सुने रात की ।

(हिं) मतलब की बात सुनना और मतलब की ही बात कहना अर्थात् मतलब परस्ती।

(सं) आम्रान् पृष्टः कोविदारानाचष्टे ।

(अं) Lit. Says about day, but is heard to say about night.

कहें रणधीर भाग जात पात खरके सों ।

(हिं) अपने आपको बहादुर बताना लेकिन भीतर से डरपोक अर्थात् शेर मारने की डींग और चूहे से भी डर।

(सं) वीरम्मन्यो भेरिशब्दाद्बिभेति ।

(अं) Sounding brass.

कमाऊ पूत किसको अच्छा नहीं लगता ।

(हिं) धन अर्जन करने वाला पुत्र किस पिता को अच्छा नहीं लगता–अर्थात् मेहनती सबको अच्छे लगते हैं।

(सं) कस्मै न रोचते पुत्रो यो धनार्ज्जनकृद्गुणी ।

(अं) Who resents the kick of the milch cow ?

कभी नाव गाड़े पर कभी गाड़ा नाव पर ।

(हिं) अनाड़ी अक्सर दु:ख उठाते हैं।

(सं) कदाचिन्नावि शकटं कदाचिच्छकटेऽपि नौः ।

(अं) Horse drawing the cart and the cart drawing the horse.

करघा छोड़ तमाशे जाय नाहक चोट जुलाहा खाय ।

(हिं) जो अपना कार्य अधूरा छोड़ मौजमस्ती करने लगते हैं उन्हें सदैव नुक्सान उठाना पड़ता है।

(सं) दु:खमाप्नोति सततं स्वकर्त्तव्यपराङ्नुखः ।

(अं) Lit. He who leaves his work for play suffers. Do with a will the work to hand.

कमज़ोर मारखाने की निशानी ।

(हिं) जो अपने आपको कमजोर समझता है वह अपने से भी कमजोर से पिटता है।

(सं) दौर्बल्यं कष्टदं सदा ।

(अं) All troubles are for the weak.

करे तो डर न करे तो भी डर ।

(हिं) निरंतर भयभीत रहना।

(सं) पृष्ठे जलं पुरो वह्निः किं करोतु पिपीलिका ।

(अं) On the borns of a dilemma.

करनी करे तो क्यों डरे करके क्यों पछताय । बोवे बीज बबूल के आम कहां से खाय ।

(हिं) कुछ गलत नहीं किया तो डरना नहीं चाहिए न पश्चाताप करना चाहिए। यह शिक्षा भी ग्रहण करना चाहिए, यदि तूने बबूल बोया है तो तुझे आम का फल खाने को नहीं मिल सकता-अर्थात् जैसा कर्म वैसा फल।

(सं) पुमान् भुङ्क्ते फलं लोके स्वकर्त्तव्यानुसारतः ।

(अं) As you sow, so you reap. If you sow the wind you must reap the whirlwind.

करनी खाक की और बात लाख की ।

(हिं) काम एक पैसे का न करना और बातें लाखों रुपयों की–अर्थात् फरेबी इंसान।

(सं) कर्त्तव्यशून्यो वचनेऽतिशूरः।

(अं) Empty vessels sound much.

करनी न करतूत चलियो मेरे पूत ।

(हिं) काम कुछ न करना और शोर बहुत मचाना।

(सं) अकर्त्तव्यं न कर्त्तव्यम् ।

(अं) Lit. An improper thing must not be done: Come away, my son.

करनी न करतूत लड़ने को मौजूद ।

(हिं) **कार्य न कर उलटे लड़ने को तैयार।**

(सं) कार्य्ये शिथिलतामेति योद्धुं समुपतिष्ठते ।

(अं) Lit. Small in work, great in dispute. Incompetent in work, blatant in talk.

कडुआ स्वभाव डूबती नाव ।

(हिं) बुरी आदत और डूबती नाव सदैव अहितकर होती है–अर्थात् बुराई सदैव अविश्वसनीय होती है।

(सं) क्रोधी व्यसनमश्नुते ।

(अं) Sweet word turneth away wrath. A bitter tongue makes many enemies.

कल का लीपा देउ बहाय आज का लीपा देखो आय ।

(हिं) जो कार्य किया जा चुका है (बुरा या अच्छा) उस पर विचार मत करो जो अब (वर्तमान में) किया जा रहा है उसकी अच्छाई–बुराई पर ध्यान दो।

(सं) गतस्य शोचना नास्ति प्रस्तुतं परिचिन्तय ।

(अं) Trust no future however pleasant, Let the dead past bury its dead, work, work in the living present, Heart within and God o'erhead.

कसाई का खूंटा और खाली रहे ।

(हिं) बुरे कार्य करने वाला अपने आप को कितना भी सुधार ले फिर भी वह कुछ न कुछ बुरा कार्य अवश्य करता रहेगा।

(सं) यमकार्य्यं न रुद्धयते ।

(अं) Every bullet has its billet.

कहे तो मा मारी जाय और न कहे तो बाप को कुत्ता खाय ।

(हिं) संशय-अर्थात् न कहते बने और न छुपाते बने।

(सं) गृहीत्व भयमान्पोति त्यक्त्वा न सुखमश्नुते ।

(अं) Between the Scylla and the Charibdes.

कहे से धोबी गधे पर नहीं चढ़ता।

(हिं) न करने योग्य कार्य किसी से करने को कहा जाये तो वह नहीं करेगा, लेकिन जब उसका मन चाहेगा तो वही कार्य वह कर डालेगा।

(सं) आज्ञापितस्तु रजको नैवारोहति गर्दभम्।

(अं) It is vain to request the osean

का

काकड़ी के चोर को लाकड़ी ।

(हिं) ककड़ी-चोर की लाठी से पिटाई अर्थात् मामूली अपराध के लिए सख्त सजा।

(सं) यष्ट्याघातः कर्कटीचौरपृष्ठे ।

(अं) The fall of dew is tempest to the ant. Great fuss over a little thing.

काजर की कोठरी में कैसोहू सयानो जाय एक रेख काजर की लागि है पै लागि है ।

(हिं) काजल के कक्ष में कितना भी चतुर व्यक्ति प्रवेश करे, उसके वस्त्रों (या शरीर) पर कहीं न कहीं कालौंच अवश्य लग जाएगी।

(सं) मलिनयति चतुरपुंसामपि सुयशः कुत्सितं कर्म्म ।

(अं) No one can touch dirt without soiling one's fingers.

काजल सब कोई दे चितवन भांति-भांति ।

(हिं) काजल सब लगाते हैं, परन्तु दृष्टि सबकी अलग-अलग होती है-अर्थात् अनेक के कार्य समान हो सकते हैं परन्तु उद्देश्य सबका अलग-अलग होगा।

(सं) प्रकर्षमाधारवशं गुणानाम् ।

(अं) Tastes differ.

काटने को आई चारा खेत पर इजारा ।

(हिं) चारा काटने आई स्त्री चारे का बहुत बड़ा खेत देख सारा काट कर घर ले जाने की सोचने लगे-अर्थात् थोड़ी चीज की जरूरत वाला उस चीज का विशाल ढेर देख सब हड़प करने की सोचने लगे।

(सं) भृत्यत्वं कर्त्तुमायातः स्वयं राजायते वृथा ।

(अं) Given an inch, demands an ell.

कांटा कांटे से निकलता है ।

(हिं) बुराई का मुकाबला बुराई से ही किया जा सकता है।

(सं) कण्टकेनैव कण्टकम्।

(अं) Diamond cuts diamond.

काठ की घोड़ी पाँवो नहीं चलती ।

(हिं) सत्य कभी भी असत्य से नहीं छिपाया जा सकता।

(सं) सत्यमेव जयति नानृतम् ।

(अं) A lie has no legs to stand upon. Wooden horse.

काणी को सराहे काणी का बाप ।

(हिं) पिता अपनी अपाहिज संतान की भी सदैव तारीफ करता है-अर्थात् बुरे भी उनके अपनों को अच्छे लगते हैं।

(सं) वात्सल्यं बलवत्तरम् ।

(अं) The Crow thinks his own mate the fairest creature on earth. Every dealer praises his own wares.

कांधे डाली झोली नीच छोड़ा न कोली ।

(हिं) भिक्षुक ऊँच-नीच (जाति-पाँति) नहीं देखता। वह तो सबके घर भिक्षा माँगता है-अर्थात् जब कोई बुरा कार्य करने लगता है तो शर्म-हया त्याग देता है।

(सं) न जातिदोषं गणयन्ति भिक्षुकाः । एकां लज्जां परित्यज्य सर्वत्र विजयी भवेत् ।

(अं) The beggar has no choice.

काबुल में मेवा रच्यौ व्रज में रच्यौ करील ।

(हिं) भगवान की लीला (कार्य) अनोखी है। काबुल में मेवा (मधुर फल) के पेड़ और ब्रज क्षेत्र में करील काँटे -अर्थात् कहाँ क्या उगे कहाँ क्या न उगे, यह इंसान के हाथ में नहीं भगवान (प्रकृति) के हाथ में है।

(सं) नीचमाश्रयते लक्ष्मीरकुलीनं सरस्वती । अपात्रं भजते नारी गिरौ वर्षति वासवः।

(अं) Lit. Cabul noted for fruits and Brij for thorns ! This Proverb relating to contrariety and perverseness.

काम का न काज का दुश्मन अनाज का ।

(हिं) निकम्मा अर्थात् काम कुछ न करना, बैठे-बैठे खाना।

(सं) साक्षात् पशुः पुच्छविषाणहीनः।

(अं) The wise man of Gotham. A carpet kight.

काम पड़े ते जानिये जो नर जैसो होय ।

(हिं) बर्ताव से ही अच्छे-बुरे इंसान की पहचान होती है।

(सं) व्यवहारेण मित्राणि ज्ञायन्ते रिपवस्तथा । कार्य्येणैव परीक्ष्येत नरो यो यादृशो भवेत् ।

(अं) A man knows his companion in a long journey or a small inn. A man is known by his deeds.

काम पड़े मूर्ख से तो मौन गहे रहिये ।

(हिं) मूर्ख से कुछ काम लेना या करवाना है तो चुपचाप रहना ठीक होता है। उसके मुँह नहीं लगना चाहिए अन्यथा काम खराब हो जाएगा।

(सं) मौनं मूर्खान्तिके वरम् । मूर्खस्य नास्त्यौषधम्।

(अं) Lit. Keep your own counsel in dealing with a fool.

कामिनी मोहिनी रूप है ।

(हिं) कामिनी (कामग्रस्त स्त्री) का रूप मोहने वाला होता है, उससे बचना चाहिए।

(सं) स्मरणमपि कामिनीनामलमिह मनसो विकाराय ।

(अं) Woman the charmer !

कारज पीछे कीजिये पहिले जतन विचारि ।

(हिं) कार्य करने से पहले उस कार्य के यत्न पर चिन्तन करना आवश्यक है।

(सं) सुजीर्णमन्नं सुविचक्षणः सुतः सुशासिता स्त्री नृपतिः सुसेवितः । सुचिन्त्य चोक्तं सुविचार्य्य यत्कृतं सुदीर्घकालेऽपि न याति विक्रियाम् ।

(अं) Look before you leap.

काल के हाथ कमान बूढ़ा छोड़े न जवान ।

(हिं) मृत्यु के हाथ में तीर-कमान है जिससे बूढ़ा-युवा कोई भी नहीं बच सकता-अर्थात् मृत्यु सभी की होती है।

(सं) मृत्युर्वै प्राणिनां ध्रुवम् ।

(अं) Death's shaft flies for young and old alike. Death makes no distinction.

कांसा दीजिये वासा न दीजिये।

(हिं) अनजान व्यक्ति (चाहे मित्र भी हो) को कभी अपने घर में नहीं बसाना चाहिए। यदि वह इसके लिए आत्मीयता भी जताए तो सख्ती से फटकार देना भी उत्तम है।

(सं) अज्ञातकुलशीलस्य वासो देयो न कस्यचित्।

(अं) Familiarity breeds contempt.

काला अक्षर भैंस बराबर।

(हिं) अनपढ़ व्यक्ति के लिए अक्षर का कोई महत्त्व नहीं।

(सं) निरक्षरो भट्टाचार्य्यः। अर्द्धाङ्गुलपरीणाहजिह्वाग्राथासभीरवः सर्वाङ्गीणपरिक्लेशमबुधाः कर्म्म कुर्वते।

(अं) Lit. Utterly illiterate.

काल करे सो आज कर आज करे सो अब । पल में परलय होयगी फेर करेगा कब ।

(हिं) जो कल करना है उसे आज कर लो और जो आज करना है उसे तुरन्त आरंभ कर दो। पता नहीं कब प्रलय हो जाए अर्थात् फिर काम करने का अवसर मिले या न मिले।

(सं) शुभस्य शीघ्रम । श्वःकर्त्तव्यानि कार्य्याणि कुर्य्याद‌द्यैव बुद्धिमान् ।

(अं) Never leave till to-morrow what can be done to-day.

काठ की हण्डी एक ही बार चढ़ती है ।

(हिं) बार-बार किसी को धोखा नहीं दिया जा सकता।

(सं) वैयाजिको न लोकेऽस्मिन् व्यवहारश्चिरं सरेत् ।

(अं) The false can deceive but once.

कागा चले हंस की चाल ।

(हिं) कौअे का हंस की चाल (नकल करना) चलना -अर्थात् योग्य की अयोग्य द्वारा नकल करना।

(सं) आबद्धकृत्रिम सटाजटिलांसभित्तरारोपितो मृगपतेः पदवीं यदिश्वा । मत्तेभकुम्भदलपाटनलम्पटस्य नादं करिष्यति कथं हरिणाधिपस्य ।

(अं) Jackdaw in peacocks feathers.

काले के आगे दिया नहीं जलता ।

(हिं) काले सर्प के सामने दिया न जलना-अर्थात् सशक्त बुरे व्यक्ति के सामने कमजोर–अच्छे व्यक्ति की न चलना।

(सं) समीपे कृष्णसर्पस्य दीपो नैव प्रकाशते ।

(अं) Lit. Light goes out before a black snake. It refers to a popular belief. It means that vain is wise counsel to a black heart.

काम जो आवे कामरी का लै करे कमाच ।

(हिं) कम्बल की आवश्यकता होने पर गुलूबन्द से काम न चलना-अर्थात् जहाँ जरूरत तलवार की है वहाँ सुई से काम नहीं लिया जा सकता।

(सं) वरं क्षार: कूप: पिवति सलिलं यस्य सततं, अये किं स्यात्तेनानधिगतपय: क्षीरनिधिना ।

(अं) A bird in hand is worth two in the bush.

काली भली न सेत दोनों मारौ एकै खेत ।

(हिं) न काली अच्छी और न सफेद–अर्थात् दोनों ही अच्छी नहीं हैं अत: दोनों को समाप्त कर देना चाहिए।

यह कहावत एक कहानी से जुड़ी है। एक राजा था। उसका मंत्री बहुत विद्वान था। एक दिन राजा ने मंत्री से पूछा, "दुनिया में ऐसा कौन है जिस पर विश्वास नहीं करना चाहिए?" "महाराज स्त्री।" मंत्री का उत्तर सुनकर राजा चौंका। उसने पूछा। "यह प्रमाणित कर सकते हो?" "हाँ महाराज, हमको वेष बदलकर चलना होगा।" अगले दिन राजा और मंत्री वेष बदल कर नगर में भ्रमण के लिए निकले। दोनों ने एक विवाहित बदचलन स्त्री देखी। जब उसका पति घर से बाहर जाता तो उस स्त्री का यार घर आ जाता जिसके साथ वह गुलछर्रे उड़ाती। उस स्त्री के पति को इसकी जानकारी हो गई तो उसने एक रोज उसे यार के साथ रंगे हाथ पकड़ लिया। स्त्री ने भविष्य में उस राह पर न चलने की कसम खाई, परन्तु वह चोरी–छिपे चलती उसी राह पर रही। एक दिन उसने अपने पति को मार दिया और उसके साथ सती होने के लिए चिता में बैठ गई।

यह सारी घटना राजा और मंत्री ने वेष बदले गुप्त तरीके से देखी। जब स्त्री चिता में मृत पति के साथ सती होने को बैठी तब मंत्री ने भीड़ के सामने कहा–तिरिया चरित (स्त्री चरित्र) न जाने कोई, खसम मार के सती होई।

राजा और मंत्री वहाँ से महल आ गये। एक दिन राजा ने बड़ी रानी से पूछा, "तुम मुझे कितना चाहती हो?" "अपने प्राणों से भी अधिक?" रानी का उत्तर सुन राजा हँसने लगा। कुछ दिनों बाद राजा अपने से बहुत कम उम्र की एक राजकुमारी को ब्याह कर ले आया। उससे भी एक दिन राजा ने पूछा, "तुम मुझे कितना चाहती हो?" "अपने प्राणों से भी अधिक।" उसका उत्तर सुन राजा हँसने लगा। इसके बाद राजा ने दोनों रानियों से शारीरिक सम्बन्ध बनाना बन्द कर दिया। तब बड़ी रानी ने सोचा–राजा नई रानी को अधिक चाहने लगा है। इसी प्रकार नई रानी ने सोचा–राजा अब भी बड़ी रानी को ही चाहता है। परन्तु दोनों रानियों ने अपने मन की बात एक–दूसरे को नहीं बताई। कामाग्नि में धधकती दोनों रानियाँ व्याभिचार में लिप्त हो गईं और एक दूसरे की कमजोरी जान गईं। एक दिन दोनों में झगड़ा होने लगा। गुत्थम गुत्था हो गई। दोनों रूप

बदलने की विद्या जानती थीं। बड़ी रानी काली चील बन कर आसमान में उड़ने लगी तो छोटी भी सफेद चील बन कर उड़ने लगी और दोनों उड़ते-उड़ते गुत्थम गुत्था होने लगी।

मंत्री के कहने पर ही राजा ने दोनों से शारीरिक सम्बन्ध समाप्त किया था और गुप्त तरीके से यह भी जान लिया था कि दोनों को राजा से अधिक प्रिय शारीरिक सम्बंध (सहवास) है।

राजा ने गुत्थम गुत्था और उड़ती चीलों को देख सफेद चील मारने के लिए तीर साधा। तब मंत्री ने कहा-महाराज, काली भली न सेत (सफेद) दोनों मारौ एकै खेत।

(सं) कृष्णा वा श्वेतगात्री वा हन्तव्ये वासने सह ।

(अं) Necessity has no law.

काबुल में गदहे नहीं होते ।

(हिं) काबुल में गदहे भी होते हैं-अर्थात् जहाँ अच्छे लोग होते हैं वहाँ कुछ बुरे भी अवश्य होते हैं। सब एक समान नहीं होते।

काबुल के घोड़े नस्ल की दृष्टि से विश्व विख्यात हैं परन्तु वहाँ गदहे भी होते हैं। राजा पृथ्वीराज चौहान के समय की एक कहावत है-सूर (योद्धा) महोबे में उपजत हैं घोड़े काबुल और कांधार।

(सं) काश्यामपि निशाचराः।

(अं) There are flies in paradise.

काजी जी क्यों लटे ? शहर के अन्देशे से ।

(हिं) बेमतलब मन ही मन भयभीत रहना।

(सं) अकार्य्यचिन्ताकरणं वृथा तापाय कल्पते ।

(अं) Officious busybody.

काले के काटे का यन्त्र न तन्त्र ।

(हिं) काला नाग डंस ले तो डंसा हुआ किसी यंत्र-तंत्र से बचाया नहीं जा सकता-अर्थात् बिगड़े व्यक्ति को साधारण प्रयास से सुधारना मुश्किल है।

(सं) कृष्णसर्पेण दष्टस्य नार्हाः केऽपि विमोचने ।

(अं) No medicine for mortal malady.

काम को काम सिखाता है ।

(हिं) कोई कार्य करना इंसान तभी सीखता है जब वह उसे करता है-अर्थात् किसी कार्य का अनुभव इंसान को तब ही होता है जब वह उस कार्य को कहीं न कहीं किसी न किसी रूप में करता है।

(सं) जलावगाहनं त्यक्त्वा न कोऽपि तरणक्षमः ।

(अं) Work teaches how to work.

काम प्यारा है चाम प्यारा नहीं ।

(हिं) इंसान का अच्छा कार्य सबको प्रिय होता है, उसकी चमड़ी अच्छी नहीं लगती-अर्थात् पुत्र शारीरिक रूप से बहुत सुन्दर हो और हो निठल्ला तो उसे माता-पिता प्यार नहीं करते।

(सं) गुणैर्हि सर्वत्र पदं निधीयते ।

(अं) Lit. One's worth is according to one's work, not one's complexion (beauty).

काम रहे तो काजी नहीं तो पाजी ।

(हिं) ओहदे पर कार्यरत व्यक्ति को सब सम्मान देते हैं अन्यथा उसे कोई सम्मान नहीं देता।

(सं) गृहीतदक्षिणा विप्रास्त्यजन्ति यजमानकम् । रोगाक्रान्तो भिषग्भक्तो निर्मुक्तो द्वेषि तं नरः ।

(अं) An empty mind is the workshop of Satan.

काल गया पर कहावत रह गई ।

(हिं) अंततः समय गुजर जाता है सिर्फ चर्चा (अच्छे-बुरे की) होती रहती है।

(सं) दिवमप्युपजातानामाकल्पमनल्पगुणगणा येषाम् । रमयन्ति जगन्ति गिरः कथमिव कवयो न ते वन्द्याः ।

(अं) Time passes away but memory remains.

काठ की तलवार क्या करेगी वार ।

(हिं) निरर्थक का अर्थ नहीं होता।

(सं) दारुशस्त्रप्रहारेण मृगेन्द्रो नैव हन्यते ।

(अं) Lit. How can a wooden sword cut ? A paper army.

काजी के घर के चूहे भी स्याने ।

(हिं) चतुर व्यक्ति के परिवार के सभी लोगों को चतुर समझना जबकि उनमें कई मूर्ख भी हो सकते हैं।

(सं) जगुर्गृहेऽभ्यस्तसमस्तवाङ्न्यैः ससारिकैः पञ्जरवर्तिभिः शुकैः । निगृह्यमाणा वटवः पदे पदे यजूंषि सामानि च यत्र शङ्किताः ।

(अं) Surroundings influence character.

का वर्षा जब कृषी सुखाने । समय चूकि पुनि का पछताने ।

(हिं) खेती सूखने के बाद वर्षा से लाभ नहीं होता। इसी प्रकार जो व्यक्ति समयानुसार कार्य नहीं करता उसे पश्चाताप करना पड़ता है।

(सं) व्यतीतेऽवसरे लोके दीर्घोद्योगोऽपि निष्फलः ।

(अं) Strike while the iron is hot.

कि

किस बिरते पर तत्ता पानी ?

(हिं) कार्य क्षमता के अनुसार ही प्रतिफल प्राप्त होता है-अर्थात् महान कार्य करने से ही इंसान महान हो सकता है।

(सं) किं निमित्तं विकत्थनम् ।

(अं) Lit. What great thing you have done that you want hot water.

किसी को बैंगन बावरे किसी को पथ्य समान ।

(हिं) जो एक को अच्छा लग सकता है, दूसरे को वही बुरा लग सकता है।

(सं) विषमप्यमृतं क्वचिद्भवेदमृतं वा विषमीश्वरेच्छया ।

(अं) One man's food is another man's poison.

की

कीड़ी को तिनका भारत ।

(हिं) चींटी के लिए तिनका उठाना अथवा उसे रासते से हटाना भी युद्ध में

विजय के समान है-अर्थात् छोटा व्यक्ति बड़ा कार्य कर ले तो समझ लो उसने बहुत बड़ी विजय हासिल कर ली।

(सं) पिपीलिकायै गोधूमो नितरां पर्वतायते ।

(अं) Lit. A bit of straw is a great load for the ant.

कीड़ी संचे तीतर खाय पापी का धन परले जाय ।

(हिं) चींटी भोजन एकत्र करती है और उसे तीतर खा जाता है। इसी प्रकार पापी जो धन एकत्र करता है उसका उपयोग कोई और ही करता है।

(सं) दानं भोगो नाशस्तिस्त्रो गतयो भवन्ति वित्तस्य। यो न ददाति न भुङ्क्ते तस्य तृतीया गतिर्भवति ।

(अं) Lit. The earnings of sin are never enjoyed by the earner.

कु

कुछ खोके सीखते हैं ।

(हिं) इंसान कुछ खोकर ही कुछ हासिल कर पाता है-अर्थात् जो नुकसान उठाता है वही लाभ भी प्राप्त करता है।

(सं) वञ्चित: पाटवंव्रजेत ।

(अं) Never lose never win.

कुत्ता चौक चढ़ाइये चाकी चाटन जाय ।

(हिं) कुत्ते के चौके में भोजन खिलाइये, फिर भी वह चाकी चाटने अवश्य जाएगा-अर्थात् प्राणी अपने स्वभाव को कभी नहीं त्याग पाता।

(सं) य: स्वभावो हि यस्य स्यात्तेनाऽसौ दुरतिक्रम: ।

(अं) Lit. Allow the dog to enter the kitchen and it willtake to licking the bread pan. It means, never be too kind to the undeserving.

कुत्ता टेढ़ी पोंछरी कभी न सीधी होय ।

(हिं) कुत्ते की टेढ़ी पूँछ कभी सीधी नहीं हो सकती-अर्थात् दुष्ट अपनी दुष्टता कभी नहीं त्याग सकता।

(सं) अहर्निशं वर्षति वारिवाहस्तथापि पत्रं त्रिदलं पलाशे ।

(अं) Lit. the curled tail of a dog cannot be made straight.

कुत्ते तेरा मुँह नहीं तेरे साईं का मुँह ।

(हिं) कुत्ता भौंकना न जानता हो तो उसे कुत्ता कहना व्यर्थ है। उसे तो संत समझना चाहिए-अर्थात् वीर पुरूष युद्ध न करे तो उसे कायर कहा जाता है।

(सं) स्थाने स्थितः कापुरुषोऽपि शूरः ।

(अं) Borrowed courage.

कुब्जा वे दिन क्यों न सम्भारे ?

(हिं) समयानुसार कुब्जा चूकी नहीं और उसने कृष्ण से जो चाहा वह उसे मिला-अर्थात् समयानुसार जागरूक होकर जो कार्य करता है वही चतुर होता है

(सं) समये जागरूको यो स एव चतुरो नरः ।

(अं) Missed opprotunity seldom returns. Opportunity comes but once.

कुल्हिया में गुड़ नहीं फूटता ।

(हिं) कुल्हिया में गुड़ नही फूटता अर्थात् मिट्टी के छोटे वर्तन मे गुड़ की भेली नहीं तोड़ी जा सकती।

(सं) यादृशः पशुस्ताधशं बन्धनम् ।

(अं) The whale cannot be caught in a fish's net.

कुसंग से इकन्त भली ।

(हिं) बुरी संगत से अकेला रहना उत्तम है।

(सं) वरं वासोऽरण्ये न पुनरधमानां सह गणैः ।

(अं) A man is known by the company he keeps. Shun evil company.

कुआर का सा भला आया बरसा चला ।

(हिं) कुआर महीने में अचानक बादल घिरे, अचानक थोड़ा पानी वर्षा और वर्षा समाप्त-अर्थात् अचानक थोड़ा सा क्रोधित होना और तुरन्त शान्त हो जाना।

(सं) जीवनं शरदभ्रवत् ।

(अं) Lit—Like October showers, no sooner came than gone.

कुए की मिट्टी कुए में लगती है ।

(हिं) अपना अपने के काम आता है।

(सं) इक्षो रस: पच्यत इन्धनै: स्वै: ।

(अं) Stewed in its own juice.

कुंजड़ी अपने बेरों को खट्टा नहीं बताती ।

(हिं) कोई भी व्यक्ति अपने सामान को कभी बुरा नहीं बताता।

(सं) स्वीयं कस्मै न रोचते ।

(अं) Every tradesman praises his own wares.

कुछ दाल में काला है ।

(हिं) संशय।

(सं) हेतुरत्र भविष्यति ।

(अं) There is a cloud on the horizon.

कुए की मेढ़की कहा जाने समन्दर का फांट ।

(हिं) छोटी झोपड़ी में रहने वाला महल में रहने की स्थिति कभी नहीं समझ सकता।

(सं) वराकी कूपमण्डूकी वेत्ति किं वारिधेर्जलम् ?

(अं) Frog in the well. how can golden fish in a glass globe know the vastness of the ocean ?

के

केसर की करि हैं कहा कीमत, है न परख जहां हरदी की ।

(हिं) जिसे हल्दी की पहचान नहीं, वह केसर कैसे पहचान सकता है-अर्थात् जिसे फल के विषय में ज्ञान न हो वह उसके पेड़ के विषय में क्या जाने।

(सं) यथा किराती करिकुम्भमुक्तां विहाय मुक्तां विचिनोति बुञ्जाम् ।

(अं) How can the blind judge of colour ?

कै

कै बसे गुजर कै रहे उजर ।

(हिं) लाभ-हानि की परवाह न करने वाला सच्चा उद्यमी है।

(सं) सर्वेषां मूर्धिन वा तिष्ठेद्विशीर्य्येताथवा वने ।

(अं) Better to rule in hell than to be a slave in Heaven. A bull is among the cows or at the butcher's.

कै हंसा मोती चुगे कै लंघन मर जाय ।

(हिं) सत्य पथ पर चलने वाला मुसीबत में भी अपना पथ नहीं छोड़ता।

(सं) किं जीर्णं तृणमत्ति मानमहतामग्रेसरः केसरी ।

(अं) Lit. Either the hansa (the swan of Hindu mythology) feeds on pearls or dies of hunger.

कै सोवै राजा को पूत कै सोवै योगी अवधूत ।

(हिं) बेफ्रिक होकर या तो राजकुमार सोता है या सन्यासी–अर्थात् परवाह न करने वाला ही मस्त रह सकता है।

(सं) यश्च मूढतमो लोके यश्च बुद्धेः परं गतः द्वावेतौ सुखमेधेते क्लिश्यत्यन्तरितो जनः ।

(अं) Nothing before nothing behind.

Lit. Care-free sleep is for the Raja's son or the wandering beggar.

को

कोई रोवै कोई मलार गावै ।

(हिं) कोई रोता है, कोई गाता है-अर्थात् यह संसार है। यहाँ हर इंसान की स्थिति एक सी नहीं होती।

(सं) क्वचिद्वीणानादः क्वचिदपि च हाहेति रुदितम् ।

(अं) One laments, another rejoices, such is the world.

कोठी जितनी धोवोगे उतना ही कीचड़ निकलेगा ।

(हिं) अधिक बात बढ़ाने से बात बिगड़ सकती है।

(सं) अङ्गारो बहुधौतोऽपि काष्र्ण्यमेव प्रसूयते ।

(अं) Positive men are often in error.

कोमल डार ज्यों नमावो त्यों नमे ।

(हिं) कोमल डाली जिस तरह झुकाना चाहो, झुक जाएगी अर्थात्-सहृदयी लोग स्वभाव से ही विनम्र होते हैं।

(सं) नूतने भाजने लग्नः संस्कारो नान्यथा भवेत् ।

(अं) The tender twig may be bent as you choose, not the hard trunk.

क्यों अन्धा न्योता क्यों दो बुलाये ।

(हिं) गलत कार्य सदैव गलत होता है।

(सं) अवश्यमेव भोक्तव्य कृतं कर्म्म शुभाशुभम् ।

(अं) Inviting a blind man is inviting two men (i.e. one, who leads the blind.)

कोरो रह्यो रे सीदड़ा सदा तेल के सङ्ग ।

(हिं) विद्वान मूर्खों के बीच रहकर भी विद्वान ही रहता है।

(सं) शुष्कः कम्बुरिवाम्बुधौ ।

(अं) Uncorrupt in the midst of corruption.

कोयले की दलाली में हाथ काले ।

(हिं) बुरे लोगों की संगति से अच्छे इंसान पर भी बुराइयों का असर पड़ता है।

(सं) दुर्जनेन समं सख्यं प्रीतिश्चापि न कारयेत् । उष्णो दहति चाङ्गारः शीतः कृष्णायते करम् ।

(अं) Can't trade in dirt and keep the hand unsoiled.

कोढ़ी मरे सँगाती चाहे ।

(हिं) प्रत्येक व्यक्ति अपने (स्वभाव) जैसा ही साथी पसन्द करता है।

(सं) स्वयमपि नष्टः परान्नाशयति ।

(अं) The evil friend drags down in his fall.

कौ

कौन जाने किस विधि राजी राम ।

(हिं) कोई नहीं जानता कि भगवान क्या चाहता है–अर्थात् दूसरे के मन की बात जानना असंभव है।

(सं) को जानाति कथं रामः सन्तुष्टो भविता सखे !

(अं) Who knows the ways of Providence.

कौन सिखावत है कहो राज हंस को चाल ।

(हिं) हँस को चलने का रहस्य कोई सिखाता नहीं, वह स्वभावत: चलता है–अर्थात् अच्छे और बुरे कर्म इंसान अपनी आदत से मजबूर होकर करता है। उसे कोई सिखाता नहीं।

(सं) न हि कस्तूरिकामोद: शपथेन विभाव्यते ।

(अं) The kitten catches mice by instinct.

कौड़ी नहीं गांठ में चलो बाग की सैर ।

(हिं) निर्धन व्यक्ति का मंहगी खरीदारी के लिए सोचना–अर्थात् अपनी क्षमतानुसार कार्य न करना।

(सं) वित्तेनैव विना कार्य्याम्भो हि मूर्खलक्षणम् ।

(अं) To cut the coat according to the cloth.

कौड़ी नहीं हो पास तो मेला लगे उदास ।

(हिं) निर्धन व्यक्ति को मेला अच्छा नहीं लगता–अर्थात् निर्धन को संसार से मोह नहीं रहता।

(सं) सर्वशूनया दरिद्रता ।

(अं) Poverty poisons every enjoyment.

कौन किसी के आवे जावे दाना पानी लावे ।

(हिं) कोई किसी से रोजाना कुछ नहीं माँग सकता।

(सं) विवाहार्थौ च मरणमन्नं जननमेव च । कणठे बद्धवा दृढं सूत्रं यत्रस्थं तत्र नीयते ।

(अं) The decree of fate.

ख

खरा खेल फर्रुखाबादी ।

(हिं) बेबाक (खरी) बात कहना–अर्थात् सच को सच और झूठ को झूठ कहना।

(सं) स्पष्टवक्ता सदा सुखी ।

(अं) Lit. Happy is the man who is plain-spoken.

खरादी का काठ काटे ही कटे ।

(हिं) खराद की जाने वाली लकड़ी काटने से ही कटती है अर्थात् जो जिस कार्य को करने की क्षमता रखता है वह वही कार्य कर सकता है।

(सं) गजानां पङ्कमग्नानां गजा एव धुरन्धरा: ।

(अं) Lit. Defer not till the evening what the morning may accomplish.

खरी मजूरी चोखो काम ।

(हिं) काम अच्छा तो मजदूरी भी अच्छी-अर्थात् जो कार्य अच्छा करता है उसे अच्छी मजदूरी भी मिलती है।

(सं) यथा दक्षिणा तथा प्रदक्षिणा ।

(अं) Lit. Good remuneration, good labour.

खरे माल के सौ गाहक ।

(हिं) अच्छा सामान होगा तो उसके अनेक खरीददार भी होंगे।

(सं) न किञ्चिदप्राप्यतमं गुणानाम् ।

(अं) Good wine needs no brush (to allure customers.)

खलक का हलक किसने बन्द किया है ।

(हिं) भगवान की आवाज कोई बंद नहीं कर सकता-अर्थात् जनता जनार्दन की आवाज भगवान की आवाज होती है।

(सं) लोकापवादो बलवान्मतो मे ।

(अं) Lit. Public voice cannot be throttled.

खली गुड़ एक भाव है ।

(हिं) खली और गुड़ एक भाव नहीं बिक सकते अर्थात् सोने और लोहे का एक भाव नहीं हो सकता।

(सं) बिभेति मूर्खात् सदसद्विवेक: ।

(अं) Lit. Good and bad at equal value.

खरबूजे को देखकर खरबूजा रंग बदलता है ।

(हिं) कोई कार्य किसी को करता देख दूसरा भी वही कार्य करने लगे।

(सं) संसर्गजा दोषगुणा भवन्ति ।

(अं) Aman is known by the company he keeps.

खा

खाड़ खने जो और को वाको कूप तयार ।

(हिं) जो किसी के लिए गढ्ढा खोदता है उसके लिए कुआं भी तैयार हो जाता है-अर्थात् जो दूसरे के लिए बुरा करता है उसके साथ भी भगवान बुरा करता है।

(सं) परापकारनिरत: स्वयमायाति दुर्गतिम् ।

(अं) Harm set, harm get.

खांड़ खड़ी का एक भाव है ।

(हिं) खांड़ (पिसी शक्कर या बूरा की एक क़िस्म) खड़ी (एक प्रकार की सफेद मिट्टी) का एक भाव नहीं हो सकता-अर्थात् अच्छी वस्तु महंगी और खराब वस्तु सस्ती बिकती है।

(सं) सर्वधान्यं द्विविंशतिशेटकामितम् ।

(अं) Cheese and chalk at the same rate.

खाना शराकत रहना फराकत ।

(हिं) खाना एक साथ तथा रहना अलग-अलग ठीक होता है।

(सं) वरीयान् सहभोजोऽस्ति सहवासो न कर्हिचित्

(अं) Lit. Better dine at the same table but live together

खाय तो घी से नहीं जाय जी से ।

(हिं) अच्छा भोजन न खाने से मर जाना अच्छा है।

(सं) अपि निर्वाण मायाति नानलो याति शीतताम्।

(अं) Better to rule in Hell than to be a slave in Heaven.

खाक डाले चांद नहीं छिपता ।

(हिं) चंद्रमा की ओर धूल फैंकने से चन्द्रमा छुप नहीं सकता-अर्थात् अच्छाई को बुराई से नहीं छिपाया जा सकता।

(सं) धूलिप्रक्षेपतो नैव चन्द्रज्योत्स्नाऽवरुध्यते ।

(अं) Lit. Moonlight cannot be darkened by dust thrown at it.

खाली बनियां क्या करे इस कोठी का धान उस कोठी धरे ।

(हिं) खाली समय में निरर्थक कार्य करना।

(सं) कार्य्यरहितो हि पुरुषो वृथा कर्म्म प्रकुर्व्वते ।

(अं) Ploughing the sand.

खाये बकरी की तरह और सूखे लकड़ी की तरह ।

(हिं) निरंतर खाते रहने के बाद भी स्वास्थ्य खराब।

(सं) दुर्बला भोजने शूरा निन्द्यन्ते जगतीतले । अजवत्खलु भुञ्जानः क्षयरोगीव शुष्यति ।

(अं) Blameworthy are the men who are clever in eating, but slow in getting fat.

खाली चना बाजे घना ।

(हिं) मूर्ख बेकार की बातें करता है–अर्थात् विद्वान महत्वपूर्ण कार्य कर सकता है।

(सं) वाचालता मूर्खजनैर्निषेव्यते ।

(अं) Empty vessels sound much.

खि

खिचड़ी खाते पहुँचा उतरा ।

(हिं) कार्य छोटा और नुकसान भारी।

(सं) **प्रथमग्रासे मक्षिकापातः ।**

(अं) Stumbling at the first step.

खिलाये का नाम नहीं डाल देने का नाम ।

(हिं) भलाई करने का कोई महत्व नहीं और थोड़ी सी गलती पर सारी भलाई महत्वहीन।

(सं) अदातरि समृद्धेऽपि किं कुर्य्युरुपजीविनः।

(अं) Lit. Miserly master, miserly attendants.

खी

खीज के पचायबे को हाथ जोड़ आगे खड़ो ।

(**हिं**) स्वार्थी अपने स्वार्थ के लिए सब कुछ करने को तैयार।

(**सं**) प्रणिपातप्रतीकारः संरम्भो हि महात्मनाम् ।

(**अं**) A fault confessed is half-redressed.

खु

खुदा की बातें खुदा ही जाने ।

(**हिं**) विद्वान की बात विद्वान ही समझ सकता है।

(**सं**) अचिन्तनीयो महिमा परेशितुः ।

(**अं**) Inscrutable are the ways of Lord.

खुशामद से आमद होती है ।

(**हिं**) सेवा करने से अच्छा फल मिलता है।

(**सं**) सुवर्णपुष्पितां पृथ्वी त्रयश्चिन्वन्ति मानवाः। शूरश्च कृतविद्यश्च यश्च जानाति सेवितुम् ।

(**अं**) Lit. Flattery succeeds in winning one's end.

खुदा गञ्जे को नाखून न दे ।

(**हिं**) बुरे व्यक्ति को ऐसी वस्तु न दी जाए जिससे वह किसी का और बुरा कर सके।

(**सं**) खल्वाटस्य नखो रिपुः ।

(**अं**) Lit. The bald is providentially deprived of nails.

खू

खून सिर पर चढ़कर बोलता है ।

(**हिं**) बुराई छिपाने से भी नहीं छिपती।

(**सं**) स्वयं पापं प्रकाशते ।

(**अं**) Lit. The wrong is sure to come to light.

खूंटे के बल बछड़ा नाचे ।

(हिं) उदण्ड के साथ सख्त व्यवहार आवश्यक है।

(सं) अजा सिंहप्रसादेन वने चरति निर्भयम् ।

(अं) Lit. Patron is the strength of the weak.

खे

खेती हो चुकी हल खूटी ऊपर ।

(हिं) किसी को कार्य सिद्धि के बाद महत्व न देना।

(सं) उत्तीर्णे तु नदीपारे नौकाया: किं प्रयोजनम् ।

(अं) Lit. The tree ascended, the ladder is kicked away.

खेल खिलाड़ियों के घोड़े असवारों के ।

(हिं) योग्यतानुसार अपनी क्षमता का उपयोग करना।

(सं) यो यस्य जानाति गुणप्रकर्षे सदा स तस्मिन् रमते मनुष्यः।

(अं) Lit. Merit is appreciated by the meritorious.

खेती खसम सेती ।

(हिं) परिश्रम के बिना कुछ प्राप्त नहीं होता।

(सं) अवश्यं विफला याति कृषिः स्वेनानवेक्षिता ।

(अं) Lit. No supervision, no work, or no pains, no gain.

खेले कूदे होय खराब पढ़े लिखे तो होय नवाब ।

(हिं) खेलने-कूदने से बिगड़ जाते हैं तथा पढ़ाई-लिखाई करने से बड़े आदमी बन जाते हैं-अर्थात् जैसा कार्य वैसा प्रतिफल।

(सं) विद्वान् सर्वत्र पूज्यते । विद्यावाल्लँभते लक्ष्मीमविद्यस्य कुतो धनम् ।

(अं) Lit. No work but all play would make a fool of one.

खो

खोटा बेटा और खोटा पैसा भी समय पर काम आता है ।

(हिं) निरर्थक वस्तु भी कभी-कभी बहुत काम की होती है।

(सं) सतां कार्य्यं कदाचित्तु दुर्जनेनाऽपि सिध्यति । तृणेन कार्य्यं भवतीश्वराणाम् ।

(अं) Lit. Even the trifles come to use if properly handled.

खोदा पहाड़ और निकली चुहिया ।

(हिं) अत्यधिक परिश्रम के बाद उचित प्रतिफल न मिलना ।

(सं) बह्वारम्भो फलं लघु। अयं रत्नाकराम्भोधिरित्यासेवितवानहम् । धनं दूरेऽस्तु वदनमपूरि क्षारवारिभि:।

(अं) Lit. Mountain in labour, producing a mouse.

खौ

खौड़ही कुतिया मखमली झूल ।

(हिं) महत्वहीन को महत्वपूर्ण वस्तु प्रदान करना।

(सं) पङ्गुपादे सुपादुका ।

(अं) Lit. Shoes for the cripple.

ग

गई को जान दे राख रही को ।

(हिं) जो गँवा दिया उसके लिए चिन्ता नहीं करनी चाहिए, जो पास है उसे संभाल कर रखना चाहिए-अर्थात् अतीत पर नहीं, वर्तमान पर ध्यान देना चाहिए।

(सं) गतस्य शोचना नास्ति वर्तमानं समाचर ।

(अं) Lit. Let the dead past bury its dead.

गढ़े कुम्हार बरते संसार ।

(हिं) कुम्हार बर्तन तैयार करता है और लोग उनको इस्तेमाल करते हैं-अर्थात् एक कमाता है और सारा परिवार खाता है।

(सं) एकेन सृष्टं बहुभिश्च भुज्यते ।

(अं) Lit. The potter makes and the world uses.

गणेश को बुद्धि कौन दे ?

(हिं) समझदार को कौन समझाए।

(सं) क: शिक्षयेत्पण्डितराजसिंहम् ।

(अं) Lit. Who can teach wisdom to the god of wisdom.

गति जानत है दरदी दरदी की ।

(हिं) घायल की स्थिति घायल ही समझ सकता है–अर्थात् जो स्वयं दर्द से पीड़ित है वही दूसरे की पीड़ा समझ सकता है।

(सं) समदु:खी विजानीयात् दु:खं हि समदु:खिनः ।

(अं) The wearer only knows where the shoe pinches.

गदहा पीटे धूल उड़े ।

(हिं) मूर्ख को कितनी भी शिक्षा दी जाय वह मूर्ख ही रहता है विद्वान नहीं बन सकता।

(सं) नीचताडनतो नूनं स्वयं श्रान्तो भवेन्नरः ।

(अं) Lit. Beat the ass and raise the dust.

गदहा मरे कुम्हार का और धोबन सत्ती होय ।

(हिं) करे कोई और भरे कोई।

(सं) अहो ! खलभुजङ्गानां विचित्रोऽयं वधक्रमः । अन्यस्य स्पृशति श्रोत्रमन्यः प्राणैर्विमुच्यते ।

(अं) The cause is here, the effect elsewhere.

गदहे के गले में गजरा ।

(हिं) अनाड़ी व्यक्ति के हाथ महत्वपूर्ण वस्तु सौंपना।

(सं) कपे: करे यष्टिरहो हिरण्मयी ।

(अं) Fortune's favourite or. Lit. A necklace of pearl round a monkey's neck.

गये को सबने सराहा है ।

(हिं) जब व्यक्ति चला जाता है तब उसकी प्रशंसा की जाती है।

(सं) गतं सर्वे प्रशंसन्ति ।

(अं) Lit. One is valued when gone, or The pst is always golden.

गये गुजरे लोगन की निन्दा अजोग है ।

(हिं) खराब लोगों की निन्दा करने से क्या लाभ, क्योंकि वे तो स्वयं ही निन्दनीय हैं।

(सं) वृद्धास्ते न विचारणीयचरिता येऽस्माच्चिरं स्वर्गताः ।

(अं) Lit. It is useless repenting the past, or Let by-gones be by-gones.

गरज बावली है ।

(हिं) स्वार्थ सिद्धि के लिए इंसान बाबला हो जाता है–अर्थात् अपना काम बनाने के लिए वह हर तरह के हथकंडे अपनाता है।

(सं) तृणाल्लघुतरस्तूलस्तूलादपि च याचकः। वायुना किं न नीतोऽसौ मामयं याचयेदिति ।

(अं) Necessity has no law.

गरीब का बेली राम ।

(हिं) गरीब की सहायता भगवान करता है–अर्थात् गरीब की आवाज सुनकर कोई न कोई उसकी मदद के लिए आ जाता है।

(सं) निर्धनानां धनं प्रभुः। .

(अं) Lit. God is th friend of the friendless.

गरीब की जोरू सब की भाभी ।

(हिं) कमजोर को सब परेशान करते हैं।

(सं) भ्रातृजाया हि सर्वेषां दीनानां वामलोचना। दैवो दुर्बलघातकः।

(अं) The weakest go to the wall.

गल सेली लगी न नवेली लगी ।

(हिं) न गले में सेला पड़ा और न दुल्हन मिली–अर्थात् प्रयत्न के बाद भी असफलता।

(सं) आवासः क्रियते गाङ्गे पापहारिणि वारिणि । स्तनमध्ये तरुण्या वा मनोहारिणि हारिणि ।

(अं) Between two stools and you come to the ground.

गँवार की अकल गुद्दी में ।

(हिं) मूर्ख व्यक्ति जब चाहे, सही–गलत कुछ भी बोल सकता है।

(सं) मूर्ख नैवाता शोचिनः।

(अं) Lit. Afood can not judge before hand.

गंवार गंव का यार ।

(हिं) मूर्ख को मूर्खता ही अच्छी लगती है।

(सं) मुढः स्वार्थप्रियो नरः।

(अं) Fools are ever selfish.

गरीब की हाय सरबस खाय ।

(हिं) गरीब की बद्दुआ विनाश कर देती है।

(सं) दीनानां पीडनं तात ! कुलक्षयकरं मतम् ।

(अं) The curse of the helpless is as the burning fire.

गहनो वस्त्र पर को कभी न धरिये अङ्ग ।

(हिं) पराये वस्त्र और आभूषण कभी भी अपने शरीर पर धारण नहीं करना चाहिए।

(सं) उपवीतमलङ्कारं स्रजं करकमेव च । उपानहौ च वासश्च धृतमन्यैर्न धारयेत्।

(अं) Borrowed ornaments never fit well.

गधों को गुलकन्द गँवार को पापड़ खुश्क ।

(हिं) गधे को गुलकन्द और गंवार को कड़क पापड़ खिलाने से क्या लाभ–अर्थात् सोने की पहचान सुनार ही कर सकता है।

(सं) अरसिकेषु कवित्वानिवेदनं शिरसि मा लिख मा लिख मा लिख ।

(अं) To cast pearls before swine.

गया वक्त फिर हाथ आता नहीं ।

(हिं) बीता समय कभी दुबारा नहीं आता।

(सं) प्रत्यायान्ति पुनर्गता न दिवसाः कालो जगद्भक्षकः ।

(अं) Past time can never be recalled.

गदहा धोने से बछड़ा नहीं होता ।

(हिं) मूर्ख को कितनी भी उत्तम शिक्षा दी जाय, वह विद्वान नहीं बन सकता।

(सं) अङ्गारः शतधौतोऽपि श्वेतो नैव भविष्यति ।

(अं) Leopard cannot change its spots.

गधा गिरे पहाड़ से और मुरगी के टूटे कान ।

(हिं) चोट किसी को लगे और परेशान हो कोई और।

(सं) भूपानां कलहो जातोम्रियन्ते सैनिका रणे । वैद्यवृतिः कुवृत्तिर्हि परदुःखेन दुःखितः । अहारि सीतादशकन्धरेण बद्धः पयोधी रघुनन्दनेन । न धश्यते कुत्र विचित्रमेतत् परापराधेन परस्य दण्डम् ।

(अं) One doth the act, another suffereth the consequence.

गधे का जीना थोड़े दिन भला ।

(हिं) मूर्ख व्यक्ति थोड़े दिन जीवित रहे तो अच्छा है क्योंकि वह अधिक दिन जीवित रहेगा तो अधिक मूर्खता करेगा।

(सं) विपर्य्यस्तमनश्चेष्टैः शिलाशकलवर्ष्मभिः । मांसवृक्षैरियं मूर्खैर्भाराक्रान्ता वसुन्धरा।

(अं) The life of a drudge, the shorter the better.

गरजता बादल बरसता नहीं बरसता है सो गरजता नहीं ।

(हिं) जो कार्य करने के लिए शोर बहुत मचाता है, वास्तव में वह कार्य कभी पूरा नहीं कर पाता।

(सं) गर्जति शरदि न वर्षति वर्षति वर्षासु निःस्वनो मेघः ।

(अं) Loud thunder little rain or Rain-cloud comes quietly on.

गगरी दाना सूत उताना ।

(हिं) जिस प्रकार गागर में भरे हुए किसी अनान के दानों को नहीं गिना जा सकता है ठीक उसी तरह जैसे किसी सूत के ढेर (धागो के टूकड़े) के धागों को नहीं गिना जा सकता है। अर्थात् असंभव को संभव बनाने का असफल प्रयास

(सं) ओष्ठे तैलं तरौ चास्ते सुपक्वंपणसं फलम् ।

(अं) To count one's chickens before they are hatched.

गये कटक रहे अटक ।

(हिं) एक कार्य करने की चाह में किसी अन्य कार्य में उलझ जाना।

(सं) मथुरायां गतः कृष्णो रुद्धस्तत्रैव कुब्जया।

(अं) Give not to return.

गंगा किसकी खुदाई है।

(हिं) गंगा नदी को किसने खुदवाया–अर्थात् ईश्वर अथवा प्रकृति के कार्य मनुष्य नहीं कर सकता।

(सं) गङ्गा केन विनिर्म्मिता।

(अं) Lit. By whom is the bed of the Ganges dug?

गा

गागर भर सागर ले जाना मूरख होकर जगत हंसाना।

(हिं) समुद्र में पानी की मात्रा बढ़ाने के लिए कोई घड़ा भर पानी डालने जाए तो लोग उस पर हँसेंगे–अर्थात् उसे मूर्ख ही समझा जाएगा।

(सं) तितीर्षुर्दुस्तरं मोहादुडुपेनास्मि सागरम्। प्रांशुलभ्ये फले लोभादुद्बाहुरिव वामनः।

(अं) To laddle the sea into a pit-hole.

गाड़ी कुत्ते के बल नहीं चलती।

(हिं) कुत्ता गाड़ी नहीं चला सकता अर्थात् कमजोर व्यक्ति भारी वजन नहीं उठा सकता।

(सं) शकटं श्वा न कर्षति। इन्धनौघधगप्यग्निस्त्विषा नात्येति पूषणम्।

(अं) Lit. A dog cannot draw a carriage.

गाड़ी देख लाड़ी के पांव फूले।

(हिं) गाड़ी देख उसमें बैठने के लिए लाड़ली (युवती) खुश होने लगी। उसने सोचा कि पैर सूजने का बहाना बनाऊँ तो गाड़ी वाला अवश्य गाड़ी में बैठा लेगा–अर्थात् साधनहीन मनुष्य साधन देख अपना काम छोड़ साधन प्राप्त करने का प्रयास करने लगता है।

(सं) आदातुं सकृदीक्षितेऽपि कुसुमे हस्ताग्रमालोहितं, लाक्षा रञ्जनवार्तयाऽपि सहसा रक्तं तलं पादयोः।

(अं) One feels unable to walk when a carriage is available.

गाम गया सोता जागे ।

(हिं) गाँव में जाकर सदैव सचेत रहना-अर्थात् जिम्मेदारी सौंपने से इंसान उसको निभाने के लिए सचेत हो जाता है।

(सं) ग्रामं गते जाग्रति सर्व्व एव ।

(अं) Lit. A new arrival in a village attracts everyone's notice.

गाय न बच्छी नींद आवे अच्छी ।

(हिं) जिसके पास गाय-बछड़ी नहीं है, वह चैन से सोता है-अर्थात् गरीब आराम से सोता है क्योंकि उसके पास कोई ऐसी कीमती वस्तु होती ही नहीं जिसे कोई चुरा ले जाए।

(सं) वैराग्यमेवाभयम् । शेते सुखं निःस्पृह एव लोके ।

(अं) Lit. The poor man sleeps sound.

गाल वाला जीते और मालवाला हारे ।

(हिं) अधिक बोलने वाला जीत (सफल) जाता है जबकि शान्त रहने वाला हार जाता है।

(सं) विरोधिवचसो मूकान् वागीशानपि कुर्वते । जडानप्यनुलोमार्थान् प्रवाचः कृतिनां गिरः ।

(अं) Gift of th gab is the high road to success.

गाडर राखी ऊनको बैठी चरे कपास ।

ऊन प्राप्त करने के लिए भेड़ रखी और वह कपास खा रही है-अर्थात् उपभोग करने वाली वस्तु का उपभोग न कर न उपभोग करने वाली वस्तु का उपभोग करना।

(सं) अल्पस्य हेतोर्बहु हातुमिच्छन विचारमूढो विबुधैर्निगद्यते ।

(अं) Sheep are kept for fleece but are fed on cotton crops, (cotton is supposed to be dearer than wool.)

गाड़ी का नाम उखली ।

(हिं) नाम उखली(अनाज कूटने वाली) परन्तु होती है वह जमीन में गड़ी।

(सं) गोपाल इति कृष्ण! त्वां प्रचुरक्षीरवाञ्छया । श्रितो मातृस्तनक्षीरमप्यलभ्यं त्वया कृतम् ।

(अं) To give the spade a different name.

गि

गिरे जैसे संभल गये ।

(हिं) गिरते ही संभल जाना।

(सं) पतन्नपि समुत्थितः।

(अं) Hairbreadth escape.

गिरे तो देव के पगों में पड़े ।

(हिं) गिर कर देवताओं के पैरों में पड़ जाना–अर्थात् डगमगाने पर यदि सज्जन की शरण मिल जाए तो जीवन संभल जाता है।

(सं) दिष्ट्या धूमावरुद्धदृष्टेरपि यजमानस्य पावक एवाहुतिः पतिता ।

(अं) It is not lost what a friend gets.

गिने पूये सम्हाल खाये ।

(हिं) गिने हुए पुए (खाद्य पदार्थ–पकवान) संभाल कर खाना चाहिए–अर्थात् किसी की धरोहर हजम करना आसान नहीं।

(सं) मितव्ययी सदा सुखी ।

(अं) To spend prudently what is limited or Economy is a good policy.

गिरगिट के से रंग बदलना ।

(हिं) अपनी किसी बात पर स्थिर न रहना।

(सं) क्षणे रुष्टः क्षणे तुष्टः रुष्टस्तुष्टः क्षणे क्षणे ।

(अं) Changing colours like a chameleon.

गु

गुड़ न दे तो गुड़ की सी बात तो कहे ।

(हिं) किसी का आदर न कर सको तो उसका अनादर भी मत करो।

(सं) वचने का दरिद्रता ।

(अं) Conciliatory manners command esteem.

गुणवान् सब जगह पूजा जाता है ।

(हिं) गुणी (विद्वान) मनुष्य का सब आदर करते हैं।

(सं) गुणैर्हि सर्वत्र पदं निधीयते । विद्वान् सर्वत्र पूज्यते ।

(अं) He who has an art, has everywhere a part or A sage is honoured everywhere.

गुदड़ी में गोलक ।

(हिं) देखने में एक दम गरीब, लेकिन वास्तव में बहुत धनवान-अर्थात् असलियत न समझ पाना।

(सं) जीर्णशीर्णक कन्थायां वैचित्र्यं धनसंस्थितिः ।

(अं) Hidden solomon in the straw.

गुर गुर विद्या सिर सिर अकल ।

(हिं) बुद्धि तो प्रत्येक मस्तिष्क में हो सकती है, परन्तु गुरु के मस्तिष्क में विद्या (सूत्र) होती है।

(सं) मुण्डे मुण्डे मतिर्भिन्ना विद्या चैव गुरौ गुरौ ।

(अं) Many men, many minds.

गुरु कहै सो करो मन करै सो न करो ।

(हिं) जो अपने अनुसार कार्य न कर गुरु के कथनानुसार करते हैं वे अवश्य सफल होते हैं।

(सं) महतां वचनं कार्य नत्वेवाचरितं क्वचित् ।

(अं) Lit. Follow the precept and not the practice.

गुरु गुड़ ही रहे चेला शक्कर हो गये ।

(हिं) गुरु गुड़ के समान और चेले चीनी के समान हो गये-अर्थात् विद्वानों के साथ कुछ दिन रहने के बाद मूर्ख अपने आप को उन विद्वानों से भी ऊँचा समझने लगते हैं।

(सं) प्रकर्षमाधारवशं गुणानाम् ।

(अं) Lit. A meritorious pupil in the long run goes far ahead of his master.

गुड़ खाय गुलगुलों से आन ।

(हिं) गुड़ तो खाये, परन्तु गुण से बने पदार्थ (गुलगुला–पुआ) खाने से परहेज करे।

(सं) दिवा काकरवाद्भीता रात्रौ तरति नर्मदा ।

(अं) A barrister but hating cross question.

गुरु कीजै जान और पानी पीजे छान ।

(हिं) गुरु बनाने से पहले उसके विषय में पूरी जानकारी आवश्यक है। इसी प्रकार पानी पीने से पहले उसकी शुद्धता का ज्ञान भी आवश्यक है।

(सं) दृष्टिपूतं न्यसेत्पादं वस्त्रपूतं पिबेज्जलम् । शास्त्रपूतां वदेद्वाचं मनः पूतं समाचरेत् ।

(अं) Look before you leap.

गू

गूंगे की सैन गूंगा जाने ।

(हिं) गूंगे का इशारा गूंगा ही समझ सकता है।

(सं) समानशीलव्यसनेषु सख्यम् । सहधर्मीविजानाति संकेतं सहधर्मिणाम् ।

(अं) One is very well-known to his constant companion.

गे

गेहूं की रोटी और फौलाद का पेट ।

(हिं) गेहूँ की रोटी हजम करने के लिए फौलाद के पेट की नहीं, हाड़–मांस के पेट की आवश्यकता है–अर्थात् ईश्वर ने संसार में प्रत्येक वस्तु का निर्माण आवश्यकतानुसार ही किया है।

(सं) फलमुत्पादयेत्पूर्णमधिकारगता क्रिया ।

(अं) Hand of steel in a velvet glove.

गैर का सिर पसेरी बराबर ।

(हिं) दूसरे के सिर को पसेरी (तौलने का बाँट) समझना–अर्थात् दूसरे को महत्व न देना।

(सं) निर्दय: पुरुषो लोके परदु:खमुपेक्षते ।

(अं) The other fellow's jewel is but glass.

गो

गोहरा के पाप से पीपला जले ।

(हिं) पाप कर्म करता है कोई और उसका परिणाम भोगता है कोई और।

(सं) रावणस्यापराधेन दग्धा लङ्का हिरण्मयी ।

(अं) One doth th blame another bears the shame or One doth the scath and another hath the scorn.

गों निकली आंख बदली ।

(हिं) अंतिम आवाज निकलते ही इंसान की आँखें बदल जाती हैं–अर्थात् कार्य सिद्धि के बाद इंसान का व्यवहार बदल जाता है।

(सं) लब्धविद्यो गुरुंद्वेष्टि ।

(अं) When the object is won all thanks is done.

गं

गंगा आनहार भागीरथ के सिर पड़ी ।

(हिं) गंगा जमीन पर आने वाली ही थी लेकिन नाम हो गया कि उसे भगीरथ लाये हैं–अर्थात् किसी और द्वारा कार्य सम्पन्न होते ही कहना कि यह काम तो मैंने किया है और उस कार्य को सम्पन्न करने का श्रेय प्राप्त कर लेना।

(सं) यद्येनाक्षिप्यते तस्य तत्रैवान्वय उच्चते ।

(अं) A man is but a tool in the hand of nature.

घ

घड़ी-घड़ी की खैर मांगो ।

(हिं) भगवान से प्रार्थना करो कि जीवन प्रत्येक पल खैरियत से गुजर जाए।

(सं) क्षणादूद्धर्वं न जानामि विधाता किं करिष्यति ।

(अं) Lit. Always pray to God for welfare.

घर का जोगी जोगना आन गांव का सिद्ध ।

(हिं) घर के विद्वान को विद्वान न समझना, परन्तु बाहर के साधारण विद्वान को भी महा विद्वान समझना।

(सं) गृहस्थां देवतां हित्वा बहिश्चैत्यस्य पूजनम् ।

(अं) No man is a hero to his valet or A prophet is not honoured in his own country.

घर का परोसनियां और अन्धेरी रात ।

(हिं) अँधेरी रात हो और परसने (पंगत में) वाला घर का हो तो क्या कहना। भोजन सामग्री चोरी कर घर ले जाओ–अर्थात् ठीक उसी तरह जैसे पिता के न्यायाधीश होने से पुत्र द्वारा खूब अपराध करना।

(सं) स्वार्थसिद्धिरनायासमानुकूल्ये नृणां भवेत् ।

(अं) To live in clover.

घर की खांड़ किरकिरी लागे पड़ोसी का गुड़ मीठा ।

(हिं) घर की वस्तु अच्छी न लगना परन्तु वैसी ही वस्तु दूसरे के घर की अच्छी लगना।

(सं) अप्राप्ये ह्यादरो महान् ।

(अं) Difficulty of attainment increases the value of a thing. Lit. Sugar or molasses in possession does not taste so sweet as that belonging to a neighbour.

घर की दाही वन गई वन में लागी आग ।

(हिं) घर में परेशान व्यक्ति शान्ति की खोज में किसी वन (शान्ति प्रिय स्थान) में जाए तथा वह वहाँ और परेशान होने लगे।

(सं) निर्वाप्यते मन्दिरदाहकोऽग्निर्निर्वाप्यते नैव वनं दहन् सः ।

(अं) Out of frying pan into the fire.

घर की धुनियानी धुनै आग पानी ।

(हिं) अपना व्यक्ति गलत कार्य करे तो उसे भी ठीक बताना।

(सं) असङ्गताज्ञा विफला हि जायते ।

(अं) An impracticable order cannot be carried out.

घर-घर मटिया चूल्हे हैं ।

(हिं) सबकी स्थिति एक सी।

(सं) त्रिभुवनवसतां कस्य दोषो न जातः।

(अं) There is no one without defect.

घर-घर मित्र न कर सको तो गांव-गांव में एक ।

(हिं) अधिक मित्र बनाने से एक अच्छा मित्र बनाना ठीक है।

(सं) यानि कानि च मित्राणि कर्त्तव्यानि शतानि च ।

(अं) Acquaintance is sometimes useful.

घर-घर शादी घर-घर चैन ।

(हिं) पूरी तरह कुशल-मंगल।

(सं) नित्यश्रीर्नित्यमङ्गलम् ।

(अं) Where there is prosperity there is amusement an delight.

घर में ब्याह बहू पीपलियां ।

(हिं) समस्या घर में और समाधान के लिए कोई अन्य स्थान।

(सं) वियति घनाघनरणितं दूरे दयिता किमेतदापतितं । हिमवति दिव्यौषधयः शीर्षे सर्पः समाविष्टः।

(अं) The patient is in a critical state but the doctor is far away from the place.

घर मेरो दूर गागर सिर भारी ।

(हिं) घर बहुत दूर और सिर पर भरा हुआ घड़ा-अर्थात् लक्ष्य प्राप्ति के लिए कठिन परिश्रम की आवश्यकता।

(सं) पिपासाव्याकुलः पान्थः कूपः क्रोशचतुष्टये ।

(अं) Lit. The way-farer is dying of thirst, but well at a distance of many miles.

घर रहे न तीरथ गये मूंड़ मुड़ा के योगी भये ।

(हिं) न इधर के न उधर के-अर्थात् बिना सोचे-समझे निरर्थक लक्ष्य प्राप्त करने का प्रयास।

(सं) इतो भ्रष्टस्ततो नष्टः।

(अं) Lit. Deprived of this and robbed of that.

घर सब से उत्तम पूरब हो कि पच्छिम।

(हिं) कहीं भी हो-कैसा भी हो अपना घर ही सर्वोत्तम है।

(सं) वासः काञ्चनपिञ्जरे प्रतिदिनं राज्ञः करैर्मार्जनं । आस्वाद्यञ्च सुधासमं सुमधुरं द्राक्षारसं चाऽनिशम् । पेयञ्चाऽमलगन्धवारि सरसं सर्वं सुखं हा ! मया शाखानीडसुखं तथाऽपि विपिने नाऽद्यापि विस्मर्यते ।।

(अं) Lit. One's own home is the happiest land to him wherever it may be situated.

घर की मुरगी साग बराबर ।

(हिं) पारिवारिक योग्य व्यक्ति को अयोग्य समझना।

(सं) मलये भिल्लपुरन्ध्री चन्दनतर्विन्धनं कुरुते ।

(अं) Familiarity breeds contempt.

घर खीर तो बाहर खीर ।

(हिं) जो अपने घर में प्रसन्न रहता है वह बाहर भी प्रसन्न रहता है।

(सं) क्वभोग्यमान्पोति न भाग्यभाग् जनः ।

(अं) Lit. When home is sweet all is sweet.

घर का भेदी लङ्का ढावे ।

(हिं) घर का भेद बाहरवालों को बताने से घर का ही नुकसान होता है।

(सं) अहो दुरन्तः स्वजनैर्विरोधः ।

(अं) Lit. No foe more dreaded than the kindred turned enemy.

घर में महुवा की रोटी बाहर लम्बी धोती ।

(हिं) झूठा प्रदर्शन।

(सं) अन्तः सारविहीनस्य बहिराडम्बरं बहु ।

(अं) Beggar on horseback.

घड़ी भर की बेसरमी सब दिन का आराम ।

(हिं) क्षणभर की निर्लज्जता भोगने के बाद दीर्घ कालीन सुख-अर्थात् थोड़ी कड़वाहट के बाद अपार मधुरता।

(सं) क्षणं निर्लज्जतायां मे स्वीकृतायां महत्सुखम् ।

(अं) Bitter at first and sweet in the long run.

घर में सूत नहीं कोयरी से लठालठी ।

(हिं) निर्धन व्यक्ति द्वारा राज्य प्राप्त करने के लिए बोली लगाना।

(सं) हस्ते कपर्द्दिका नास्ति राज्यं क्रेतुं विरुद्यते । क्षेत्रे शस्यं गृहे तस्य विवादः पाचनाय हि ।

(अं) Without a farthing's capital, going to launch a bank or A penniless man bidding for a kingdom.

घर के पीरों को तेल का मलीदा ।

(हिं) अपने ही देश में पैगम्बर का अनादर अर्थात् घर के पथ प्रदर्शक का आदर न करना।

(सं) अतिपरिचयादवज्ञा ।

(अं) A prophet is not honoured in his own country.

घर आये नाग न पूजिये बांबी पूजन जाय ।

(हिं) घर पर आये पूजनीय व्यक्ति का सम्मान न करना बाद में उसके निवास स्थान का सम्मान करने के लिए दौड़ना-अर्थात् किसी के सामने उसकी तारीफ न कर पीठ पीछे झूठी तारीफ करना।

(सं) गृहस्थां देवतां हित्वा बहिश्चैत्यस्य पूजनम् ।

(अं) Worshipping a new god while the family deity is not even taken notice of.

घर में भूंजी भांग नहीं बाहर करता नाच ।

(हिं) शेखी बघारना-अर्थात् घर में खाने की भी व्यवस्था न हो और बाहरवालों के सामने अमीरी प्रदर्शित करना।

(सं) गृहे कपर्दिका नास्ति बहिरस्ति महोत्सवः ।

(अं) Hardly gets a dry crust but talks of giving banquets.

घर का द्वार खसम के हाथ ।

(हिं) घर पर घर के मालिक का ही अधिकार होता है।

(सं) गृहस्वामिन एव गृहाधिकारः शोभते ।

(अं) The wife makes home but the husband keeps it.

घर ही में वैद्य मरे कैसे ।

(हिं) क्या घर में वैद्य होने से मृत्यु नहीं होती–अर्थात् मृत्यु निश्चित है उससे बड़े से बड़ा वैद्य (चाहे घर का हो) भी नहीं बचा सकता।

(सं) पार्श्वस्थवैद्यो हि कथं म्रियते।

(अं) Lit. The doctor at hand, how would death be possible.

घर ही में औलिया घर ही में भूत ।

(हिं) घर की समस्या का समाधान घर में ही होना।

(सं) कारणसत्त्वेऽपि कार्य्याभावः ।

(अं) He has made the poison and the antidote.

घा

घायल की गत घायल जाने ।

(हिं) कष्ट भोगने वाले के कष्ट का अहसास कष्ट भोगने वाला ही महसूस कर सकता है।

(सं) समदुःखी विजानाति विपतिं समदुःखिनः ।

(अं) He jests at scars who never felt wounds.

घायल दुश्मनों में सांस ले तो मर न ले तो मरे ।

(हिं) दुश्मनों के बीच घायल व्यक्ति बचने के लिए पहुँच जाए तो वह कैसे बच सकता है–अर्थात उस घायल व्यक्ति को दुश्मन मार डालेंगे।

(सं) विलाद्बहिर्बिलस्यान्तःस्थ्तिमार्ज्जारसर्पयोः । मध्ये चाखुरिवाभाति ह्याहतो वैरिमण्डले ।।

(अं) On the horns of a dilemma or To be between the Scylla and Charybdes.

घी

घी गिर गया मुझे रूखी भाती है ।

(हिं) जो भी उपलब्ध उसी में संतुष्टि।

(सं) प्राप्तेन सन्तुष्यताम् ।

(अं) The grapes are sour.

घी गिरो वेंसादर में (खिचड़ी में) ।

(हिं) भोगा हुआ व्यर्थ नहीं होता।

(सं) भोगे व्ययो न व्ययः ।

(अं) It is not lost what a friend gets.

घी सुधारे सालना बड़ी बहू का नाम ।

(हिं) कार्य करे कोई और नाम हो किसी और का।

(सं) सेनाः कुर्वन्ति संग्रामं नायकेनाप्यते यशः ।

(अं) God cures and doctor takes fees.

घी खाना शक्कर से दुनिया ठगिये मक्कर से ।

(हिं) लोगों को बेवकूफ बना कर मक्कारी से ठगना और मौजमस्ती करना।

(सं) सम्पूज्यन्ते कलौ धूर्त्ताः ।

(अं) Cleverness securess praise.

घु

घुसिया हाकिम मुसिया चाकर ।

(हिं) घूस लेने वाला अधिकारी और अनाड़ी नौकर विश्वसनीय नहीं होते।

(सं) रक्षको भक्षको नेष्टो भृत्यश्चोत्तरदायकः ।

(अं) Lit. The bribe taking Judge and as insubordinate servant, both undesirable.

घो

घोड़ा चाहिये विन्नायक को फिरते से आना ।

(हिं) मृत व्यक्ति को दवा देकर जीवित करने का असफल प्रयास।

(सं) याव ते श्रुतिगं वृत्तं तावन्मे मरणं भवेत्।

(अं) Lit. It would be all over with the patient before the medicine is applied.

घोड़ों को घर कितनी दूर ।

(हिं) परिश्रमी के लिए लक्ष्य प्राप्त करना कठिन नहीं।

(सं) किं दूरं व्यवसायिनाम् ।

(अं) Where there is a will there is a way.

घोड़ा घास से यारी करे तो खाय क्या ।

(हिं) दया के लिए समझ भी होनी चाहिए।

(सं) तृणानामुपरि कियान् स्नेहः स्यादाशुशुक्षणेः । भक्ष्यभक्षकयोः प्रीतिर्विपत्तेरेव कारणम् ।

(अं) Be prudent in your mercy.

घोड़े का गिरा सम्हल सकता है नज़र का गिरा नहीं ।

(हिं) घोड़े से गिर कर इंसान संभल सकता है, लेकिन किसी की नजर से गिरने के बाद नहीं संभल सकता। अर्थात् जो नजर से गिर जाता है उसे कभी सम्मान नहीं मिलता।

(सं) न हि पुनर्घटते विमनस्कता । उत्तिष्ठतेऽश्वात्पतितो न विश्वासात् कदाचन।

(अं) Honour lost all lost.

च

चतुरन की बलिहार समझ जात एक सैन सों ।

(हिं) बुद्धिमान् की बात उसके इशारे से ही समझी जा सकती है।

(सं) अनुक्तमप्यूहति पण्डितो जनः ।

(अं) A word is enough to the wise.

चमड़ी जाय पर दमड़ी न जाय ।

(हिं) अत्यधिक कंजूसी।

(सं) शरणं किं प्रपन्नानि विषवन्मारयन्ति चेत् । त्यज्यन्ते न भुज्यन्ते कृपणेन धनानि यत् ।

(अं) A miser prefers putting up with miseries to spending money or A miser's wealth, to be hoarded and not to be spent.

चाकर की देवी को जूतियों का हार ।

(हिं) नौकर तथा मालिक के साथ एक-सा बर्ताव

(सं) यस्य देवस्य यद्रूपं तथा भूषणवाहनम् । यादृशी शीतलादेवी तादृशो वाहनः खरः।

(अं) Like master, like man.

चलती का नाम गाड़ी ।

(हिं) जो भी चलने लगे वही गाड़ी–अर्थात् जिसका दबदबा हो वही पथप्रदर्शक चाहे वह पथ प्रदर्शन की परिभाषा तक न जानता हो।

(सं) विपरीता जगद्रीतिः ।

(अं) Destitute of eyes, but called lotus-eyed.

चतुर को चौगुनी मूरख को सौ गुनी ।

(हिं) चतुर व्यक्ति इशारे से समझ लेता है और मूर्ख बार–बार समझाने से भी नहीं समझ पाता।

(सं) विज्ञोऽल्पेनैव जानाति मूर्खस्तु बहुबोधितः ।

(अं) A hint is enough for the wise.

चना और चुगल मुंह लगे अच्छे नहीं ।

(हिं) चना और चुगली मुंह लगाना ठीक नहीं–अर्थात् निरंतर चना खाना नुकसानदायक है उसी प्रकार चुगली करना नुकसानदायक है।

(सं) चणकः सूचकश्चैव द्वावेतौ मुखलग्नकौ । त्यज्यमानौ न त्यज्येते भवे ताश्च क्षतिप्रदौ ।

(अं) Beware of the backbiter.

चा

चाकर है तो नाचाकर ना नाचे तो ना चाकर ।

(हिं) नौकर को निरंतर जी हजूरी करनी पड़ती है। अर्थात उसे मालिक के इशारों पर नाचना पड़ता है। तभी वह नौकरी कर सकता है।

(सं) आदेशपालकत्वं हि केवलं भृत्यलक्षणम् ।

(अं) Lit: A servant is to carry out the command of his master.

चाकरी चौदहवां रत्न है ।

(हिं) गुलामी अभिशाप है।

(सं) भृत्यत्वमतिगर्हितम् ।

(अं) Slavery is a curse.

चाकरी में आकरी कैसी ।

(हिं) नौकरी में विद्रोह नहीं किया जा सकता।

(सं) पराधीनो हठं त्यजेत् ।

(अं) Service requires submission.

चातुर तो वैरी भलो मूरख भलो न मित्र ।

(हिं) मूर्ख मित्र से विद्वान शत्रु अच्छा होता है।

(सं) पण्डितो हि वरं शत्रुर्न मूर्खो हितकारकः ।

(अं) Lit. A learned enemy is preferable to a foolish friend.

चाहे मार चाहे तार ।

(हिं) संसार से उद्धार कर दे अथवा मृत्यु प्रदान कर दे।

(सं) दुःखं देहि सुखं वापि यथेच्छसि तथा कुरु ।

(अं) Lit. Keep or kill, do as you please or Life or death, depends on God.

चार दिन की चांदनी फेरि अन्धेरी रात ।

(हिं) दुःख और सुख सदैव नहीं रहते अर्थात् आज सुख है तो कल दुःख भी प्राप्त होगा।

(सं) विहरस्व कियत्कालं पुनस्तद्गह्वरं व्रज ।

(अं) Lit. Bright fortnight does not last long.

चि

चिकने मुंह को सब चूमते हैं ।

(हिं) सुन्दर व्यक्ति सबको अच्छा लगता है।

(सं) सौन्दर्य्यं कस्य न प्रियम् ।

(अं) (Lit.) Who is not fond o beauty ? or Beauty is liked by everyone.

चिकना मुंह पेट खाली ।

(हिं) देखने में सुंदर लेकिन घोर गरीब।

(सं) नोदरेऽन्नकणा भाति मुखे ताम्बूलचर्बणम् ।

(अं) A smiling face hiding a heavy heart.

चिराग़ तले अन्धेरा ।

(हिं) पथ-प्रदर्शक फिर भी स्वयं भटके।

(सं) तमोऽधस्तात्प्रदीपस्य । कोऽपि वेतुं न शन्कोति स्वाधिकारं स्वतो जनः।

(अं) Darkness under the lamp.

चिकने घड़े पर पानी ।

(हिं) बेशर्म पर किसी बात का असर नहीं होता।

(सं) सच्छिक्षया न मूर्खान्तः स्पृश्यते वारिणाऽब्जवत् ।

(अं) Water on duck's wings.

चिड़ियों के शिकार में शेर का सामान ।

(हिं) छोटा कार्य करने के लिऐ बहुत बड़ा कार्य करने जैसा साधन जुटाना।

(सं) स्वल्पेऽपि कार्य्ये सुमहान् प्रयत्नः ।

(अं) Levelling a gun to kill a mosquito.

ची

चील के घर क्या पारस होता है?

(हिं) चील के घोंसले में कभी पारस (पत्थर जिससे लोहे को छू दिया जाय तो लोहा सोना बन जाता है) नहीं हो सकता। वहां तो हाड़-मांस ही होगा–अर्थात्, मूर्ख से मूर्खतापूर्ण व्यवहार की ही आशा करनी चाहिए।

(सं) भूतगृहे का वरिवर्त्ति सम्पत्।

(अं) Lit. Can you expect a philosopher's stone from the nest of a hawk ?

चीज़ न रखावे आपनी चोरे गाली दे।

(हिं) अपनी सुरक्षा स्वयं कर न सके और गालियां चोरों को दे–अर्थात्

कमजोर व्यक्ति की खीझ।

(सं) अव्यवस्थितचित्तानां विनिपातः पदे पदे।

(अं) The dooor kept unlocked invites the thief.

चींटी के मरते समय पर आते हैं।

(हिं) चींटी के मरते समय पंख निकल आते हैं–अर्थात् विनाशकाल में बुद्धि पलट जाती है।

(सं) विनाशकाले विपरीतबुद्धिः।

(अं) The ant grows wings but to die.

चु

चुन्नी कहै मोहि घी से खावो।

(हिं) चुन्नी (भूसी) कहती है मुझे घी के साथ खाओ–अर्थात् खाली बर्तन अधिक शोर करते हैं।

(सं) दुर्जनः साधुसङ्गेन साधुर्भवितुमर्हति।

(अं) Empty vesel make much noise.

चुप रह चन्दन यहां करीलन को वन है।

(हिं) सज्जन पुरुष को दुर्जनों के समक्ष शान्त (चुपचाप) रहना चाहिये।

(सं) विद्वत्सभासु मूर्खेण विदुषा मूर्खमण्डले। तूष्णीमेव सदा स्थें नोचेद्भवति दुर्गतिः।

(अं) In an assemby of fools the wise must hold his tongue. or Do not cast pearls before swine.

चू

चूहे का जना बिल ही खोदता है।

(हिं) चूहे का जना (पैदा किया) बिल ही खोदता है–अर्थात् पुत्र में पिता के कुछ न कुछ लक्षण अवश्य होते हैं।

(सं) पयसा पोषितः सर्पः स्वभावान्न निवर्तते।

(अं) Blood tells.

चो

चोर जाने चोर की सार।

(हिं) चोर-चोर का स्थान पहचानता है।

(सं) खगस्य भाषां खग एव वेत्ति। सहवासी विजानीयाश्चरित्रं सहवासिनः।

(अं) A soothsayer must laugh when he meets anothr.

चोर न प्यारी चांदनी जैसी कारी रात।

(हिं) चोर को चांदनी रात अच्छी नहीं लगती। उसे तो काली (अंधेरी) रात अच्छी लगती है।

(सं) चौराणां चन्द्रमा रिपुः। न ज्योत्स्ना रोचतेतद्वच्चौरेभ्यस्तामसी यथा।

(अं) Lit. A moon-lit night is unpleasant to a thief.

चोर बन्दीखाने तलवार सिरहाने।

(हिं) चोर कै़दखाने में और तलवार सिरहाने रखना–अर्थात् असंभव कार्य के लिए व्यर्थ चिन्तित होना।

(सं) कारागारे गतश्चौरः खड्गस्य किं प्रयोजनम्।

(अं) Lit. The thief confined, the sword has no use.

चोरों कुतिया मिल गई पहरा दे अब कौन।

(हिं) पहरेदार कुतिया चोरों के साथ मिल जाए तो पहरा कौन देगा–अर्थात् घर का रखवाला शत्रुओं से मिल जाए तो घर की सुरक्षा नहीं हो सकती।

(सं) मिथो विरोधिनां मेलः सदाऽमङ्गलहेतुकः।

(अं) Lit. No thief can be detected should the guard join hands with him.

चोरी और मुंहजोरी

(हिं) गलत कार्य करने के बावजूद अकड़ना।

(सं) चौयर्यं कृत्वाऽपि कत्थसे।

(अं) Lit. Doing harm and still being in temper.

चोर कहे कि अन्धियारी।

(हिं) चोर को अंधेरी रात अच्छी लगती है।

(सं) गतो तमोमयी रात्रिः किंवा चौरोऽमगमदद्भुतम्।

(अं) Lit. Thief does not like a moon-lit night or A thief likes darkens.

चोर की दाढ़ी में तिनका।

(हिं) दोषी व्यक्ति अपना दोष छिपाने का कितना भी प्रयास करे, उसका दोष छिपता नहीं–उसके चेहरे पर वह अवश्य झलकता है।

(सं) स्वैर्दोषैर्भवति हि शङ्कितो मनुष्यः।

(अं) A guilty mind is always in dread.

चोर से कह तू चोरी कर और शाह से कह तू घर पै रह।

(हिं) चुगली के माध्यम से दो लोगों को आपस में लड़ाना।

(सं) दत्त्वैव शिक्षां हि मनोऽनुकूलां रार्वाञ्जनान्मोहयतीह धूर्त्तः।

(अं) Hunting with the hound and running with the hare.

चोर चोर मौसाइते भइया।

(हिं) एक चोर दूसरे चोर का सगा–संबंधी जैसा होता है–अर्थात् एक जाति या धर्म यां स्वभाव के लोग परस्पर सम्बन्धी जैसे होते हैं।

(सं) समानशीलव्यसनेषु सख्यम्।

(अं) Birds of a feather flock together.

चोर चोरी से गया तो क्या हेरा फेरी से गया?

(हिं) कोई मनुष्य बुरे कार्य करना पूरी तरह छोड़ दे, फिर भी आवश्यकता पड़ने पर वह कोई न कोई बुरा कार्य अवश्य कर डालेगा।

(सं) स्वभावो दुरतिक्रमः।

(अं) Lit. Habit is a sting to be given up or Black will take no other hue.

चोर का माल चण्डाल खाय।

(हिं) चोर का धन दुष्ट आदमी खा जाता है–अर्थात् गुण्डे से महागुण्डा वस्तु छीन लेता है।

(सं) अन्यायार्ज्जितवित्तानां कुमार्गेषु व्ययो भवेत्।

(अं) Ill got, ill spent.

चौ

चौधरी हो या राव अपने काम न आवे तो ऐसी तैसी में जाव।

(हिं) श्रेष्ठ हो या महान् यदि आपके काम नहीं आया तो आपके लिए उसका कोई महत्व नहीं।

(सं) किं तेन हेमगिरिणा रजताद्रिणा वा यन्न स्थिताश्च तरवस्तरबस्त एव।

(अं) Lit. A great man too is no better than worthless, should he be of no service.

चौबे गये छब्बे होने दुबे हो आये।

(हिं) अधिक प्राप्त करने के लालच में अपने पास का भी गंवा देना।

(सं) प्रदीपं द्योतयेद्यावन्निवीणास्तावदेव सः।

(अं) All grasp, all lose.

चन्द देखे चन्दमुखी याद आवे।

(हिं) सुन्दर वस्तु देखने से सुंदर वस्तु की याद आने लगती है।

(सं) पंकजं पश्यतस्तस्या मुखं मे गाहते मनः।

(अं) Lit. The moon reminds the lover of his sweetheart.

चन्दन की चुटकी भली गाड़ा भरा न काठ।

(हिं) अच्छी चीज थोड़ी हो तो भी अच्छी ही लगती है और खराब चीज बहुत होने के बावजूद अच्छी नहीं लगती।

(सं) वरमेको गुणी पुत्रो न च मूर्खशतान्यपि।

(अं) Lit. A little of what is useful is more valuable than a heap of trifles.

छ

छटांक भर चून चौबारे रसोई।

(हिं) थोड़ा सा आटा और रसोई बहुत बड़ी अर्थात् छोटे से कार्य के लिए बहुत बड़ा संसाधन।

(सं) बह्वारम्भो लघुक्रिया। अन्तःसारविहीनस्य प्रायेणाडम्बरो महान्।

(अं) Much cry little wool.

छप्पर पर फूस नहीं ड्योढ़ी में नक्कारा।

(हिं) झूठी शान-शौक़त का प्रदर्शन।

(सं) गृहे कपर्द्दिका नास्ति द्वारे नृत्यति नर्तकी।

(अं) An ounce of meal and a kitchen upstairs.

छछूँदर के सिर में चमेली का तेल।

(हिं) अपात्र को महत्वपूर्ण वस्तु देना।

(सं) मुक्ताहारः कपेर्हस्ते।

(अं) A necklace of pearl in a monkey's neck or To cast pearl before swine.

छठी का दूध जवाँ पर आगया।

(हिं) सशक्त व्यक्ति के द्वारा कमजोर व्यक्ति को उसकी कमजोरी का अहसास कराना।

(सं) षष्ठीदुग्धस्मृतिर्मेऽद्य जायतेऽत्यन्तक्लेशतः।

(अं) Strong enough to recall the forgotten days.

छज्जे की बैठक बुरी पड़छाहीं की छांह।

(हिं) छज्जे पर अनेक लोगों के बैठने से छज्जा टूट सकता है या छज्जे पर स्त्री बैठक करेगी तो परपुरुषों की कुदृष्टि पड़ेगी। यह ठीक नहीं है। दूसरे की छाया में बैठना भी ठीक नहीं है क्योंकि छाया स्थायी नहीं होती या दूसरे का आसरा चाहना–यह भी ठीक नहीं है।

(सं) अमार्गे गमनं पुंसामस्थाने स्थितिरेव च। उभौ भयङ्करौ लोके सर्वथा धर्म्मनाशकौ।

(अं) It is dangerous to dwell in a building on sand.

छीं

छींके कोई नाक कटावे कोई।

(हिं) गलत कार्य करे कोई और तथा सजा मिले किसी और को।

(सं) अपराधे कृतेऽन्येन दण्डोऽहोऽन्येन भुज्यते।

(अं) One doth the scath another hath the scorn or One doth the blame another bears the shame.

छींकते ही नाक कटी।

(हिं) छोटी सी भूलवश बड़ी सजा मिलना।

(सं) काकेह्युपविशत्येव तालपातोऽभवद्द्रुतम्।

(अं) Lit.Nose is cut in cleansing the nostrils.

छु

छुरी पेठे पै गिरे तो पेठे का ज्यान और पेठा छुरी पर गिरे तो पेठे का ज्यान।

(हिं) चाकू पर पेठा (फल) गिर जाए या पेठे पर चाकू गिर जाए, पेठा ही कटेगा–अर्थात् अपने सिर पर पत्थर मार लें या पत्थर पर सिर पटकें, फटेगा आपका सिर ही।

(सं) उभयतः पाशारज्जुः।

(अं) Lit. Do this way or that the result would be the same.

छो

छोड़ी तेरी आंगी घर जान दे नांगी।

(हिं) तेरी अँगिया नहीं चाहिए, मैं बिना अँगिया के ही घर चली जाऊंगी–अर्थात् किसी भी तरह प्रलोभन के वशीभूत न होना।

(सं) आत्मानं सततंरक्षेद्दारैरपि धनैरपि।

(अं) Let me bear the cost and save my life.

छोटे मुंह बड़ी बात।

(हिं) ना समझ द्वारा बड़ी समझदारी की बात कहना।

(सं) अत्युश्चैर्भवति लघीयसां हि धाष्टर्यम्।

(अं) A minnow talking like a whale.

छोड़े गांव से नाता क्या?

(हिं) सम्बन्ध खत्म होने के बाद सम्बंध बरकरार नहीं रह सकता।

(सं) का चिन्ता त्यक्तवस्तुनः।

(अं) Why glance back at what has been renounced?

ज

जड़ काटें वा डार की बैठे जाही डार।

(हिं) जिस पेड़ की डाली पर बैठना उसी पेड़ की जड़ काटना-अर्थात जिस पत्तल में खाना उसी में छेद करना।

(सं) न ह्यात्मनीनं क्रियते मदान्धैः।

(अं) Lit. Laying are at the joint of the branch whereon seated.

जड़ से बैर पत्तों से यारी।

(हिं) किसी के पिता से मित्रता, उसके पुत्र से शत्रुता।

(सं) स्वामिना क्रियते वैरं भृत्यैः सार्द्धन्तु मित्रता।

(अं) Lit. To be friends with the son and in enmity with the father.

जनती न ढोल बजते।

(हिं) न बच्चे को जन्म देती और न ढोल बजता–अर्थात् मुंह से कुछ बोलोगे तो लोग अवश्य सुनेंगे।

(सं) पुत्रे प्रजायमाने वै श्रूयते ढोलनिस्वनः।

(अं) Lit. A great fool.

जनम न देखो बोरिया सुपने आई खाट।

(हिं) बांझ स्त्री अपने द्वारा जना बच्चा कभी नहीं देख सकती, लेकिन स्वप्न में बार-बार जच्चा की चारपाई देख सकती है–अर्थात् असंभव को संभव बनाने की कल्पना।

(सं) आजन्म काकिणी येन नेक्षिता जगतीतले। सौवर्णपेटिका तेन स्वप्ने दृष्टेति कौतुकम्।

(अं) Honey is not for the ass.

जने कोई गोंद मखाने खाय कोई।

(हिं) बच्चा जनने वाली जच्चा का भोजन कोई और खाये–अर्थात् कार्य करे कोई तथा प्रतिफल प्राप्त कर ले कोई और।

(सं) विश्वासं स्त्रीषु वर्ज्जयेत्।

(अं) God cures and doctor takes fees.

जब आवे बरसन को चाव पुरवा गिने न पछवा बाव।

(हिं) जब बादल बरसने पर आते हैं तो बरसते हैं। उस समय वे पुरवाई अथवा पछुआई (पूरबी अथवा पश्चिमी) हवा की परवाह नहीं करते–अर्थात् कार्य करने वाले जब कार्य करने पर उतारू जो जाते हैं तो वे कार्य कर डालते हैं, उन्हें किसी के सहारे की जरूरत नहीं होती।

(सं) अनवः सनवश्वैव सानुकूले विधातरि। भाग्यं फलति सर्वत्र।

(अं) Lit. Fortune favouring, everything becomes favourable or Lucky men need little counsel.

जब तब दिल्ली तँवरों की।

(हिं) कभी-कभी दिल्ली पर क्षत्रियों का भी अधिकार रहा है।

(सं) यदा कदा क्षत्रियाणां राज्यं स्याभ्दारते भुवि।

(अं) Lit. Sometimes the kshatriyas reigned in Delhi.

जब नटनी बांस पर चढ़ी घूंघट क्या?

(हिं) बेशर्म जब बेशर्मी पर उतर आता है तो वह अपनी बेशर्मी छुपाने का प्रयास करने पर भी बेशर्मी नहीं छिपा सकता।

(सं) युद्धे किं दुन्दुभेर्भयम्

(अं) Lit. A Dancing girl, but hiding the face under a veil.

जब बोलो जब रामही राम ठाली जिह्वा कौने काम।

(हिं) खाली जीभ (जब बातें न कर रहे हों) हो तो निरंतर भगवान् का नाम लो–अर्थात् मनुष्य को निरंतर अच्छे कार्य में व्यस्त रहना चाहिए।

(सं) रामनामाख्यपीयूषं पिव जिह्वे निरन्तरम्।

(अं) Lit. Always think about God. or Vain is the tongue not uttering the name of God.

ज़बरदस्त के बीसो बिस्वे।

(हिं) सशक्त का सब पर अधिकार।

(सं) समर्थो यो नित्यं स जयतितरां कोऽपि पुरूषः।

(अं) Might is right.

ज़बरदस्त के दो भाग।

(हिं) सशक्त एक हिस्सा अपना और एक हिस्स किसी और का अपनी ताक़त से छीन कर दो हिस्से प्राप्त कर लेता है।

(सं) भाग्यं प्रभूणां बलवत्तरं हि।

(अं) Lit. The powerful have the lion's share.

जबलग सनहकी में भात तब लग तेरो मेरो साथ।

(हिं) जब तक दो व्यक्तियों में परस्पर लालच होता हैं, जब तक ही उनमें परस्पर सम्बन्ध रहता है।

(सं) लोकः स्वार्थानुगः सदा।

(अं) Lit. A bee haunts the flower so long as it has honey. or, Prosperity gains friends

जबलग सांसा तब लग आसा।

(हिं) जब तक इंसान जिन्दा रहता है जब तक आशावान रहता है।

(सं) वृद्धो याति गृहीत्वा दण्डं तदपि न मुञ्चत्याशा पिण्डम्।

(अं) Lit. While there is life, there is hope.

जब भये सौ तो भाग गया भौ।

(हिं) अधिक संख्या में लोग होने से डर दूर हो जाता है।

(सं) सङ्घशक्तिः कलौ युगे

(अं) There is strenght in numbers.

ज़बान से ही बेटा बेटी पराये हो जाते हैं।

(हिं) वचन निर्वाह करने वालों के लिए वचन महत्त्वपूर्ण होता है। वचन बल पर वे बड़े-बड़े कार्य सम्पन्न कर लेते हैं।

(सं) स्वकन्यापुत्रयोः पितृवाग्दानादेव जायते। विवाहो निश्चितो लोक इयं धर्म्मव्यवस्थितिः।

(अं) Lit. A word is as good as a contract. or A promise of marriage is as good as the marriage itself.

ज़बान से निकली अम्बर चढ़ी।

(हिं) जबान से निकली बात दूर तक फैल जाती है।

(सं) षट्कर्णो भिद्यते मन्त्रः।

(अं) Once out alwyas out.

ज़र है तो नर है नहीं पंछी बे पर है।

(हिं) धन है तो पुरुष-पुरुष है अन्यथा वह परहीन पक्षी के समान है।

(सं) यस्यार्थाः सपुमान् लोके। ऽन्यथाऽपक्षो विहंगमः।

(अं) A man without money is like a bow without arrow.

जलता घर कृष्णार्पण।

(हिं) घर जलने लगा तो भगवान् को समर्पित कर दिया–अर्थात् वैसे किसी को कभी एक रुपया तक दान नहीं दिया लेकिन जब चोर सारा धन चुरा ले गया तो यह सोच कर संतोष कर लिया कि हमने तो अपना सारा धन भगवान् को दे दिया है।

(सं) छिन्नबन्धं मत्स्यमवलोक्य धीवरो भणति धर्म्मो में भविष्यतीति।

(अं) To make virtue of necessity.

जल लकीर जिमि जीवणो है स्थिर रहबो नाहीं।

(हिं) जीवन पानी की धारा के समान अस्थिर है।

(सं) आयुष्यं जललोलबिन्दुचपलम्।

(अं) Life is short.

जहां मुरगा नहीं वहां क्या सबेरा नहीं होता?

(हिं) जिस देश में मुरगा नहीं बोलता, क्या वहां सुबह नहीं होती–अर्थात् किसी की मदद न करने से किसी का काम रुकता नहीं।

(सं) कुक्कटै रहिते देशे किं प्रभातं न जायते?

(अं) Cock-crow does not make the dawn.

जमात से करामात।

(हिं) एकता में शक्ति निहित है।

(सं) संहतिः श्रेयसि पुसां सकुलैरल्पकैरपि।

(अं) Unity is strength.

जन्म के दुःखी नाम चैनसुख।

(हिं) नाम के अनुरूप जीवन न होना–अर्थात् नाम तो धनवान है परन्तु भोगता है ग़रीबी।

(सं) गर्भदासस्य नाम कुबेरः।

(अं) Call a spade a spade.

जब तक जीवक डंख में तब तक बीन बजाउ।

(हिं) जब तक जीवन है तब तक मस्त होकर जियो।

(सं) यावत्तैलं तावद्व्याख्यानम्।

(अं) Lit. Go on playing on harp so long as life is in me.

जब आया देही का अन्त जैसा गदहा वैसा सन्त।

(हिं) मरने के बाद सबका शरीर एक–सा (मिट्टी) होता है।

(सं) यमस्य करुणा नास्ति जाति विचारणा।

(अं) Death is a great leveller.

जब भी तीन अब भी तीन जब पाये तब तीन ही तीन।

(हिं) कुछ करने पर या न करने पर, जब भी रहे, जैसे भी रहे, जहां भी रहे सदैव एक–सा ही रहे।

(सं) प्रायो गच्छति यत्र भाग्यरहितस्तत्रैव यान्त्यापदः।

(अं) There is strength in numbers. or Lit. Misfortune follows the hopeless wherever they may go.

जवानी दिवानी होती है।

(हिं) यौवन पर पागलपन सवार रहता है।

(सं) यौवनं धनसम्पत्तिः प्रभुत्वमविवेकिता। एकैकमप्यनर्थाय किसु यत्र चतुष्टयम्।

(अं) Lit. Youth makes one mad.

जहां कांसा वहीं बिजली का सांसा।

(हिं) कांसे (धातु) पर बिजली (आसमानी बिजली) चलायमान होती है–अर्थात् जहां मीठा गिरता है वहां चींटियां पहुंच सकती हैं।

(सं) प्रकर्षमाधारवशं गुणानाम्।

(अं) Lit. It is the bell metal that glitters under the flash of lightning.

जहां गढ़ा होता है वहीं पानी भरता है।

(हिं) जिस जगह गड्ढा होता है, वहीं पानी भरता है और फिर सूख भी जाता है।

(सं) छिद्रेष्वनर्था बहुली भवन्ति।

(अं) Lit. Water naturally flows downwards.

जहां गाय वहीं गाय का बछड़ा।

(हिं) बछड़ा सैदव गाय के साथ रहता है।

(सं) यत्र गुरवस्तत्रैव शिष्याः।

(अं) Lit. Where there is the cow, there is the calf. or, Where there is the king there is the Court.

जहां जाय भूखा वहां पड़े सूखा।

(हिं) निर्धन कहीं धन मांगने जाए, तो उसे कोई उधार नहीं देता–अर्थात् घर से भूखा निकलने पर बाहर भी कोई खाने के लिए नहीं पूछता।

(सं) दुर्भगा यत्र गच्छन्ति यान्ति तत्रैव चापदः।

(अं) Lit. Ill luck follows an unfortunate man wherever he may be. or, All my swans have turned out geese.

जहां दूल्हा वहीं बारात।

(हिं) शक्तिशाली जिस जगह होता है (या ठहरता है) वहां के लोगों पर उसका अधिकार हो जाता है।

(सं) यत्र रामस्तत्रैवायोध्या।

(अं) Where the king is there is the court.

जहां फूल वहां कांटा।

(हिं) सुख के साथ दुःख भी होता है।

(सं) यत्र रत्नानि तत्रैव मकराः।

(अं) No rose without thorn.

जहां मेरो सैयां वहीं मेरो गुइयां।

(हिं) जिस जगह महत्वपूर्ण व्यक्ति होता है, लोगों के लिए वही जगह महत्वपूर्ण हो जाती है।

(सं) अस्ति प्राणपतिर्यत्र तत्रैव वसतिर्मम।

(अं) Where there is the king there is the Court.

जहां रूख नहीं वहां अरण्डा ही रूख।

(हिं) जिस जगह वृक्ष न हो वहां अरण्डी का पौधा ही वृक्ष कहलाता है–अर्थात् जिस नगर में सब निर्धन हो वहां छोटा-सा धनवान ही बड़ा धनवान कहलाता है।

(सं) निरस्तपादपे देशे एरण्डोऽपि द्रुमायते।

(अं) A figure among cyphers.

जब भूख लगी भडुए को तब तन्दूर की सूझी और पेट भरा तब दूर की सूझी।

(हिं) किसी से काम में मदद लेने पर उसे बहुत महत्वपूर्ण समझना और काम हो जाने के बाद उसे भूल कर किसी और को महत्व देना।

(सं) सर्वः स्वार्थे समीहते।

(अं) The bond of self-interest last till the end is gained.

जब बिगड़े जब सुघड़ नर क्या बिगड़ेगा कूढ़। मट्ठे का क्या बिगड़े जब बिगड़े जब दूध।

(हिं) सुन्दर पुरुष ही कुरूप हो सकता है, कोढ़ी कुरूप क्या होगा। इसी प्रकार दूध तो खराब हो सकता है, छाछ (मट्ठा) कभी खराब नहीं होती।

(सं) कलंकित कः कलंकः महतामेव तभ्दयम्।

(अं) The black cannot be further blackened.

जहां न पहुँचे रवि तहां पहुँचे कवि।

(हिं) कवि कल्पना के माध्यस से ऐसी जगह पहुंच जाता है, जहां सूर्य भी नहीं पहुंच सकता।

(सं) अभ्दुतेयं कवेः सृष्टिर्ब्रह्मणोऽपि गरीयसी। कवयः किं न जल्पन्ति।

(अं) There is nothing in creation beyond the poet's fancy. or, the flight of fancy surpasses all.

जबां शीरीं मुल्कगीरी।

(हिं) मीठा बोलने वाला किसी भी देश-प्रदेश में रह सकता है।

(सं) यदिच्छसि वशीकर्त्तुं जगदेकेन कर्म्मणा। परापवादशस्येभ्यो गां चरन्तीं निवारय।

(अं) Soft word turneth away wrath.

जगन्नाथ का भात जगत पसारे हाथ।

(हिं) भगवान् से कुछ प्राप्त करने के लिए सारा संसार हाथ फैलाये रहता है।

(सं) तेजीयसां न दोषाय वह्नेः सर्वभुजो यथा।

(अं) God's gifts are for all.

जब ओढ़ लीनी लोई तब क्या करेगा कोई।

(हिं) जिसने बेशर्मी धारण कर ली हो, उसका कोई क्या बिगाड़ सकता है।

(सं) निर्लज्जस्य कुतो भयम्। एकां लज्जां परित्यज्य सर्वत्र विजयी भवेत्।

(अं) No shame for the shameless.

जा

जाकी अपकीरति छाय रही जग सो यमलोक गयो न गयो।

(हिं) जिसकी बदनामी हो चुकी जो वह न मरने के बाद भी मरे समान होता है।

(सं) सम्भावितस्य चाकीर्तिर्मरणादतिरिच्यते।

(अं) Death is better than disgrace.

जाके फटी नहीं बिवाई वह क्या जाने पीर पराई।

(हिं) जिसने कभी दुःख न झेला हो, वह दूसरे के दुःख का अहसास नहीं कर सकता।

(सं) न हि बन्ध्या विजानीयाद्गुर्वीप्रसववेदनाम। लक्ष्मीवन्तो न जानन्ति द्ररिद्रणां हि वेदनाम्।

(अं) The wearer only knows where the shoe-pinches.

जाको प्रभु विपता देही वाकी मति पहिले हरलेही।

(हिं) विनाश के समय बुद्धि भ्रष्ट हो जाती है।

(सं) विनाशकालेविपरीतबुद्धिः। प्रायः समापन्नविपत्तिकाले धियोऽपि पुंसां मलिनीभवन्ति।

(अं) Fate drives one to despair.

जाको राखे साइयां मार न सकिहै कोय।
बाल न बांका कर सकै जो जग बैरी होय।

(हिं) जिसकी भगवान् रक्षा करता है, उसे कोई नहीं मार सकता, चाहे सारा संसार उसका शत्रु क्यों न बन जाए।

(सं) अरक्षितं तिष्ठति दैवरक्षितं, सुरक्षितं दैवहतं विनश्यति। जीवत्यनाथोऽपि चने विसर्जितः कृतप्रयत्नोऽपि गृहे न जीवति।।

(अं) Lit. Whom god keeps, none can kill.

जाट कहै सुन जाटनी मोको तो यहां रहनो,
ऊंट बिलैया ले गई हांजी-हांजी कहनो।

(हिं) अपनी कार्य सिद्धि के लिए गलत से भी ठीक बताना अर्थात् चापलूसी कर अपना मतलब निकालना।

(सं) प्रभोर्वचो न प्रतिवादयन्ति भृत्यास्त एवेह समृद्धिभाजः।

(अं) Lit. Flattery is the chief thing necessary in service.

जागेगा सो पावेगा सोवेगा सो खोवेगा।

(हिं) जो जागृत रहता है, उसे कुछ न कुछ अवश्य मिलता है, जो सोता रहता है उसे कुछ नहीं मिलता।

(सं) जाग्रता प्राप्यते सर्वं स्वपता हीयतेऽखिलम्।

(अं) First come, first score. or, A sleeping fox catches no poultry.

जात पांत पूछे नहिं कोई हर को भजे सो हरका होई

(हिं) जो भगवान् को याद करता है, भगवान् उसे ही चाहता है। वहां जाति-पाति, ऊंच-नीच, छुआ छूत नहीं मानी जाती।

(सं) यो मे भक्तः स मे प्रियः।

(अं) Fair is not fair but that which pleaseth.

जात मद पिये लखाय।

(हिं) मदिरा पिए व्यक्ति की पहचान उसकी चाल से ज्ञात हो जाती है।

(सं) जातिर्निर्णीयते सम्यक् स्वप्रघाक्यात्तथा मदात्। कुलमाख्याति भाषणम्

(अं) Lit. Drink often leads to the disclosure of truth.

जादू टोना हे सखी भूल करो मत कोय।
पिया कहै सौ कीजिये आपही वश में होय॥

(हिं) प्रिय का कहा करने से प्रिय स्वयं ही वश में हो जाता है, जादू-टोना करने से वह कभी वश में नहीं हो सकता--ऐसी ग़लती करनी भी नहीं चाहिए।

(सं) वशीकरणमन्त्रोऽयं भर्तुरादेशपालनम्

(अं) Lit. Devotion is the secret of influencing the husband.

जा विधि राखे राम ताही विधि रहिये।

(हिं) भगवान् जिस स्थिति में रखे, उसी स्थिति में प्रसन्न रहना चाहिए।

(सं) ईश्वरेच्छा गरीयसी।

(अं) Lit. Be content in the state in which Ram (God) has placed you.

जाने चोंच दी वही चुग्गा देगा।

(हिं) जिसने मुंह दिया, वही भोजन भी देगा।

(सं) येन शुक्लीकृता हंसाः शुकाश्च हरितीकृताः। मयूराश्चित्रिता येन स ते वृत्तिं विधास्यति॥ गर्भादुत्पतिते जन्तौ मातु प्रसन्वतः स्तनौ।

(अं) God never sends mouth but He sends meat.

जावो लाख रहो साख।

(हिं) योग्यता हर कीमत पर आदरणीय है।

(सं) विश्वासो यदि रक्ष्यते का प्रभूतधनक्षतिः। कीर्तिर्यस्य स जीवति।

(अं) Lit. Honour is worth any cost.

जाको जौन स्वभाव मिटै नहिं जी से। मीठी नीम न होय सींचो गुड़ घी से॥

(हिं) जिसका जैसा स्वभाव है, वैसा ही रहता है, किसी भी यत्न से बदला नहीं जा सकता। ठीक उसी प्रकार जिस प्रकार नीम के वृक्ष को घी-गुड़ से निरंतर सींचने के बावजूद उसकी कड़वाहट कभी मिठास में नहीं बदल सकती।

(सं) या यस्य प्रकृतिः स्वभावजनिता केनापि न त्यज्यते। निम्बः सिंचित आदरेण पयसा पुष्णति नेक्षोरसम्॥

(अं) Leopard never changes his spots or Black takes no other hue.

जाओ पूत दक्षिण वही कर्म्म के लक्षण।

(हिं) अपमान से मृत्यु अच्छी है, अर्थात् कर्म का फल हर जगह मिलता है।

(सं) भाग्यं फलति सर्वत्र।

(अं) Better death than dishonour.

जाकर जेहिपर सत्य सनेहू। सो तोहि मिले न कछु सन्देहू॥

(हिं) जिससे जो सच्चा प्रेम करता है, वह उसे अवश्य मिलता है।

(सं) सती च योषित् प्रकृतिः सुनिश्चला पुमांसमभ्येति भवान्तरेष्वपि।

(अं) Free love is never unresponded.

जा मन होय मलीन सो पर सम्पदा सहेना।

(हिं) जिसका मन मैला हो, उस पर दौलत भी मेहरबान नहीं होती।

(सं) दृष्ट्वा परेषामुत्कर्षं दुःखमाप्नोति दुर्जनः।

(अं) The meanminded chafes at other's prosperity.

जाका कोड़ा ताका घोड़ा।

(हिं) शक्तिशाली ही राज करते हैं।

(सं) वीरभोग्या वसुन्धरा। अधिकार: परं बलम्।

(अं) Might is right.

जाके घर में नौ सौ गाय सो क्या छाछ पराई खाय।

(हिं) धनवान व्यक्ति किसी से धन उधार नहीं लेता।

(सं) भवन्ति गोमायुसखा न दन्तिनः।

(अं) Lit. A king never goes a-begging.

जाके घर में माई ताकी राम बनाई।

(हिं) जिसकी माँ हो, भगवान् भी उसकी मदद करता है–अर्थात् माँ का प्यार भगवान् के प्यार के समान है।

(सं) जीवन्मातृकएवनूनमतुलं भुङ्क्ते सुखं स्वालये।

(अं) Lit. There is nothing higher than mother's love.

जाके हित चोरी करों सोई बनावे चोर।

(हिं) जो जिसकी भलाई के लिए बुरा कार्य कर दे, उसे वही (जिसका भला हुआ) बुरा बताने लगे।

(सं) यदर्थं क्रियते चौर्य्यं चोरस्तैरवे कथ्यते। पुत्रदारादिभिर्लोकस्तदर्थं तस्करोऽभवत्। सुदुस्त्यजास्त्यज्यमाना: कामा: कष्टा हि शत्रव:।

(अं) The black tooth of ingratitude.

जि

जिजमान चाहे नरक को जाय चाहे स्वर्ग को मुझे अपने दही पुड़ी से काम।

(हिं) सेवक का भला हो अथवा बुरा, गुरु को अपने लाभ से मतलब।

(सं) यजमानहितं भूयादहितं वा भवेदिह। प्रयोजनं ममैतद्धि भवेत् स्वोदरपूरणम्।।

(अं) Plough or not plough, you must pay your rent.

जिधर जलता देखें उधर तापें।

(हिं) जिससे फायदा होता दिखाई पड़े उसी का साथी बन जाना।

(सं) अन्यच्छिद्रं समासाद्य कार्य्यं साध्नोति दुर्जनः। छिद्रं निरूप्य सहसा प्रविशत्यशंङ्कः।

(अं) A villain is like a weather-cock.

जिनके पड़े स्वभाव जायगा जीव से । नीम न मीठा होय सिंचो गुड़ घीव से।।

(हिं) प्राणी का स्वभाव कभी नहीं बदलता। जैसे नीम गुड़-घी से सींचने के बाद भी मीठा नहीं हो सकता।

(सं) स्वभावो दुरतिक्रमः।

(अं) Habit is a second nature.

जिन ढूंढ़ा उन पाया।

(हिं) जो खोजता है, उसे अवश्य मिलता है।

(सं) अन्विष्टं येन लोकेऽस्मिन् लब्धं तेनैव निश्चितम्।

(अं) Lit. Ask about and you will find it out.

जिसका अगुआ अन्धा उसका लश्कर कुआं में।

(हिं) जिस सेना का सेनापति अंधा होता है वह सेना कुएं में गिर जाती (भटक जाती है) है–अर्थात् जिस समाज का पथ-प्रदर्शक मूर्ख होता है वह समाज पतित हो जाता है।

(सं) अन्धस्येवान्धलग्नस्य विनिपातः पदे पदे।

(अं) A blind leading a blind, both shall fall into the pit.

जिसके पास नहीं पैसा व भलामानुस कैसा।

(हिं) निर्धन को सब बुरा बताते हैं।

(सं) अर्थेन तु विहीनस्य पुरूषस्याल्पमेधसः। क्रियाः सर्वा विनश्यन्ति ग्रीष्मे कुसरितो यथा।

(अं) Money makes a man.

जितने मुँह उतनी बातें।

(हिं) प्रत्येक व्यक्ति का अलग-अलग मत।

(सं) पिण्डे पिण्डे मतिर्भिन्ना।

(अं) Babel of voices, babel of talk.

जिसकी लाठी उसकी भैंस।

(हिं) सशक्त शक्ति के माध्यम से दूसरों की वस्तु छीन लेता है।

(सं) वीरभोग्या वसुन्धरा।

(अं) Might is right.

जिसकी जूती उसका सिर।

(हिं) किसी का अहित उसके द्वारा ही करवाना।

(सं) शत्रोः साहाय्यमासाद्य तेनैव तन्निकृन्तनम्।

(अं) Beat him with his own stick.

जिसको पिया चाहे वही सुहागिन।

(हिं) जिसको पति प्यार करे वही प्रिय पत्नी।

(सं) सर्वत्रादरभाग्भवेन्नृपतिभिः सम्मानितः सेवकः।

(अं) Lit. Fortunate is she who is loved by her husband.

जितना गुड़ डालो उतना ही मीठा होगा।

(हिं) जितनी मेहनत करोगे प्रतिफल उतना ही अच्छा मिलेगा।

(सं) अधिकस्याधिकं फलम्।

(अं) The more you will exert, the better you will grow.

जिसका खाइये उसका गाइये।

(हिं) जिसका खाओगे, उसका गुणगान भी करना पड़ेगा।

(सं) दातुर्गेयं यशो नित्यम्।

(अं) Lit. Whose bread I eat, his praise I sing.

जिसके हाथ लोई उसका सब कोई।

(हिं) सशक्त का सब साथ देते हैं।

(सं) द्रव्येण सर्व्वे वशाः।

(अं) Summer friends.

जिय बिनु देह नदी बिनु वारी। तैसे हि नाथ पुरुष बिनु नारी॥

(हिं) तुलसीदास ने रामचरित मानस में लिखा है—जब राम वनवास के लिए तैयार हो गये तो सीता ने भी राम के साथ वन जाने की हठ की। राम ने मना किया तो सीता ने कहा—जिस प्रकार प्राण के बिना शरीर, शरीर नहीं पानी के बिना नदी, नदी नहीं, ठीक उसी प्रकार बिना पुरुष (पति) के नारी (पत्नी) नारी नहीं।

(सं) यथा प्राणैर्विना देहः सरिता वारिणा विना। तथा पत्या विना पत्नी विद्यतेऽत्र मृतैव सा।

(अं) No woman can live without protection.

जी

जीते थे तो लीखों भरे मर गये तो मोतियों जड़े।

(हिं) जीवित रहते सदैव ही अनादर मरने के बाद खूब आदर।

(सं) मृते परमसत्कारो जीविते तु निरादरः।

(अं) A thing when lost, is valued most.

जीना तब लग सीना।

(हिं) मनुष्य जब तक जिन्दा रहता है तब तक उद्देश्य पूर्ति के लिए कार्य कर सकता है।

(सं) न हि कश्चित् क्षणमपि जातु तिष्ठत्यकर्म्मकृत।

(अं) Lit. Work is the mission of life.

जीयेगा सो खेलेगा फाग।

(हिं) जीवित ही सुख प्राप्त कर सकता है।

(सं) जीवन्नरो भद्रशतानि पश्येत्।

(अं) Who live upto this day, will holi play.

जीती मक्खी कोई न खावे।

(हिं) जानबूझ कर कोई गंदगी नहीं खा सकता।

(सं) दोषं ज्ञात्वा दोषिणो वै नैव क्रियते संग्रहः। विज्ञाय मक्षिकां नात्ति।

(अं) No one with eyes open can fall into a sink.

जु

जुत-जुत मरें बैलवा बैठे खायें तुरंग।

(हिं) बैल खेत जोत-जोत कर मेहनत करते हैं और घोड़े बैठे-बैठे खाते हैं—अर्थात् कमजोर मेहनत करते हैं और प्रतिफल सशक्त भोगते हैं।

(सं) अन्येनोपार्ज्जितं वित्तं सुखमन्यैश्च भुज्यते।

(अं) Lit. One labours hard and another eats the fruit.

जू

जूठा खाइये मीठे की लालच।

(हिं) मिठाई के लालच में एक दूसरे का जूठा खा लेता है।

(सं) मिष्टान्नस्य प्रलोभेन ह्युच्छिष्टं भुज्यते नरैः। लोभः पापस्य कारणम्।

(अं) Lit. Temptation leads to hell.

जूठे हाथ से कुत्ता भी नहीं मारते।

(हिं) अत्यधिक लालच से कर्तव्य पालन नहीं होता।

(सं) अतिलोभो न कर्त्तव्यः।

(अं) He that grasps at too much, holds nothing fast.

जे

जेते मुख तेती बारता।

(हिं) जितने मुंह उतनी बातें।

(सं) भिन्नरुचिर्हि लोकः। जनाननेकः करमर्पयिष्यति।

(अं) As many men, as many words.

जेह जेतो निश्चय तेतो देत दई पहुँचाय शक्कर खोरे को मिले जैसे शक्कर आय।

(हिं) जिसकी जो आवश्यकता है उसे वह (भगवान्) अवश्य देता है जैसे चीनी खाने वाले को चीनी अपने आप मिल जाती है।

(सं) निश्चिताध्यवसायो ना फलमाप्नोति निश्चितम्।

(अं) He that eats good meat, Shall have good meat.

जै

जैसा काछ काछे वैसा नाच नाचे।

(हिं) जैसा कर्म वैसा फल।

(सं) यादृशं हि तपस्तप्तं तादृशं फलमश्नुते।

(अं) Lit. Act according to the dress you put on.

जैसा देश वैसा वेष।

(हिं) जिस स्थित में लोग रहते हों आप भी उसी स्थिति में रहना आरंभ कर दें। तब ही उनके बीच आप व्यवस्थित रह सकते हैं।

(सं) यत्र यादृश आचारस्तत्र वर्त्तेत तादृशम्।

(अं) When you are in Rome, do as the Romans do.

जैसा माल वैसा मोल।

(हिं) वस्तु के अनुसार ही उसका मूल्यांकन किया जाना चाहिए।

(सं) यादृशं वस्तु लोकेऽस्मिन् मूल्यं तस्य तु तादृशम्।

(अं) Lit. As is the tree, so is its fruit.

जैसा मुँह वैसी थाप।

(हिं) मुंह (सामर्थ्य) के अनुसार ही व्यक्ति की बात में वजन होता है।

(सं) प्रारब्धं यादृशं यस्य भोगभाप्नोति तादृशम्।

(अं) Lit. As is the man, so are his words.

जैसा सोता वैसी धारा।

(हिं) स्रोत की क्षमता के अनुसार ही उसकी धारा फूटती है।

(सं) यादृक् स्रोतस्तादृगेव प्रवाहः।

(अं) Like father, like son.

जैसी करनी वैसी भरनी।

(हिं) जैसा कर्म वैसा फल।

(सं) यादृशं करुते कर्म्म तादृशं फलमश्नुते।

(अं) Lit. As you sow, so you shall reap.

जैसी जात वैसी बात।

(हिं) जिस तरह की जात (गुण) वैसी ही बातचीत।

(सं) यादृशी वर्तते जातिर्भाषणं तादृशं भवेत्।

(अं) The words indicate the position of a man.

जैसी पड़े औदशा वैसी सहे शरीर।

(हिं) जैसी-जैसी विपत्ति पड़ती है, वैसी-वैसी शरीर की सहन शक्ति होती जाती है।

(सं) आपतेत्कुदशा यादृक तामेव सहते वपुः।

(अं) Bear and blame not what you cannot help or What cannot be cured, must be endured.

जैसी माई वैसी जाई।

(हिं) जैसी माँ होती है वैसी ही उसकी बेटी होती है।

(सं) यादृशी जननी लोके पुत्री भवति तादृशी।

(अं) Like father, like son.

जैसे कन्था घर रहे वैसे रहे विदेश।

(हिं) अकर्मण्य व्यक्ति का घर में रहना भी विदेश में रहने के समान होता है।

(सं) वासो विदेशे गेहे वा पत्युः क्लीवस्य वै समः।

(अं) Far or near, all the same.

जैसे जल वैसे मच्छ।

(हिं) तालाब में जल क्षमता के अनुसार ही मच्छ रह सकते हैं।

(सं) कर्य्यं निदानाद्धि गुणानधीते।

(अं) Great men, great views.

जैसे ऊधो वैसे माधो।

(हिं) कृष्ण कंस वध के लिए मथुरा चले गये, फिर वापस नहीं आये। राधा तथा उनकी सखियां कृष्ण की याद में व्याकुल रहने लगीं। ऐसी स्थिति जान कर कृष्ण ने राधा तथा उनकी सखियों को समझाने के लिए उद्धव (ऊधो) को भेजा। ऊधो को कृष्ण का दूत जान राधा तथा सखियों को कुछ सान्त्वना मिली। परन्तु जब ऊधो ने निराकार भक्ति का उपदेश देकर उनको समझाया कि वे कृष्ण को भूल जाएं तो राधा और उनकी सखियों ने एक-दूसरे से कहा कि जैसे उद्धव वैसे ही कृष्ण। क्योंकि कृष्ण उनको (राधा व सखियों को) भूल गये हैं और उद्धव उन्हें समझाने आये हैं कि वे कृष्ण को भूल जाएं।

(सं) उद्धवो यादृशः प्रेमी तादृगेवाऽस्ति माधवः।

(अं) Lit. Paul or Peter both alike.

जैसे तेरी कोमरी तैसे मेरे गीत।

(हिं) जैसा तेरा वाद्य यन्त्र वैसा ही मेरा गीत।

(सं) यादृशी शीतला देवी तादृशो वाहनः खरः।

(अं) As the pay of the piper, so is the play.

जैसे गंगा नहाये तैसे फल पाये।

(हिं) जिस तरह का कार्य उसी तरह का प्रतिफल।

(सं) भावानुसारेण फलं नृणां भवेत्।

(अं) As you sow, so you reap.

जैसे नागनाथ तैसे सांपनाथ।

(हिं) समान गुणों वाले एक समान ही होते हैं चाहे उनके नाम अलग-अलग क्यों न हों।

(सं) यथा पुत्रस्तथा पुत्री।

(अं) What is twelve pence is a shilling.

जैसी बहै बयार पीठि तैसी तब दीजे।

(हिं) परिस्थितियों के अनुसार कार्य करना।

(सं) प्रसङ्गसदृशं कार्य्यं कुर्वाणो न विनश्यति।

(अं) To trim the sail according to the wind.

जैसी जाकी भावना तैसी ताकी सिद्धि।

(हिं) जिस व्यक्ति के जिस तरह के विचार होते हैं उसको उसी के अनुरूप सिद्धि (कार्य सिद्धि) प्राप्त होती है।

(सं) यादृशी भावना यस्य सिद्धिर्भवति तादृशी।

(अं) As the motive is, so will be result attained.

जो

जो इच्छा करिहौ मन माहिं। हरि कृपा कछु दुर्लभ नाहिं।

(हिं) मन में कोई इच्छा हो और ईश्वर की कृपा हो तो वह इच्छा अवश्य पूरी होती है।

(सं) हरौ तुष्टे मनुष्यस्य किमप्राप्यं धरातले।

(अं) When God wills, all winds bring rain or God willing nothing is impossible or despair is infidelity.

जोगी जुगुत जानी नहीं, कपड़े रँगे तो क्या हुआ।

(हिं) ऐसा योगी जो योग के बारे में कुछ जानता न हो वह जोगिया रंग के वस्त्र धारण कर ले तो योगी हो ही नहीं सकता।

(सं) अप्राप्ततत्त्वस्य न वेशतः फलम्।

(अं) The gown does not constitute the churchman.

जो चोरी करता है वह मोरी भी रखता है।

(हिं) अपराध करने से पहले अपराधी अपने बचाव का रास्ता अवश्य निर्धारित करता है।

(सं) व्यभिचारे प्रवृत्तो जारः प्राक्पलायनोपायं कुरुते।

(अं) Lit. A thief is careful enough of his means of escape.

जो जाके मन में बसे सो सपने दरसाय।

(हिं) जिसके मन में जो रहता है वही उसको स्वप्न में दिखाई देता है।

(सं) जाग्रद्दशायां यत्किञ्चित् दृष्टं वापि श्रुतं जनैस्तदेव स्वप्नावस्थायामनुभूयेत निश्चितम्।

(अं) A cat always dreams of mice.

जोड़-जोड़ मर जायेंगे माल जमाई खायेंगे।

(हिं) कंजूस का धन बाहरी लोग ही भोगते हैं।

(सं) अन्ये मृतस्य क्रीडन्ति दारैरपि धनैरपि।

(अं) The miserhoards for other's enjoyment.

जोतेगा हल तो पावेगा फल।

(हिं) मेहनत करने से अच्छा फल अवश्य मिलता है।

(सं) उद्योगिनं पुरुषसिंहमुपैति लक्ष्मीः।

(अं) No gain without pain or Fortune favours the industrious.

जो बन आवे सहज में वाही में चित्त दे।

(हिं) जो कार्य सुगमता पूर्वक किया जा सके उसे मन लगा कर करना चाहिए।

(सं) सुखसाध्यं समाचरेत्।

(अं) Never do by force what can be done by fair means.

जो विधि लिखी ललाट न कोऊ मेटि है।

(हिं) किस्मत में लिखा कोई मिटा नहीं सकता।

(सं) यत् पूर्वं विधिना ललाटलिखितं तन्मार्जितुं कः क्षमः।

(अं) There is no avoiding the decrees of Fate.

जो मीठा खायगा वह कडुआ भी खायगा।

(हिं) जो सुख भोगता है उसे दुःख भी भोगना पड़ता है।

(सं) अश्वमारोहते यस्तु स कदाचित्पतत्यपि।

(अं) Whoever is desirous of profit must be prepared loss.

जो धन दीखे जात आधा दीजे बांट।

(हिं) यदि धन हानि दृष्टिगोचर हो तो तुरन्त आधा धन दान कर देना चाहिए।

(सं) सर्वनाशे समुत्पन्ने अर्द्धं त्यजति पण्डितः।

(अं) Cut off the limb to save the body or Half a loaf is better than no bread.

जोगी जोगी लड़े खप्परों की हानि।

(हिं) खप्पर (घड़े का टूटा आधा भाग जिसमें पूजन की आवश्यकतानुसार आग-राख रखी जाती है) धारण करने वाले योगी जब परस्पर लड़ते हैं तो खप्पर टूट जाते हैं–अर्थात् जब परिवार के लोग परस्पर लड़ते हैं तो परिवार का ही नुकसान होता है।

(सं) साधूनां कलहे नूनं केवला खर्परक्षतिः।

(अं) Lit. The hermits fight only to break the begging bowls.

जो चढ़ेगा सो गिरेगा।

(हिं) जो जीतता है वह हार भी सकता है।

(सं) पतनान्ताः समुच्छ्रयाः।

(अं) No rise without a fall.

जो किसी को कुआं खोदता है, उसको खाई तैयार रहती है।

(हिं) जो किसी का नुकसान करता है, उसका नुकसान भी अवश्य होता है।

(सं) वञ्चको वञ्च्यते स्वयम्।

(अं) He who digs other's grave falls into it himself or The evil recoils upon the doer.

जोगी काके मीत कलन्दर किसके भाई।

(हिं) योगी और अल मस्त रहने वाले लोग किसी के मित्र नहीं होते।

(सं) भिक्षुकः कस्य बन्धुः स्यात् योगी कस्य सखा भवेत्।

(अं) What is the bond of kinship with the wandering mendicant?

जोरू चिकनी मियां मजूर।

(हिं) पत्नी बहुत सुंदर और पति मजदूर–अर्थात् गरीब के हाथ हूर।

(सं) पत्नी विलासिनी भर्त्ता निर्द्धनः श्रमजीविकः।

(अं) Ill assorted pair.

जो तोको कांटा बुवे ताको बुवे तू फूल।

(हिं) जो तुम्हारे साथ बुरा बर्ताव करे, तुम उसके साथ अच्छा बर्ताव करो।

(सं) अपकारिषु यः साधुः स साधुः सभ्दिरुच्यते।

(अं) Return good for evil.

जो बोले सो घी को जाय।

(हिं) जो बोले वही घी लेने (मांगने) जाये अर्थात् लालची व्यक्तियों के बीच चुप रहना उत्तम है।

(सं) मुखरस्तत्र हन्यते।

(अं) Silence is golden.

जोगी था सो उठ गया आसन रही भभूत।

(हिं) अच्छे व्यक्ति के जाने के बाद उसकी अच्छाइयां नहीं जातीं।

(सं) गताः सर्व्वे महात्मानः परकार्यविधायकाः। तेषां स्मरणमात्रं हि विद्यते जगतीतले।

(अं) The sages have gone, only their memory is left behind or Lords gone, empty chairs.

झ

झगड़ा झूठा कब्जा सच्चा।

(हिं) किसी वस्तु पर अधिकार है तो वह वस्तु आपकी अन्यथा अधिकार के लिए लड़ने से समाधान नहीं हो सकता।

(सं) सत्योऽधिकारो ह्यनृतं निवादः।

(अं) Possession is nine points of the law.

झरबेरी के जंगल में बिल्ली शेर।

(हिं) कमजोर लोगों के बीच थोड़ा सा सशक्त व्यक्ति भी अपने आप को सर्व शक्तिमान समझने लगता है।

(सं) स्वगृहे कुक्कुरोऽपि चण्डो भवति।

(अं) Lit. A coward is a hero in his own house.

झार भी बनिये का बैरी है।

(हिं) कमजोर का उससे थोड़ी कम ताकत वाला भी दुश्मन हो जाता है।

(सं) दुर्बले शशकः सिंहः।

(अं) Lit. A hare proves a lion to the weak.

झटपट की घानी आधा तेल आधा पानी।

(हिं) जल्दबाजी का कार्य सदैव खराब होता है।

(सं) सहसा विदधीत न क्रियामविवेकः परमापदां पदम्। मूर्खः स्वल्पविधिं कृत्वा समिच्छति महाफलम्।

(अं) More haste worse speed.

झारि बिछाई कामरी रहे निमाने सोइ।

(हिं) कम्बल को झाड़ कर बिछाया, लेकिन सो गये जमीन पर–अर्थ अपने कार्य पर पूरी तरह ध्यान न देना।

(सं) यदर्थं सुमहीन् यत्नस्तस्मै किञ्चिन्न रोचते।

(अं) Not liked by him for whom intended.

झोपड़ी में रहे महलों के सपने देखे।

(हिं) थोड़े से साधन, लेकिन काम बड़े करने की कल्पना।

(सं) वन्यः श्रृगालः कलभत्वमिच्छेत्।

(अं) Alanaschar's dream.

ट

टट्टी की ओट शिकार।

(हिं) पीछे से (छुपकर) आक्रमण करना।

(सं) मधुरेणैव गीतेन हरिणानां बधो वने।

(अं) Attacking from behind.

टके की बुढ़िया नौ टका मूड़मुड़ाई।

(हिं) छोटे कार्य के लिए बहुत गंवाने की इच्छा।

(सं) अलपस्य हेतोर्बहुहातुमिच्छा।

(अं) A pound's fare on a penny's luggage.

टके के वास्ते महल ढाहना।

(हिं) अल्प हित के लिए बहुत बड़ा त्याग।

(सं) अल्पहेतोर्बहुत्यागः।

(अं) A kingdom for a horse or To sell the religion for money or I suffer a great loss for a trifling gain.

टके की मुरगी छः टके महसूल।

(हिं) कम कीमत की मुर्गी लेकिन कर ज्यादा–अर्थात् जैसे सौ रुपये के कारोबार पर छः सौ रुपये कर (टैक्स) लगना।

(सं) स्तोकं फलञ्चैव महान् प्रयासः।

(अं) A pound's tax on a penny's luggage.

टु

टुकड़े देकर बछड़ा पाला सींग लेकर मारन आया।

(हिं) धीरे-धीरे किसी की मदद की, लेकिन सम्पन्न होने पर वही नुकसान करने आ पहुंचा।

(सं) मातुर्जङ्घा हि वत्सस्य सतम्भीभवति बन्धने।

(अं) To return evil for good.

टू

टूटी कमान दो जने डरे।

(हिं) तीर कमान से जिस पर निशाना साधा जाय, एक वह डरता है तथा कमान टूट जाय तो निशाना साधने वाला डर जाताा है। बच गया व्यक्ति कहीं उसे न मार दे–अर्थात् लक्ष्य प्राप्ति में असफलता नुकसानदायक होती है।

(सं) धनुर्भङ्गे द्वयोर्भयम्।

(अं) Lit. The break of a bow is doubly dangerous.

टूटी की बूटी नहीं।

(हिं) टूटी वस्तु जोड़ने के लिए कोई दवा नहीं।

(सं) भ्रष्टस्य काऽन्या गतिः। मूर्खस्य नास्त्यौषधम्।

(अं) What cannot cured, must be endured.

टूटे पीछे फिर जुड़े गांठ गठीली होय।

(हिं) टूटा धागा या रस्सी में गांठ बांध कर जोड़ने से गांठ बन जाती है।

(सं) त्रुटितानां सुसन्धाने दृढा ग्रन्थिः प्रजायते।

(अं) Lit. The torn pieces being tied together the knot become big.

ठ

ठगने से ठाकुर कहाता है।

(हिं) जो अपने आपको बचा ले वही बुद्धिमान्।

(सं) वञ्चितो बुद्धिमाप्नुयात्।

(अं) Lit. Deception brings wisdom.

ठग जाने ठगही की भाषा।

(हिं) ठग की भाषा ठग ही समझता है।

(सं) शठस्य शाठ्यं शठ एव वेत्ति।

(अं) Lit. The wickedness of a man may be detected by one who is himself wicked.

ठगाये ठाकुर बजे।

(हिं) छल-कपट से ही धन एकत्र किया जा सकता है।

(सं) प्रतारितः शिक्षति पाटवंनरः।

(अं) Lit. Deceptions brings money.

ठठेरे ठठेरे बदलाई।

(हिं) एक ही प्रकार का विनिमय।

(सं) ब्राह्मणो ब्राह्मण दृष्ट्वा श्वेवाहो घुर्घुरायते।

(अं) Exchange in kind.

ठा

ठाकुर चाकर दोऊ नीके।

(हिं) मालिक अच्छा तो नौकर भी अच्छा।

(सं) यथा राजा तथा प्रजा।

(अं) Like master like man.

ठाढ़ा मारे और आगे धरले।

(हिं) पिटाई भी करे और रक्षा भी करे।

(सं) शूराः स्वदोषं नाहि गोपयन्ति।

(अं) Lit. To beat and to cares.

ठाड़ा मारे तो गरीब क्या कोसने से भी गया।

(हिं) सशक्त पिटाई करे तो कमजोर कम से कम बद्दुआ तो दे ही सकता है।

(सं) बलिनां शासने किं न दुर्बलाः क्रोशितुं क्षमाः?

(अं) Lit. Harm to be returned at least with abuse.

ठाले से बेगार भली।

(हिं) कुछ न करने से कुछ करना बेहतर है।

(सं) अकरणात् किमपि करणं श्रेयः।

(अं) Lit. Better to be impressed than to remain idle.

ठो

ठोकर खावे बुद्धि पावे।

(हिं) कठिनाई का सामना करने के बाद ही ज्ञान प्राप्त होता है।

(सं) बाधां प्राप्तो भवति कुशलः सर्व्वकार्य्येषु धीरः।

(अं) Failure is the pillar of success.

ठोकर लगे जब आंख खुले।

(हिं) मुसीबत पड़ने पर ही चैतन्यता जागृत होती है।

(सं) भवति विज्ञतमः परिबाधितः।

(अं) Failure makes one cautious.

डा

डाकनवारो धरो सिर पै फिर लाज कहां खर पै चढ़िबे की।

(हिं) बदनामी जब सिर पर धारण कर ली हो तो गधे पर चढ़ने से शर्म कैसी।

(सं) शोचामि गोपगृहिणी कथमद्य तक्रम्।

(अं) Lit. It is not disgraceful to mount upon an ass with the custodian of honour at the back.

डाकिनी खाय तो मुँह लाल न खाय तो मुँह लाल।

(हिं) डायन किसी को खाये अथवा न खाये उसका मुख सदैव लाल (खून से सना) ही रहता है–अर्थात् चोर, चोर ही होता है चाहे उसने चोरी एक बार की हो या हजार बार।

(सं) मणिना भूषितः सर्पः किमसौ न भयंङ्करः।

(अं) Once a thief always a thief.

डू

डूबते को तिनके का सहारा बहुत है।

(हिं) डूबते को थोड़ा सा भी सहारा मिल जाय तो डूबने से बच सकता है।

(सं) वचनेनापि साहाय्यमापन्नस्य महाबलम्।

(अं) Drowning man catches at a straw.

डूबा वंश कबीर का उपजा पूत कमाल।

(हिं) कुपुत्र के जन्म से वंश नष्ट हो जाता है।

(सं) कुपुत्रेण कुलं नष्टम्।

(अं) Lit. Kabir, the renegad had for his son, Kamal, the great saint.

डूबी कन्त भरोसे तेरे।

(हिं) आशा ही सबसे बड़ा दुःख है।

(सं) आशा हि परमं दुःखम्।

(अं) Lit. To be hoping is very trying.

डो

डोकरी को राजकथा से क्या मतलब।

(हिं) बूढ़ी स्त्री को राजा की कथा से क्या लेना-देना।

(सं) अधिकारविहीना या चर्चा सा नैव शोभते।

(अं) Lit. What has an old woman to do with the politics?

डोमन बजावे चपनी जात बतावे अपनी।

(हिं) व्यर्थ का वार्तालाप करने से पता चल जाता है कि यह स्त्री डोमनी (निम्न श्रेणी की) है।

(सं) कर्म्मणा ज्ञायते जातिः।

(अं) A dog, even if a crowned king, will continue to gnaw a bone.

ढ

ढलती फिरती छाया कभी इधर कभी उधर।

(हिं) छांव स्थिर नहीं रहती।

(सं) दशा नराणां परिवर्तते सदा।

(अं) The world is shifting from side to side.

ढा

ढाक के सदा तीन पात।

(हिं) पलाश वृक्ष के प्रत्येक डंढल में प्रकृतितः तीन-तीन पत्ते ही होते हैं–अर्थात् गिने-चुने साथी।

(सं) अहर्निशं वर्षति वारिवाहः तथापि पत्रत्रितयं पलाशे।

(अं) Lit. To bear three leaves in evey stem is the nature of the palasha tree.

ढो

ढोल गंवार शूद्र पशु नारी ये सब ताड़न के अधिकारी।

(हिं) तुलसीदास ने रामचरित मानस में लिखा है–ढोल, गंवार, शूद्र, पशु और नारी–आवश्यकतानुसार इनकी पिटाई आवश्यक है।

(सं) ताडनाद्वशमायान्ति वाद्यं शूद्राश्च योषितः।

(अं) Beat a drum and it will give out sound.

त

तजी प्रतिज्ञा मोर मैं तोर प्रतिज्ञा काज।

(हिं) तुमने मेरे कार्य के लिये प्रतिज्ञा तज दी लेकिन मैं तुम्हारे कार्य के

लिए अपनी प्रतिज्ञा नहीं तजूंगा—अर्थात् तुम मेरे काम न आओ, लेकिन मैं तुम्हारे काम अवश्य आऊंगा।

(सं) अङ्गीकृतं सुकृतिनः परिपालयन्ति।

(अं) Sacrifice your interest for other's sake.

तन तकिया मन विश्राम जहां पड़े वहीं आराम।

(हिं) तन रूपी तकिया पर मन जहां भी विश्राम करने लगता है वहीं आराम मिलता है—अर्थात् विश्राम के लिए अच्छे बिस्तर की आवश्यकता नहीं होती।

(सं) उदारचरितानान्तु वसुधैव कुटुम्बकम्।

(अं) Lit. To a lofty-minded man every one is a relation.

तन तजा तो कलन्दर ही राजा।

(हिं) जिसको शरीर से मोह न हो ऐसा फकीर भी बादशाह जैसा ही होता है।

(सं) त्यक्ते शरीरेऽधिपतिर्मितम्पचः।

(अं) Death is destroyer of all cares.

तन पर नहीं लत्ता मिस्सी मले अलबत्ता।

(हिं) तन पर वस्त्र तक नहीं, फिर भी तन को सुगंधित सामग्री से सजाना—इंसान को अपनी औक़ात के अनुसार ही कार्य करना चाहिए।

(सं) नूपुरौ नैव शोभते वस्त्राभावे हि पादयोः।

(अं) Wearing ornaments on a naked body.

तये की तेरी हाथ की मेरी।

(हिं) जो निर्धारित किया गया वह तुम्हारा और जो मेरे हाथ में है वह मेरा।

(सं) वस्तु स्वायत्तमेवाहो जनेभ्यो रोचते सदा।

(अं) Plough or not plough, you must pay your rent.

तलवार गिरी और परजा फिरी।

(हिं) दण्ड समाप्त करने से जनता बिगड़ जाती है।

(सं) दण्डो दमयते प्रजाः।

(अं) Spare the rod and spoil the child.

तलवार से भी बड़ा बात का घाव होता है।

(हिं) तलवार से किया ज़ख्म ठीक हो जाता है, परन्तु कडुवी बात की तकलीफ कभी नहीं मिटती।

(सं) अस्त्रादपि कठोराणि दुर्वाक्यानि सतां हृदि।

(अं) Pen is mightier than the sword.

तमाम रात पीसा और पारी में सकेला।

(हिं) परिश्रम बहुत करना और प्रतिफल बहुत थोड़ा मिलना।

(सं) सकष्टमाजीवनमेव सञ्चितं चित्तं क्षणाद्भ्रातृगणैर्विभाजितम्।

(अं) Labour without fruit.

तबेले की बला बन्दर के सिर।

(हिं) दोष किसी का और दोषी बना दिया जाए किसी और को।

(सं) भूपस्य दोषेण प्रजा निपीडिताः।

(अं) Putting Jack's blame on John's shoulders.

तले घेरा ऊपर सेहरा।

(हिं) ऊपर सजावट और भीतर गंदगी।

(सं) अन्तः पापं बहिः शौचः।

(अं) Cutting at the root and watering at the top.

तख्ती पर तख्ती और मियां जी की आई कमबख्ती।

(हिं) छोटे कार्य कर सकने वाले को एक साथ अनेक बड़े कार्य करने पड़ जाएं।

(सं) ऊँ नमः सिद्धं गुरुः पतङ्गम्।

(अं) Too many works, but too small hands.

ता

तांत बाजी और राग पहिचाना।

(हिं) चेहरा देख कर मन की बात समझ लेना।

(सं) नेत्रवक्त्रविकारेण गृह्यतेऽन्तर्गतं मनः।

(अं) The straw shows which way the wind blows.

ताजी मारे तुर्की कांपे।

(हिं) सशक्त व्यक्ति किसी की पिटाई करे जिसे देख अन्य सशक्त व्यक्ति डरे।

(सं) अन्यस्य दण्डे हि विभेति चान्यः।

(अं) One is beaten and another is frightened.

ताजी पर वश नहीं तुर्की के कान उमेठे।

(हिं) सशक्त पर वश न चलना और निर्दोष कमजोर को परेशान करना।

(सं) अपराधं स्वयं कृत्वाऽऽश्रितान् ताडयते जनः।

(अं) The weak are always oppressed.

ताल बजा के मांगे भीक उसका जोग रहा क्या ठीक?

(हिं) ताली बजा-बजा कर (क्रोधित होकर) भीख मांगने वाले का योग ठीक हो ही नहीं सकता–अर्थात् वह योगी नहीं है।

(सं) असंयतात्मना योगो दुष्प्राप्य इति में मतिः।

(अं) A bard is not a saint.

ताकी न रक्खे बाकी।

(हिं) किसी की सहायता करके भूल जाना।

(सं) ऋणशेषं न कारयेत्।

(अं) Never do things by halves.

ति

तिनके का भारत।

(हिं) पहाड़ की चोटी को तिल समझना।

(सं) स्वल्पकारणमाश्रित्य विराट् कर्म्म कृतं महत्।

(अं) To make a mole-hill of a mountain.

तिरिया तेल हमीर हठ चढ़े न दूजी बार।

(हिं) हिन्दू रीति-रिवाज के अनुसार विवाह से पूर्व कुंवारी कन्या को तेल (शरीर पर तेल लगाने की रस्म) चढ़ाया जाता था। यह रस्म जीवन में एक ही बार होती थी। किसी भी प्रकार के पुनर्विवाह पर यह रस्म नहीं होती थी। कहा जाता है कि राजा हम्मीर देव भी जिस बात के लिए एक बार हठ कर लेते थे उसे पूरा करके ही दम लेते थे। इसी परिपेक्ष्य में यह कहावत प्रचलित हो गई।

(सं) सकृत् कन्या प्रदीयते।

(अं) Great men never retract their words or Great men are as good as their words.

तिल गुड़ भोजन नीच मिताई आगे मीठ पीछे कडुआई।

(हिं) तिल (तिलहन) और गुड़ में निम्न कोटि की मित्रता है। क्योंकि तिल कड़वा और गुड़ मीठा होता है–अर्थात् असमान गुण वाले लोगों में मित्रता हो ही नहीं सकती।

(सं) दिनस्य पूर्व्वार्द्धभिन्ना छायेव मैत्री खलसज्जनानाम्।

(अं) Beware of what looks sweet but has a bitter effect.

ती

तीन बुलाये तेरह आये।

(हिं) आमंत्रित किया तीन को और आ गये तेरह–अर्थात् किसी का जानबूझ कर अनादर करने जाना।

(सं) शष्कुलीशब्दमात्रेण किं दूरं योजनत्रयम्।

(अं) Sowing the wind, reaping the whirlwind.

तीतर की बोली बटेर क्या जाने।

(हिं) तीतर की बोली बटेर नहीं समझ सकती–अर्थात् विद्वान् की भाषा मूर्ख नहीं समझ सकता।

(सं) विद्वानेव विजानाति विद्वज्जनपरिश्रम।

(अं) Lit. A crow cannot sing like a cuckoo.

तीन पाव आटा पुल पर रसोई।

(हिं) छोटे से कार्य के लिए बहुत बड़ी व्यवस्था।

(सं) बह्वारम्भो लघुक्रिया।

(अं) Much a do about nothing.

तीरथ गये मुड़ाये सिद्ध।

(हिं) तीर्थ स्थल पर मुंडन कराने से कोई सिद्ध (महात्मा) नहीं बन सकता।

(सं) तीर्थगो मुण्डनात् सिद्धः।

(अं) Veni vedi vici.

तीतर के मुँह लक्ष्मी।

(हिं) तीतर कभी मीठा नहीं बोल सकता–अर्थात् तीतर की आवाज बड़ी तेज-तीखी होती है।

(सं) तित्तिराणां वचः शुभम्।

(अं) A trifling thing, but doing a great service.

तीनों पन नहीं एक समान।

(हिं) तीनों पन (बचपन, जवानी, बुढ़ापा) एक से नहीं होते।

(सं) न समानाऽखिलाऽवस्था।

(अं) Lit. Time-does not always run smoothly.

तीर नहीं तो तुक्का।

(हिं) वास्तविकता जानने के लिए असफल प्रयास करना।

(सं) काले प्राप्तं भवति सुमहत् वस्तुजातं हि तुच्छम्।

(अं) Use to the best what little you have.

तीन लोक में मथुरा न्यारी।

(हिं) तीनों लोकों (स्वर्ग लोक, मृत्यु लोक, पाताललोक) में मथुरा नगर एकदम अलग है–अर्थात् किसी के लिए अद्वितीय मार्ग।

(सं) मुरारेस्तृतीयः पन्थाः।

(अं) A way peculiar to one.

तु

तुझको पराई क्या पड़ी अपनी निवेड़ तू।

(हिं) पहले तू अपनी समस्या का समाधान कर, दूसरों की समस्या के लिए क्यों परेशान है।

(सं) स्वार्थमेव समीहस्व किं परार्थस्य चिन्तया।

(अं) Oil your own machine.

तुरत दान महाकल्यान।

(हिं) तुरंत दान महाकल्याणकारी है–अर्थात् समय पर जो भी काम आये वही अच्छा है।

(सं) शीघ्रदानं महापुण्यम्।

(अं) A thing done in time always proves to be of great use.

तुलसी क्यारे में भूत भागड़ा।

(हिं) तुलसी के पूजागृह में भूतों की भगदड़–अर्थात् देवता के मंदिर में राक्षस।

(सं) राक्षसो देवमन्दिरे।

(अं) There is many a slip between the cup and the lip.

तुलसी विलम्ब न कीजिये लेते हरिको नाम।

(हिं) तुलसीदास कवि कहते हैं–भगवान का नाम रटने में देर नहीं करनी चाहिए। पता नहीं कब शरीरान्त हो जाए।

(सं) शुभस्य शीघ्रम्।

(अं) In doing charitable acts never ask many questions.

तुलसी मन शुद्ध भये जिनके तब तीरथ तीर रहे न रहे।

(हिं) तुलसीदास कवि कहते हैं–जिनका मन विशुद्ध है उनको किसी तीर्थ स्थल पर रहने की आवश्यकता नहीं।

(सं) को ह्यर्थः तीर्थवासेन शुद्धे चित्ते विपश्चिताम्।

(अं) Pure mind is the holiest shrine.

तुलसी हाय गरीब की कभी न निष्फल जाय। मुए ढोर के चाम से लोह भस्म हो जाय।

(हिं) तुलसीदास कवि कहते हैं–गरीब की (हाय) बद्दुआ कभी व्यर्थ नहीं जाती। ठीक वैसे ही जैसे मरे हुए पशु के चमड़े (धौंकनी) से लोहा भस्म हो जाता है।

(सं) संतापो नैव दीनानां जायते निष्फलो नृप।

(अं) The sigh of a needy never goes in vain.

तू

तू चाहे मेरे जाये को मैं चाहूं तेरी खाट के पाये को।

(हिं) तू मेरे पुत्र को प्यार करेगा तो मैं तेरी चारपाई के पाये तक को प्यार करूंगा–अर्थात् तू मुझे थोड़ा भी प्यार करेगा तो मैं तेरे पूरे घर को बहुत प्यार करूंगा।

(सं) पुरुषः पुत्रकामोऽस्ति भार्य्या संयोगकामिनी।

(अं) Ill rquited love.

तू डाल-डाल में पात-पात।

(हिं) तू मेरे साथ थोड़ी भी चलाकी करेगा तो मैं तेरे साथ निरंतर बड़ी चालाकी करूंगा।

(सं) न निर्बलो भाद्रपदो हि श्रावणात्।

(अं) .Who can teach the wise?

ते

तेली का तेल जरे मशालची का सिर दुखे।

(हिं) नुकसान हो किसी का और परेशान हो कोई और।

(सं) परस्य वित्तव्ययमपि लोके कृपणाः सोढुं न शक्नोति।

(अं) To carp at others nobleness.

तेली जोड़े पली-पली मेहमान लुटावे कुप्पा।

(हिं) तेली पली-पली (तेल मापने का छोटा बर्तन) तेल जोड़ कर बचत करे और उसके यहां आया मेहमान वह तेल कुप्पा (तेल मापने का बड़ा बर्तन) भर-भर के दान कर दे।

(सं) शतं सुवर्णकारस्य लौहकारस्य चैककम्।

(अं) It is easy to be generous with other people's money.

तेरी कान कै तेरे धनी की कान।

(हिं) स्पष्टीकरण से वास्तविकता स्वीकारना अच्छा है।

(सं) त्वं माननीय उत ते प्रभुस्स्वयम्।

(अं) Realisation is better than explanation.

तेरी गति जानी न पड़े।

(हिं) भगवान् की गति उसके अलावा कोई नहीं जान सकता।

(सं) अगम्या गतिस्ते प्रभोऽवर्त्ततेऽलम्।

(अं) God only knows His ways.

तेरी माया तेरे ही आगे।

(हिं) तुम्हारा किया तुम्हारे आगे ही आएगा।

(सं) त्वन्माया तव सन्निधौ।

(अं) Lit. To present one with what has been given by him.

तेरे मन के लगाये हर पावे जो तू या विधि मन को लगावे।

(हिं) यदि भगवान् को प्राप्त करने की विधि का अनुसरण तुम मन से करोगे तो तुम्हें भगवान् अवश्य मिलेंगे।

(सं) भक्तया तुष्यति माधवो नहि गुणैर्भक्तिप्रियो माधवः।

(अं) Hand with work and heart with God.

तेरो राम बसत तोरे मन में तू काहे डोलत है बन में।

(हिं) भगवान् का निवास स्थल मन है न कि वन।

(सं) ईश्वरः सर्वभूतानां हृद्देशेऽर्जुन। तिष्ठति।

(अं) Seek God within.

तेल देखो तेल की धार देखो।

(हिं) परिस्थितियां समझकर कार्य करना चाहिए।

(सं) सर्वतो वीक्ष्य कर्त्तव्यम्।

(अं) Observe which way the wind blows.

तै

तैरेगा सो डूबेगा।

(हिं) तैरने वाला ही डूबता है।

(सं) यस्तरति स एव निमज्जति।

(अं) He who swims must be ready to be drowned or No rose without a thorn.

तो

तोको परि न मोको आपदा।

(हिं) परेशानी, परेशानी ही होती है चाहे वह तुम्हारी हो अथवा हमारी

(सं) तवास्ति चिन्ता न ममास्ति दैन्यम्।

(अं) Lit. It would be harmful neither to you nor to me.

था

थाप मार मुँह डोरा तो राखवो।

(हिं) प्रताड़ना के अभ्यास में संगति आवश्यक है।

(सं) स्वयमक्षिणी भङ्क्त्वाऽन्धो भवसि।

(अं) Lit. There must be consistency even in practising deception.

थु

थुर मोली और बहुत दुधारी।

(हिं) थोड़ा खाने वाली तथा अधिक दूध देने वाली गाय-भैंस सबको अच्छी लगती है।

(सं) स्वल्पव्ययेन सुन्दरि! ग्राम्यजनो मिष्टमश्नाति।

(अं) Thing must be good, but the price must be small or Much gain but little pains.

थू

थूककर चाटना अच्छा नहीं।

(हिं) बात कह कर मुकर जाना, ठीक नहीं होता।

(सं) कृत्वा प्रतिज्ञां न विलोपयेताम्।

(अं) It is mean to go back on one's own word.

थूक में सतू नहीं सनता।

(हिं) ओस चाटने से प्यास नहीं बुझती।

(सं) नैव नैशेन हैमेन पिपासा शाम्यति कचित्।

(अं) Lit. Dew drops do not quench thirst.

थे

थेगली कहां लगा दूं फाटे आसमान को।

(हिं) फटे आसमान पर पैबंद नहीं लगाया जा सकता है।

(सं) छिद्रेष्वनर्था बहुली भवन्ति।

(अं) Lit. The sky rent asunder, cannot be mended back, or the world cannot be fenced.

थो

थोड़ा ही बोलने में सार है।

(हिं) कम बोलने में ही सारांश होता है।

(सं) सत्याय मितभाषिणाम्।

(अं) A quiet tongue shows a wise head.

थोड़ेही में पाइये सब बातन को सार।

(हिं) सब बातों (ज्ञान) का सारांश भी थोड़ा ही होता है।

(सं) अल्पाक्षरं नैकविधार्थबोधकम्।

(अं) A few words, but contain the gist of the whole.

थोड़ी पूंजी खसमे खाय।

(हिं) थोड़ी पूंजी के व्यवसाय में व्यवसाई का नुकसान होता है।

(सं) पल्लवग्राहि पाण्डित्यमुपहासस्य कारणम्।

(अं) Small capital brings no profit.

द

दगा किसी का सगा नहीं।

(हिं) दगाबाजी किसी के लिए अच्छी नहीं होती।

(सं) विश्वासघातेन समं न पातकम्।

(अं) A traitor is not a well-wisher.

दबे पर सब कोई चोट करता है।

(हिं) कमजोर को सब परेशान करते हैं।

(सं) दैवो दुर्बलघातकः।

(अं) The weak has always to suffer oppression.

दया धर्म्म को मूल है।

(हिं) दया धर्म की जड़ है—अर्थात् धर्म का जन्म ही दया से होता है।

(सं) दयामूलो मतो धर्म्मः।

(अं) Lit. Mercy is the root of virtue.

दरिया बहा जाता है हाथ धो री।

(हिं) बिना व्यवसाय के ऐसा लाभ जो दूसरे के व्यवसाय के लाभ से प्राप्त कर लिया जाय—अर्थात् जैसे धूप में कपड़े सुखाना।

(सं) मयैव सर्व्वे निहताः पूर्वमेते निमित्तिमात्रं भव सव्यसाचिन्।

(अं) Make hay while the sun shines.

दरिद्रता को मूल एक आलस बखानिये।

(हिं) आलस दरिद्रता की एक महत्वपूर्ण जड़ है।

(सं) आलस्यं हि मनुष्याणां शरीरस्थो महान् रिपुः।

(अं) Sloth is the mother of poverty.

दरजी की सुई कभी गजी में कभी किनखाब में।

(हिं) दरजी की सुई से सस्ते से सस्ता और महंगे से महंगा कपड़ा सिला जाता है–अर्थात् गुरु समान रूप से शिक्षा देता है चाहे शिष्य राजकुमार हो अथवा किसी भिखारी का पुत्र।

(सं) साधूनां चरणद्वन्द्वं कदाचिश्चक्रवर्तिभिः। पूजितं स्यात् कदाचित्तु निर्धनैर्गृहवासिभिः।

(अं) Good or bad, all equal in the eyes of a saint.

दबी बिल्ली चूहे से कान कटाती है।

(हिं) अधीनस्थ ताकतवर भी कमजोर से पिट लेता है।

(सं) प्रबले दुर्बले जाते दुर्बलः प्रबलायते।

(अं) The fallen lion is kicked by jackals.

दमड़ी की बुलबुल टका हलाली।

(हिं) अल्प लाभ के लिए अत्यधिक व्यय।

(सं) अल्पस्य हेतोर्बहुहातुमिच्छति।

(अं) Much cost, little gain.

दया धर्म्म नहीं तन में मुखड़ा क्या देखे दर्पण में।

(हिं) धर्म और दया से हीन व्यक्ति के लिए दर्पण देखना भी व्यर्थ है क्योंकि ऐसा व्यक्ति क्रूर होता है और उसकी क्रूरता चेहरे पर झलकती है।

(सं) येषां न विद्या न तपो न दानं न चापि शीलं न दया न धर्म्मः। ते मर्त्यलोके भुवि भारभूताः मनुष्यरूपेण मृगाश्चरन्ति।

(अं) Vain is life devoid of virtue.

दया बिन सन्त कसाई।

(हिं) दया हीन संत कसाई के समान होता है।

(सं) हिंस्रा विद्यां विना विप्राः साधवश्च दयां विना।

(अं) Lit. A saint without mercy is no better than a butcher.

दमड़ी न कौड़ी रानी से मटकौअल।

(हिं) निर्धन व्यक्ति द्वारा कीमती वस्तु प्राप्त करने की ललक।

(सं) धर्म्मस्य कणिका नास्ति स्वर्गे इच्छति वाटिकाम्।

(अं) Lit. Desirous of buying a kingdom though having not a farthing in purse.

दा

दाता-दाता मर गये रह गये मक्खीचूस।

(हिं) दान देने वाले मर चुके हैं, सिर्फ कंजूस रह गये हैं।

(सं) कृपण अत्र जीवन्ति दातारो हि दिवंगताः।

(अं) Lit. The close-fisted are living while the charitable have departed.

दादू दावा छोड़ दे निरदावा दिन काट। केतेक सौदा कर गये पनसारी की हाट।।

(हिं) दादा अर्थात् श्रेष्ठ जन दावा (अधिकार) त्याग दे और बिना दावा के जीवन यापन कर, क्योंकि पनसारियों की हाट में न जाने कितने सौदागर आये और चले गये—अर्थात् संसार में लोग जन्म लेते हैं, जीवन-यापन करते हैं और मर जाते हैं। कुछ भी साथ नहीं ले जा सकते। फिर किसी वस्तु पर अधिकार कैसा।

(सं) त्यक्त्वाऽधिकारं निष्कामः समथानतिवाहय। सकामा बहवो हट्टे कृत्वा विनिमयं गताः।

(अं) Attachment is foolishness in this mutuable world.

दान वित्त समान।

(हिं) दान जागीर के समान है—अर्थात् जितना चाहो उतना दान करो।

(सं) दानं देयं यथाशक्ति।

(अं) Charity is wealth.

दानलेनवारे नाहिं प्राण लेनवारे हैं।

(हिं) ये लोग दान लेने वाले नहीं, प्राण लेने वाले हैं अर्थात् क्रूर हैं।

(सं) सदा वक्रः सदा क्रूरः सदा मानधनापहः। कन्याराशिस्थितो नित्यं जामाता दशमो ग्रहः।

(अं) A discontented friend is a source of much trouble.

दाने बिखराने जहां जाना जरूर है।

(हिं) भाग्य के नेतृत्व का अनुसरण करना चाहिये–अर्थात् अच्छा-बुरा सब भाग्य पर निर्भर है।

(सं) भाग्यं हि जीवान् नयते दशान्तरम्।

(अं) One must follow the leading of fate.

दाता दे भण्डारी का पेट फटे।

(हिं) दानी दान करे और भण्डारण करने वाला परेशान हो।

(सं) ददत्युदाराः कृपणा रुदन्ति।

(अं) Lit. The gift delighteth the giver, but paineth the servant.

दाई से पेट नहीं छिपता।

(हिं) डॉक्टर के आगे बीमारी का बहाना नहीं चलता–अर्थात् जैसे पिता के सामने पुत्र की कारगारियां नहीं छिप सकतीं।

(सं) संवयस्कैश्च मर्म्मज्ञैः सार्द्धं गोप्यं न गुह्यते।

(अं) No feigning of sickness before the doctor.

दालभात में मूसरचन्द।

(हिं) किसी को महत्व न दिया जाय फिर भी वह महत्वपूर्ण बनने का प्रयास करे।

(सं) सिद्धेऽन्नव्यञ्जने जाता अन्ये विघ्नविधायिका।

(अं) Fly in the pudding.

दि

दिनकर की तीन दशा होत एक दिन में।

(हिं) दिन में सूर्य की तीन स्थितियाँ होती हैं। सुबह का सूर्य, दोपहर का सूर्य और सांझ का सूर्य अर्थात् परिवर्तनशीलता।

(सं) इहैव दृष्टानि मयैव तानि जन्मान्तराणीव दशान्तराणि।

(अं) The world is shifting from side to side.

दिल मिले की यारी।

(हिं) जब तक मन नहीं मिलता तब तक मित्रता नहीं हो सकती–अर्थात् मन के मेल से मित्रता होती है।

(सं) समानशीलव्यसनेषु सख्यम्।

(अं) Love is the union of hearts.

दिया न बाती बांदी फिरे इतराती।

(हिं) असम्पन्न व्यक्ति का सम्पन्न व्यक्ति के समान व्यवहार करना।

(सं) वस्त्रं न भूषणं देहे दासी लक्ष्मीव मन्यते।

(अं) An ounce of meal and a kitchen upstair.

दिये का प्रकाश स्वर्ग तक है।

(हिं) पुण्य कार्य छिप नहीं सकता, उसकी चर्चा बहुत दूर तक तथा बहुत दिनों तक होती रहती है।

(सं) पुण्यप्रकाशो हि महान् समुज्जवलः।

(अं) It is divine to give in charity.

दिन ईद रात शब्बेरात।

(हिं) दिन में दावत रात में जागरण।

(सं) दिवाऽनन्तव्रतं प्रोक्तं रात्रौ कृष्णाष्टमी मता।

(अं) Feast in day time, and a wake in the night.

दिल से दिल को राह है।

(हिं) दिल को दिल ही तसल्ली दे सकता है।

(सं) वेद्यश्चाऽन्यमनो निज़ेन मनसा मार्गो यतस्तस्य तत्।

(अं) Heart answers heart.

दिल को करार तब सूझे त्यौहार।

(हिं) मन प्रसन्न हो तो त्यौहार भी अच्छा लगता है।

(सं) सर्वारम्भास्तण्डुलप्रस्थमात्राः।

(अं) If the heart is sad the world is sad.

दिवाली के चोखे से पला मोटा नहीं होता।

(हिं) कमजोर व्यक्ति को एक दिन पौष्टिक भोजन करा देने से उसका स्वास्थ्य अच्छा नहीं हो सकता।

(सं) अन्नं पुष्टिकरं नैव जायते समये न यत्।

(अं) Sumptuous eating one day does not make one fat.

दिया तले अन्धेरा।

(हिं) अपने अधिकार का उपभोग न करने वाला मूर्ख या गुलाम होता है।

(सं) स्वाधिकारं न वेत्तीह पण्डितोऽपि वुधाग्रणीः।

(अं) It is darkest under the lamp.

दिल जाने सो ही दिलदार।

(हिं) जो दिल की बात समझ सकता है वही दिलदार होता है—अर्थात् मित्र के मन की बात समझने वाला ही सच्चा मित्र होता है।

(सं) चित्तज्ञा दुर्लभा लोके।

(अं) True friend is he who feels for me.

दु

दुख पीछे सुख होत है ज्यों निशि बीते भोर।

(हिं) दुःख के बाद सुख अवश्य मिलता है। जैसे रात समाप्त होने के बाद सुबह अवश्य आती है।

(सं) सुखं हि दुःखान्यनुभूय जायते घनान्धकारेष्विव दीपदर्शनम्।

(अं) There is no joy without alloy.

दुख मिटीया राम बिसरीया।

(हिं) दुःख समाप्त होने पर इंसान भगवान् को याद करना छोड़ देता है—अर्थात् दुःखी होने पर ही इंसान भगवान् को याद करता है।

(सं) यावद्दुःखं तावद्रामस्मरणं न तु दुःखापगमे।

(अं) Danger past God forgotten.

दुनिया देखत भूली का तमाशा है।

(हिं) भटकते व्यक्ति का सब तमाशा देखते हैं—अर्थात् उसका कोई पथ-प्रदर्शन नहीं करता।

(सं) दृष्टा विस्मरणं गस्मिन् जगदेतत् कुतूहलम्।

(अं) The world is a play of magician.

दुबिधा में दोऊ गये माया मिली न राम।

(हिं) शंकित व्यक्ति को न धन मिलता है और न भगवान्–अर्थात् शंकालु को किसी काम में सफलता नहीं मिल पाती।

(सं) न ध्यातं पदमीश्वरस्य विधिवत् संसारविच्छित्तये स्वर्गद्वारकपाटपाटनपटु धर्म्मोऽपि नोपार्ज्जितः। नारीपीनपयोधरोरुयुगलं स्वप्नेऽपि नालिङ्गितं सन्दिग्धस्य सुखं न जातमिह में सांसारिकं वा परम्।

(अं) Between two stools we come to the ground.

दुबली और दो आषाढ़।

(हिं) विपत्ति में पराजय–अर्थात् कंगाली में आटा गीला।

(सं) एकस्य दुःखस्य न यावदन्तं गच्छाम्यहं पारमिवार्णवस्यं तावद्द्वितीयं समुपस्थितं में छिद्रेष्वनर्था बहुली भवन्ति।

(अं) Woe to the vanquished.

दुबली गाय के बघायें घनी।

(हिं) दुबली गाय ऊपर से उसके शरीर पर बहुत सारी बघें (खून चूसने वाले कीट) अर्थात् एक तो गरीब ऊपर से अनेक मुसीबतें।

(सं) दुर्बले हि बहुविघ्नसम्भवः।

(अं) The weakest goes to the wall.

दुराये दुरै नहीं नाहको नेह सुगन्ध की चोरी।

(हिं) सुगन्ध की चोरी करना व्यर्थ है क्योंकि सुगन्ध छिपाई नहीं जा सकती।

(सं) नवपरिमलगन्धः केन शक्यो वरीतुम।

(अं) Love and cough cannot be hidden.

दुबले मारे शाहमदार।

(हिं) कमजोर को ताकतवर भी पीट लेता है–अर्थात् गरीब को भगवान् भी सताता है।

(सं) दैवो दुर्बलदुःखदः।

(अं) The weak are oppressed even by the fate.

दुधैली गाय की लात भली।

(हिं) लाभ देने वाले से इंसान को पिटना भी अच्छा लगता है।

(सं) प्रभोर्हि भ्रूकुटीभङ्गः सहन्ते सेवकाः सदा।

(अं) Where there is gain, one does not mind pain.

दू

दूध दही खाने से मतलब कि गाय भैंस से।

(हिं) अपने मतलब से मतलब रखना अन्य बातों से नहीं।

(सं) भोज्यमाम्रफलं किन्ते तत्तरूणाञ्च संख्यया।

(अं) I want fruit, I have nothing to do with the tree.

दूल्हा के ही साथ बरात।

(हिं) नेतृत्व करने वाले के साथ ही समाज रहता है।

(सं) शिष्याश्च गुरुसन्निभाः।

(अं) Light is the life of lamp.

दूर के ढोल सुहावने।

(हिं) दूर से प्रत्येक व्यक्ति अच्छा लगता है, परन्तु उसके अवगुण तब दिखाई पड़ते हैं जब उसको समीप से बरता जाता है।

(सं) अपरिचिते महानादरो भवति।

(अं) Distance lends enhancement to the view.

दूध का जला छाछ को फूंक-फूंक कर पीता है।

(हिं) दूध पीते समय जीभ जल जाए तो ऐसा व्यक्ति छाद्व भी फूंक-फूंक कर पीता है–जैसे बड़े व्यापार में घाटा उठाने वाला व्यवसायी छोटा व्यापार भी डर-डर कर करता है।

(सं) सर्पदष्टा मनुष्या हि रज्जुतोऽपि च विभ्यति।

(अं) The burnt child dreads the fire or The ill-used man is evercautions.

दे

देखा देखी साधे योग छीजे काया बाढ़े रोग।

(हिं) अयोग्य व्यक्ति किसी योग्य व्यक्ति की नकल करता है तो उसका सदैव अहित होता है।

(सं) अनुकृत्य जनं कञ्चित् योगाभ्यासेन रुग्णता।

(अं) Lit. Performance of Yoga without the help of a guru often times brings on disease.

देखें कैसे गंवार आवें और कैसी पैंठ भरे।

(हिं) मूर्खों से बाजार भर ही नही सकता–अर्थात् मूर्ख और व्यवसाय व्यवस्थित हो ही नहीं सकते।

(सं) मेला मूर्खैः परिप्लुता।

(अं) There is many a slip between the cup and the lip.

दे गया सो ले गया छोड़ गया सो खो गया।

(हिं) जो (दान) देता है, उसे बदले में कुछ अवश्य मिलता है, जो नहीं देता उसे कुछ नहीं मिलता।

(सं) यद्दत्तं हि दरिद्रेभ्यो भुक्तं यञ्च दिने दिने। तत्ते वित्तमहं मन्ये शेषं कस्यापि रक्षसि।

(अं) Lit. Charity is real hoarding and hoarding is real waste.

देव जाने अपनी सी टेव।

(हिं) अपने देवत्व को देवता जानता है–अर्थात् तुम अच्छे हो तो तुम्हें दूसरों की अच्छाई महसूस होगी।

(सं) देवो भूत्वा देवं यजेत्।

(अं) Be good and everybody will appear good to you.

देशवाली गधी और पूरवी चाल।

(हिं) अशिक्षित व्यक्ति द्वारा शिक्षित व्यक्ति की नकल करना।

(सं) भारतीयो जनो भाषामाङ्गलीयां प्रभाषते।

(अं) Lit. A Westerner by birth, but following the style of the East.

देसां देसां ढार कुलां कुलां व्यवहार।

(हिं) देश-देश की नीति, कुल-कुल के व्यवहार अर्थात् प्रत्येक देश की नीति अलग होती है, इसी प्रकार प्रत्येक कुल का आचरण अलग होताा है।

(सं) भवन्ति भिन्नाः कुलदेशरीतयः।

(अं) Many men, many minds or Different men have different tastes.

देहरी को दीपक ज्यों घर को और आंगन को।

(हिं) देहरी पर जलते दीपक से घर और आंगन दोनों में रोशनी होती है।

(सं) देहलीदीपकन्यायः।

(अं) Lit. A lamp over the threshold belongs neither to the inside room or the outside yard or It is neither fish nor flesh.

देश चोरी परदेश भीख।

(हिं) अपने देश में चोरी करे और दूसरे देश में भीख मांगे।

(सं) वरं देशचौर्य्याद्विदेशेषु भिक्षा।

(अं) Position and honour to be aimed at more in one's own country than elsewhere.

देह धरे का दण्ड है सब काहू को होय।

(हिं) शरीर धारण किया है तो सजा भी भुगतनी होगी—अर्थात् कष्ट उठाने के लिए ही शरीर का जन्म होता है।

(सं) शरीरं व्याधिमन्दिरम्।

(अं) The ills of the flesh are for all heirs of the flesh or To be born is a punishment.

देखी तेरी कालपी बावनपुरा उजाड़।

(हिं) तुम्हारा नगर (घर) देखा जो पूरी तरह उजड़ा हुआ है—अर्थात् झूठी बातें बनाने वाले पर विश्वास नहीं करना चाहिए क्योंकि उसकी बातों में सच्चाई हो ही नहीं सकती।

(सं) दृष्टा ते नगरी नाथ! या हि सर्व्वत्र निर्जना।

(अं) Tall talls or Much talk little worth.

दो

दो तो चून के भी बुरे होते हैं।

(हिं) दो कमजोर भी शक्तिशाली होते हैं।

(सं) संहतिः श्रेयसी पुंसाम्।

(अं) Unity is strength or Unity is the bond of friendship.

दोस कहा वा कुब्जा को सखि अपनो स्याम खोयो।

(हिं) राधा को एक सखि समझाती है–सखि! उस कुब्जा का क्या दोष? दोष तो अपने कृष्ण का है जो वह कुब्जा के प्रेम जाल में फंस गये–अर्थात् वास्तव में दोष फंसाने वाले का नहीं, फंसने वाले का होता है।

(सं) तस्या न दोषस्तु हृतः प्रियो मे।

(अं) Thy coin is base, why blame the dealer.

दोनों दीन से गये पाण्डे हलुआ मिले न माण्डे।

(हिं) पाण्डे (ब्राह्मण) को न हलुआ मिला न माण्ड (पके चावल का पानी) अर्थात् लालची व्यक्ति को सदैव नुकसान उठाना पड़ता है।

(सं) इतो भ्रष्टस्ततो भ्रष्टः।

(अं) Between two stools and you come to the ground.

दोनों हाथों में लड्डू हैं।

(हिं) चारों ओर से खुशहाली।

(सं) हत्वा वा प्राप्स्यसि स्वर्गं जित्वा वा भोक्ष्यसे महीम।

(अं) In clover.

दोनों घर का पाहुना भूखा मरे अखीर।

(हिं) दो घरों में भोजन के लिए आमंत्रित रिश्तेदार भूखा रह जाता है–अर्थात् दो लक्ष्य साधने वाला एक भी लक्ष्य प्राप्त नहीं कर सकता।

(सं) इष्टदेवो न यस्यैकस्तस्य कार्य्यं विनश्यति।

(अं) The guest of many hosts often starves.

ध

धन का धन गया मीत की प्रीति गई।

(हिं) मित्र (या रिश्तेदार) को उधार देने से धन भी व्यर्थ जाता है और मित्रता भी समाप्त हो जाती है।

(सं) यदीच्छेद्विपुला प्रीतिस्त्रीणि तत्र न कारयेत्। विवादो ह्यर्थसम्बन्धः पश्चाद्दाराभिभाषणम्।।

(अं) Lend money and lose your friends.

धन दे तन को राखिये तन दे रखिये लाज।

(हिं) शरीर स्वस्थ रखने के लिए धन चला जाय तो बुरा नहीं है। इसी प्रकार इज्जत बरकरार रखने के लिए शरीर का अंत भी हो जाय तो बुरा नहीं है।

(सं) धनैः शरीरं परिरक्षणीयं यशस्तु रक्ष्यं तनुना धनैश्च।

(अं) Health is better than wealth and death is better than disgrace.

धन ले कोई धर्म हारे कोई।

(हिं) धन कोई प्राप्त करे और धर्म कोई हार जाय अर्थात् करे कोई भरे कोई।

(सं) त्यजन्ति साक्षिणो धर्म्मं गृह्णन्ति धनिनो धनम्।

(अं) One suffereth the pain another maketh the gain.

धनवन्ती के कांटा लगा दौड़े लोग पचास। निर्धनिया गिरा पहाड़ से कोई न आया पास।

(हिं) धनवान् की सहायता के लिए सब दौड़ पड़ते हैं, निर्धन मुसीबत में हो तो कोई सहायता नहीं करता।

(सं) यस्यार्थास्तस्य मित्राणि यस्यार्थास्तस्य बान्धवाः। यस्यार्थाः स पुमाँल्लोके निर्धनस्य न कश्चन।।

(अं) Wealth brings friends.

धर्म की जड़ सदा हरी।

(हिं) धर्म कभी समाप्त नहीं होता–अर्थात् सत्य का विनाश कभी नहीं हो सकता है।

(सं) धर्म्ममूलं न शुष्यति।

(अं) Lit. The root of religion is ever green.

धर्म्म धीरा पाप उतावला।

(हिं) धर्म धैर्यवान् तथा पाप उतावला (जल्दबाज) होता है–अर्थात् अच्छा व्यक्ति कोई भी कार्य धैर्य के साथ करता है।

(सं) दीर्घसूत्रायते धर्म्मे पाप शीघ्रायते भृशम्।।

(अं) Lit. Virtue is always steady while vice is restless.

धरम का धरम करम का करम।

(हिं) अच्छा कार्य करने से धर्म भी सुरक्षित रहता है तथा कार्य भी आसानी से सम्पन्न होता है।

(सं) एकः पन्थाश्च कार्य्येद्वे।

(अं) Work and worship combined.

धनि रहीम जल पङ्क को लघु जिय पियत अघाय। उद्धि बड़ाई कौन है जगत् पियासो जाय।

(हिं) रहीम कवि कहते हैं–तालाब का जल महत्वपूर्ण है, क्योंकि वहां पानी पीकर छोटे जीव भी अपनी प्यास बुझाते हैं, जो (तालाब) प्रशंसनीय है। समुद्र की प्रशंसा कोई नहीं करता क्योंकि उसके जल को (खारी होने के कारण) कोई नहीं पीता अर्थात् इससे किसी की प्यास नहीं बुझ सकती।

(सं) श्रुद्रः परेषां हितसाधको वरं यस्माद्धितंनोनवरं महानापि।

(अं) Vain is greatness if if profits none.

धी

धीरज सुधारे कारज।

(हिं) धैर्य से कार्य सिद्धि होती है।

(सं) धैर्य्येण सम्पद्यत एव कार्य्यम्।

(अं) Patience leads to sucess.

धू

धूल पड़ी वा काम में एक चित्त दो ठौर।

(हिं) यदि मन दो कार्यों में लगाया जाय तो एक भी सम्पन्न नहीं हो सकता।

(सं) चित्ते द्वैविध्यमापन्ने कार्य्यभ्रंशो भेवद्ध्रुवम्।

(अं) One man cannot please two masters.

धो

धोबी का छैला आधा उजला आधा मैला।

(हिं) धोबी पुत्र होने के बावजूद आधा स्वच्छ और आधा गंदा–अर्थात् योग्य व्यक्ति का पुत्र अयोग्य तथा अक्षम।

(सं) अष्टम्याञ्चैव कृष्णायामर्द्धं शुभ्रा भवेन्निशा। अर्द्धं मलीमसा भाति रजकस्य शिशुर्यथा।

(अं) Lit. The child of laundress is partly clean and partly unclean.

धोबी का कुत्ता घर का न घाट का।

(हिं) न इधर का न उधर का–अर्थात् दो कार्यों में मन लगाने वाला एक भी कार्य नहीं कर सकता।

(सं) त्रिशंकुरिवान्तरा तिष्ठ।

(अं) Between two stools and you come to the ground.

न

नई कहानी गुड़ से मीठी।

(हिं) नया सबको प्रिय लगता है।

(सं) कस्मै न रोचते नव्या नवोढेव कथा सुधा।

(अं) A new is sweeter than a sweet.

नगारा बाज दमामे बाज गये।

(हिं) अपने कार्य से मतलब रखना।

(सं) न चेत् काले कृतं कार्य्यमधुनैव विधीयताम्।

(अं) They have done their parts and you must mind yours or Mind your business.

नदी किनारे रूखड़ा जब तब होय विनाश।

(हिं) नदी के किनारे उगे पौधे का कभी भी विनाश हो सकता है।

(सं) नद्यास्तटे स्थितं वृक्षं कः कियद्रक्षयिष्यति।

(अं) Lit. The life of a tree on the river bank is always in danger.

न नौ मन तेल होगा न राधा नाचेगी।

(हिं) सही कहावत है–न नौ (नया) मन होगा न राधा नाचेगी अर्थात् जब तक दुःख का अंत नहीं होगा, मन प्रसन्न नहीं रह सकता।

(सं) न नर्त्स्यति यतो राधा न तैलं नव मडिका।

(अं) A bad workman quarrels with his tools.

नमकहरामी नर से तो कूकर ही भलो है।

(हिं) अहसानफरामोश व्यक्ति से कुत्ता अच्छा है, क्योंकि कुत्ता बेवफा नहीं होता।

(सं) कृतघ्नात् कुक्कुरो वरः।

(अं) Lit. A dog is better than an ungrateful man.

नमे सो भारी होय।

(हिं) विनम्र ही महान् होता है।

(सं) गुणप्रकर्षो विनयादवाप्यते।

(अं) Lit. Down bends the tree when fruits come upon it.

नया योगी कुल्लन पर जटा।

(हिं) सत्य का दिखावा नहीं होता–अर्थात् सत्य, सत्य रहता है।

(सं) नूतनः पण्डितो वाचां विस्तारं कुरुते भृशम्।

(अं) Where there is truth there is no show.

नर्मदा के कङ्कर सबही शिवशङ्कर हैं।

(हिं) सारे पत्थर भगवान् शंकर नहीं होते।

(सं) सर्व्वे राजकुलोत्पन्ना नृपायन्तेऽपि निर्धनाः।

(अं) Lit. Every particle of a holy thing is also holy.

नवनि नीच की अति दुखदाई।

(हिं) निम्न कोटि का व्यक्ति विनम्रता का प्रदर्शन करे तो समझ लो वह कष्ट पहुंचाने वाला है।

(सं) नमनं नीचजनानामत्यन्तं दुःखदं भवति।

(अं) Lit. It is painful to bow one's one head down before an inferior.

नव लावे तेरह की भूख।

(हिं) थोड़ा प्राप्त होने पर अधिक प्राप्त करने की इच्छा।

(सं) आशावधिं को गतः।

(अं) The more one gets the more one wishes to get.

न रहे बांस न बजे बांसुरी।

(हिं) बांस के पौधे से बांसुरी बनती है, बांस ही न रहे तो बांसुरी कैसे बन सकती है–अर्थात् जड़ खत्म कर दी जाय तो पौधा जीवित कैसे रह सकता है।

(सं) मूलाभावे कुतः शाखा।

(अं) No rope without hemp.

नदी नाव संयोग।

(हिं) नदी और नाव संयोग से मिलते हैं–अर्थात् सुख भाग्य से मिलता है।

(सं) समागमो दैववशेन जायते।

(अं) Fortuitious meeting.

नये चिकनियां अण्डी का फुलेल।

(हिं) अनाड़ी महत्वहीन को भी महत्वपूर्ण समझता है।

(सं) एरण्ड तैलेन नवो विलासी कृतार्थमात्मानम हो हि वेत्ति।

(अं) Lit. Beginners are mindful of external finish.

नदी में रहकर मगर से वैर।

(हिं) राज्य में रह कर राजा से शत्रुता रखना।

(सं) नद्यां निवासो मकरेण वैरम्।

(अं) To live in the water and to be at war with shirk.

नमक का सहारा ही बहुत है।

(हिं) मुसीबत में थोड़ी सी सहायता भी महत्वपूर्ण होती है।

(सं) सहायताऽल्पाऽप्यधिकैव मन्यते।

(अं) A trace of leaven leaeneth all.

नई नाइन बांस का नहन्ना।

(हिं) नये कारीगर का अनौखा औजार।

(सं) खड्गः श्रोत्रे नवो योद्धा।

(अं) A new workman with a strange tool.

नया नौ दिन पुराना सब दिन।

(हिं) नई वस्तु थोड़े दिन काम आती है, परन्तु पुरानी सदैव काम आती है।

(सं) प्राचीनं नूतनाद्वरम।

(अं) The new may be nine days wonder, but the old is for good.

नक्कारखाना में तूती की आवाज़।

(हिं) अत्यधिक शोर में अच्छी-अच्छी बात भी गुम (खो) हो जाती है।

(सं) हस्तिसङ्घे पिपीलिका।

(अं) Lit. A little sound, however sweet, is drowned under a loud one.

न नाम लेवा न पानी देवा।

(हिं) न कोई नाम लेने वाला न कोई पानी देने वाला अर्थात् किसी की वंश हानि।

(सं) अपुत्रस्य कुलं नष्टं स्वर्गो नैव च नैव च।

(अं) To have an unworthy son is as good as to have no son.

नज़र चूकी माल दोस्तों का।

(हिं) थोड़ी सी असावधानी से नुकसान।

(सं) न मित्रं पश्यतो हरः।

(अं) Carelessness is injurious.

नये-नये हाकिम नई-नई बात।

(हिं) प्रत्येक नया अधिकारी अपने हिसाब से कानून बनाता या लागू करता है–अर्थात् प्रत्येक पथ-प्रदर्शक अपने-अपने तौर-तरीके से पथ-प्रदर्शन करता है।

(सं) नूतनो नूतनो वैद्यः औषधञ्च नवं नवम्।

(अं) Every cook has his own recipe.

ना

नाथ तुम जानत हो घट-घट की।

(हिं) भगवान् तुम सबके मन की जानते हो।

(सं) त्वं सर्वज्ञोऽसि हे प्रभो।

(अं) Omniscient art thou, O Lord!

नाम काल नहिं खाय।

(हिं) संसार में नाम ही अमर हो सकता है।

(सं) यशो नैव विनश्यति।

(अं) A man dies, but his name survives or Fame is indestructible.

नाम मोटा दरसन खोटा।

(हिं) नाम अच्छा और व्यवहार खराव अर्थात् अच्छे बुरे इंसान की पहचान नाम से नहीं, उसके बर्ताव से होती है।

(सं) उपकारः श्लाघनीयः केवला न यशस्विता।

(अं) Great boast, little roast.

नाऊ! बाल कितने हैं? यजमान! आगे आते हैं।

(हिं) किए कार्य का प्रतिफल सामने अवश्य आता है।

(सं) केशः कियन्तो वर्त्तन्ते मस्तके मम नापित! केशास्ते यजमानाऽग्रे आगच्छन्त्यधुनैव ते।

(अं) Like master like servant.

नाच न आवे आंगन टेढ़ा।

(हिं) कार्य करना स्वयं न जानना परन्तु इसके लिए किसी और को दोषी ठहराना।

(सं) वर्तते नाक्षाराभ्यासो ग्रन्थोऽशुद्धिसमाकुलः।

(अं) To a poor penman every pen is bad.

नादान दोस्त से दाना दुश्मन अच्छा (चातुर तो बैरी भलो मूरख भलो न मीत)।

(हिं) मूर्ख मित्र से चतुर शत्रु अच्छा होता है।

(सं) पण्डितोऽपि वरं शत्रुर्न मूर्खो हितकारकः।

(अं) Better is wise enemy than an unwise friend.

नाना के आगे ननिहाल की बातें।

(हिं) ज्ञानी को ज्ञान देने का प्रयास।

(सं) किं ज्ञानिने ज्ञानमयोपदेशैः।

(अं) To carry coal to Newcastle.

नाम भानमती और झोली में सिर।

(हिं) नाम वसुन्धरा (धरती) और रहने के लिए गुजारे लायक घर भी नहीं–अर्थात् नाम के अनुसार गुण न होना।

(सं) नाम्रा वसुन्धरा गेहे सङ्कीर्णे निवसत्यहो।

(अं) A idiot bearing the name of Solomon.

नामद्दा तो ईश्वर ने दी मार-मार कहते जाओ।

(हिं) नैतिक शक्ति क्षीण होने से शारीरिक शक्ति भी क्षीण हो जाती है।

(सं) निर्विषेणाऽपि सर्पेण कर्तव्या महती फटा। यदि दैवाद्विषं नाऽस्ति फटाटोपो भयङ्करः।

(अं) By moral strength conquer the physical weakness.

नाई की बारात में जने-जने ठाकुर।

(हिं) नाई की बारात में प्रत्येक बाराती अपने आप को ठाकुर (ठसकीला या क्षत्री) ही समझता है–अर्थात् निर्धन व्यक्ति भी सम्मान जनक स्थान पर अपनी झूठी शान दिखाता है।

(सं) सर्व्वे सिंहाः क्षत्रियाणां समाजे।

(अं) Too many cooks spoil the dish.

नामी बनियां कमाखाय नामी चोर मारा जाय।

(हिं) नामी व्यापारी गरीबी में भी अपने नाम के कारण कुछ न कुछ व्यापार कर जीवन-यापन कर सकता है, परनतु नामी चोर (कुख्यात नाम के कारण) मार दिया जाता है।)

(सं) अकीर्त्या मरणं लोके कीर्तिर्यस्य स जीवति।

(अं) Lit. Fame for skill helps the craftsman, while fame for skill hangs the thief.

नाक कटी पर हठ न हटी।

(हिं) हठी मनुष्य बर्बाद होने के बावजूद अपनी हठ (जिद) नहीं छोड़ता।

(सं) युष्मत्कृते खञ्जनमञ्जुलाक्षि! शिरोमदीयं यदि जातु जातु। नीतानि नाशं जनकात्मजायै दशाननेनाऽपि दशाननानि।

(अं) Never to give up the point at any cost.

नाक दबाने से मुँह खुलता है।

(हिं) नाक दबाकर रखते समय इंसान का मुख खुल जाता है अन्यथा वह सांस नहीं ले सकता–अर्थात् दुःखी मनुष्य से दुःखभरी बात की जाय तो वह स्वयं अपने दुःख की कहानी सुनाने लगेगा।

(सं) नद्यावरोधे जलमन्यतो व्रजेत्।

(अं) Lit. Press the nose and the mouth will open.

नाइन दूसरे के ही पैर धोना जानती है।

(हिं) एक रिवाज के अनुसार नाई जाति की स्त्री ऊंची जाति के लोगों के पैर धोया करती थी–चाहे वह अपने पैर कई-कई दिन तक न धोये–अर्थात् दूसरे की भलाई करे चाहे अपना नुकसान होता रहे।

(सं) परोपदेशे पाण्डित्यं सर्वेषां सुकरं नृणाम्।

(अं) Lit. Men are always clever in giving precepts.

नि

निकली ओठों चढ़ी कोठों।

(हिं) मुंह से निकली बात दूर तक फैल जाती है।

(सं) मुखाद्विनिस्सृतं वृत्तं भवेत्सर्वत्रगं क्षणात्। षट्कर्णो भिद्यते मन्त्रः।

(अं) Words have wings.

नित्य कुआं खोदना व नित्य पानी पीना।

(हिं) रोज कमाना, रोज खाना।

(सं) कार्य्यं कुर्ब्बन् भवति फलभाक प्राणिवर्गो ह्यतन्द्रः।

(अं) Lit. To do something everyday and to earn the day's bread.

निपट कठिन हठ मोसे कीनी रे सैयां।

(हिं) पत्नी पति से कहती है—मेरे साथ कठिन हठ (जिद) की है। इसे निभा पाओगे?

(सं) स्वामिन! प्रतिज्ञा कठिना कृता त्वया।

(अं) Very hard is thy resolution, my sweetheart.

निर्धन के धन गिरिधारी।

(हिं) निर्धन का धन भगवान् है।

(सं) निर्धनानां धनं प्रभुः।

(अं) God is the wealth of the poor.

निरञ्जन निराकार ज्योतिस्वरूप।

(हिं) निराकार (ईश्वर-जिसका आकार नहीं) नेत्रों की ज्योति का स्वरूप है—अर्थात् निराकार को मनरूपी नेत्रों के प्रकाश से ही पहचाना जा सकता है।

(सं) निरञ्जनं निराकारं ब्रह्म ज्योतिःस्वरूपकम्।

(अं) Thou art spotless, formless and all light O Lord!

निष्ट (नष्ट) देव की भिष्ट (भ्रष्ट) पूजा।

(हिं) अस्तित्वहीन देवता का पूजन व्यर्थ है।

(सं) यथा देवस्य रूपं स्यात्तथा तस्याऽस्ति पूजनम्।

(अं) As is the God, so is the worship.

नी

नीकी हू फीकी लगे बिन अवसर की बात।

(हिं) बिना अवसर के अच्छी बात भी बुरी लगती है–अर्थात् आवश्यकतानुसार ही अच्छी बात का महत्व होता है।

(सं) अविज्ञातप्रसङ्गस्य बचो वाचस्पतेरपि। याति निःसारतां लोके युद्धे हास्यवचो यथा।

(अं) A day after the fair.

नीम हकीम खतरे जान।

(हिं) अयोग्य डॉक्टर मरीज की जान ले सकता है–अर्थात् अक्षप्र व्यक्ति सक्षम हो ही नहीं सकता।

(सं) अनुभवरहितो वैद्यो लोके निहन्ति प्राणिनः प्राणान्।

(अं) Better call no doctor than a bad one.

ने

नेकी का बदला बदी।

(हिं) भलाई करने से बुराई मिलती है।

(सं) उपकृतं बहु तत्र किमुच्यते।

(अं) Evil for good.

नै

नैन लगे तब चैन कहां है।

(हिं) किसी से प्यार हो जाए तो सदैव बेचैनी रहती है।

(सं) कान्ताकटाक्षक्षतचेतसां हि शान्तिः सुखं चैव न चेतासि स्यात्।

(अं) Attachment mars peace of mind.

नैना देत बताय सब हिय को हेत अहेत।

ज्यों नाई की आरसी भली बुरी कहि देत।

(हिं) किसी का हृदय (मन) प्रसन्न है अथवा दु:खी यह उसकी आंखों को देख कर बताया जा सकता है, ठीक उसी तरह जिस तरह नाई की आरसी (उंगली में पहने जाने वाली ऐसी अंगूठी जिसमें दर्पण जड़ा होता है) में चेहरे की हंसी-खुशी या दु:ख झलकने लगता है–अर्थात् चेहरा मनुष्य का दर्पण होता है।

(सं) नेत्रवक्त्रविकारेण लक्ष्यतेऽन्तर्गतं मनः।

(अं) Look is the index of soul, Or A merry heart makes a cheerful countenance.

नौ

नौ निद्धि बारह सिद्धि।

(हिं) बारह रत्नों में से नौ ही सफलतम् होते हैं–अर्थात् लक्ष्य प्राप्ति के लिए अनेक प्रयासरत रहते हैं, परन्तु सफलता सबको नहीं मिल पाती।

(सं) सिद्धयो द्वादश प्रोक्ता निधयश्च नवेरिताः।

(अं) Lit. Gems are of nine kinds and sucess is of twelve.

नौ नगद न तेरह उधार।

(हिं) जो धन हाथ आ जाये वही लाभदायक है, किसी को उधार दिया धन काम नहीं आता।

(सं) स्वल्पं हस्तगतं श्रेयः नाऽनल्पं परहस्तगम्।

(अं) Lit. Ready cash, though small is preferable to credit, though large.

नौ दिन चले अढ़ाई कोस।

(हिं) अत्यधिक परिश्रम के बाद भी नाम मात्र का प्रतिफल।

(सं) न वरं दीर्घसूत्रता।

(अं) At a snail's pace.

नौसो चूहा खाय बिलाई हज्ज को चली।

(हिं) सारी उम्र पाप कर्म करने के बाद पुण्य प्राप्ति के लिए प्रयास।

(सं) वृद्धा वेश्या तपस्विनी।

(अं) Physical strength declining, mind turns to God Or An old thief preaching gospel.

नौकरी की पत्थर पर जड़ है।

(हिं) नौकरी में सदैव अनिश्चितता होती है।

(सं) भृत्यत्वं नैव सुस्थिरम्।

(अं) Nothing is so uncertain as service.

नौ की लकड़ी नब्बे खर्च।

(हिं) कम कीमत की वस्तु पर अधिक व्यय करना।

(सं) वहनीयव्ययो मूल्यादधिको नैव शोभते।

(अं) Paying a pound fo a penny whistle.

नं

नंगा खड़ा उजाड़ में है कोई कपड़ा ले।

(हिं) जिसके पास कुछ है ही नहीं उससे कोई क्या ले सकता है।

(सं) स्वयं नग्नोऽप्यसौ भिक्षुर्दानं दातुं समुत्सुकः।

(अं) One who is naked cares little for cloth.

नङ्गी नहाय निचोड़े क्या।

(हिं) जिसके पास धन ही नहीं वह खर्च क्या करेगा।

(सं) किं वासेन प्रयोजनं दिगम्बराणां ग्रामे रजकस्य कस्यचित् कदाचित्।

(अं) What is fashion to one wanting clothes?

प

पके आम के टपकने का डर है।

(हिं) बूढ़े व्यक्ति को सदैव मृत्यु का भय रहता है।

(सं) वृद्धमृत्योः सदाभयम्।

(अं) The old are in dread of death.

पढ़ा पर गुना नहीं तो किस काम का।

(हिं) शिक्षित हो, लेकिन विद्वान् न हो तो वह किस काम का।

(सं) अनुभवरहिता विद्या व्यर्था जायते प्राणिनां लोके।

(अं) Knowledge without experience is of little value.

पढ़ै सो पण्डित होय।

(हिं) पढ़ने-लिखने वाला ही विद्वान् होता है।

(सं) पठन् भवति पण्डितः।

(अं) Learn not and know not.

पत्थर को जोंक नहीं लगती।

(हिं) दुष्ट व्यक्ति पर दुष्टता का असर नहीं होता।

(सं) न पादपोन्मूलनशक्तिरंहः शिलोश्चये मूर्च्छति मारुतस्य। ज्ञानलवदुर्विदग्धं ब्रह्माऽपि तं नरं न रञ्जयति।

(अं) Lit. The leeches do not suck a piece of stone.

पतली ही जेबरी में बल लगता है।

(हिं) पतली रस्सी मजबूत होती है।

(सं) नैके दुर्बलशत्रवः।

(अं) Light but strong.

पढ़े न लिखे नाम विद्यासागर।

(हिं) नाम के अनुरूप गुण का अभाव।

(सं) अक्षरशत्रुर्नाम्ना विद्याधरः।

(अं) Lit. A Vidyasagar not knowing even the alphabet. Or A high-sounding title without sense or A general in title, but without a single soldier to command.

पराये धन पर लक्ष्मीनारायण।

(हिं) दूसरे के धन को अपना समझ इतराना।

(सं) परराज्ये विक्रमो राजा।

(अं) One can be very generous with other's money.

परदेशी की प्रीति फूस का तापना।

(हिं) परदेशी से प्यार करना उसी प्रकार है जैसे घास-पात जला कर तापना-अर्थात् अस्थायी में स्थायित्व न होना।

(सं) मैत्र्या किं परदेशिभिः।

(अं) Friendship of a foreigner is like a house built on sand.

पराया घर थूकने का डर।

(हिं) किसी अन्य के घर में स्वतंत्रतापूर्वक नहीं रहा जा सकता।

(सं) रोगी चिरप्रवासी परान्नभोजी परावसथशायी। यज्जीवति तन्मरणं यन्मरणं सोऽस्य विश्रामः।

(अं) One is never at ease in another's house.

पकाई खीर हो गया दलिया।

(हिं) बनानी चाही खीर लेकिन बन गया दलिया-अर्थात् करना चाहा कुछ और हो गया कुछ और।

(सं) विनायकं प्रकुर्वाणो रचयामास वानरम्।

(अं) Lofty aim but poor achievement.

पराया सिर पसेरी बराबर।

(हिं) दूसरे व्यक्ति को अपने आगे महत्वहीन समझना।

(सं) परदुःखदुःखिताः कियन्तः?

(अं) No one knows the weight of another's burden.

पर उपदेश कुशल बहुतेरे, जे आचरहिं सो नर न घनेरे।

(हिं) दूसरों को उपदेश देना आसान है, परन्तु स्वयं उपदेश का पालन करने वाला कोई-कोई होता है।

(सं) परोपदेशे पाण्डित्यं सर्वेषां सकुरं नृणाम्। धर्म्मे स्वीयमनुष्ठानं कस्यचित्तु महात्मनः।

(अं) Every one can give precept but few can follow.

पराये पीर को मलीदा–घर के देव को धतूरा।

(हिं) बाहर के संत का आदर करना और घर के पूजनीय व्यक्ति का अनादर करना।

(सं) अति परिचयादवज्ञा ह्यपरिचितस्यादरो भवति।

(अं) A prophet is not honoured in his own country.

पढ़े फारसी बेचें तेल ये देखो किस्मत के खेल।

(हिं) विद्वान् छोटा कार्य करके जीवन-यापन करते हैं–यह सब भाग्य का खेल है।

(सं) भाग्यवन्तं प्रसूयेथा न शूरान् न च पण्डितान्।

(अं) A learned man doing a menial work Oh, the freaks of Fortune.

पराई नौकरी साँप खिलाने के बराबर है।

(हिं) दूसरे के यहां नौकरी करना अत्यधिक कठिन कार्य है।

(सं) सेवाधर्म्मः परमगहनो सर्पवद्धीतिकृतिद्धि।

(अं) Lit. To serve another is like playing with a serpent.

पराई हँसी गुड़ से भी मीठी।

(हिं) दूसरे का मजाक उड़ाना बहुत अच्छा लगता है।

(सं) परोपहासो हि सुधासमो भवेत्।

(अं) Lit. It is very pleasing to pick holes in another's coat.

परहित घृत जिनके मन माखी।

(हिं) हर हाल में दूसरे का नुकसान करना।

(सं) त्रिभुवनमुपकारश्रेणिभिः प्रीणयन्तः सन्ति सन्तः कियन्तः।

(अं) Lit. To do harm at any cost.

पतंगी रंग लगाया काया झूठी रे साधो।

(हिं) मृत्यु अवश्यंभावी है।

(सं) स्तनौ मांसग्रन्थी कनककलशावित्युपमितौ मुखं श्लेष्मागारं तदपि च

शशाङ्केन तुलितम्। स्रवन्मूत्रक्लिन्नं करिवरशिरस्पर्द्धिजघनं मुदुर्निन्द्यं रूपं कविजनविशेषैर्गुरुकृतम।

(अं) Death is inevitable.

पर घर कूदें मूसलचन्द।

(हिं) अपने आप को स्वयं व्यवस्थापक चयनित करना।

(सं) परालये नृत्यति ठण्ठपालः।

(अं) Cocks made free at horse's corn. Or, A self-elected manager.

परदेश कलेश नरेशन को।

राजा के लिए पराया देश कष्ट दायक होता है।

(सं) दुर्निवारः पथि कलेशः।

(अं) Lit. A rich man is never at ease at another's house.

परमेश्वर से डरे वही बुद्धिमान् है।

(हिं) जो भगवान् से डरता है वही बुद्धिमान है।

(सं) स एव बुद्धिमाँल्लोके यो बिभेति परेशितुः। कुकार्य्यं विदधन्नित्यं सर्वथेह नृपादिव।

(अं) Fear of God is the best guide or Fear of God is the highest prudence.

पराधीन सपने सुख नाहीं।

(हिं) गुलामी में कभी सुख प्राप्त नहीं होता।

(सं) सर्व्वं परवशं दुःखम्।

(अं) Dependence is the greatest misery.

पहिले भात खवाय के पीछे मारी लात।

(हिं) पहले अच्छा व्यवहार करना फिर अनादर करना।

(सं) सत्कृत्य पूर्वं परतोऽभिभूयते।

(अं) Unkind kick following a kind reception.

पहले तो वह रीझ थी अब क्यों ऐसी खीज।

(हिं) पहले किसी पर आसक्त होना फिर उससे नफरत करना।

(सं) यूयं वयं वयं यूयमित्यासीन्मतिरावयोः। अधुना मित्र किं जातं यूयं यूयं वयं वयम्।

(अं) Why is this tension of feeling now, where once love ruled

पहिले भात पीछे बात।

(हिं) भोजन खिलाने के बाद बातचीत करना।

(सं) शतं विहाय भोक्तव्यम्।

(अं) First give one food and then talk.

पा

पानी निकल गया पाल बाँधा कर।

(हिं) पानी बह जाने के बाद उसे रोकना या चोरी के बाद दरवाजे बंद करना।

(सं) नीरे च निर्गते राजन्! किमर्थं सेतुबन्धनम्।

(अं) There is no use in shutting the stable door after the steed is stolen.

पानी पीजे छान मित्र कीजे पहिचान।

(हिं) पानी देखभाल कर पीना चाहिए। इसी प्रकार किसी को जांच-परख कर ही मित्र बनाना चाहिए।

(सं) मित्रं परिचितं कुर्य्याद्वस्त्रपूतं पिवेज्जलम्।

(अं) Judge not of men and things at the first Or choose your friend after careful examination.

पानी में आग लगावें लुगाई।

(हिं) जहां झगड़ा नहीं हो सकता वहां भी स्त्री झगड़ा करवा देती है।

(सं) स्त्रियश्चरित्रं पुरूषस्य भाग्यं दैवो न जानाति कुतो मनुष्यः।

(अं) Inscrutable are the ways of females.

पाप मूल निन्दा।

(हिं) निन्दा (अनादर) पाप की बुनियाद है।

(सं) निन्दा पापस्य कारणम्।

(अं) It is a great sin to pick holes in an another's coat.

पापी का माल अकारथ जाय डांड़ भरे या चोर ले जाय।

(हिं) पापी मनुष्य का धन, चोरी हो जाता है, अथवा दण्ड (जुर्माना) में चला जाता है। किसी अच्छे काम में प्रयुक्त नहीं हो पाता।

(सं) पापिनस्तु धनं याति बह्नितस्करपार्थिवैः।

(अं) Ill got, ill spent.

पासा पड़े अनाड़ी जीते।

(हिं) अकुशल व्यक्ति संयोग से सफलता प्राप्त कर लेता है।

(सं) मूर्खस्यापि जयो द्यूते प्रारब्धाज्जायते त्वहो।

(अं) Success is but a cast of dice.

पानी में पत्थर नहीं सड़ता।

(हिं) पानी में पत्थर नहीं सड़ सकता—अर्थात् विद्वान् पर मूर्खतापूर्ण बातों का दुष्प्रभाव नहीं पड़ता।

(सं) राजानो नैव म्रियन्ते पीडिताः क्षुधया गृहे।

(अं) Lit. A piece of stone is never dissolved in water.

पांचों पण्डा छठे नारायण।

(हिं) सोच समझ कर कार्य करना।

(सं) पाण्डवाः पञ्च संख्याताः षष्ठो नारायणः स्मृतः।

(अं) Act in consultation.

पांचो अंगुली घी में मज़ा मारो जी में।

(हिं) पूरी तरह मौज-मस्ती में जीवन-यापन करना।

(सं) सर्व्वाधिकारित्वमुपागतेषु सौख्यं न किं स्यादधुना भवत्सु।

(अं) To roll in plenty and to have no cares.

पांच अंगुलियों से पहुँचा भारी।

(हिं) बिखरी शक्ति से एक जुट शक्ति महत्वपूर्ण होती है।

(सं) स्कन्धमहत्त्वं शास्त्रापुञ्जात्प्रजायते त्वधिकम्। गुरुरिह मणिबन्धो भाति पञ्चांगुलिभ्यः।

(अं) Lit. Wrist is stronger than five fingers together.

पांडे जी पछतायेंगे सूखे चने चबायेंगे।

(हिं) पेशकश ठुकराने वाला बाद में पछताता है।

(सं) उपस्थितं परित्यज्य अनुपस्थितग्रहणे मानाभावः।

(अं) Lit. Refusing when offered, but repenting afterwards.

पांत में दो भांति कैसी।

(हिं) पंगत में भेदभाव नहीं होना चाहिए।

(सं) पंक्तिभेदं न कारयेत् पंक्तिभेदः शिवाय न।

(अं) There should be no division in the camp.

प्राण जाय पर वचन न जाई।

(हिं) सज्जन कभी भी अपना वचन (वादा) नहीं तोड़ते चाहे उनके प्राण क्यों न निकल जाएं।

(सं) न भवति पुनरुक्तं भाषितं सज्जनानाम्।

(अं) Lit. A word must be redeemed. at any cost.

प्रारब्ध लिखा कहीं नहीं जाता।

(हिं) भाग्य में लिखा कभी नहीं मिटता।

(सं) अवश्यमेव भोक्तव्यं प्रारब्धं कर्म्म प्राणिभिः।

(अं) What is in luck is sure to happen Or Fate is inevitable.

पि

पिया मोरा आंधर मैं कापर करूं सिंगार।

(हिं) दृष्टिहीन पति हो तो पत्नी का सिंगार करना व्यर्थ है क्योंकि पति उसे देख ही नहीं सकता।

(सं) दृष्टिहीनः प्रियो मेऽस्ति किमर्थं भूषये वपुः। अरसिकेषु रसस्य निवेदनं शिरसि मा लिख मा लिख मा लिख।

(अं) Lit. It is useless to cast pearls before swine.

पिसनहारी के पूत को चना लाभ बहुत है।

(हिं) गरीब के लिए थोड़ा प्रतिफल प्राप्त करना भी महत्वपूर्ण है।

(सं) दीनानां मोदकं सक्तुः।

(अं) A little gain is enough for a poor man.

पिया गये परदेश अब डर काहे का।

(हिं) परदेश में रहने वाले पति की पत्नी का निर्भय होकर रहना।

(सं) पतिर्मदीयः परदेशवासी श्वश्रूर्ममान्धा परिवारशून्या। भयं न किञ्चनमम मन्दिरेऽस्ति संरोचतं चेन्निवसाऽन्न पान्थ?

(अं) When the cat is away, the mice will play.

पी

पीपल पूजन मैं गई अपने कुल की लाज। पीपल पूजत हरि मिले एक पन्थ दो काज।।

(हिं) अपने वंश की मर्यादा के अनुसार मैं पीपल (वृक्ष) का पूजन करने गई थी, लेकिन वहां भगवान् भी मिल गये–अर्थात् एक पंथ और दो कार्य।

(सं) आम्राश्च सित्काः पितरश्च तृप्ताः एका क्रिया ह्यर्थकरी प्रसिद्धा।

(अं) To kill two birds with one stone.

पीपलिया पान खरंता हंसती कुंपलियां मुझ बीती तुझ बीतसी धीरी बापड़ियां।

(हिं) एक व्यक्ति द्वारा दूसरे की समस्या को भार (बोझ) न समझना।

(सं) किं मेऽधुना पिप्पलराजपत्र! करोषि निन्दां निजशब्दजातैः। प्ररोह! मां त्वं हससि प्रहासैर्दुःखं द्वयोर्वा भविता ममेव।

(अं) No one can feel the weight of another's burden.

प्रीतम मिले उजाड़ में वही उजाड़ बजार।

(हिं) प्रियतम यदि उजड़े स्थान में मिल जाए तो वह स्थान भी बस्ती जैसा लगता है।

(सं) स स्वर्गो यत्र मे प्रियः।

(अं) Lit. In the company of friend a desert is like a populous city.

प्रीति का निबाहना खाँड़े की धार है।

(हिं) प्रेम का निर्वाह करना तलवार की धार पर चलने के समान है।

(सं) क्षुरस्य धारा नितरां दुरत्यया प्रेम्णः पथस्तत् कवयो वदन्ति।

(अं) Lit. To keep up the even course of love is as hard as walking on the edge of a sword.

प्रीति की रीति निराली है।

(हिं) प्रेम मार्ग अद्‌भुत है।

(सं) अदभुतः प्रेमपन्थाः।

(अं) Wonderful are the ways of love!

प्रीति जहां परदा नहीं परदा जहां न प्रीति।

(हिं) प्रेम में पर्दा (कपट) नहीं होता, जहां कपट होता है वहां प्रेम नहीं होता।

(सं) न मातरि न दारेषु न सोदर्ये न चात्मजे। विश्वासस्तादृशः पुंसां यादृङ् मित्रे स्वभावजे।

(अं) No sincerity, no love.

प्रीति रीति जानी आसान मुश्किल पड़ी बात अब आन।

(हिं) प्रेम मार्ग आसान लगता है, लेकिन प्रेम मार्ग पर चलना अत्यधिक कठिन है।

(सं) प्रेम्णो हि पन्था सुगमोऽतिबुद्धः ज्ञातं तु काठिन्यमहोऽधुनास्य।

(अं) Lit. The course of love appears very smooth at first, but turns out to be full of difficulties in the long run.

पु

पुराना वैद्य और नया ज्योतिषी उत्तम होता है।

(हिं) पुराना वैद्य और नया ज्योतिषी अच्छा होता है।

(सं) नवीनो गणितज्ञो हि प्राचीनश्च चिकित्सकः। उभौ श्रेष्ठतमौ लोके कार्य्यदक्षौ न संशयः।

(अं) Lit. An experienced medical man and a new astronomer are always considered to be the best.

पुण्य करते होय हानि तऊ न छांड़िये पुण्य की बानि।

(हिं) पुण्य कार्य से यदि नुकसान भी हो तो भी पुण्य कार्य छोड़ना नहीं चाहिए।

(सं) दुःखैः पुनः पुनरपि प्रतिहन्यमाना न पुण्यकार्य्याद्विरमन्ति धीराः।

(अं) Lit. Practice virtue and mind not at what cost.

पू

पूंजी पूंजी से उपजती है।

(हिं) धन से धन अर्जित होता है।

(सं) धनादेव धनं भवेत्।

(अं) Money begets money.

पे

पेट करावे वेठ।

(हिं) भूख सब कुछ करना सिखा देती है।

(सं) उदरनिमित्तं न कृतं हि किं किम्।

(अं) Stomach teaches all arts.

पटे भरेके खोटे चाले।

(हिं) पेट भरा हो तो इंसान टेढ़ा-मेढ़ा चलने लगता है–अर्थात् धनवान् होते ही मनुष्य इतराने लगता है।

(सं) धनिनामेव चित्तेषु पापवृत्तिरुदेत्यलम्।

(अं) Necessity knows no law.

पेट भरे पर सौ मतुली (मस्ती) सूझे।

(हिं) पेट भरने के बाद इंसान मस्ती में डूब जाता है–अर्थात् अमीर व्यक्ति अपने सुख के लिए कुछ भी कर सकता है।

(सं) अन्नसन्तुष्टदेहानां पापवृत्तिरुदेत्यहो।

(अं) Hunger appeased, everything becomes enjoyable.

पेट में पड़ा चारा तो कूदने लगा बिचारा।

(हिं) पेट भरते ही इंसार उल्टी-सीधी हरकतें करने लगता है–अर्थात् धनवान होते ही इंसान बिगड़ने लगता है।

(सं) अन्ने ह्युदरमायाते दीनोपि प्रबलायते।

(अं) Full stomach makes a jolly heart.

पै

पैर का जूता पैर में ही अच्छा होता है।

(हिं) जो चीज जिस जगह के लिए होती है वहीं अच्छी लगती है।

(सं) स्थानभ्रष्टा न शोभन्ते दन्ता: केशा नखा नरा:।

(अं) Lit. A thing looks nice when set in its proper place.

पैसा करे काम–बीबी करे सलाम।

(हिं) धन पास हो तो पत्नी भी सेवा करती है।

(सं) न बन्धुमध्ये धनहीनजीवनम्।

(अं) Lit. Money succeeds everywhere.

पैसे फले न पेड़।

(हिं) धन पेड़ पर नहीं उगता।

(सं) द्रव्यं वृक्षा: फलन्ति न।

(अं) Lit. Money is not the fruit of a tree.

पैसे की हांडी गई तो गई कुत्ते की जाति तो पहिचान ली।

(हिं) नुकसान होने के बाद नुकसान करने वाले की असलियत समझी जा सकती है।

(सं) भवति विज्ञतम: क्रमशो जन:।

(अं) Lit. The nature of the man is known, though at some cost.

पैंड़ चली नहीं बाबा प्यासी।

(हिं) कर्म किए बिना फल प्राप्त करने की अभिलाषा।

(सं) मार्गं व्रजन्त्येव पिपासिताऽभूत्।

(अं) Lit. To feel fatigued no sooner than the journey is begun.

पौ

पौबारे पड़ रहे हैं।

(हिं) सुख बरस रहा है।

(सं) उदेति भाग्यं तब मित्र! साम्प्रतम्।

(अं) To live in Clover.

पं

पंच जहां परमेश्वर।

(हिं) पंचों (न्यायाधीशों) के बीच परमेश्वर बसता है–अर्थात् पंच सदैव सच्चा न्याय करते हैं।

(सं) यत्र पञ्च जनास्सन्ति तेष्वेव परमेश्वरः।

(अं) Where there is a big assembly, there is Divinity.

पंचो शामिल मर गये मानो गये बरात।

(हिं) पंच कहते हैं–सामूहिक मृत्यु बारात में जाने के समान है–अर्थात् बहुतों के एक साथ मरने से कम दुःख होता है।

(सं) सहमरणे नैव दुःखं स्यात्।

(अं) A common blot is not held as a stain.

पंच कहें बिल्ली सो बिल्ली।

(हिं) पंच जो कह देते हैं वही सत्य होता है–अर्थात् पंच नीम को आम कह दें तो वह आम ही माना जाता है।

(सं) अतथ्यस्तथ्यो वा हरति महिमानं जनरवः।

(अं) Majority and reason go hand in hand.

पण्डित भूले तो पैंड़ो कहां मिले।

(हिं) यदि विद्वान् भ्रमित हो जाए तो उसे गंतव्य स्थल की राह कौन बताएगा।

(सं) पण्डितेषु प्रभ्रष्टेषु शरण्यो नैव कश्चन।

(अं) Lit. If the sages are in error, who are then to be followed?

फ

फन-फन मणि नहीं होत।

(हिं) प्रत्येक नाग के फन पर मणि नहीं होती।

(सं) शैले शैले न माणिक्यं मौक्तिकं न गजे गजे।

(अं) All that glitters is not gold or All trees do not bear fruits.

फा

फाटे पीछे ना मिलें मन माणिक और दूध।

(हिं) मन माणिक और दूध फटने के बाद पूर्ववत् रूप कभी प्राप्त नहीं कर सकते।

(सं) मनोमाणिक्यदुग्धानि विदीर्णानि मिलन्ति न।

(अं) Lit. Milk, mind and jewel, once lost are for ever lost.

फि

फिक्र बुरी फाका भला फिक्र फकीरे खाय।

(हिं) चिन्ता करने से भूखा रहना अच्छा है क्योंकि चिन्ता के कारण फकीर भी मर जाता है।

(सं) दारिद्र्यान्मरणाद्वापि मरणं मम रोचते न दारिद्र्यम्। चिता चिन्ता द्वयोर्मध्ये चिन्ता नूनं गरीयसी। चिता दहति निर्जीवं चिन्ता चैव सजीवकम्।।

(अं) Lit. A vacant mind is better than a mind full of anxiety. Anxiety is a living furnaee even to a sage.

फिर पछताये क्या हुआ जब चिड़िया चुग गई खेत।

(हिं) कार्य सम्पन्न करने का समय बीतने के बाद पश्चाताप् करने से क्या लाभ।

(सं) व्यतीते समये किं स्यात्पश्चात्तापैः प्रयोजनम्।

(अं) Lit. It is useless to repent for the past. What can not be repaired is not to be regretted.

फी

फीकीहू नीकी लगे कहिये समय विचार। सबके मन हरषित करे ज्यों विवाह में गार।

(हिं) उचित समय पर हल्की बात भी अच्छी लगती है ठीक उसी तरह जिस तरह विवाह के समय गीतों में गाई जाने वाली गालियां अच्छी लगती हैं।

(सं) अप्युक्तं हर्षदं वाक्यं यथावसरमप्रियम्। यथा गालिर्विवाहेषु वनितावदनेरिता।।

(अं) Everything has its season.

फू

फूल न पाती देवी हा हा।

(हिं) चढ़ावा न होने पर देवी जो भी बोल दे वही अच्छा है–अर्थात् हथियार रहित सैनिक का उपयोग जिस तरह कर लिया जाय वही उत्तम है।

(सं) पत्रं पुष्पं फलं नास्ति देव्याः पूजा कथं भवेत्।

(अं) A soldier without weapon is as good as useless.

फूला नहीं समाया।

(हिं) अत्यधिक प्रसन्न।

(सं) आनन्दपूरो न ममौ शरीरे।

(अं) In an ecstasy of joy.

फूंक-फूंक कर पैर धरो।

(हिं) सोच-समझ कर आगे बढ़ना।

(सं) माऽसमीक्ष्य परं स्थानं पूर्वमायतनं त्यजेत्।

(अं) Proceed slowly with caution.

फूंके तक दूध को दाह्यो।

(हिं) दूध को फूंक-फूंक (संभाल) कर गर्म करना अन्यथा उसके फटने या बर्तन से निकलने का भय रहता है।

(सं) रज्जौ यथाहेर्भ्रमः। पलाशकुसुमभ्रान्त्या शुकतुण्डे पतत्यलिः। सोऽपि जम्बूफलभ्रान्त्या तमलिं धर्तुमिच्छति।।

(अं) A burnt child dreads the fire.

फूल-फूल करके चंगेर भरती है।

(हिं) एक-एक फूल एकत्र करने से डलिया (लकड़ी की टोकरी) भर जाती है–अर्थात् पानी की बूंद-बूंद से घड़ा भर जाता है।

(सं) यथा बिन्दुप्रपातेन क्रमशः पूर्य्यते घटः। स हेतुः सर्वविद्यानां धर्म्मस्य च धनस्य च।।

(अं) Many a little makes a mickle Or Many drops make a shower.

ब

बड़े मियां सो बड़े मियां छोटे मियां सुभान अल्ला।

(हिं) पिता जिस तरह का था–सो था, बेटा पिता से (बिगड़े अथवा बुरे क्षेत्र में) भी आगे।

(सं) उभौ समानौ जनकात्मजौ हि।

(अं) A greater rogue than the father himself or Out-Heroding Herod.

बहती गङ्गा में पाँव धोना।

(हिं) सार्वजनिक हित में अपना हित साधना–अर्थात् मुफ्त में फायदा उठाना।

(सं) नृपस्य दाने सचिवो यशस्वी।

(अं) To sail with the wind.

बद अच्छा बदनाम बुरा।

(हिं) बदनाम होने से मर जाना अच्छा है।

(सं) वरीयान् दुर्जनो लोके दुश्चरित्रो न कर्हिचित्।

(अं) Lit. Doing bad is better than bearing a bad name.

बलवान् बीसों बिस्वा मारे और रोने न दे।

(हिं) ताकतवर जम कर पिटाई करे और रोने भी न दे।

(सं) अहो दुरन्ता बलवद्विरोधिता।

(अं) Lit. A tyrant strikes hard but never allows to cry.

बरतन से बरतन खटकता ही है।

(हिं) एक श्रेणी के लोग परस्पर विवाद अवश्य करते हैं।

(सं) ब्राह्मणाः कुकुराश्चैव स्वजातिद्वेषकाः सदा।

(अं) Two of a trade can never agree.

बगल में तोसा किसका भरोसा।

(हिं) अपनी सहायता स्वयं करने वाला दूसरों पर निर्भर नहीं रहता।

(सं) स्वायत्तं सुखदं वस्तु पराशा न गरीयसी। पुस्तकस्था च या विद्या परहस्तगतं धनम्। कार्य्यकाले समुत्पन्ने न सा विद्या न तद्धनम्।।

(अं) To be enjoying pleasure, not caring what may come next.

बगल में सोटा नाम गरीबदास।

(हिं) नाम गरीबदास, परन्तु मारपीट के लिए सदैव डंडा रखने वाला—अर्थात् कहने को सज्जन लेकिन सदैव साथ रखता है तलवार।

(सं) नाम्ना वै दीनदासोऽयं दीनेभ्यो दुःखदः सदा।

(अं) A Tyrant in nature, but in name a saint.

बराती खा पीकर जाते धाम, दुलहा दुलहिन से पड़ता काम।

(हिं) बाराती खा-पी कर अपने-अपने घर चले जाते हैं, फिर दूल्हा-दुल्हन रह जाते हैं। उनका कार्य (विवाह सम्पन्न होना) ही शेष रह जाता है।

(सं) सुखं दुःखं स्वयं भुङ्क्तो न चान्ये स्वस्य कर्मणः।

(अं) The actors bear the consequence while others only enjoy pleasure.

बजाज की गठड़ी का झींगुर मालिक।

(हिं) कपड़ा बेचने वाले की कपड़े की गठरी (पोटली) का मालिक झींगुर (कपड़े आदि कुतर कर खा जाने वाला एक पंख वाला कीट) ही समझो। यदि झींगुर कपड़े की पोटली में प्रवेश कर गया तो वह कपड़े कुतर कर खा जाएगा–अर्थात् मूर्खों का बढ़िया भोजन चतुर लोग खा जाते हैं।

(सं) रजकानां गृहे स्वामी वेद्यो वैशाखनन्दनः।

(अं) Fools give feasts and wise men eat.

बकरी की माँ कबतक खैर मनावेगी।

(हिं) बकरी की माँ कब तक बकरी को कसाई से बचाने का प्रयास करेगी, क्योंकि कसाई कभी न कभी उस (बकरी) को अवश्य मार खाएगा–अर्थात् दुर्बलता सदैव घातक होती है।

(सं) सिंह नैव गजं नैव व्याघ्रं नैव च नैव च। अजापुत्रं बलिं दत्ते दैवो दुर्बलघातकः।

(अं) The weak have to suffer the frowns of Fortune.

बनियां अपना गुड़ छिपाकर खाता है।

(हिं) व्यापार में व्यापारी सदैव गोपनीयता रखता है।

(सं) वाणिज्यवार्त्ता बहु गोपनीया।

(अं) Trade secrets must always be kept concealed.

बड़े बोल का सिर नीचा।

(हिं) महान् लोग सदैव विनम्र होते हैं।

(सं) निन्दा भवति जनानां लोकऽनधिकारचर्चया नूनम्।

(अं) Humble are the truly great.

बगुला मारे पंखों का ढेर।

(हिं) बगुला मारने से पंखों का ढेर लग जाता है। उसमें थोड़ा सा मांस होता है–अर्थात् लाभ बहुत थोड़ा तथा शोर अधिक।

(सं) बके हते पक्षततेर्हि लाभः।

(अं) Lit. Kill a heron, and you get only feather.

बच्छ नहीं होत गधा गंग के नहवाये से।

(हिं) गधा गंगा स्नान से बछड़ा नहीं बन सकता–अर्थात् अनपढ़ व्यक्ति के समक्ष पुस्तकें रखने से उसे शिक्षित नहीं बनाया जा सकता।

(सं) न हेमकुम्भे विषममृतं भवेत्।

(अं) Black stone will never turn white.

बत्तीस दांत की भाषा खाली नहीं जाती।

(हिं) श्राप कभी भी निष्फल नहीं जाता।

(सं) शापो नैव वृथा भवेत्।

(अं) Lit. The curse of a person possessed of occult power never goes in vain.

बनियां जोड़े पली-पली राम लुटावें कुप्पा।

(हिं) व्यापारी थोड़ा-थोड़ा जोड़ कर संचय करता है, लेकिन भगवान् ज्यादा से ज्यादा बांटता है।

(सं) शतं स्याद्धेमकारस्य लोहकारस्य चैककम्।

(अं) Man proposeth God disposeth.

बनियां हाट न छेड़िये जाट जंगल के बीच।

(हिं) व्यापारी को बाजार में और जाट को जंगल में छेड़ना नहीं चाहिए। ऐसे अवसर पर ये झगड़ा कर सकते हैं।

(सं) स्वस्थाने कुकुरोऽपि तावञ्चण्डो भवति।

(अं) Every one must stick to his own occupation.

बनियां का लिखा बनियां बांचे।

(हिं) व्यापारी की भाषा व्यापारी ही समझ सकता है।

(सं) वाचयति वैश्यः खलु वैश्यलेखम्।

(अं) Professional secrets are known only to those who carry on that profession.

बनी-बनी के सब कोई साथी बिगड़ी के कोई नाहीं।

(हिं) सम्पन्नता में सब साथ देते हैं, गरीबी में कोई साथ नहीं देता।

(सं) अर्थप्रार्थनशङ्कया न कुरुते सम्भाषणं वै सुहृत।

(अं) Prosperity gathers friend.

बरात पीछे धौंसा।

(हिं) बारात निकल जाने के बाद बाजे बजाना–अर्थात् कार्य सम्पन्न होने के बाद उसे करने का प्रयास–अर्थात् मूर्खता।

(सं) पश्चाभ्दागे हि व्रातस्य नक्कारो वाद्यतेऽद्भुतः।

(अं) Lit. To play the band after the procession has passed Or A day after the fair.

बल करता कल चढ़े।

(हिं) बुद्धिमान् ही लक्ष्य प्राप्त करता है।

(सं) बुद्धिर्यस्य बलं तस्य निर्बुद्धेस्तु कुतो बलम्।

(अं) Knowledge is power.

बलवे नदी तेरा फांट।

(हिं) बलवती (तेज उफान वाली) नदी के फांट (किनारों) की दूरी बदलती (बढ़ती) रहती है–अर्थात् सशक्त सदैव मनमानी करता रहता है।

(सं) प्रवाहः स्रोतसां वेगैरतिक्रान्ततटः सदा।

(अं) Lit. Short-lived are the banks of powerful current.

बस कर मियां! बस कर, देखा तेरा लशकर।

(हिं) शेखी बघारने वाले की असलियत सामने अवश्य आ जाती है।

(सं) अलं ह्यलं शूर! विकत्थनेन दृष्टं मया सैन्यबलं त्वदीयम्।

(अं) lit. Enough, good Sir, shut up, your grandness we have seen.

बहता पानी निर्मला बंधा गन्दा होय।

(हिं) बहता पानी स्वच्छ तथा एकत्रित पानी गंदा होता है।

(सं) साधूनां भ्रमतामेव चित्तं स्यान्निर्मलं सदा।

(अं) Used key is always bright Or stagnat water stinks into the nose.

बा

बावन तोले पाव रत्ती।

(हिं) समानता की जांच करना।

(सं) अस्ति सम्यक परीक्षितम्।

(अं) Well tried.

बापराज घर खाये न पान दांत निपोरे कढ़ गये प्रान।

(हिं) कर्म करो या न करो मृत्यु कभी प्रतीक्षा नहीं करती।

(सं) न हि कालः प्रतीक्षेत कृतमस्य न वा कृतम।

(अं) Haughtiness characterises an upstart.

बाप मरा घर बेटा हुआ इसका टोटा उसमें गया।

(हिं) आन समाप्त होने के बाद जीवन व्यर्थ हो जाता है।

(सं) तुल्यावायव्ययावुभौ।

(अं) As the loss, so is the gain.

बात गये कुछ हाल नहीं है।

(हिं) दुष्ट लोग बात से बात निकालते हैं–अर्थात् अच्छी बात में बुराई खोजने का प्रयास करते हैं।

(सं) सत्या प्रिया न वाग् यस्य स संसारे नराधमः।

(अं) Break your promise and lose confidence.

बाल की खाल निकालें लोग।

(हिं) सत्य के आधार तक पहुँचना।

(सं) खलः सर्षपमात्राणि परछिद्राणि पश्यति।

(अं) A clever man draws essence from an essence.

बावरे गांव में ऊंट पाहुना।

(हिं) पागलों के गांव में ऊंट रिश्तेदार–अर्थात् मूर्ख सत्य-असत्य में भेद नहीं समझते।

(सं) विप्राऽस्मिन्नगरे महान् कथय कस्तालद्रुमाणां गणः।

(अं) Lit. In an assembly of mad a camel is a guest.

बारे की माँ न मरे और बूढ़े की जोरू।

(हिं) बच्चे की माँ और बूढ़े की पत्नी की मृत्यु उनके लिए अत्यधिक कष्टदायक होती है।

(सं) वृद्धस्य भार्य्या मरणेन दुःखं मातुर्वियोगे न च बालकानाम्।

(अं) Mother in childhood and wife in old age are main props.

बारह वर्ष दिल्ली में रहे तो क्या भाड़ झोंका?

(हिं) बारह वर्ष दिल्ली में रहे तो क्या वहां भाड़ झौंका–अर्थात् विद्वानों के नगर में रहने के बाद भी मूर्ख बना रहना।

(सं) अपि काश्यां निवासेन पठितं नैव किञ्चन।

(अं) A life-long companion of the wise, but himself a fool.

बारह वर्षों में घूरे की भी दशा फिरती है।

(हिं) बारह वर्ष के घूरे (कूड़ा एकत्रित करने का स्थान) के दिन भी बदल (अच्छे हो जाते) जाते हैं–अर्थात् सदैव दुःख नहीं रहता, सुख भी मिलता है।

(सं) चक्रवत् परिवर्त्तन्ते दुःखानि च सुखानि च।

(अं) Time produces change even where it is least expected Or Mutability is the order of time.

बाप का पोखर है तो क्या कीच खानी है?

(हिं) जिसके पिता के पास तालाब है, वह कीचड़ क्यों खायेगा–अर्थात् जिसका पिता सम्पन्न है उसका पुत्र गरीबी नहीं भोग सकता।

(सं) तातस्य कूपोऽयमिति ब्रुवाणाः क्षारं जलं कापुरुषाः पिबन्ति।

(अं) An evil custom though time honoured must be remedied.

बाप न मारी मूसड़ी बेटा तीरन्दाज़।

(हिं) पिता ने कभी चुहिया तक नहीं मारी और पुत्र अपने आप को शूरवीर समझता है।

(सं) मूर्खवंशेषु पण्डितः।

(अं) A lily in a heap of dung Or A lion in power, though descended from a fox.

बातों बूढ़ा करतब खुवार।

(हिं) बातें बुद्धिमान् की तरह करना और कर्म बुरे करना।

(सं) पापकर्म्मप्रवृत्तोऽपि धर्म्मव्याख्याधुरन्धरः।

(अं) To speak like a wise man and to act like a child.

बांदी औरों के पांव धोवे अपने लिये सोवे।

(हिं) बांदी (नौकरानी) मालिक-मालकिनों के कार्य मन से करे और अपने कार्य की परवाह तक न करे।

(सं) परकार्य्यप्रवीणोऽपि स्वकार्य्ये कुशली न हि। परोपदेशे निपुणः पापाचारे स्वयं रतः।

(अं) Wise in precepts but not in deeds.

बाप से बैर पूत से सगाई।

(हिं) पिता से शत्रुता और पुत्र से अपनी पुत्री के विवाह की तैयारी–अर्थात् हर हालत में लालच।

(सं) पुत्रैः सखित्वं जनकैर्विरोधः।

(अं) Lit. Friendship with the son and enmity with the father.

बाबा आवे न घण्टा बाजे।

(हिं) न बाबा (पुजारी) आएगा और न मंदिर में घंटा बजेगा–अर्थात् झूठा आश्वासन।

(सं) न नव माणकं तैलं राधाया नर्त्तन कथम्।

(अं) No movement from here, till the mountain in motion.

बांबी में हाथ तू डाल मंन्त्र मैं पढ़ूँ।

(हिं) तू सर्प की बांबी में हाथ डाल, मैं मंत्र पढ़ता रहूंगा–अर्थात् तू गलत काम कर मैं बचाने का प्रयास करूंगा।

(सं) त्वं हस्तं विवरे देहि अहं मन्त्रं पठामि च।

(अं) To make a cat's paw of a person.

बाड़ बिना बेल नहीं चढ़ती।

(हिं) बाड़ (झाड़ झंकार) के बिना बेल जीवित नहीं रह सकती–अर्थात् कामगारों के बिना कोई भी व्यापार भलीभूत हो ही नहीं सकता।

(सं) विनाऽऽश्रयं न तिष्ठिन्ति पण्डिता वनिता लताः।

(अं) No Flying without wings.

बासन विलाय जात रह जात बासना।

(हिं) व्यसनी समाप्त हो जाते हैं, परन्तु व्यसन कभी समाप्त नहीं होता–अर्थात् इच्छा कभी नहीं मरती।

(सं) चम्पकपुष्पपुटन्यायः।

(अं) Body is mortal but soul is immortal Or desire never dies.

ब्याह पीछे बरात।

(हिं) विवाह होने के बाद बारात आना–अर्थात् कार्य सम्पन्न होने के बाद उस कार्य को करने की योजना बनाना।

(सं) मुण्डं मुण्डयित्वा मुहूर्तं पृच्छति।

(अं) A day after the fair.

बार बह जायगी और बात रह जायगी।

(हिं) समय बीत जाता है, लेकिन बात रह जाती है।

(सं) व्यत्येति समयो नित्यं वार्तैवाऽवतिष्ठते।

(अं) Lit. Time passes away, but worlds last.

ब्राह्मण जीमेही पतियाय।

(हिं) भोजन ही लोभी व्यक्ति की संतुष्टि है।

(सं) तुष्यन्ति भोजने विप्राः।

(अं) Lit. Feast is the gratification of the greedy.

बालक जाने हियो बड़ो जाने कियो।

(हिं) बच्चा अपने मन से और बूढ़ा अपने कार्य से फेसला करता है।

(सं) विदन्ति हृदयं बाला निपुणाः कार्य्यकौशलम्।

(अं) Lit. A child judges by heart, and an old man, by acts.

बालक बुद्धिमान् सो ही बड़ा नर जान तू। बूढ़ा हो अज्ञान वही पशु समान है।

(हिं) बुद्धिमान् बालक को बड़े पुरुष के समान और मूर्ख वृद्ध को पशु के समान समझना चाहिए।

(सं) युक्तियुक्तमुपादेयं वचनं बालकादपि। अन्यत्तृणमिव त्याज्यमप्युक्तं पद्मजन्मना।

(अं) Wisdom alone is age.

बावली रांड़ के बावले जाये।

(हिं) पागल विधवा स्त्री के बच्चे भी पागल (अज्ञानी) होते हैं।

(सं) स्यान्मातृतुल्या प्रकृतिः सुतस्य।

(अं) Like father like son.

बासी कढ़ी उबाला आया।

(हिं) बासी कढ़ी खराब हो जाती है–अर्थात् किसी वस्तु का उपयोग करने के समय उपयोग न किया जाय तो वह व्यर्थ हो जाती है।

(सं) यातयामं गतरसं पूति पर्य्युषितञ्च यत्। उच्छिष्टमपि चामेध्यं भोजनं तामसप्रियम्।

(अं) Unsual brightness of a lamp indicates its approaching end.

बासी बचे न कुत्ता खाय।

(हिं) उपयोग में आने वाली वस्तु का उपयोग करना चाहिए। अन्यथा महत्वहीन हो जाएगी।

(सं) मूलं नास्ति कुतः शाखा।

(अं) Lit. Not too much to be spent otherwise.

बांह गहे की लाज।

(हिं) हाथ थामने वालउout wings.

बिन पखावज बिन ताल नाचे है।

(हिं) बिना वाद्य यन्त्र के नृत्य भी बेताल हो जाता है–अर्थात् आवश्यक साधन रहित कार्य ठीक तरह सम्पन्न नहीं हो सकता।

(सं) नर्त्तनं किं विना वाद्यम्।

(अं) To go to fight without any weapon.

बिन निरधार न होसके सांच झूठको न्याय।

(हिं) प्रमाण के बिना सत्य और असत्य का निर्णय नहीं हो सकता।

(सं) गवेषणां विना नैव सत्यासत्यविनिर्णयः।

(अं) No truth can be established without proof Or Without opposition success is easy.

बिपति पड़े पै जानिये को बैरी को मीत।

(हिं) मुसीबत के समय शत्रु और मित्र की पहचान हो जाती है।

(सं) आपत्सु मित्रं जानीयाद्व्यसनेषु च बान्धवान्।

(अं) A dversity tries friends Or A friend in need is a friend indeed.

बिधी तो बिल्लाये क्यों।

(हिं) जानबूझ कर फंसने के बाद रोना क्यों।

(सं) अवश्यमेव भोक्तव्यं कृतं कर्म्म शुभाशुभम।

(अं) A creator is in distress Or Eat, as you cooked.

बिधि प्रपञ्च गुन अवगुन साना।

(हिं) भगवान् गुण और अवगुण दोनों का रचयिता है।

(सं) द्वन्द्वात्मकोऽयं संसारो विधिना निर्म्मितोऽद्भुतः।

(अं) Lit. Good and evil are mixed together even in the creation of God.

बिच्छूका मन्त्र जाने नहीं सांप के बिल में हाथ डाले।

(हिं) ऐसा मूर्ख जो मामूली कार्य करना जानता न हो और बड़ा कार्य करना आरंभ कर दे।

(सं) अक्षरं नैव जानाति स्पर्द्धते पण्डितैः सह।

(अं) Lit. A fool challenging a wise man.

बिल्ली को ख्वाब में भी छीछड़े नज़र आते हैं।

(हिं) चोर को स्वप्न में भी चोरी करना दिखाई पड़ता है।

(सं) स्वप्नेऽपि दुर्जनोऽन्येषामहितं चिन्तयत्यलम्।

(अं) Lit. One dreams at night what one thinks about during the day.

बिन देखे राजा भी चोर।

(हिं) चोर राजा भी हो सकता है। असलियत तो चोर पकड़े जाने के बाद ही सामने आती है।

(सं) अदृष्टे चौरे वै नृपतिमपि शङ्केत सुजनः।

(अं) Lit. Even a king may be suspected as a thief, so long as not definitely known.

बिच्छू का काटा रोवे सांप का काटा सोवे।

(हिं) बिच्छू के डंक मारने से मनुष्य दर्द के कारण रोता-चीखता है, परन्तु विषधर के दंश के जहर से इंसान बेहोश हो जाता है।

(सं) सुप्यते सर्पसन्दष्टैरुद्यते वृश्चिकार्हितैः।

(अं) Carping at a gnat, and swallowing a camel.

बिजली कांसे ही पर गिरती है।

(हिं) बिजली (आकाशीय) कांसे (धातु) पर ही गिरती है।

(सं) विद्युत्पातो भवेत् कांस्ये।

(अं) Magnet draws iron.

बिल्ली के भागों छींका टूटा।

(हिं) सौभाग्य से यकायक धन प्राप्त हो जाना।

(सं) सौभाग्येनैव वैद्यानां रोगार्तो जायते नृपः।

(अं) Fortune's freak Or Illness of a wealthy man is for the gain of the doctor.

बिल्ली खायगी नहीं तो लुड़का ही देगी।

(हिं) बिल्ली किसी खाद्य पदार्थ को बेशक न खाये, उसे बिखरा तो सकती ही है।

(सं) उष्णो दहति चाङ्गारः शीतः कृष्णायते करम्।

(अं) Mischief making is the nature of the wicked.

बी

बीज के झबूके मोती पोयले तो पोयले

(हिं) कार्य काल में किया कार्य फलीभूत होता है। चूक होने पर कार्य सिद्धि नहीं होती।

(सं) कार्य्यं हि काले कृतमेवसिद्धयति तस्मिन् व्यतीते नहि तस्य सिद्धिः।

(अं) Lit. If you can make any food use of a worthless thing, you may.

बीती ताहि बिसार दे आगे की सुध ले।

(हिं) अतीत भूल कर भविष्य की चिन्ता करना चाहिए।

(सं) गतं न शोचेभ्द्वितव्यचिन्तकः।

(अं) Lit. Let dead past bury its dead.

बु

बुढ़िया मरी तो मरी आगरा तो देखा।

(हिं) कम लागत में बड़ी उपलब्धि।

(सं) स्वार्थे सक्ता हि जन्तवः।

(अं) A great gain at a small cost.

बुरे काम का बुरा हवाल।

(हिं) बुरे काम का प्रतिफल भी बुरा।

(सं) कुफलं स्यात् कुकर्म्मणः।

(अं) Evil comes of evil.

बुड्ढी घोड़ी लाल लगाम।

(हिं) वृद्ध स्त्री का युवा स्त्री जैसा साज-सिंगार।

(सं) वृद्धा वेश्या मुखे तस्या नासा भूषणमभ्दुतम।

(अं) An old matron in a young lady's dress.

बुढ़ापे में आदमी की मत मारी जाती है।

(हिं) वृद्धावस्था में मनुष्य की बुद्धि भ्रष्ट हो जाती है।

(सं) वृंद्धत्वे हीयते मतिः।

(अं) Old age is second childhood.

बुढ़िया बेटे बिना कैसे रहे।

(हिं) वृद्ध स्त्री के लिए पुत्र का संरक्षण आवश्यक है।

(सं) वृद्धा कथं तिष्ठतु स्वाश्रयं विना।

(अं) A son is the prop of old age.

बू

बूर के लड्डू खाय तो पछताय न खाय तो पछताय।

(हिं) बूरे के बने लड्डू खाये तो भी पश्चाताप करे और न खाये तो भी पश्चाताप करे–अर्थात् दलाली या छूट अवश्य खाना।

(सं) कृताकृतेऽनुतापः स्याद्दुर्भगाभरणे इह।

(अं) Commission or omission, repentance inevitable.

बे

बेईमानी का मुंह काला।

(हिं) अधर्म का सदा अनादर होता है।

(सं) सत्यमेव जयति नामृतम्।

(अं) Truth triumphs in the long run.

बै

बैठे से बेगार भली।

(हिं) ठाली बैठने से कुछ न कुछ करना अच्छा है।

(सं) अभावे शालिचूर्णं वा।

(अं) Better to serve gratis than remain idle.

बैले दीजे जायफल क्या तौले क्या खाय।

(हिं) बैल को जायफल (एक छोटा फल) खिलाने से क्या लाभ न तो उसमें कुछ वजन है और न उसके खाने से बैल की भूख शान्त हो सकती है–अर्थात् ऊंट के मुंह में जीरा।

(सं) उष्ट्रवक्त्रे च जीरकम्।

(अं) A drop in the ocean.

बैठा ठाला बनियां सेर बाट तौले।

(हिं) आलसी व्यक्ति व्यर्थ के कार्य में समय बर्बाद करता है।

(सं) वाणिज्यरहितो वैश्यो माति पाषाणशेटकम्।

(अं) Lit. An idler kills his time in useless pursuits.

बैल न कूदा कूदी गौन।

(हिं) बैल नहीं कूदा, गाय (बछड़ी) कूदी है–अर्थात् तुमको दण्ड नहीं मिला तुम्हारे पुत्र या पुत्री को दण्ड मिला।

(सं) राज्ञा प्रजा न दण्डयन्ते ताभिरेव स दण्डयते।

(अं) It is not you that have fallen, but your hat.

बो

बोये गेहूं उपजे जौ।

(हिं) कर्म के अनुसार फल न मिलना।

(सं) प्रोपोन्ति दुःखं कुरुते च धर्म्मम्।

(अं) To sow the wind and reap the tempest.

बोये पेड़ बबूल के आम कहां से खाय।

(हिं) बुरे कर्म से अच्छा फल प्राप्त नहीं हो सकता।

(सं) यादृशं कुरुते कर्म्म तादृशं फलमश्नुते।

(अं) A bramble brings forth no grapes

बोये बीज ताके फल नीके ही लुनोहीगो।

(हिं) अच्छे कर्म करने से अच्छे फल प्राप्त होना स्वाभाविक है।

(सं) अवश्यमेव भोक्तव्यं कृतं कर्म्म शभाशुभम।

(अं) As you sow, so you shall reap.

बोलबो न सीख्यो सब सीख्यो गयो धूल में।

(हिं) जिसने अच्छा बोलने की शिक्षा ग्रहण नहीं की, उसकी सब शिक्षा धूल के समान है–अर्थात् व्यर्थ है।

(सं) किं स्याद्वाऽन्यगुणैर्लोके वाग्मिता श्रेयसी मता।

(अं) Lit. Eloquence is the finest art.

बोले सो तेल को जाय।

(हिं) मौन सबसे बड़ा सत्य है।

(सं) मुखरस्तत्र हन्यते।

(अं) Silence is golden Or Silence is a great virtue.

बौ

बौहरे की राम-राम और यम के सन्देशे बराबर हैं।

(हिं) बौहरे (धन उधार देने वाला) की राम-राम (संदेश) और यमदूत का संदेश एक समान है–अर्थात् उधार देने वाले का संदेश अपना धन मांगना (तकाजा) है और यमदूत का संदेश है मृत्यु (मारना)। दोनों कष्टदायक हैं।

(सं) मृत्युवद्दुःखदायिस्याद्वञ्चकानां वचो मधु। अव्यवस्थितचित्तानां प्रसादोऽपि भयङ्करः।

(अं) He that goes a borrowing goes a sorrowing.

बौपार अपार है।

(हिं) व्यापार का ओर छोर नहीं।

(सं) लक्ष्मीर्वसति वाणिज्ये।

(अं) Business has no limit.

बं

बंके को तिरबंका मिल ही जाता है।

(हिं) टेढ़े को टेढ़ा मिलना–अर्थात् गंवार को गंवार कभी न कभी अवश्य मिल जाता है।

(सं) धूर्तो हि लभते राजन् धूर्त्तराजं न संशयः।

(अं) Pride versus pride.

बन्दर के गले में मोतियों की माला।

(हिं) मूर्ख को महत्वपूर्ण वस्तु मिल जाना।

(सं) मूर्खहस्तेषु पुस्तकम्।

(अं) Lit. To adorn a monkey with a necklace of pearl.

बन्दर क्या जाने अदरक का स्वाद।

(हिं) मूर्ख व्यक्ति विद्वता का अर्थ नहीं समझ सकता।

(सं) विहाय मुक्तां करिकुम्भजातां कान्ता किरातस्य बिभर्त्ति गुञ्जाम।

(अं) To cast pearls before swine.

भ

भक्ति के वश भगवान्।

(हिं) भगवान् को भक्ति से प्राप्त किया जा सकता है।

(सं) भक्तिवश्यः परात्मा। भक्तिप्रियो माधवः।

(अं) Lit. Love wins the favour of God.

भजन बिन काहे को देह धरी।

(हिं) शरीर प्राप्त करने से क्या लाभ जो भगवान् की भक्ति नहीं कर सकता।

(सं) तेषां वृथा जन्म गतं नराणां नाराधितो यैः पुरुषः पुराणः।

(अं) Lit. Vain is the life of those that do not pray.

भड़भूजे की छोकरी और केसर का तिलक।

(हिं) भड़भूजा की पुत्री केसर का टीका लगाये तो क्या लाभ। भाड़ में आग जलती है। फलस्वरूप गर्मी के कारण केसर का तिलक पसीने से मिट जाएगा और उसकी गंध समाप्त हो जाएगी।

(सं) दुहिता चर्म्मकारस्य कण्ठे मौक्तिकभूषणम्।

(अं) An ogreugly as imperious as a fairy Or Lit. A cobbler's daughter in a barones's gown.

भरमभारी पिटारा खाली।

(हिं) तत्वहीन व्यक्ति का आडम्बर।

(सं) अन्त:सारविहीनस्य बहिराडम्बरं बहु।

(अं) Lit. Gorgeous in look, but possessed of no worth.

भलाई का फल बुराई।

(हिं) भलाई करने से बुराई मिलना।

(सं) अहो! पुण्यफलं दु:खम् उपकारफलं राजन्! उपकारोऽभवत्किल।

(अं) Lit. Good act, evil result.

भली कहत कहा जाय।

(हिं) अच्छा बोलने से नुकसान नहीं होता।

(सं) भद्रं भद्रमिति ब्रूयात्।

(अं) Lit. Speak gently.

भली बात में विलम्ब कहा।

(हिं) अच्छी बात तुरन्त कहनी चाहिए।

(सं) शुभस्य शीघ्रम।

(अं) In doing charitable acts ask not many questions Or Lit. Lose no time in attempting what is good.

भवानी निबल बकरे सबल।

(हिं) स्वामी से सेवक श्रेष्ठ।

(सं) स्वामित: सेवको महान्।

(अं) Ten rupees worth of watch and twenty rupees worth of case or An Amazonian wife and a dwarfish husband.

भई गति सांप छछूंदर केरी।

(हिं) सर्प तथा छछूंदर की दशा–अर्थात् सर्प छछूंदर को दांतों से पकड़ ले तो निगलना मुश्किल है और छोड़े तो भी मुश्किल–अर्थात् पतित व्यक्ति कार्य में बाधा उत्पन्न होने पर सोचता है क्या करूं-क्या न करूं।

(सं) किं करोमि क गच्छामि पतिते कार्य्यसङ्कटे।

(अं) I am between Seylla and charybdes.

भरी जवानी मांझा ढीला।

(हिं) युवावस्था में दुर्बल शरीर।

(सं) प्राप्ते यौवनकालेऽस्य शरीरं दुर्बलायते।

(अं) Lit. Why is this sluggishness in the vigour of youth?

भरे में भरता है।

(हिं) धनवान को और अधिक धन मिलना।

(सं) वृथा दानं धनाढ्येषु वृथा भुक्तेषु भोजनम्।

(अं) Money begets money.

भरे समुन्दर में घोंघा प्यासा।

(हिं) समुद्र में भी घोंघा (पानी का जीव) प्यासा–अर्थात् घर में विभिन्न प्रकार के पकवान होने के बावजूद भूखा रहना।

(सं) गरीयसी केवलमीश्वरेच्छा।

(अं) Lit. To live in the sea, and still to be dying of thirst.

भा

भागते चोर की लँगोटी ही सही।

(हिं) नुकसान पहुंचाने वाले से थोड़ा फायदा हो जाए वही अच्छा है।

(सं) सर्वनाशे समुत्पन्ने यल्लब्धं खलु तद्बहु।

(अं) From a bad paymaster get what you can.

भांग भखन तो सुगम है लहर कठिन कहैं होय।

(हिं) मौज–मस्ती करना आरंभ में बहुत अच्छा लगता है, परन्तु बाद में परिणाम बुरा होता है–अर्थात् भंग (नशीला पदार्थ) खाना बड़ा आसान है, परन्तु उसका नशा खतरनाक होता है।

(सं) प्रतिक्रिया स्यात्कठिना भक्षणे सुलभं विषम्।

(अं) Enjoyments are sweet in the beginning, but bitter in the long run.

भाग्यवान् के भूत कमावें।

(हिं) भाग्यशाली व्यक्ति को अनायास धन मिल जाना।

(सं) क भोग्यमाप्नोति न भाग्यभाग्जनः।

(अं) Lit. A luckyman is served even by an evil sprit.

भाई दूर पड़ोसी नीड़े।

(हिं) भाई दूर होते हैं, परन्तु पड़ौसी सदैव नजदीक होते हैं–अर्थात् पड़ौसी से अच्छे सम्बंध रखना चाहिए।

(सं) दूरे ते भ्रातरः सन्ति निकटे प्रतिवासिनः।

(अं) Love thy neighbour more than thy brother.

भावी के वश संसार।

(हिं) संसार पर भगवान् का अधिकार है।

(सं) अवश्यम्भाविनी भावा भवन्ति महतामपि।

(अं) God's will, will be done.

भी

भीक के टुकड़े बाजार में डकार।

(हिं) अंतर्ज्ञान रहित व्यक्ति का बाहरी आडम्बर।

(सं) अन्तः सारविहीनस्य बहिराडम्बरं बहु।

(अं) Much show,little fact.

भीक मांगे और आंख दिखावे।

(हिं) अकड़ कर भिक्षा मांगना अर्थात् अपना कार्य करवाना चाहे और अकड़ भी दिखाये।

(सं) याचमानः स्वयं भिक्षां नेत्रकोपं करोति च।

(अं) Beggars must not be in temper.

भीख न दे माई मेरो खप्पर जिन फोड़े।

(हिं) मा भिक्षा न दे, पर मेरा भिक्षा पात्र तो न तोड़।

(सं) भिक्षा न दीयतां मातः! खर्परस्तु न भज्यताम्

(अं) Kindly let me go home alive, I will trouble thee no longer.

भू

भूले बनियां भेड़ खाई अब खाऊं तो राम दुहाई।

(हिं) एक गलती हो चुकी, दुबारा ऐसी ग़लती नहीं करूंगा।

(सं) न गङ्गदत्तः पुनरेति कूपम्।

(अं) I will never do so again.

भूख में गूलर ही पकवान।

(हिं) भूख में कोई भी भोजन पकवान सा ही प्रतीत होता है।

(सं) सुधा सत्कुर्बुभुक्षायाम्।

(अं) Hunger is the best sauce.

भूलि गई राव रंग भूलि गई जिकड़ी, तीन चीज याद आई नोन तेल लकड़ी।

(हिं) विवाह के बाद ही समस्याओं का सामना करना पड़ता है।

(सं) सर्वारम्भास्तण्डुलप्रस्थमात्राः।

(अं) With marriage commence the troubles of life.

भूखा सो रूखा।

(हिं) भूखा इंसान (गलत या सही) कुछ भी कर सकता है।

(सं) विभुक्षितः किं न करोति पापम्।

(अं) For a hungry man, no pleasure has any charm.

भूखा बंगाली भात ही भात।

(हिं) पागल व्यक्ति मन ही मन मगन रहता है।

(सं) क्षुधार्त्तस्तण्डुलाशी वै तण्डुलं याचते मुहुः।

(अं) Mad of self, sings of self.

भूखे भजन न होय।

(हिं) अशक्त व्यक्ति में कार्य क्षमता नहीं होती।

(सं) कोऽपि कर्त्तुं न शक्नोति भजनं भोजनं विना।

(अं) A light purse is a heavy curse.

भूख में चना चिरौंजी।

(हिं) भूख में साधारण भोजन भी पकवान प्रतीत होता है।

(सं) चणकं स्याद्बुभुक्षायां नूनं ह्यमृतसन्निभम्।

(अं) A good stomach is the best sauce.

भूखे को भोजन थाके को विश्राम।

(हिं) भूखे को भोजन और थके हुए को आराम की आवश्यकता होती है।

(सं) दद्यादन्नं क्षुधार्त्ताय श्रान्ताय स्थानमुत्तमम्।

(अं) Give the needy what he needs.

भूख में किवाड़ ही पापड़।

(हिं) भूख में इंसान को न खाने योग्य वस्तु भी स्वादिष्ट लगती है।

(सं) सत्कुः सुधा स्याद्धि बुभुक्षितानाम्।

(अं) Hunger is the best sauce Or To a hungry man no food comes amiss.

भे

भेड़ की लात घुटनों तक।

(हिं) मच्छर बड़ा नुकसान नहीं कर सकता है–अर्थात् भेड़ टांग से प्रहार करे तो मनुष्य के घुटने तक ही उसकी टांग पहुंचेगी।

(सं) मशकस्य बलं कियत्।

(अं) What great harm can a gnat do?

म

मरने चली और मलार गावे।

(हिं) मृत्यु की ओर बढ़ते समय मल्हार (एक राग) गाना–अर्थात् बदहाली में भी प्रसन्नचित् रहने का प्रयास।

(सं) स्वभावो दुस्तयजो नाथ! प्राणैः कण्ठगतैरपि।

(अं) Goes to the guillotine and begs for pie.

मरते के साथ न आप मरो।

(हिं) मरने वाले के साथ कोई नहीं मरता।

(सं) म्रियमाणेन सार्द्धं स्वयं न म्रियस्व।

(अं) Drown not thyself to save a drowning man.

मर जैहैं पर टरिहैं नाहीं।

(हिं) मरना स्वीकार है, पर हटेंगे नहीं–अर्थात् प्रतिज्ञा पर अटल रहना।

(सं) अद्यैव वा मरणमस्तु युगान्तरे वा, न्याय्यात् पथः प्रविचलन्ति पदं न धीराः।

(अं) I will rather die than be dishonoured.

मन सांचा तो सब सांचा।

(हिं) स्वयं पवित्र हो तो उसे सारा संसार पवित्र महसूस होता है।

(सं) स्वान्ते पूते जगत्पूतम्।

(अं) Honest with oneself, honest with the world.

मन मोतियों व्याह मन चावलों व्याह।

(हिं) मन कुछ भी सोच सकता है चाहे उसका कुछ अर्थ हो अथवा न हो।

(सं) विवाहः स्याद्यथाशक्ति।

(अं) Look to the end not to the means.

मन मिले का मेला।

(हिं) मन मिलने से एकता कायम रहती है।

(सं) सन्मित्रसम्मेलनमेव मेला।

(अं) The mind is the seat of unity Or Where there is peace at home there is no need of a judge.

मन मस्त भया जब क्या बोले।

(हिं) मस्त होने के बाद मन कुछ नहीं कर सकता–अर्थात् मस्ती में डूबा इंसान अच्छे-बुरे में भेद नहीं करता।

(सं) मत्ते मनसि किं ब्रूयात्।

(अं) All's gone if the mind is gone.

मन भावे मुड़िया हिलावे।

(हिं) मन को कोई वस्तु जब अच्छी लगती है तो मनुष्य का सिर भी झूमने लगता है—अर्थात् प्रसन्नता छिपती नहीं।

(सं) मनोभावं शिरः कम्पैः सङ्गोपयति मानवः।

(अं) Nodding nay though the mind may.

मन चङ्गा तो कठौती में गङ्गा।

(हिं) मन बढ़िया हो तो उसे हर जगह बढ़िया ही वस्तु दिखाई देती है।

(सं) मन एव मनुष्याणां कारणं बन्धमोक्षयोः।

(अं) Good mind good find.

मन का लड्डू फोड़ना।

(हिं) मन ही मन प्रसन्न होना।

(सं) मनोरथैः किं भवतीह कार्य्यम्। मनसा कल्पिते हर्म्ये शयानोऽसौ नृपायते।

(अं) Build castles in the air.

मन का घाटा कि धन का।

(हिं) मन की तृप्ति के लिए धन महत्वपूर्ण नहीं है।

(सं) धनं नास्ति मनो न वा।

(अं) The will fails, not the treasure Or Short of will, short of purse.

मन अटका तन झटका।

(हिं) मन चिन्ताग्रस्त होने पर शरीर कमजोर हो जाता है।

(सं) मनो यत्र वपुस्तत्राकृष्टं सञ्जायते ध्रुवम्।

(अं) Absent from mind absent from body.

मन उमराव कर्म्म दरिद्री।

(हिं) मन बादशाह और कर्म दरिद्र।

(सं) प्रारब्धहीनो मनसि प्रवीणः।

(अं) Lord in the mind beggar of hand.

मतलब के दो बोल ही बहुत हैं।

(हिं) किसी के हित के लिए थोड़ा बोलना ही सुखदायक है।

(सं) स्वल्पाक्षरं सार्थकवाक्यमुत्तमम्।

(अं) Short and sweet.

मछली के जाये किनने तैराये।

(हिं) मछली की संतान को तैरना सिखाने की आवश्यकता नहीं होती–अर्थात् गुणवान माता-पिता की संतान भी गुणवान होती है।

(सं) प्रकृतिस्त्वां नियोक्ष्यति।

(अं) Mother nature is mother nurse.

मरद की बात और गाड़ी का पहिया आगे को ही चलता है।

(हिं) मर्द अपनी बात से पीछे नहीं हटता वह सदैव आगे बढ़ता है। इसी प्रकार गाड़ी का पहिया भी सदैव आगे की ओर ही चलता है।

(सं) नरस्य वाक्यं शकटस्य चक्रं नित्यं पुरो धावति धावतीह।

(अं) A step forward is a step taken.

मन में बसे सो सपना देखे।

(हिं) जो मन में बस जाता है वही स्वप्न में दिखाई पड़ता है।

(सं) दृष्टंश्रुतं जाग्रति यद्धि लोके स्वप्ने तदेवेक्ष्यत एव लोकैः।

(अं) The thought is the father of the action.

मक्खी बैठी शहद पर रही पंख लपटाय, हाथ मले और सिर धुने लालच बुरी बलाय।

(हिं) मीठा खाने के लालच में मक्खी शहद पर बैठती है, परन्तु शहद पंखों में लिपटने से वह उड़ नहीं पाती। किसी ने ठीक कहा है लालच में फंसने के बाद प्राणी हाथ मलता है–सिर पटकता है–अर्थात् परेशान होता है।

(सं) त्रिविधं नरकस्येदं द्वारं नाशनमात्मनः कामः क्रोधस्तथा लोभस्तस्मादेतत् त्रयं त्यजेत् लोभः पापस्य कारणम्।

(अं) Greed is its own hell.

मन के हारे हार है मन के जीते जीत।

(हिं) हार और जीत मन पर निर्भर है।

(सं) मन एव मनुष्याणां कारणं बन्धमोक्षयोः।

(अं) The mind makes the man.

मन मोदक नहिं भूख बुझावहिं।

(हिं) काल्पनिक लड्डू खाने से भूख नहीं मिटती।

(सं) उद्यमेन हि सिध्यन्ति कार्य्याणि न मनोरथैः।

(अं) Castles in the air Or no strongholds.

मा

मांगे बिन महतारी भी न दे।

(हिं) बिना मांगे मां भी कुछ नहीं देती–अर्थात् बच्चा भी जब रोता है तभी माँ दूध पिलाती है।

(सं) ददाति माताऽपि न याचनं बिना।

(अं) A closed mouth catches no files.

मांगन भलो न बापसों ईश्वर राखे टेक।

(हिं) भगवान् स्वाभिमान प्रदान करे, तदनुसार पुत्र को भी पिता के आगे हाथ न फैलाना पड़े।

(सं) तृणादपि लघुस्तूलस्तूलादपि च याचकः। वायुना किं न नीतोऽसौमामयं याचयेदिति।

(अं) Lit. With faith in Providence resolve to stand on your own legs rather than to beg.

माँ का पेट कुम्हार का आवा कोई गोरा कोई काला रे।

(हिं) माँ का पेट कुम्हार के आवा के समान है। जिससे कोई संतान गोरी और कोई काली उत्पन्न होती है, अर्थात् कुम्हार भी जब आवा में मिट्टी के बर्तन पकाता है, तो पकने के बाद आवा में से कोई बर्तन काला और कोई लाल निकलता है।

(सं) भिन्नरूपगुणशीला जायन्ते सोदरा भ्रातरोऽपि।

(अं) Lit. Brothers born of the same mother are often seen to be of different colour and nature.

मारे सिपाही नाम हो सरदार का।

(हिं) युद्ध में किसी को मारता है सैनिक लेकिन मारने वाला सेनापति ही माना जाता है–अर्थात् कर्म करता है कोई और यश मिलता है किसी और को।

(सं) योद्धभिर्युध्यते युद्धे नायकेनाप्यते यशः।

(अं) One doth the labour, another enjoyeth the fruit Or one soweth, another reapeth.

मानो चाहे न मानो हम तुम्हारे पञ्च।

(हिं) बिना स्वीकृति (चयन) के न्यायाधीश बनना–अर्थात् मान न मान मैं तेरा मेहमान।

(सं) अस्वीकृतोऽपि पक्षाभ्यां न्यायं कर्तुं समुद्यतः।

(अं) A selfelected president.

माँ के दुलार से लड़के की खराबी

(हिं) माँ द्वारा अधिक लाड़-प्यार करने से लड़का बिगड़ जाता है।

(सं) लालयेत्पञ्चवर्षाणि दशवर्षाणि ताडयेत्। प्राप्ते तुषोडशे वर्षो पुत्रे मित्रवदाचरेत्।

(अं) A spoiled child o the harem Or spare the rod and spoil the child.

माने तो देवता नहीं तो पत्थर

(हिं) पत्थर को पत्थर अथवा देवता समझना मन पर निर्भर है।

(सं) तस्माभ्दावो हि देवता।

(अं) Where there is reverence there is divinity.

मार से भूत भागता है।

(हिं) मक्कार व्यक्ति पिटते ही मक्कारी करना छोड़ देता है।

(सं) प्रेतः प्रहारात्सततं पलायते।

(अं) Lit. Even a devil pauses before an uplifted rod.

माह नंगे बैसाख भूखे।

(हिं) माघ के महीने में वस्त्रहीन तथा बैसाख के महीने में भूखा

रहना—अर्थात् आवश्यकतानुसार साधन प्राप्त न कर पाने वाला निकम्मा ही हो सकता है।

(सं) माघे नग्नश्च वैशाखे क्षुधया पीडितो जनः।

(अं) No cloth to protect against cold, and no food to appease hunger.

माँ न माँ का जाया सबही लोक पराया।

(हिं) जिसके न मा है न भाई है उसके लिए तो सारा संसार पराया है अर्थात् उसका कोई सगा नहीं।

(सं) मातृभ्रातृविहीनस्य मम लोकः परोऽखिलः।

(अं) Selfless love is only mother's love.

मानो तो देव नहीं भीत को लेव।

(हिं) दीवार पर बना चित्र। चाहो तो उसे देवता समझो अन्यथा दीवार पर लेप (लीपा हुआ) तो है ही।

(सं) भावे हि विद्यते देवस्तस्माद्भावो हि कारणम्।

(अं) Lit. An image is nothing but an image if not hallowed with reverence.

माँ पिसनहारी बाप कञ्जर और बेटा मिरजा सञ्जर।

(हिं) माँ नौकरानी, पिता कंजर (खानाबदोश) और पुत्र अपने आपको बहुत बड़ा राजा समझे—अर्थात् गरीब मा-बाप का अमीर पुत्र।

(सं) माता दासी पिता दासः पुत्र सम्राट्शिरोमणिः।

(अं) Lit. The mother grinds at th mill, the father a basket-maker, the son forsooth a King Sanjar! Or, Sun of poor parents, himself a great king.!

माया को डर काया को क्या डर।

(हिं) धन नहीं तो डर नहीं।

(सं) स्वसम्पत्तिकृते भीतिः स्वशरीरकृते न हि।

(अं) No money, no fear.

माया ढलती फिरती छाया।

(हिं) दौलत छाया के समान है कभी यहां कभी वहां।

(सं) अर्था: पादरजोपमा गिरिनदी वेगोपमं यौवनमायुष्यं जललोलबिन्दु चपलं फेनोपमं जीवनम्।

(अं) Riches have wings Or Fortune is ever fickle.

माया तेरे तीन नाम परसा, परसू, परसराम।

(हिं) गरीब परसराम को लोग परसा कहकर पुकारते हैं, परसा थोड़ा धनवान हुआ तो लोग परसू कहने लगते हैं और अधिक धनवान् होने पर लोग परसराम कहना आरंभ कर देते हैं–अर्थात् धनवान् व्यक्ति का सब आदर करते हैं, गरीब का नहीं।

(सं) यस्यार्थास्तस्य मित्राणि यस्यार्थास्तस्य बान्धवाः। यस्यार्थाः सपुमान् लोके यस्यार्थाः स हि पण्डितः।

(अं) Wealth is honour.

मार चौदहवां रत्न है।

(हिं) समुद्र मंथन से चौदहवां रत्न दण्ड प्राप्त हुआ था–अर्थात् मार (दण्ड) एक ऐसे रत्न के समान है जिससे सत्य और झूठ का अंतर स्पष्ट हो जाता है।

(सं) लालने बहवो दोषास्ताडने बहवो गुणाः।

(अं) Rod is the fourteenth jewel obtained from churning the ocean.

मारन बैल गली संकरी।

(हिं) मरखना बैल और संकरी (कम चौड़ी) गली कैसे बचा जाय–अर्थात् संकट के समय किस प्रकार संभला जाय।

(सं) सङ्कीर्णैकपदीमार्गो घातको वृषभोऽग्रतः। किं करोमि क्व गच्छामि पतिते कार्य्यसङ्कटे।

(अं) On the horns of a dilemma.

मारे घुटना फूटे ललाट।

(हिं) मार घुटनों पर पड़ी लेकिन जख़्मी हो गया ललाट—अर्थात् शरीर में कहीं भी चोट लगे तकलीफ मस्तिष्क महसूस करता है।

(सं) पादे घातो व्यथा मुण्डे।

(अं) I ask for a fork and you bring me a cake.

माल का मोल है।

(हिं) गुण के अनुसार वस्तु का मूल्य निर्धारित होता है।

(सं) गुणानुरूपा भवतीह सत्क्रिया।

(अं). Lit. As is the thing, so is its worth.

मान का पान भला।

(हिं) सम्मान के लिए एक पान ही महत्वपूर्ण है—अर्थात् मन से सम्मान करना ही सच्चा सम्मान है।

(सं) यत्सम्मानेन सम्प्राप्तं स्वल्पञ्चेदपि तद्बहु।

(अं) A gift with a king countenance is a double present.

मान घटे नित के घर जाये।

(हिं) किसी के घर रोज-रोज जाने से सम्मान समाप्त हो जाता है।

(सं) अति परिचयादवज्ञा।

(अं) Familiarity breeds contempt.

मान महीपत मान, दियो दान नहिं लीजिये।

(हिं) किसी को दिया हुआ सम्मान तथा दान वापस नहीं लेना चाहिए।

(सं) न घिषं विषमित्याहुब्रह्मस्वं विषमुच्यते। विषमेकाकिनं हन्ति ब्रह्मस्वं पुत्रपौत्रकम्।

(अं) Give a thing and take again and you shall ride in hell's wain.

मि

मिट्‌टी का माधो।

(हिं) भोला भाला।

(सं) गोमयीयो गणेशः।

(अं) A mere puppet.

मियां भये गोर जोग बीबी भई वर योग।

(हिं) बूढ़ा पति और जवान पत्नी।

(सं) आसन्नमृत्योर्भार्या वै सुन्दरी षोडशी वत।

(अं) One at the threshold of life, the other at the threshold of death Or An old husband and young wife.

मिलन भलो बिछुड़न बुरो, मत मिल बिछुड़ो कोय।

(हिं) मिलन अच्छा और बिछड़ना बुरा है। मिलन के बाद बिछड़ो मत।

(सं) संयोगे परमानन्दो वियोगे दुःखमुत्कटम्। न संयोगो वियोगान्तोभवेत् कस्यापि कर्हिचित्।

(अं) Lit. Union is bliss, and separation is pain.

मित्र को मिलाप अति आनन्द को कन्द है।

(हिं) मित्र से मिलन अत्यधिक आनंददायक होता है।

(सं) शोकारातिभयत्राणं प्रीतिविश्रम्मभाजनम्। केन रत्नमिदं सृष्टं मित्रमित्यक्षरद्वयम्।।

(अं) When friends meet, heart is warm.

मियां की दौड़ मसजिद तक।

(हिं) कमजोर व्यक्ति उत्साहपूर्वक करने लायक एक ही कार्य कर सकता है।

(सं) दुर्बलानां समुत्साहः शयनावधिवर्द्धते।

(अं) The wrath of the weak is pacified on his wife.

मियां रोते क्यों हो? सूरत ही ऐसी है।

(हिं) प्रकृतितः ही किसी-किसी का चेहरा रुआंसे चेहरे सा होता है। इसके लिए किसी का क्या दोष।

(सं) वानराणां मुखं कृष्णं भवत्येव स्वभावतः।

(अं) Lit. A man of uncouth make has a weeping look.

मिस्सों से पेट भरता है किस्सों से नहीं।

(हिं) भूख भोजन खाने से मिटती है कहानियां सुनकर नहीं।

(सं) अलं कथाप्रसङ्गेन क्षुधा सम्पीडितान्तिके।

(अं) Fair words butter no parsnips.

मिजाज़ क्या है तमाशा घड़ी में तोला घड़ी में माशा।

(हिं) पल-पल मिजाज़ बदलना।

(सं) क्षणे रुष्टः क्षणे तुष्टः रुष्टः तुष्टः क्षणे क्षणे। अव्यवस्थितचित्तानां प्रसादोऽपि भयङ्करः।

(अं) Lit. Fiekle temper wanes hot and cold at the same breath.

मिल गये की हर गङ्गा।

(हिं) मिल गये तो ईश्वर इच्छा, न मिलते तो भी ईश्वर इच्छा।

(सं) ईश्वरेक्ष्छा गरीयसी।

(अं) Depend on chance.

मी

मीठा नवाला और कड़ुआ बोल कोई नहीं भूलता।

(हिं) किसी को खिलाया मीठा भोजन और किसी को कहे अपशब्द कोई नहीं भूलता।

(सं) मिष्टान्नभुक्तिः कटुका च वाणी विस्मर्य्यते नैव कदापि कैश्चित्।

(अं) Lit. Sweet food and bitter words are never to be forgotten.

मीठा-मीठा लपालप कड़ुआ-कड़ुआ थू।

(हिं) मीठा खा जाना और कड़ुवा थूक देना–अर्थात् सुख सबको अच्छा लगता है, परन्तु दुःख से डर।

(सं) सुखं सर्व ममैवास्तु दुःखं माऽभूत् कदाचन।

(अं) If favourable to self-interest, everythimg is delicious, if not, no.

मीठा और भर कठौती।

(हिं) अधिक मीठा नुकसानदायक होता है।

(सं) हितं मनोहारि च दुर्लभं वचः। बहुमिष्टमनल्पश्च दुर्लभं जगतीतले।

(अं) Lit. Sweet and in plenty.

मु

मुख देखे की प्रीति है।

(हिं) मिलने पर प्रेम प्रदर्शन और न मिलने पर भूल जाना।

(सं) परोक्षे कार्य्यहन्तारं प्रत्यक्षे प्रियवादिनम्। वर्ज्जयेत्तादृशं मित्रं विषकुम्भं पयोमुखम्।

(अं) Out of sight, out of mind.

मुए सांप पर कीड़ियों का कटक।

(हिं) मृत सर्प पर कीड़ों का दल–अर्थात् जीवित सांप कीड़े खा जाता है, परन्तु मृत सांप को कीड़े खा जाते हैं।

(सं) कीटसैन्यं मृते सर्पे। दुर्बले शशकाः सिंहाः।

(अं) To slay the slain Or To tread on a erushed worm.

मुए बाबा की बड़ी बड़ी अँखियां।

(हिं) मृतकों की सभी प्रशंसा करते हैं।

(सं) मृताः सर्वैः प्रशस्यन्ते। धान्या मृता ये नराः।

(अं) A thing when lost is valued most.

मुफ्त की शराब काज़ी को भी रवां है।

(हिं) जिस चीज को कोई हजम न होने की वहज से खाना पसंद न करता हो और वही चीज यदि उसे मुफ्त मिले तो खा कर हजम कर लेगा।

(सं) विना मूल्येन संप्राप्तमपेयञ्चऽपि किञ्चन। विदुषा गृह्यते धर्म्यमिति मत्वा नृणा वत।

(अं) Lit. Wine, when obtained gratis, is not unacceptable even to the Kazi.

मुड़ा योगी पिसी दवा का क्या ठीक।

(हिं) मुड़िया साधू (एक स्वाद के लिए) अनेक प्रकार की सब्जी-भोजन आदि एक कर खाते हैं और वैसे ही पिसी दवाई का भेद कोई नहीं जान सकता।

(सं) परिवर्त्तितवेषाणां रूपज्ञानं सुदुर्लभम्।

(अं) Lit. A hermit has no caste.

मुरगी को तकुआ का घाव ही बहुत है।

(हिं) कमजोर व्यक्ति की हल्के प्रहार से ही मृत्यु हो जाती है।

(सं) दुर्बलानां भवत्येव स्तोकदण्डोऽपि मृत्येव।

(अं) Lit. A small rod suffices to kill a worm.

मू

मूर्ख की सारी रैन छैल की एक घड़ी।

(हिं) होशियार व्यक्ति जिस कार्य को घड़ी भर में कर सकता है, वही कार्य करने में मूर्ख पूरा दिन लगा सकता है।

(सं) मूर्खस्य सर्व्वोऽपि निशा न तादृक् भवेत्सुखार्थे प्रमदाजनेषु। क्षणं क्षणं स्यात् क्षणदश्च यादृक् ये कामशास्त्रे निपुणा हि तेषाम्।।

(अं) Lit. A clever man can do in an hour what a fool takes a day to perform.

मूल से ब्याज प्यारा होता है।

(हिं) मूलधन से ब्याज अधिक अच्छा लगता है क्योंकि वह मूलधन के अतिरिक्त मिलता है।

(सं) कुसीदं मूलात्प्रियं भवति। पुत्रात् पौत्राः प्रिया भवन्ति।

(अं) Lit. Interest is more valued than the capital.

मे

मेरे ही से आग लाई नाम धरो वैसंदर।

(हिं) किसी से अपना मतलब हल करने के बाद उसका अहसान न मानना।

(सं) कृतघ्ने नास्ति निष्कृतिः।

(अं) A jackdaw in borrowed feathers.

मेड़की को जुकाम लोग हँसे तमाम।

(हिं) बांझ स्त्री के बच्चा पैदा होना वास्तव में बड़ा आश्चर्य है।

(सं) बन्ध्यापुत्रं समाकर्ण्य कस्य चित्ते न विस्मयः।

(अं) Lit. A barren lady producing a child is a wonder indeed.

मैं

मैं न कहूं तोसूं कौन कहेगो।

(हिं) यदि मैं भी तुमसे अपने मन की बात न कह पाई तो और कौन कह पायेगा।

(सं) मदन्यः को वदेत्तुभ्यम्।

(अं) Lit. Who else would keep eye on you.

मैं तो रामदिवानी मेरो मरम न जाने कोय।

(हिं) मैं तो भगवान् की दासी हूं, मेरे इस सत्य को लगता है कोई नहीं पहचानता।

(सं) श्रीरामचंद्रपदपङ्कजमत्तचित्तभृङ्गस्य मर्म मम कोऽपि न वेत्तुमीशः।

(अं) Lit. Deep are the meanings of the devotees.

मैं के गले छुरी।

(हिं) बकरी मैं-मैं बोलती है फलस्वरूप कसाई उसका गला काट देता है—अर्थात् घमण्ड करने वाले का सदैव बुरा होता है।

(सं) इति बत मे मे कुर्वन् पशुरिव नीतः कृतान्तेन।

(अं) Pride goeth before fall.

मैं अपराधी औगुण भरिया तारण तुमरे हाथ।

(हिं) हे भगवान् मैं अपराधी हूं, मेरे भीतर अवगुण भरे हैं, परन्तु मेरा उद्धार करना तुम्हारे हाथ है।

(सं) मत्समः पातको नास्ति पापघ्नः त्वत्समो न हि। एवं ज्ञात्वा महादेव! यथायोग्यं तथा कुरु।

(अं) Lit. Have mercy on me, O Lord, as I am the greatest of sinners!

मो

मोहिनी देख मुनिवर चले।

(हिं) सुंदर स्त्री देखकर संन्यासी भी विचलित हो जाता है।

(सं) कन्दर्पदर्पदलने विरला मनुष्याः।

(अं) Lit. The beauty of a female acts uon the mind even of a sage.

मोरियों पै डाटे वारणे उघाड़े।

(हिं) पत्नी को अच्छे वस्त्र पहनाये और पुत्री नंगी घूमें।

(सं) नष्टं पीताम्बरं जातं कन्यां रक्षितुमुद्यतः।

(अं) Penny-wise and pound-foolish.

मोम का हाकिम लोहे के चने चबावे।

(हिं) हाकिम (अफसर) कितना भी विनम्र हो बोलेगा सदैव तीखा।

(सं) पश्य क्षौद्रोऽधिपो मित्र! लौहं चणकमत्त्यहो।

(अं) Lit. kind hearted man must needs be strict when dealing out justice.

य

यथा राजा तथा प्रजा।

(हिं) जैसा राजा होगा वैसी ही प्रजा होगी।

(सं) राज्ञि धर्म्मिणि धर्म्मिष्ठाः पापे पापाः समे समाः। राजानमनुवर्त्तन्ते यथा राजा तथा प्रजा।

(अं) Lit. As is the king, so are his subjects.

या

यार की यारी से काम, उसके फैलों से क्या काम।

(हिं) दोस्त की दोस्ती से मतलब उसके बुरे कार्यों से क्या मतलब।

(सं) गुणा ग्राह्या हि मित्रस्य नैव दोषाः कदाचन।

(अं) Lit. Love is the religion of the lover.

यामे कहा सन्देह।

(हिं) इसमें कोई संदेह नहीं।

(सं) अत्र कः सन्देहः।

(अं) Lit. No doubt about it.

या सुख नींद सोओ या माला जपो।

(हिं) या तो सुखपूर्वक सो जाओ या भगवान् का भजन करो—अर्थात् कुछ कार्य करो।

(सं) सुखं स्वपिहि भो प्राज्ञ! राम राम रटाथवा।

(अं) Lit. Lying down and counting the beads.

र

रहना एकन्त का यही मत सन्त का।

(हिं) सज्जन पुरुषों का कथन है कि एकान्त का रहना ही वास्तव में रहना है—अर्थात् बुरे लोगों के साथ रहने से अकेला रहना उत्तम है।

(सं) सन्तो विवित्कमिच्छन्ति।

(अं) Better alone than bad company.

रस से मरे तो विष क्यों दे।

(हिं) जब किसी को प्यार से मारा जा सकता हो तो उसे जहर देने की क्या आवश्यकता।

(सं) कार्य्ये स्वल्पश्रमाराध्ये बहुयत्नैरल नृप!

(अं) Lit. Posion has no use there where nectar serves its purpose.

रहे बांस न बजे बांसरी।

(हिं) पेड़ की जड़ समाप्त हो जाय तो शाखा कहां से आयेगी।

(सं) मूलं नास्ति कुतः शाखा।

(अं) The tree dying the branches must die too.

रस्सी जल गई पर ऐंठन रह गई।

(हिं) किसी का शरीर तोड़-फोड़ देने से उसका स्वभाव नहीं बदलता।

'(सं) श्वा यदि क्रियते राजा स किं नाश्नात्युपानहम्।

(अं) Body decays, but habits countinue.

रस में विष, सुरजनमें दुरजन।

(हिं) रस में जहर ऐसे लगता है जैसे अच्छे लोगों के बीच बुरा आदमी।

(सं) रसे विषं देवजनेषु दुर्जनः। समागमाः सापगमाः सर्व्वमुत्पादि भङ्गुरम्।

(अं) Lit. A heron in an assembly of geese.

रख पत रखा पत।

(हिं) दूसरे की लाज रख ओर अपनी भी लाज बचा अर्थात् दूसरो का आदर करोगे तो दूसरे भी तुम्हारा आदर करेंगे।

(सं) प्रतिष्ठां परेषां सुरक्षन्ति तेषां प्रतिष्ठा स्वयं रक्ष्यते शङ्करेण।

(अं) Lit. Show respects to others and you would be respected.

रसोई का विप्र कसाई का कुक्कुर।

(हिं) भोजन बनाने वाला ब्राह्मण (रसोइया) और कसाई का कुत्ता कभी भूखे नहीं रहते।

(सं) ब्राह्मणः पाचको राजन्! पशुघ्नस्य च कुक्कुरः। एतौ द्वौ न प्रजायेते दुर्बलौ हि कदाचन।

(अं) Lit. A Brahmin cook and a butcher's dog are both alike.

रा

राजा नलपर विपत्त पड़ी, भूनी मछली जल में पड़ी।

(हिं) राजा नल पर जब मुसीबत आई तो भुनी (खाने के लिए भून कर रखी) हुई मछलियां भी तालाब में कूद गईं–अर्थात् मुसीबत के समय बनता काम भी बिगड़ जाता है।

(सं) जगतीह सदा विमुखे हि विधौ विफलत्वमेति बहुसाधनता।

(अं) Misfortune does not come alone.

राजा योगी अग्नि जल इनकी उलटी रीति। डरते रहियो परशुराम थोड़ी राखें प्रीति।

(हिं) राजा, योगी, आग और पानी इनके नियम उलटे हैं। इनसे सदैव डरना चाहिए और इनसे प्रेम भी नहीं करना चाहिए क्योंकि राजा दण्ड दे सकता है, योगी श्राप दे सकता है, आग जला सकती है और पानी प्राण ले सकता है।

(सं) शस्त्रपाणौ जले वह्नौ योगिनि नखिश्रृङ्गि णोः। विश्वासो नैव कर्त्तव्यः स्त्रीषु राजकुलेषु च।।

(अं) Lit. No reliance is to be placed on the favour of a king, or of a Yogin (devotee).

राजा का दान प्रजा का स्नान।

(हिं) राजा द्वारा दान देना और प्रजा द्वारा स्नान करना–दोनों पुण्य कार्य हैं और दोनों एक समान हैं।

(सं) राज्ञो दानं प्रजास्नान समानं पुण्यदं द्वयम्।

(अं) Lit. Liberality of a king is for the good of his subjects.

राजा करे सो न्याव पासा पड़े सो दाव।

(हिं) राजा जो न्याय कर दे वही ठीक है और जुए में जो जीत जाय वही अच्छा जुआरी है।

(सं) राज्ञो न्याये तथा यूतजये भाग्यं न पौरुषम्।

(अं) What the king does is justice.

राई का पर्वत।

(हिं) छोटी सी बात को बढ़ा-चढ़ा कर कहना।

(सं) क्षुद्रापराधं बहुलीकरोति।

(अं) To make the mountain of a molehill.

राई से पर्वत करे पर्वत राई माहिं।

(हिं) भगवान् सरसों के दाने को पहाड़ जैसा बना सकता है और विशाल पहाड़ को सरसों के दाने के भीतर छिपा सकता है–अर्थात् भगवान् सब कुछ कर सकता है।

(सं) मूकं करोति वाचालं पङ्गुं लङ्घयते गिरिम्। वटबीजे यथा वटः।

(अं) Impossiblity is a word never to be found in the dictionary of God.

रांड सांड और नकटा भैंसा ये बिगड़ें तो होवे कैसा।

(हिं) विधवा स्त्री, सांड और ज़ख्मी भैंसा–ये बिगड़ जाएं तो कोई भी उपद्रव कर सकते हैं।

(सं) रण्डा पण्डश्च मूर्खश्च भ्रष्टाः सन्तो निशाचराः।

(अं) Lit. A villain when enraged can do any mischief.

राजा किसके पाहुने योगी किसके मीत।

(हिं) राजा किसी का रिश्तेदार नहीं होता और योगी किसी का मित्र नहीं हो सकता।

(सं) विश्वासो नैव कर्त्तव्यः स्त्रीषु राज कुलेषु च न चैवाभ्यागते राजा योगी मित्रं न कस्यचित्।

(अं) No counting upon the favoure of a king or of a yogin.

रावले तेल खोले झेल।

(हिं) मस्त रहने वाला व्यक्ति किसी महिला (अथवा प्रिय व्यक्ति) से तेल लेते समय उसी की ओर मुग्ध होकर सुध–बुध भूल जाए और बर्तन के स्थान पर झोली में ही तेल लेने लगे–अर्थात् प्रिय की प्रेम भरी दृष्टि से ही संतुष्ट हो जाना।

(सं).कस्यामप्यवस्थायां न त्याज्यं नृपनिश्चतं हि वस्तु।

(अं) Lit. A loving look of a friend is a great solace.

रावले घोड़े बावले सवार।

(हिं) चतुर घोड़ों पर मूर्खों की सवारी–अर्थात् अकुशल कारीगर अपने औजारों का सदुपयोग करना नहीं जानते।

(सं) वाहकस्यापराधेन घोटको गर्दभायते। अयोग्याय पदं दत्तं सर्व्वथा हानिकृद्भवेत्।

(अं) Bad workman quarrels with his tools.

राम भरोसे जो रहै परवत पै लहराय।

(हिं) जो भगवान् पर विश्वास करता है वह महान बन जाता है।

(सं) अरक्षितं तिष्ठति रामरक्षितं सुरक्षितं रामहतं विनश्यति। ईश्वरार्पितसर्वस्वः सुखी सर्वत्र जायते।

(अं) Lit. Happy are the faithful wherever they happen to be.

राम नाम में आलसी भोजन में हुशियार।

(हिं) काम करने में आलसी और भोजन करने में सक्षम।

(सं) भगवत्कीर्त्तने मंदो भोजने च समुत्सुकः।

(अं) Lit. Slow to act but clever to eat.

राम नाम जपना पराया माल अपना।

(हिं) वेशभूषा सज्जन पुरुष जैसी और काम चोरों वाला।

(सं) मनस्यन्यत् वचस्यन्यत् कर्म्मण्यन्यद्दुरात्मनाम्। रामौ वाचि ह्यसिः पार्श्वे।

(अं) God on tongue and devil in heart.

राम धनी वाको काहे की कमी।

(हिं) भगवान् के भक्त के लिए किसी चीज की कमी नहीं रहती।

(सं) किं दुर्लभं स्यात्प्रभुसेवकस्य।

(अं) Lit. The servants of God are above all wants.

रात भरे दिन रीते इन पेटन ने जग जीते।

(हिं) संसार में प्रत्येक प्राणी को पेट भरने के लिए कुछ न कुछ अवश्य करना पड़ता है–अर्थात् पेट के आगे सभी हारे हुए हैं। दूसरे शब्दों में पेट संसार को सब कुछ करना सिखा देता है।

(सं) अस्य दग्धोदरस्यार्थे किं किं न विहितं मया। जगदस्त्युदराधीनम्।

(अं) Stomach teaches all arts.

रात गई बात गई।

(हिं) अतीत की बात भूल जाना चाहिए।

(सं) रात्रिरेवं व्यरंसीत्। वार्त्ताभिः सह मेऽगमेश्च रजनी।

(अं) Lit. It is no use crying over spilt milk.

राजा रूसेगा तो अपनी नगरी लेगा, किसी का भाग तो नहीं लेगा।

(हिं) राजा नाराज होने पर अपना नगर ले सकता है (नगर में रहने वालों को निकाल सकता है) किसी का भाग्य नहीं छीन सकता–अर्थात् इंसान के भाग्य से बड़ा या शक्तिशाली कोई नहीं।

(सं) रुष्टो राजा पुरं लाति भाग्यं नैव तु लास्यति।

(अं) Lit. If the king is displeased he can but turn me out of his city.

रांड़ के रोने में भी बान।

(हिं) विधवा स्त्री के रोने का भी कुछ अर्थ होता है।

(सं) वैधव्यदुःखेन समं न दुःखम् रोदनं विधवाया वै वैचित्र्येण समन्वितम्।

(अं) Lit. A public woman's tears too appeal to heart.

राजा मानी सो रानी।

(हिं) जिस स्त्री का राजा कहना माने वही रानी है।

(सं) अङ्गीकारो हि भूपस्य प्रधानो मन्यते जनैः।

(अं) Fair is not fair but that which pleaseth.

राजा राज प्रजा सुखी।

(हिं) उसी राजा का राज अच्छा होता है जहां प्रजा सुखपूर्वक रहती है।

(सं) युत्कः प्रजानामनुरञ्जने स्याः तसमाद्यशो यत् परमं धनं वः। राजत्वं हि भवेद्राज्ञः प्रजानामेव सौख्यता।

(अं) Lit. Prosperity of the subjects is the test of a sovereign's success.

रि

रिस मारे रसायन पैदा होती है।

(हिं) गुस्सा पी जाने से रस (मधुरता) उत्पन्न होता है अर्थात् झगड़ा प्रेम में बदल जाता है।

(सं) क्रोधरोधोऽमृतायते।

(अं) Lit. When anger arises, think of the consequence.

री

रीझे तो निहाल करे खीझे तो पैमाल।

(हिं) स्त्री फिदा हो जाए तो निहाल कर दे और गुस्सा हो जाए तो धराशायी (मटियामेट) कर दे।

(सं) यस्मिन् रुष्टे भयोत्पत्तिः सन्तुष्टे च धनागमः। स रामो नृपतिः सेव्यो नान्ये भूपा हि कामुकाः।

(अं) Sweetest wine makes the best vinegar.

रीती भरे भरी ढुलकावे मेहर करे तो फेरि भरावे।

(हिं) भगवान् की लीला अपरम्पार है। वह चाहे तो खाली घड़ा भर दे, भरे घड़े को ढुलका दे और उसके मन में दया उत्पन्न हो जाए तो खाली घड़ा फिर से भर दे।

(सं) कर्त्तुं याऽकर्त्तुमन्यथा कर्त्तुं प्रभवति भूपो भवे सततम्।

(अं) Nothing is impossible to Omnipotence.

रु

रुपया परखे बार-बार आदमी परखे एक बार।

(हिं) रुपये की परख (खरे-खोटे की) एक बार में हो जाती है, परन्तु आदमी को अनेक बार परखना पड़ता है।

(सं) मुद्राः परीक्ष्या असकृत्परन्त्वहो परीक्षणीयाः सकृदेव मानवाः।

(अं) Confide not in him who has once deceived you.

रू

रूप को कहा आभूषण।

(हिं) सुन्दरता के लिए गहनों की आवश्यकता नहीं होती।

(सं) न रूपमाहार्यमपेक्षते गुणम्।

(अं) A good face need no paint.

रूप की रोवै करम की हँसे।

(हिं) सुन्दर हो और काम कुछ न करे तो दुखी रहेगी, लेकिन कार्य करने वाली सदैव खुश (सुखी) रहती है।

(सं) रूपेण हीनः प्रबलश्च भाग्यात्।

(अं) Lit. Beauty weeps while fortune enjoys.

रूप की काली नाम कनको बाई।

(हिं) रूप (रंग) काला और नाम सुनहरी बाई–अर्थात् गुण के अनुसार नाम न होना।

(सं) रूपेण कालिका देवी नाम्ना गौरी सुलोचना।

(अं) A black man called Mr. White.

रै

रैन बीती अरु भोर भई सुख नींद सोय के माला जपी।

(हिं) रात समाप्त हो गई और सुबह हो गई। अरे मानव ये बता तू पूरी रात सुखपूर्वक सोता रहा या भगवान का स्मरण भी किया।

(सं) रात्रिर्गताऽभूच्च प्रभातकालः सुखेन सुप्त्वा जपतीह मालाम्।

(अं) A mere show of devotion.

रैन गई तो जान दे सजनी दिन मत खोवे री।

(हिं) रात व्यर्थ बीत गई परन्तु दिन मत व्यर्थ जाने दे।

(सं) नैवातीते विचारः स्याद्वर्त्तमानं समाचर।

(अं) Lit. the past bury ots dead. Act, acr in the lving present.

रो

रोग जिन बनायो तिन ओषधि बनाई है।

(हिं) जिसने रोग बनाया, उसने दवा भी बनाई है–अर्थात् भगवान् अच्छे और बुरे दोनों कार्य करता है।

(सं) येन रोगा इसे सृष्टाः सृष्टं तेनैव चौषधम्।

(अं) Every sore as its salve.

रोग गये वैद्य बैरी।

(हिं) रोग ठीक होते ही वैद्य (डॉक्टर) दुश्मन दिखाई देने लगता है।

(सं) रोगे गते रिपुर्वैद्यः।

(अं) In prosperity gold, in adversity God.

रोग का घर खांसी लड़ाई का घर हांसी।

(हिं) खांसी सब रोगों की जड़ है उसी प्रकार किसी की हँसी उड़ाना भी लडाई की जड़ है।

(सं) काशो रोगस्य हेतुः स्याद्धास्यं कलहकारणम्।

(अं) Jesting lies bring serious sorrow.

रोजगार और दुश्मन बार-बार नहीं मिलते।

(हिं) रोजगार और दुश्मन बार-बार नहीं मिलते। इनके मिलते ही इन पर हावी हो जाना चाहिए।

(सं) वाणिज्यञ्चैव शत्रुश्च भूयो भूयो न लभ्यते।

(अं) Chances are chances.

रोज कुआं खोदना रोज पानी पीना।

(हिं) प्रत्येक दिन परिश्रम करके भोजन-पानी जुटाना।

(सं) नित्यं वित्तमुपार्ज्जयेत्प्रतिदिनं कुर्य्याद्व्ययस्तस्य च। उपार्जयत्यसौ दीनो नित्यं वित्तं तद्व्ययञ्च कुरुते।

(अं) To live from hand to mouth.

ल

लक्ष्मी बिन आदर कौन करे।

(हिं) गरीब का कोई सम्मान नहीं करता।

(सं) नैव लक्ष्मीं बिनाऽऽदरः। दारिद्र्यदोषो गुणराशिनाशी।

(अं) No wealth, no honour.

ललाट की फूटी अच्छी हिये की फूटी बुरी।

(हिं) हृदय की आंखों (ज्ञान चक्षु) से अंधा हो जाने से आंखों से अंधा हो जाना बेहतर है।

(सं) अन्धो वरो नैव च ज्ञानहीनः।

(अं) Wisdom is far better than riches.

लवार सौगन्ध खाय हजार।

(हिं) झूठा व्यक्ति ही बार-बार कसम उठाता है।

(सं) विश्वसेत् कर्हिचित् कोऽपि नैवेहासत्यभाषिणम्। असत्यवक्तुः शपथैः शतैः किम्।

(अं) Lit. Liars do not stick at oaths.

लड़कों का खेल चिड़ियों का मरण।

(हिं) बच्चे चिड़ियों से खेलते हैं क्योंकि उनको मजा आता है, परन्तु बेचारी चिड़ियां इस खेल में मर भी जाती हैं—अर्थात् किसी के खेल से किसी अल्प की मौत भी हो जाती है।

(सं) बालस्य क्षणिका प्रीतिः पक्षी प्राणैर्वियुज्यते।

(अं) It is amusement with you but death to us.

लगा सो भगा।

(हिं) जो पिटने लगता है वह भागने भी लगता है—अर्थात् सख्ती इंसान को सुधार देती है।

(सं) ये लग्नास्ते पलायिताः।

(अं) Lit. To take to heel as soon as wounded.

लगन लगी तब लाज कहां है।

(हिं) प्यार में इंसान बेशर्म हो जाता है।

(सं) चित्तं लगने हि लज्जा क्व।

(अं) (lit.) True love knows no shame.

लड़ना दे पर बिछुड़ना न दे।

(हिं) परस्पर झगड़ा हो जाय वह अच्छा है, परन्तु बिछुड़ना अच्छा नहीं होता।

(सं) वरं विरोधो न वियोगआश्रितैः।

(अं) Lit. Dispute is better than dissension (among friends)

लगी बुरी होती है।

(हिं) अत्यधिक लगाव दुःखदायी होता है।

(सं) आसक्तिर्दुःखदायिनी।

(अं) Lit. Attachment is a source of pain.

लड़का बगल में ढिंढोरा नगर में।

(हिं) बच्चा घर में हो और उसकी खोज के लिए पूरे नगर में मुनादी अर्थात् वस्तु हाथ में पकड़े हो और वही वस्तु इधर-उधर खोजता फिरे।

(सं) कण्ठे हिरण्मयी माला मृग्यते मन्दिरे दरे।

(अं) Lit. To go out in search of a thing while in hand.

लकड़ी के बल बन्दरी नाचे।

(हिं) स्वामी के आदेशानुसार कार्य करना अर्थात शक्ति के सामने सब डरते हैं।

(सं) आश्रयेण बिना लोके न किञ्चित्कर्त्तुमर्हति।

(अं) Lit. One acts as directed by the master.

लटा हाथी बिटोरा सा।

(हिं) हाथी कितना भी कमजोर हो जाये फिर भी बिटौरा (उपलों का बड़ा चट्टा) सा तो दिखाई देगा ही—अर्थात् अमीर कितना भी गरीब हो जाए उसकी अमीरी की छवि तो बरकरार रहेगी ही।

(सं) भाति वै संकुचित इव झीणगजः।

(अं) When the elephant sinks into the mire, even the frogs give him a kick.

ला

लाल प्यारा लाल का ख्याल प्यारा।

(हिं) पुत्र गोरे रंग से नहीं, अच्छे विचारों से प्यारा लगता है।

(सं) रत्नं प्रियं तस्य च चिन्तनं प्रियम्। मणिः कस्मै न रोचते।

(अं) Even a friend's dog is dear.

लाठी कपार से भेंट नहीं झूठमूठ बाप रे बाप।

(हिं) लाठी से किसी की खोपड़ी में चोट लग जाए, खोपड़ी फटे न। इसे खोपड़ी लाठी मिलन कहा जाए—अर्थात् जब तक घायल न हो जाये तब तक उसको डाक्टर के पास न भेजना।

(सं) आरभन्तेऽल्पमेवाज्ञा कामं व्यग्रा भवन्ति च।

(अं) Not send for a surgeon before you are wounded.

लाख दुरावो कहीं न दुरे घटीक प्रकट होके रहे।

(हिं) मन की बात छिपाने के लिए कितना भी प्रयत्न किया जाय वह छिप नहीं सकती।

(सं) प्रयत्नाऽपि गोप्यं चेदन्तः प्रकटतामियात्। पलालजालैः पिहितः स्वयं हि। प्रकाशमासादयतीक्षुडिम्भः।

(अं) As we think, so we speak.

लाख कही पर एक न मानी।

(हिं) बहुत समझाने के बावजूद न समझना।

(सं) दीपनिर्वाणगन्धाञ्च सुहृद्वाक्यमरुन्धतीम्। न जिघ्रन्ति नशृण्वन्ति न पश्यन्ति गतायुषः। नाशृणोच्च बहुशः कथितोऽपि।

(अं) Eluch adivce and little heed.

लाल गुदड़ी में नहीं छिपता।

(हिं) विद्वान् व्यक्ति भीड़ में भी नहीं छिप सकता–अर्थात् आग कपड़ों में नही छिपाई जा सकती।

(सं) न हि कस्तूरिकामोदः शपथेन विभाव्यते।

(अं) Fire cannot be concealed under cloth.

लाख का घर खाक कर दिया।

(हिं) कीमती वस्तु को नष्ट कर देना।

(सं) कुपुत्रेण गृहं नश्येद्धनाढ्यमपि नित्यशः।

(अं) No vagabond can ever prosper.

लातों के देव बातों से नहीं मानते।

(हिं) सख्ती से समझने वाले विनम्रता से नहीं समझते।

(सं) यथा देवस्तथोपहारः।

(अं) Mere words do not suffice, where rod is necessary.

लालच बुरी बलाय

(हिं) लालच सबसे बड़ी मुसीबत है।

(सं) लोभः पापस्य कारणम्।

(अं) Avarice begets sin.

लाठी मारने से पानी अलग नहीं होता।

(हिं) बड़ी से बड़ी परेशानी के बावजूद प्रेम का बंधन कभी नहीं टूटता।

(सं) स्नेहबन्धा न भिद्यन्ते बहुदुःखाकुला अपि।

(अं) Lit. Water cannot be cut as under.

लि

लिखे मूसा पढ़े ईशा।

(हिं) विद्वान् का लिखा विद्वान् ही समझ सकता है।

(सं) अयमपरोऽस्य विशेषः स्वयमपि लिखिते न याचयति।

(अं) Lit. One thing is written and another is read.

लिखते न बने कलम टेढ़ी।

(हिं) लिखना न जानने वाले का कलम पर दोषारोपण।

(सं) दोषं ददाति लेखन्यै असमर्थो हि लेखकः लेखने।

(अं) A bad workman quarrels with his tools.

लू

लूट का मूसल भी भला।

(हिं) लूटी हुई बेकार वस्तु भी अच्छी लगती है।

(सं) लुण्ठने यदि लब्धाः स्यान्मूसलोऽपि मणेः समः।

(अं) Even a trifle is again if obtained without any effort.

ले

लेना एक न देना दो।

(हिं) व्यर्थ का वार्तालाप।

(सं) कर्त्तव्यं नैव किञ्चन।

(अं) To be quits.

लेना देना कुछ नहीं लड़ने को मौजूद।

(हिं) न कुछ लेना न कुछ देना, झगड़े के लिए एकत्रित।

(सं) काव्यशास्त्रविनोदेन कालो गच्छति धीमताम्। व्यसनेन च मूर्खाणां निद्रया कलहेन च। अकारणा विष्कृतवैरदारुणा असज्जनाः स्व्जनयन्ति विग्रहम्।

(अं) A quarrel with no object in view.

लो

लोभ गला कटावे।

(हिं) लालच में इंसान की जान भी जा सकती है।

(सं) लोभान्मोहश्च नाशश्च।

(अं) Avarice begets death.

लोहा जाने और लोहार धौंकनेवाले की जाने वला।

(हिं) लोहे से क्या बनाना है यह लोहार जानता है। धौंकनी चलाने वाले को इससे कोई प्रयोजन नहीं—अर्थात् अपने-अपने काम से काम।

(सं) तटस्थो नैव जानति विक्रमं प्रतिपक्षिणोः।

(अं) A disinterested spectator.

लोहू लगाकर शहीदों में दाखिल।

(हिं) फरेब करके लाभ प्राप्त करना।

(सं) येन केन प्रकारेण वीरत्वं द्योत्यतेऽधमैः।

(अं) An attempt to pass for a martyr.

लोमड़ी के अंगूर खट्टे।

(हिं) लोमड़ी जब अंगूर तोड़ कर न खा सकी तो उन्हें खट्टा बताने लगी—अर्थात् कोई अच्छा कार्य न कर सकने वाला व्यक्ति अच्छे कार्य को भी बुरा कहने लगे।

(सं) अशक्तास्तत्पदं गन्तु ततो निन्दां प्रकुर्वते।

(अं) Grapes are sour.

व

वक्त पड़े बांका गधे से कहे काका।

(हिं) जब समय खराब होता है तो लोग गधे को भी चाचा बना लेते हैं—अर्थात् मतलबी लोग सब कुछ कर सकते हैं।

(सं) समय एवकरोति बलाबलम्। येन केनाप्युपायेन स्वकार्यं साधायेद्बुध:।

(अं) difficulty is the leveller of all angularitis.

वह पानी मुल्तान गये।

(हिं) अच्छे दिन गुजर गये।

(सं) गतास्ते दिवसास्तात! मुक्तानां जनम शुक्तिषु।

(अं) Those days are gone by.

वस्त्र से खूंटी भी शोभती है।

(हिं) खूंटी पर वस्त्र लटके हों तो खूंटी भी अच्छी लगती है।

(सं) पयसा कमलं कमलेन पय: पयसा कमलेन विभाति सर:।

(अं) Lit. Even a post looks well if beautifully dressed.

वणज करेंगे बणियां और करेंगे रीस। वणज किया था जाट ने रह गये सौ के तीस।

(हिं) व्यापार सिर्फ बनियां करना जानता है क्योंकि बनियां क्रोधित नहीं होता जबकि अन्य लोग क्रोध पर नियंत्रण नहीं रख सकते। किसी जाट ने व्यापार आरंभ किया तो उसे नुकसान उठाना पड़ा–अर्थात् सौ रुपये की लागत में सत्तर रुपये का घाटा और हो गया। व्यापार विनम्रता पर चलता है।

(सं) अनुकूलं प्रकृत्यैव कार्य्यं स्यादुत्तमोत्तमम्।

(अं) Lit. A potter must not try the work of a smith.

वर मरे या कन्या मरो मेरी गोद का भाड़ा भरो।

(हिं) हर हाल में मेरा नेग दो चाहे तुम्हारा कोई भी नुकसान हो।

(सं) सर्व: स्वार्थं समीहते।

(अं) Let me have my dues at any cost.

वि

विषय में विष है।

(हिं) वासना विष है।

(सं) विषया विषव्याज्या:। न विषं विषमित्याहुर्विषया विषमुच्यते।

(अं) Lit. Wordlines acts like posion.

विद्या लोहे के चने हैं।

(हिं) विद्या अर्जन अत्यधिक कठिन कार्य है।

(सं) विद्या दुस्तरवारिधि:।

(अं) There is no royal road to learing.

विद्या और समुद्र जल पार नहीं पृथ्वीराज।

(हिं) राजन्! विद्या और समुद्र का कोई ओर-छोर नहीं।

(सं) नैव पारं हि विद्याया वारिणो वारिधेर्नृप।

(अं) Art is long.

विद्या अमूल्य रत्न है।

(हिं) विद्या अनमोल है।

(सं) विद्याधनं सर्वधनप्रधानम्। किं किं न साधयति कल्पलतेव विद्या।

(अं) Learning is a priceless jewel or Learning has no money value.

विनाशकाले विपरीत बुद्धि।

(हिं) विनाश के समय बुद्धि उलट जाती है।

(सं) विनाशकाले विपरीतबुद्धि:।

(अं) Advrsity destroys discrection.

वे

वेश्या बरस घटावहीं जोगी बरस बढ़ाय

(हिं) वेश्या अपनी उम्र कम बताती है जबकि योगी अपनी उम्र अधिक बताता है।

(सं) वृद्धाऽपि षोडशी वेश्या युवा योगी शताब्दिक:। इत्युक्त्वा गौरवं लोके सम्प्रचारयतोऽनिशम्।

(अं) The fashionable do not like to become old.

वे ही मियां दरबार में वे ही चूल्हे के पास।

(हिं) एक ही व्यक्ति द्वारा छल के माध्यम से दो जगह उपस्थित होना—अर्थात् धोखेबाज़।

(सं) देवदत्तस्य एक एव पुत्रः स एव ज्येष्ठः स एव कनिष्ठः।

(अं) Lit. No be is the master and servant in himself.

वो

वो मढ़ी ही जाती रही जहां अतीत रहते थे।

(हिं) वह मन मंदिर ही समाप्त हो गया जिसमें अतीत विद्यमान था—अर्थात् अतीत भूल जाना।

(सं) स्थानं तत्र विलोक्यते सुयतयो यत्रावसन् वै पुरा। गतास्ते दिवसास्तात् मुक्तानां जन्म शुक्तिषु।

(अं) Past times are gone, old mannrs are changed.

श

शत्रु लघु गुनिये नहीं।

(हिं) शत्रु को कभी छोटा (कमजोर) नहीं समझना चाहिए।

(सं) क्षुद्रे रोगस्तथा शत्रुर्लघुर्नैव हि गणयताम्।

(अं) Enemy is enemy, be he great or small.

शत्रु मरन सुन हर्ष न करो। तुम कहा सदा अमर ही रहोगे।

(हिं) दुश्मन की मृत्यु पर मत हंसो क्योंकि तुमको भी मरना है।

(सं) अहन्यहनि भूतानि गच्छन्ति यममन्दिरम्। अपरे स्थातुमिच्छन्ति किमाश्चर्य्यमतः परम्। मृते शत्रौ न नन्दस्व न त्वं स्थातुर्भविष्यसि।

(अं) Do not laugh at the pain even of your enemy.

शरम की माँ गोड़े रगड़े।

(हिं) शर्म के कारण इंसान लाचार हो जाता है।

(सं) किं न कुर्व्वन्ति लज्जार्त्ता नम्रा दीना भवन्ति वै।

(अं) Bashfulness is an enemy to prosperity.

शरम की बहू नित भूखी मरे।

(हिं) शर्मीला इंसान दूसरे के यहां भोजन करते समय भूखा ही रह जाता है।

(सं) आहारे व्यवहारे च त्यक्तलज्जः सुखी बसेत्। मुग्धा वधूः क्षुधार्ता वै म्रियमाणेव तिष्ठति।

(अं) Sham often turns out to be a source of sufferings.

शक्करखोरे को शक्कर मक्करखोरे को मक्कर।

(हिं) मीठा खाने वाले को मिठाई मिल ही जाती है। इसी प्रकार मक्कार व्यक्ति कोई न कोई मक्कारी कर ही लेता है।

(सं) भाग्यं फलति सर्वत्र।

(अं) God never sends mouths but he sends meat Or Provident supplies every one's wants.

शा

शान्त की बेर ज्यों दीपक की द्युति।

(हिं) शान्ति बेला (समय) दीपक के प्रकाश के समान होती है–अर्थात् पवित्र।

(सं) शान्तेः काले दीपकस्येव ज्योतिः।

(अं) Lit. A candle burns bright on the eve of extinction.

शाम के मरे को कब तक रोवे?

(हिं) शाम की मृत्यु पर प्रिय जन भी अगली सुबह तक रो नहीं सकता।

(सं) अकाले मृतजीवानां दुस्तरः शोकसागरः।

(अं) To mourn for the departed is quite in vain.

शि

शिकार के समय कुतिया हगासी।

(हिं) महत्वपूर्ण कार्य करते समय विघ्न उत्पन्न होना।

(सं) शत्रौ संग्रामसन्नद्धे जाता सैन्यशिरोव्यथा।

(अं) A soldier pleading headache when ordered to fight.

शी

शीरा फार श्रावक भये

(हिं) पेट फाड़ कर बच्चे का जन्मना—अर्थात् किसी प्रकार धरती पर यश प्राप्त करना।

(सं) येन केन प्रकारेण स्यात्प्रशस्तो धरातले।

(अं) He adopts new views for loaves and fishes.

शीलवन्त गुण ना तजे औगुण तजे न गुलाम।

(हिं) शीलवान कभी अपने सद्‌गुण (शील) नहीं त्यागता और निम्न श्रेणी का व्यक्ति अपने अवगुण नहीं त्यागता।

(सं) त्यजन्ति शीलं न हि शीलवन्तस्त्यजन्ति नीचा अपि दुर्गणं न।

(अं) Black will take no other hue.

शौ

शौकीन बुढ़िया चटाई का लहँगा।

(हिं) शौकीन बूढ़ी स्त्री का बेतुका श्रृंगार।

(सं) विटै रात्रौ प्रकाशार्थं खद्योतं शिरसि धृतम्।

(अं) A fashionable man in a cloak of sack.

स

समय पाय तरवर फले केतो सींचो नीर।

(हिं) पेड़ को कितना भी खाद-पानी दो, फल उस पर समयानुसार ही आते हैं।

(सं) विहिते बहु यत्नेऽपि काले स्यात्कर्म्मणः फलम्।

(अं) Lit. Everything happens in due course.

सब में है और सब से न्यारा।

(हिं) भगवान् सब में है लेकिन है वे सबसे अलग।

(सं) प्रधानराज्याधिगतोऽपि तद्वहिः।

(अं) Lit. Though having all, he hath nothing still.

सब को आपा धापी पड़ी है।

(हिं) सब जल्दबाजी में हैं।

(सं) सर्वे स्वार्थेषु तत्पराः।

(अं) Every one seeks his own interest.

सब को अति प्यारो लगे जो नर शील स्वभाव।

(हिं) शीलवान पुरुष सबको अच्छा लगता है।

(सं) सर्व प्रियाः शील गुणान्विता नराः।

(अं) Character in the best ornament.

सब के भले में अपना भी भला।

(हिं) सबके कल्याण में अपना कल्याण भी निहित है।

(सं) भव्यं मे सर्वमङ्गले।

(अं) Interest of the world is the interest of one,s own.

सब के दाता राम ।

(हिं) भगवान सबको देता है।

(सं) सर्वस्य दाता प्रभुः।

(अं) Providence is the preserver of all.

सब करतब की विद्या है।

(हिं) सारा खेल कर्म का है–अर्थात् कर्म से ही फल मिलता है।

(सं) मातेव रक्षति पितेव हिते नियुंक्ते भार्य्येव चाभिरमयत्यपनीय खेदम्। लक्ष्मीं तनोति वितनोति च दिक्षु कीर्तिं किं किं न साधयति कल्पलतेव विद्या।

(अं) Lit. Do your duty, and you get every thing you want.

सदा के उजड़े नाम बस्तीराम।

(हिं) गुण के अनुसार नाम न होना।

(सं) वासो वृक्षतले नित्यं नाम्ना गेहावलीपतिः।

(अं) A man named ''Lotus Eyed'' though destitute of eyes.

सदा के दुःखी नाम चैनसुख।

(हिं) नाम के अनुसार गुणों का अभाव।

(सं) जन्मना भिक्षुको नाम्ना कुबेरः कथ्यते जनैः।

(अं) A black man being called Mr. White.

सच कहिया मारा जाय झूठा भँडुआ लड्डू खाय।

(हिं) सत्यवादी का सदैव अनादर होता है और झूठे का आदर।

(सं) सत्यवक्ता कलौ दुःखी मिथ्यावादी प्रमोदते।

(अं) Truth suffers while falsehood wins.

सदा दिवाली साधु की जो घर गेहूं होय।

(हिं) जिसके घर उत्तम भोजन उपलब्ध है वह सदैव प्रसन्न रहता है।

(सं) अन्नपूर्णं गृहं यस्य स सदानन्दमोदभाक्।

(अं) Where there is no want there is cheerfulness Or Plenty and cheerfulness go hand in hand.

सब गुन भरी बैंतरा सोंठ।

(हिं) प्रत्येक उद्यम की दृढ़ता महत्वपूर्ण होती है।

(सं) सर्व्वे गुणाः काञ्चनमाश्रयन्ते।

(अं) A jack of all trades.

सबसे भली चुप।

(हिं) चुप (शान्त) रहना सर्वोत्तम गुण है।

(सं) मौनं सर्वार्थसाधकम्।

(अं) Silence is a good policy.

सभी बात खोटी मुख्य दाल रोटी।

(हिं) भोजन के सामने सब कुछ व्यर्थ है।

(सं) उदरनिमित्तं बहुकृतवेषः।

(अं) First think of saving thyself.

सच कहने में आधी लड़ाई होती है।

(हिं) सत्य बोलने से तकरार अवश्य होती है।

(सं) सुपथ्यस्य च तथ्यस्य वक्ता श्रोता च दुर्लभः।

(अं) Lit. Plain-speaking often leads to quarrel.

सखी और सूम साल भर में बराबर ही रहते हैं।

(हिं) दानी और कंजूस समयानुसार समान हो जाते हैं–अर्थात् मृत्यु के बाद दोनों की स्थिति एक-सी होती है।

(सं) दातारः कृपणाश्चैव वत्सरान्ते समा इमे।

(अं) Lit. A fashionable dandy and a close fisted miser both are brought to the same level in course of time.

सब दिन जात न एक समान।

(हिं) सारे दिन एक समान नहीं होते–अर्थात् किसी दिन सुख और किसी दिन दुःख मिलता है।

(सं) चक्रवत् परिवर्त्तन्ते दुःखानि च सुखानि च।

(अं) Lit. Time does not always run an even course.

सखी के माल पर पड़े सूम की जान पर।

(हिं) धनवान का धन और कंजूस का जीवन असुरक्षित होता है।

(सं) अमितव्ययशीलानां यान्ति वित्तानि संक्षयम्। प्राणा एव विनश्यन्ति कृपणानामसंशयम्।।

(अं) Lit. Loss tells upon the property of a spendthrift, but upon the life or a miser.

सखी से सूम भला जो तुरतहि देत जवाब।

(हिं) धनवान से कंजूस अच्छा है क्योंकि कोई वस्तु मांगने पर यदि वह देना नहीं चाहेगा तो तुरन्त मना कर देगा।

(सं) दातुर्हि कृपणः श्रेयान् शीघ्रमुत्तरदायकः।

(अं) A miser is preferable to a rich man as his refusal is ever ready.

सत मति छोड़े शूरमा सत छोड़े पत जाय।

(हिं) बहादुर व्यक्ति को सत्य पथ नहीं त्यागना चाहिए क्योंकि यदि वह सत्य पथ का त्याग करेगा तो उसकी इज्जत मिट्टी में मिल जाएगी।

(सं) न हि सत्यात्परो धर्मः न हेयं सत्यमुत्तमैः।

(अं) Lit. Give up righteousness and lose your worth.

सहज जो डुबकी मैं लई मुक्ता कर नहिं लाग। सागर को क्या दोष है हो न हमारे भाग।

(हिं) मैंने सहजता से मोती प्राप्त करने के लिए समुद्र में डुबकी लगाई फिर भी मोती प्राप्त न कर सका तो यह मेरे भाग्य का दोष है।

(सं) तुष्टोऽपि राजा यदि याचकेभ्यो भाग्यात्परं नैव ददाति किञ्चित्।

(अं) Lit. Diving and finding no pearls in the sea. Blame not the ocean, the fault is in thee.

सहस्त्र गोपी एक कन्हैया।

(हिं) एक व्यक्ति के अनगिनत चाहने वाले–अर्थात् एक अनार सौ बीमार।

(सं) तारा अनेकाः किल चन्द्र एकः।

(अं) The king is but one, but the ministers are many.

सहज पके सो मीठा।

(हिं) जो फल धीरे-धीरे पकता है वह अवश्य मीठा होता है–अर्थात् जो कार्य सुगमता से किया जाय उसका परिणाम सुखदायक होता है।

(सं) अनायास साध्यं फलं स्यात्सुधेव।

(अं) Haste make waste.

सा

सारी रात मिमियाई एक बच्चा ब्याई।

(हिं) सारी रात पीड़ा झेलने के बाद एक बच्चे को जन्म देना–अर्थात् अत्यधिक जोखिम भरा कार्य करने के बाद मामूली फायदा।

(सं) बह्वारम्भो लघुक्रिया।

(अं) A mountain in labour produced a mouse.

सार पराई पीर की क्या जाने बेपीर।

(हिं) दूसरे के दुःख को बेदर्द (बेरहम) नहीं महसूस कर सकता।

(सं) सुखिनोनैव जानन्ति परदुःखगभीरताम्। न हि वन्ध्या विजानीयाद्गवीं प्रसववेदनाम्।।

(अं) No one knows the weight of another's burden.

स्याही गई सफेदी आई तो भी तुझे समझ न आई।

(हिं) जवानी समाप्त होने के बाद बुढ़ापा आरंभ हो गया फिर भी समझने की शक्ति प्राप्त नहीं हो सकी।

(सं) वृद्धत्वेऽपि न ते ज्ञानम्।

(अं) Lit. Old in years but possessing little experience.

सांप के मुँह में छछूँदर निगले तो अन्धा उगले तो कोढ़ी।

(हिं) कोई ऐसी वस्तु जिसे त्यागना भी मुश्किल और ग्रहण करना भी मुश्किल अर्थात् संशय।

(सं) सर्पः छुछुन्दरी धृत्वा महासंकटगो भवेत्। अद्योऽश्नदन्धतां विन्देदुद्गिरन् कुष्ठतामियात्।।

(अं) To be in a dilemma.

सात पांच की लाकड़ी एक जने का बोझ।

(हिं) अनेक लोग एकजुट होकर शक्तिशाली हो जाते हैं।

(सं) अल्पानामपि वस्तूनां संहतिः कार्य्यसाधिका।

(अं) Many a little makes a mickle.

साठी बुद्धि नाठी।

(हिं) सठियाना–अर्थात् साठ वर्ष की उम्र होते ही मनुष्य अविवेकी हो जाता है।

(सं) हीयते ह्यायुषि पुंसां बुद्धिः षष्टितमे गते।

(अं) Longevity borders on childhood Or Old age is second childhood.

साझे की हांडी चौराहे पर फूटी।

(हिं) साझेदारी के व्यवसाय में नुकसान होता है।

(सं) दुर्वहा साङ्घिकी सूचिः।

(अं) Everybody's business is nobody's business.

सांचे रांचे राम।

(हिं) सत्य में ईश्वर बसता है।

(सं) ईश्वरः सत्यर्वाक् प्रियः। सत्यान्नास्ति परो धर्मः।

(अं) Lit. Truthfulness is the best religion.

सांचे गुरु का चेला मरे न मारा जाय।

(हिं) सच्चे गुरु का शिष्य कभी धोखा नहीं खाता।

(सं) शिष्यः सिद्धगुरोर्नैव म्रियते नापि हन्यते।

(अं) Lit. A disciple of a truly great Guru is above all harm's reach Or An able teacher, and a sucessful student.

सांच को आंच नहीं।

(हिं) सत्य कभी नष्ट नहीं होता।

(सं) सत्ये नास्ति भयं कचित्।

(अं) Truth is green.

सांच कहूं यामे झूठ न जानो।

(हिं) जो सत्य कहा जाय उसमें झूठ नहीं होता।

(सं) नासत्यं विद्यते किञ्चित् सत्यं सत्यं वदाम्यहम्।

(अं) Lit. Upon my honour, it is quite true.

साख गई फिर हाथ न आवे।

(हिं) गया हुआ सम्मान वापस नहीं मिलता।

(सं) नष्टा प्रतिष्ठा हि पुनर्न लभ्यते।

(अं) Lit. Reputation, once lost, cannot be redeemed.

सांचे का रङ्ग रूखा।

(हिं) सत्य सदैव कडुवा होता है।

(सं) सत्यं मनोहारि च दुर्लभं वचः।

(अं) Exterior of truth is not attractive.

सांची कहे खुश रहे।

(हिं) सत्यभाषी का मन प्रसन्न रहता है।

(सं) सत्यवक्ता सदा सुखी।

(अं) Speak the truth and enjoy peace.

सावन के अन्धे को हरा ही सूझता है।

(हिं) जो जिस वातावरण में रहता है उसे हर जगह वैसा ही वातावरण नजर आता है।

(सं) स्वप्नेऽपि हि कलौ विप्रैः श्राद्धभोजनमीक्ष्यते।

(अं) Lit. To the one getting blind in the rains, everything appears green.

सावन सूखे न भादों हरे।

(हिं) हर हाल में समान रूप से रहना।

(सं) सर्वदैकरसो भवेत्।

(अं) Ever unchangeable.

सांप मरे न लाठी टूटे।

(हिं) दुष्ट का दमन भी हो जाए और हथियार का भी नुकसान न हो–अर्थात् संभाल कर कार्य सम्पन्न करना।

(सं) स्वक्षतिमन्तरेणैव दुष्टानां दमनं भवेत्।

(अं) Little loss, but much gain.

सि

सिद्ध को साधक पूजता है।

(हिं) पूजनीय व्यक्ति का ज्ञानी सम्मान करता है।

(सं) पूज्यन्ते साधकैः सिद्धाः।

(अं) A leader's glory is magnified by his followers.

सिर मूड़ के घुटना नहीं मूड़ा जाता।

(हिं) योग्य व्यक्ति अपना कार्य सफलतापूर्वक सम्पन्न कर लेता है।

(सं) योग्यं कार्यं सदा कुर्यात।

(अं) Shaving does not imply the shaving of the knee.

सिर पर पड़ी बजाये सिद्धि।

(हिं) मुसीबत में इंसान भगवान् को याद करता है।

(सं) आगतं तु भयं वीक्ष्य नरः कुर्य्याद्यथोचितम्।

(अं) Do with all your might, the duty you are entrusted with.

सी

सींग कटा बछड़ों में मिले।

(हिं) वेश बदल कर बूढ़ा बच्चों में मिल जाए–अर्थात् छल कपट से लक्ष्य प्राप्त करना।

(सं) श्मश्रूणां मुण्डनं कृत्वा बालक्रीडा विधीयते।

(अं) Lit. An old man desirous of passing for a child with change of dress.

सीख वाको दीजिये जाको सीख सुहाय। सीख न दीजे बाँदरा कि घर बया को जाय।

(हिं) शिक्षा सदैव उसे देनी चाहिए जो उसके योग्य हो। अयोग्य व्यक्ति को शिक्षा देने से नुकसान होता है।

(सं) मूर्खशिष्योपदेशेन पण्डितोऽप्यवसीदति।

(अं) Lit. Impart instructions to those that are capable of receiving.

सीधी अंगुली से घी नहीं निकलता।

(हिं) दुष्ट के साथ दुष्टतापूर्ण बर्ताव करने से ही दुष्ट को पराजित किया जा सकता है।

(सं) कौशलेन फलं लभेत्।

(अं) Honesty does not succeed in dealing with a villain.

सु

सुलहारी को देख सुलहारी जलती है।

(हिं) भिखारी, भिखारी से द्वेष करता है।

(सं) भिक्षुको भिक्षुकं दृष्ट्वा शुनीव घुर्घुरायते।

(अं) Doctors differ.

सुलगती आग में फूंक मत दो

(हिं) जलती आग को हवा देने से आग और तेजी से जलने लगती है।

(सं) न जातु कामः कामानामुपभोगेन शाम्यति। हविषा कृष्णवर्त्मेव भूय एवाभिवर्द्धते। फूत्कारं नैव कुर्य्यास्त्वं बह्नौ दीप्ते च मे क्रुधि।

(अं) Do not throw oil into burning fire.

सुर नर मुनि सब की यह रीती। स्वारथ लागि करैं सब प्रीती।

(हिं) देवता, मनुष्य और ऋषि सब स्वार्थी होते हैं और ये सब स्वार्थ के कारण ही प्रेम करते हैं। यही इनका नियम भी है।

(सं) सर्वः स्वार्थ समीहते।

(अं) Lit. Everyone seeks his own interest.

सुनना सब का करना अपने मन का

(हिं) सबकी सुनने के बावजूद अपनी ही इच्छानुसार कार्य करना।

(सं) अव्याणि सर्वपरक्यानि मनः पूतं समाचरेत्।

(अं) Lit. Lend your ears to all, but act on your own judgment.

सुख में मित्र घना।

(हिं) सुख के समय तमाम मित्र बन जाते हैं।

(सं) सुखे मित्राण्यनेकानि।

(अं) Money has many friends or Prosperity gains friends.

सुख सम्पति में सब के सब कोई।

(हिं) धनवान व्यक्ति के सब नजदीकी बनना पसन्द करते हैं।

(सं) सर्वाणि मित्राणि समृद्धिकाले।

(अं) Prosperity gains friends.

सुबह का भूला शाम को घर आ जाय तो भूला नहीं कहा जाता।

(हिं) सुबह का भटका मनुष्य शाम तक घर वापस आ जाए तो उसे भटका हुआ नहीं समझना चाहिए–अर्थात् यदि कोई अपनी गलती स्वीकार कर ले तो गलत नहीं समझना चाहिए।

(सं) पापीयांश्चेत् कियत्कालं सदाचारी भवेत् पुनः। साधुरेव स मन्तव्यः सम्यग्व्यवसितो हि सः।

(अं) A sinner may become a saint.

सुख कहना जन से दुख कहना मन से।

(हिं) सुखदायक बात सबको बताई जा सकती है, परन्तु दुःखदायक बात सिर्फ मन में रखनी चाहिए। यदि किसी और को बताएंगे तो वे सब हंसी उड़ाएंगे।

(सं) सुखं वाच्यं जनेभ्यो ि नैव दुःखं कदाचन।

(अं) Keep thy sorrow to thyself and give out thy joy to others.

सू

सूक्ष्म ज्ञान जी की हान।

(हिं) कम ज्ञान होने से सदैव हार होती है।

(सं) सीम्नोऽधिकविचारस्तु सदानर्थाय कल्पते।

(अं) A little knowledge is dangerous.

सूरदास की कारी कमरिया चढ़ै न दूजो रंग।

(हिं) सूरदास कवि कहते हैं–काले कम्बल पर कोई और रंग नहीं चढ़ता–अर्थात् चतुर लोगों पर किसी और का प्रभाव नहीं पड़ता।

(सं) जीवन्मुक्ता महात्मानो बध्यन्ते विषयैर्न हि। ज्ञानरञ्जितचित्तेषु अन्यो रङ्गो न प्रस्फुटेत्।

(अं) Black will reaceive no other hue.

सूरज धूल उड़ाने से नहीं छिपता।

(हिं) सूर्य को धूल उड़ा कर नहीं छिपाया जा सकता–अर्थात् विद्वान् पर कीचड़ उछाल कर उसकी विद्वता का अनादर नहीं किया जा सकता।

(सं) रजसा रविरभिभूयते नहि।

(अं) Lit. A cloud of dust cannot hide the sun.

से

सेवा बिन मेवा कहां पाइये।

(हिं) आदर किए बिना स्नेह नहीं मिलता।

(सं) गुरुशुश्रूषया विद्या।

(अं) No gain without pain.

सेत का चंदन घिसरे लाला।

(हिं) सहज उपलब्ध होने वाली वस्तु का दुर्पयोग करना।

(सं) परान्नं प्राप्य दुर्बुद्धे मा प्राणेषु भय कृथाः।

(अं) To spend lavishly what is easily available.

सेढ़ की सिखावन झांपे तक।

(हिं) मूर्ख की शिक्षा सिर्फ शिक्षित होने तक बरकरार रहती है।

(सं) नैव सिद्धयन्ति कार्य्याणि परस्याऽऽश्रयणे कृते।

(अं) The utmost that a clergy can do is to run to his church.

सो

सोने की कटारी कोई पेट में नहीं मारता।

(हिं) सोने की कृपाण से कोई पेट नहीं फाड़ता–अर्थात् जिस कार्य के लिए जो साधन नहीं है उससे वह कार्य नहीं किया जा सकता।

(सं) सुवर्णछुरिका नैव ह्यात्महत्यासु युज्यते।

(अं) Lit. No one would like to wound himself with a knife though it be of gold.

सोच करन्ता पुरुषा हारे मर्द वही जो पहिले मारे।

(हिं) सोचने समझने में जो पुरुष अपना समय बर्बाद करता है उसका कार्य सम्पन्न नहीं हो पाता। सच्चा पुरुष तो वह है जो बिना–सोचे समझे अवसर मिलते ही कार्य सम्पन्न कर ले।

(सं) आद्यप्रहर्त्तुर्विजयो रणे स्याद्विचारमग्नस्य रणे पराजयः।

(अं) Hesitating men get the wrse in a fight.

सोया सो खोया।

(हिं) सचेत न रहने वाला कुछ प्राप्त नहीं कर सकता।

(सं) जागृते न भयं किञ्चित् शयानो रोरवीति च।

(अं) Asleeping fox catches no poultry.

सोना और सुगन्ध

(हिं) सोने में सुगंध नहीं होती, परन्तु गुणों के कारण उसकी महत्ता है।

(सं) गुणाः सर्वे समापन्ना एकत्र गुणवज्जने।

(अं) Charming by nature as well as by culture.

सोने से गढ़ावन महँगी।

(हिं) सोने से महंगी उसकी बनवाई होती है।

(सं) चित्रणस्याधिकं मूल्यं हेममूल्यादपि प्रभो।

(अं) Case is dearer than the watch.

सोना धूल में भी चमकता है।

(हिं) सोना मिट्टी में भी दूर से दिखाई देता है–अर्थात् गुणवान् कहीं छिपते नहीं।

(सं) प्रकाशन्ते गुणाः स्वयम्।

(अं) Gold glitters even while lying in the grass.

सो घर सत्यानाश, जहां है अति बल नारी।

(हिं) जिस घर में स्त्री सशक्त होती है उस घर का नाश हो जाता है।

(सं) अबला प्रबला यत्र तत्र नाशो न संशयः।

(अं) Woe worth the family where female reigns.

सौ

सौ सयाने एक मत।

(हिं) तमाम चतुर लोगों की राय सदैव एक ही होती है।

(सं) बहूनामपि धीराणां मतैक्यं जायते ध्रुवम्।

(अं) Lit. Conscientious men, however large in number, can always act in concert.

सौ वेद न एक लवेद।

(हिं) सत्य कितने भी हों, उनमें फर्क नहीं होता–अर्थात् सत्य सदैव सत्य के बराबर होता है।

(सं) यद्यपि शुद्धं लोकविरुद्धं नाचरणीयं नाचरणीयं।

(अं) Custom is more powerful than the scripture.

सौ बनैत न एक लठैत।

(हिं) अनेक लोग बात संभालने वाले हों तो एक बात बिगाड़ने वाले का कोई अस्तित्व नहीं होता।

(सं) एकश्चन्द्रस्तमो हन्ति न हि तारागणोपि च।

(अं) He is a host in himself.

सौ डंडी न एक बुन्देलखण्डी।

(हिं) हथियार तो अनेक हैं लेकिन उनमें काम लायक एक भी नहीं।

(सं) न शतं ब्राह्मणाः श्रेष्ठा एक एवातिथिर्वरः।

(अं) One cannon outweighs thousands of guns.

सौ औषध एक पथ्य।

(हिं) अनेक दवाइयां न खाकर एक पथ्य करना लाभदायक होता है।

(सं) पथ्ये सति गदार्त्तस्य किमौषधनिषेवणैः।

(अं) Diet cures more than doctors.

सं

सम्पत् होय थोड़ी तो राखिये गाय कि घोड़ी।

(हिं) धन कम हो तो गाय अथवा घोड़ी रखनी चाहिए, क्योंकि गाय से दूध प्राप्त होगा और बछड़ा को जन्म देगी तो वह बैल बनकर खेती, किसानी के काम आएगा, बछड़ी को जन्म देगी तो वह गाय बन कर दूध देगी तथा उसे बेच कर धन की भी प्राप्ति हो सकती है। इसी प्रकार घोड़ी सवारी के काम आएगी तथा उसका बच्चा भी बड़ा होने पर सवारी के काम आएगा या इसे बेच कर धन प्राप्त किया जा सकता है।

(सं) शक्त्यपेक्षो नरो कुर्य्यात् कार्य्यं स्वोन्नतिहेतवे।

(अं) Having a farthing in purse desirous of buying a horse.

सन्तोषी सदा सुखी।

(हिं) संतुष्ट सदैव सुखी रहता है।

(सं) सन्तोषः परमं सुखम्।

(अं) Contentment is the true philopher's stone.

संग्रह की हुई वस्तु काम की।

(हिं) संजोकर रखी वस्तु कभी न कभी काम अवश्य आती है।

(सं) संग्रहः फलदायकः।

(अं) make accumulation of your policy and you will surely be benefited.

संगत सार अनेक फल।

(हिं) अच्छी संगत से अनेक लाभ मिलते हैं।

(सं) सत्सङ्गतिः किं न करोति पुंसाम्।

(अं) A good company is a great advantage.

संसार में सुखी जीव थोड़े हैं।

(हिं) संसार में सुखी कम हैं।

(सं) संसारे सुखिनः केचित्।

(अं) Few are truly happy in this world.

संसार में दुःख सुख का जोड़ा है।

(हिं) संसार में दुःख भी है और सुख भी।

(सं) द्वन्द्वात्मकोऽयं संसारः सुखदुःखसमन्वितः। कस्यात्यन्तं सुखमुपनतं दुःखमेकान्ततो वा नीचैर्गच्छत्युपरि च दशा चक्रनेमिक्रमेण।

(अं) Happiness and misery follow each other in rotation.

संसार में दुःखरूपी सागर है।

(हिं) संसार दुःखों का समुद्र है।

(सं) संसारो दु:खसागर:।

(अं) Lit. World is an ocean of misery.

ह

हलक से निकली खलक में फैली।

(हिं) मुंह से निकली बात चारों ओर फैल जाती है।

(सं) षट्कर्णैर्भिद्यते मन्त्र:।

(अं) Words out of mouth fly on wings.

हरे में फूटी है।

(हिं) हरे पेड़ में ही शाखायें और पत्तियां निकलती हैं–अर्थात् गुणवान् व्यक्ति से गुण ही प्राप्त होते हैं।

(सं) विशीर्णा स्फुटित: चासावप्येकाऽपि हरीत की।

(अं) The naure always appears green to one who gets blind in autumn.

हरिगुण वरनि सकै नहिं कोई।

(हिं) भगवान् के गुणों का वर्णन नहीं किया जा सकता।

(सं) असितगिरिसमं स्यात् कज्जलं सिन्धुपात्रे सुरतरुवरशाखा लेखनी पत्रमुर्वी। लिखति यदि गृहीत्वा शारदा सर्वकालं तदपि तव गुणानामीश! पारं न याति।

(अं) Unspeakable are the glories of God.

हरिगुण गाती पेट में काती।

(हिं) मन में दुष्टता और प्रदर्शन के लिए सज्जनता–अर्थात् झूठा प्रदर्शन।

(सं) कर्मेन्द्रियाणि संयम्य य आस्ते मनसा स्मरन्। इन्द्रियार्थान् विमूढात्मा मिथ्याचार: स उच्यते।

(अं) A honey tongue a heart of gall.

हरि इच्छा बलवान्।

(हिं) भगवान् की इच्छा अटूट है।

(सं) ईश्वरेछा गरीयसी।

(अं) God's will always prevails.

हर से गरब किया सो ही हारा।
गरब किया लंकापति रावण खण्ड-खण्ड कर डारा।

(हिं) जो भगवान् के सामने घमण्ड करता है वह सदैव हारता है। रावण ने घमण्ड किया था तो उसके टुकड़े-टुकड़े हो गये।

(सं) अतिगर्वेण रावणः।

(अं) Pride is a vicious horse to ride or Pride goeth before fall.

हर दफे गुड़ मीठा ही मीठा।

(हिं) मीठी वस्तु सदैव मीठी ही रहती है–अर्थात् सत्य सदैव सत्य ही रहता है।

(सं) शर्करा सर्वदा मिष्टा।

(अं) A sweet thing is always sweet.

हर जैसे को तैसा।

(हिं) जो जैसा है भगवान् भी उसके लिए वैसा ही है–भगवान् अच्छे के लिए अच्छा और बुरे के लिए बुरा होता है।

(सं) ये यथा मां प्रपद्यन्ते तांस्यथैव भजाम्यहम्।

(अं) God's reward is commensurate with your acts.

हम तुम राजी तो क्या करेगा काजी।

(हिं) हम दोनों की रजामंदी में दूसरा दखल नहीं दे सकता।

(सं) स्त्रीपुरुषौ यदा रत्कौ किं करिष्यन्ति बान्धवाः।

(अं) The judge has nothing to do when the parties agree.

हर्रा लगे न फिटकरी रंग चोखा ही आवे।

(हिं) बिना किसी खर्च (या श्रम) के कार्य सफल हो जाना।

(सं) द्रव्यस्यापि व्ययो न स्यात् कार्य्यै स्यादुत्तमोत्तमम्।

(अं) To wish for a great result at a little cost.

हरी खेती ग्याभन गाय तब जानो जब मुह में जाय।

(हिं) हरी (कच्ची फसल) और ग्याभिन गाय तब ही फलीभूत समझना

चाहिए जब प्रतिफल प्राप्त हो जाए—अर्थात् गाय जब तक बच्च न जन दे और फसल पक कर घर पर न प्राजाय तब तक लाभ प्राप्ति के लिए लालयित नहीं होना चाहिए।

(सं) प्रपूर्णे हरितैः शस्यैः क्षेत्रं गर्भवती च गौः। अन्तरायमुखे नित्यं पतिता नात्र संशयः।

(अं) There is no counting on a harvest in the field.

हा

हाल जाय हवाल जाय पर बन्दे का खेल न जाय।

(हिं) अपराधी व्यक्ति चाहे जितना परेशान हो या उसका नुकसान हो वह अपराध करना नहीं छोड़ सकता—अर्थात् स्वभाव में परिवर्तन कभी नहीं होता।

(सं) गच्छन्तु निखिला मत्तो धर्म्म एको हि तिष्ठतु।

(अं) State and wealth are gone but disposition still remains.

हाय जवानी बावरी एक वार फिरि आव।

(हिं) ऐ पागल जवानी तू एक बार फिर आ जा—अर्थात् जाने के बाद युवावस्था दुबारा नहीं आती है।

(सं) अंगं गलितं पलितं मुण्डं तदपि न मुञ्चत्याशापिण्डम्।

(अं) Come back once more then youth.

हाथी के पीछे कुत्ते भूंका ही करते हैं।

(हिं) महान् (बड़े) लोगों को छोटे और नासमझ लोग बुरा बताया ही करते हैं।

(सं) निन्दन्तु नीतिनिपुणा यदि वा स्तुवन्तु। न्याय्यात्पथः प्रविचलन्ति पदं न धीराः। गच्छतो हस्तिनः पृष्ठे बुक्कन्ते कुक्कुराः सदा।

(अं) Lit. An elephant is not in the least affected by the barking of a dog.

हाथी के पांव में सब का पांव है।

(हिं) बड़े आदमी के साथ छोटे भी खप जाते हैं।

(सं) सर्व्वे पदा हस्तिपदे निमग्नाः।

(अं) God worshiped, all gods and goddesses are worshipped.

हाथ से गया अवसर फिर न आवे मौसर।

(हिं) गया अवसर दुबारा नहीं मिलता है।

(सं) प्रत्यायान्तिं पुनर्गता न दिवसाः।

(अं) Past time can never be called back.

हाथ सुमिरनी पेट कतरनी।

(हिं) प्रदर्शन के लिए हाथ में भगवान के नाम की माला का जाप और मन में बुराई–अर्थात् झूठा दिखावा।

(सं) विषकुम्भं पयोमुखम्।

(अं) A honey tongue a heart of gall.

हाथ में लिया कांसा तो पेट का क्या सांसा।

(हिं) भीख मांगने वाला हाथ में बर्तन लेकर निकल पड़े तो भोजन वह जुटा ही लेगा--अर्थात् जीवन-यापन के लिए नीच व्यक्ति नीच कर्म करने पर उतारू हो जाए तो संसार में नीच कर्मों की कमी नहीं है।

(सं) हस्ते चेच्चणकं कुक्षौ किं भणकम्।

(अं) God's world is wide and the beggar is not lame.

हाथ न मुट्ठी फरफराय उट्ठी।

(हिं) पर्याप्त धन न होने के बावजूद कोई वस्तु खरीदने की ललक।

(सं) न हस्तं मुष्टिका नैव किमर्थं फड़फड़ायते।

(अं) No money in hand, but a big project in mind.

हाकिम चून का भी बुरा।

(हिं) अधिकारी कमजोर होने के बावजूद सख़्त होता है।

(सं) न स्वातन्त्र्यसमं सुखम्।

(अं) Even an image of a king is an object of dread.

हाकिम गरीब ताकी धाक ना परत है।

(हिं) अधिकारी वह असहाय होता है जो प्रभावशाली नहीं होता।

(सं) वीरभोग्या वसुन्धरा। विद्यया वपुषा वाचा वस्त्रेण विभवेन च। वकारैः पञ्चभिर्युत्को नरः प्राप्नोति गौरवम्।

(अं) You can't exercise control unless you be strong.

हाथी के दांत दिखाने और खाने के अलग-अलग रहते हैं।

(हिं) बाहर से कुछ और तथा भीतर से कुछ और अर्थात् दोहरी राजनीति।

(सं) दुर्ज्ञेयनीतयो भूपाः।

(अं) Duplicity is the constant weapon of a politician.

हाथ कङ्गन को आरसी क्या?

(हिं) सत्य छिपाने से भी नहीं छिप सकता।

(सं) सूर्य्यस्य किं दीपप्रदर्शनेन।

(अं) Lit. What need of looking-glass for getting sight of one's bracelet.

हाथ पांव की काहिली मुँह में मूछें जायँ।

(हिं) पाप करे कोई और बदनाम हो कोई और।

(सं) अनवधानतया निःशोभान्यङ्गनि भवन्ति।

(अं) A sluggard does not like even to move his limbs.

हारे भी हार और जीते भी हार।

(हिं) हारने से भी हार तथा जीतने से भी हार–अर्थात् अपने से कमजोर व्यक्ति से हारने पर हार होगी ही, उसे जीतने के बाद भी जीत हार के समान ही होगी। लोग कहेंगे कमजोर को हरा कर कौन सी बहादुरी हासिल कर ली।

(सं) पराजयो जयेऽपि स्यान्न जयो विजये तथा। न विधेयो विरोधोऽतः कदाचिद्बलिभिः सह।

(अं) Lit. Defeat is defeat but even victory too amounts to defeat.

हानि लाभ जीवन मरण यश अपयश विधि हाथ।

(हिं) हानि, लाभ, जीवन, मृत्यु, यश और अपयश–भगवान् के हाथ है।

(सं) न हि भाग्यात् परं किञ्चित्।

(अं) Lit. Profit and loss, life and death, praise and blame, all are in the despensation of God.

हाथ की लकीर नहीं मिटती।

(हिं) भाग्य में लिखा कभी नहीं मिटता।

(सं) न हस्तरेखा क्षयते कदाचित्।

(अं) There is no counteracting the designs of fate.

हार मानी झगड़ा टूटा।

(हिं) दो झगड़ने वालों में यदि एक हार स्वीकार कर ले तो झगड़ा समाप्त हो जाता है।

(सं) विरोधो नश्यति क्षिप्रमङ्गीकृत्य पराजयं।

(अं) Admit your defeat and the dispute is at an end.

हाजिर में हुज्जत नहीं गैर में तकरार नहीं।

(हिं) तकरार तब होती है जब एक के सामने दूसरा आ जाता है।

(सं) उपस्थितं परित्यज्यानुपस्थितग्रहणे मानाभावः।

(अं) Lit. I may give what is in hand but I can hold out no hope for what I do not have.

हि

हिसाब जौ-जौ का दान सौ-सौ का।

(हिं) न्यूनतम धन खर्च करने का हिसाब मांगना और अधिकतम धन का दान करना।

(सं) यः काकिणीमप्यपथप्रपन्नां समुद्धरेन्निष्कसहस्त्रतुल्यां। दानेषु कोटिष्विपि मुक्तहस्तस्तं राजसिंहं न जहाति लक्ष्मीः।

(अं) Lit. In keeping accounts even a farthing is not neglected but in giving away in charity you give in hundreds.

ही

हीरा की परख जौहरी जाने।

(हिं) गुणों की पहचान गुणवान ही कर सकता है।

(सं) गुणान् गुणी वेत्ति न निर्गुणो जनः।

(अं) A blind man cannot be a judge of colour or Lit. A Jeweller is the best judge of the worth of a jewel.

हु

हुक्म बिन पत्ता न हिले।

(हिं) भगवान् के आदेश के बिना पत्ता तक नहीं हिल सकता–अर्थात् समस्त संसार भगवान् के आदेशानुसार संचालित है।

(सं) यद्भयाद्वाति वातोऽपि सूर्यस्तपति यद्भयात्, वर्षन्ति तोयदाः काले पुष्यन्ति तरवो वने।

(अं) Not a sparrow falls without his knowledge or God only knows His own work.

हुक्के की मारी आग और बाकी का मारा गांव।

(हिं) हुक्के में पानी के कारण चिलम की आग बुझ जाती है–और कर्जदारी के कारण सारा घर (गांव) तबाह हो जाता है–अर्थात् एक राज्य कर्जदार और एक राज्य का सफाया।

(सं) अनवधानफलं सततं नृणां भवति हानिकरं जगतीतले।

(अं) An estate in arrears is an estate lost.

हूँ

हूँ अनाथ अहो दीनानाथ मारन तारन तुमरे हाथ।

(हिं) हे दीनानाथ मैं दीन हूँ, मेरी मृत्यु तथा मेरा उद्धार तुम्हारे हाथ है।

(सं) दीनानामहमेवैको दयालूनां त्वमग्रणीः। दयनीयो मदन्योऽस्ति तव कोऽत्रजगत्त्रये।

(अं) Keep me or take me off as thou pleasest, O lord.

हे

हेरन के मिस टेरन लागी।

(हिं) देखने की चाहत के कारण मैं उसे बुला रही हूँ।

(सं) गीतव्याजेन संहन्ति व्याधोऽरण्ये मृगान् यथा।

(अं) Lit. Eager to meet when in sight.

हो

होय बुरे से सुत भलो ज्यों कमल कीच ते होय।

(हिं) बुरे इंसान के यहां अच्छा पुत्र पैदा हो जाय तो ऐसे मानो जैसे कीचड़ में कमल पैदा हो गया।

(सं) कुवंशादपि सत्पुत्रः पङ्कात् पद्मं यथा भवेत्।

(अं) The black hen lays white eggs.

होनहार होके रहे।

(हिं) जो होना है उसे कोई नहीं मिटा सकता।

(सं) भावी चेन्न तदन्यथा।

(अं) There is no avoiding the dictates of Fate.

होनहार बिरवान के होत चीकने पात।

(हिं) फलने-फूलने वाले पौधे के पत्ते चिकने होते हैं–अर्थात् महान् व्यक्ति के बचपन में ही अच्छे लक्षण दिखाई देने लगते हैं।

(सं) भव्यानां भवितव्यानां प्रथमं स्याच्छुभावहम्।

(अं) Coming events east their shadows beforehand or Child is the father of man.

होत परायो आपनो शस्त्र पराये हाथ।

(हिं) अपना शस्त्र दूसरे के हाथ पहुंचते ही दूसरे का हो जाता है–अर्थात् हमारा ही शस्त्र हमारे प्राण ले सकता है।

(सं) परहस्तगतं शस्त्रं स्वीयश्चापि परं भवेत्।

(अं) Possession is the nine points of law.

होत नटो मत कोय।

(हिं) सत्य कभी हारता नहीं अर्थात् सत्य कभी झूठ में परिवर्तित नहीं हो सकता।

(सं) सति द्रव्ये कथमनङ्गीकारः।

(अं) Truth is truth.

हं

हंसों में कौवा।

(हिं) विद्वानों के बीच मूर्ख।

(सं) हंसमध्ये बको यथा।

(अं) Lit. A heron in an assembly of geese.

हंसा थे सो उड़ गये कागा भये परधान।

(हिं) विद्वान् (गुणवान्) प्रस्थान कर गये, मूर्ख (अवगुणी) सर्वेसर्वा बन गए।

(सं) सत्पुरुषा मृता लोके दुष्टा जीवन्ति नायका:।

(अं) When the cats are away the mice will play.

हनते को हनिये पाप दोष न गुनिये।

(हिं) पाप-दोष की परवाह किए बिना खूनी का खून कर देना चाहिए–अर्थात् शत्रु को मारने से पाप नहीं लगता।

(सं) आततायिनमायान्तं हन्यादेवाऽविचारयन्। शठे शाठ्यं समाचरेत्।

(अं) To kill an enemy is no sin.

नैतिक कहावतें

अ

(सं) अन्धपंगुन्यायः।

(हिं) आँखवाला पंगु यदि अन्धे के कन्धे पर बैठ जाय, तो दोनों का देखने और चलने का काम निकल सकता है, अर्थात् एक चलने का काम और दूसरा देखने का काम करेगा। अतः परस्पर की सहायता दिखाते समय यह न्याय लगता है।

(अं) The maxim of the blind and the lame.

A lame man sits on the shoulders of a blind man, the former ending the latter.

This maxim is used to show the inter-dependence amongst men and the good that might result from co-operation and union.

(सं) अन्धदर्पणन्यायः।

(हिं) अन्धे के लिये दर्पण निकम्मा है। तात्पर्य यह है कि जिसके उपयोग में जो वस्तु न आये उसके लिये वह वस्तु व्यर्थ है।

(अं) The maxim of the blind man and his mirror.

It is used in case of persons who posses things which can be of no use to them.

(सं) अन्धगजन्यायः।

(हिं) किसी ग्राम में एक हाथी आया। उसको दिखलाने के लिये अनेक जन्मान्धों ने आँखवाले किसी मनुष्य से आग्रह किया। उसने उन लोगों को हाथी के पास ले जाकर हाथी के भिन्न-भिन्न अंगों को भिन्न-भिन्न अन्धों को पकड़ा दिया। उन अन्धों ने अलग-अलग अंगों को स्पर्श कर उन अलग-अलग अंगों को ही हाथी जानकर जिसने सूंड पकड़ी थी, उसने कहा

हाथी सांप की तरह होता है, जिसने पांव पकड़ा था, उसने कहा हाथी थम्ब के समान होता है और जिसने पूंछ पकड़ी थी, उसने कहा नहीं, तुम सब झूठ हो, हाथी रस्सी जैसा होता है। इस प्रकार सब परस्पर झगड़ने लगे। आजकल के साम्प्रदायिक कलह में यह न्याय भली भांति घटता है।

(अं) The maxim of the blind man and the elephant.

Certain blind men approached a tame and docile elephant in order to get an idea of the creature. One felt his trunk, one big legs, one his tail, and so on. The first man-he who had felt the elephant's trunk described his as fat serpent; the second man, who had felt the legs, as four pillars; the third man, who had passed his hands on the tail only, as a pieces of out rope, tapering gradually and having loose fibres at the end and so on.The began to quarrel with one an other over the description of the elephant, each can sidering his own to be correct.

This maxim is used in cases where an imperfect, partial or onesided view of a thing is taken.

(सं) अन्धचटकन्यायः।

(हीं) अन्धे के हाथ में बटेर अर्थात् अनायास यदि किसी अन्धे के हाथ में बटेर (एक पक्षी का नाम है) आजाय तो उसको दैवी कृपा से प्राप्त वस्तु समझना चाहिये। इसी प्रकार की अनायास प्राप्त वस्तु में यह न्याय लगता है।

(अं) The maxim of the blind man catching a sparrow.

This maxim is used where unexpected and accidental happenings or coincidences are ascribed to divine agency.

(सं) अदग्धदहनन्यायः।

(हिं) अग्नि जले हुये को नहीं जलाती। तात्पर्य यह है जिसमें पूर्ण क्रिया हो जाय उसमें पुनः क्रिया का अवसर नहीं रहता।

(अं) The maxim of burning the burnt.

Fire does not burn thoroughly burnt object.

This maxim is used in cases where a person attempts an impossible or a fruitless task.

(सं) अरण्यरोदनन्यायः।

(हिं) जैसे जंगल में जाकर रोने से कोई नहीं सुनता, उसी प्रकार जहां चाह नहीं है वहां अपनी इच्छा प्रकट करना व्यर्थ है।

(अं) The maxim of crying in the wilderness.

This maxim is used in cases where a man seeks help and support from a quarter from which they are not likely to come.

(सं) अन्धपरम्परान्यायः।

(हिं) एक साथ चलने वाले अन्धों में एक यदि कुये में गिरजाय तो सब के सब कुये में गिर जाते हैं क्योंकि उनको आगे की सुधि नहीं रहती। बिना विचारे किसी काम में लगजाने पर यह न्याय लगता है।

(अं) The maxim of the blind following the blind.

It is used in those cases where people blindly, thoughtlessly or rashly follow others, not caring to see whether their doing so would not be a dangerous leap in the dark.

(सं) अपन्थानंतुगच्छन्तमितिन्यायः।

(हिं) कुमार्ग पर जाने वाले मनुष्य को सगा भाई भी छोड़ देता है।

(अं) The maxim of a person going wrong.

A person ought to abandon one going in the ways of wickedness even if one be his dearest brother.

(सं) अन्धगोलांगूलन्यायः।

(हिं) किसी ने किसी अन्धे को बैल की पूंछ पकड़ा दी और कहा कि, यह तुम्हें नगर में ले जायगा। उस विश्वासी अन्धे ने किसी के कहने पर भी पूंछ को नहीं छोड़ा, इसीलिये अपने नियत स्थान पर नहीं पहुँच सका। अन्धविश्वास पर यह न्याय लगता है।

(अं) The maxim of the blind man and the bull's tail.

This maxim is based on the following anecdote : once upon a time a certain blind man started from his native village, intending to go to a neighbouring big city. He had not plodded on far, when he met a barber, fond of practical jokes. The latter accosted the former and learnt from him, that he, the blind man, was travelling to town, where, he thought, plenty of alms was to be had for the mere asking. The barber, finding a sure victim of his jokes, told the blind man that he would find him a guide. He thereupon took him to a field, where a bullock was grazing, and let him catch his tail. He then said to him, "my friend, here is a sure guide for you. Don't leave him whatever happens, and in spite of all that wicked people might say to do you a mischief." The blind man soon reached not the town, but the heart of a athor bush!

This maxim is applied to cases where a man places his trust on an object not worthy of trust !

(सं) अमूर्त्तमूर्त्तिन्यायः।

(हिं) भगवान की मूर्ति नहीं है, वह सर्वव्यापक और मूर्तिरहित है। केवल दिव्य देशों में भक्त उपासना के हितार्थ भगवान की पूजा करता है परन्तु अज्ञानी लोग कहते हैं कि मूर्ति (बुत) की पूजा होती है। अज्ञानप्रतिपादक विषयों में इस न्याय का प्रयोग होता है।

(अं) The maxim of the image form of the Formless.

As God is omnipresent, He may be worshipped in any object. The true devotee, though believing God to be formless, in order to gratify the cravings of his heart for an image, makes one in a pitha and worships Him in the image. Ignorant men say that he is worshipping an external material object.

The maxim is applied to a man who makes a remark on a profound subject which he does not understand in the least, thus displaying his utter ignorance.

(सं) अर्द्धजरतीन्यायः।

(हिं) जहां एक-धार में दोनों परस्पर विरुद्ध वस्तुओं का रहना असम्भव है ऐसा बताना हो वहां यह न्याय लगता है। जैसे जरा और यौवन दोनों एक ही अङ्ग में एक ही समय नहीं रह सकते हैं।

(अं) Ihe maxim of the two opposites staying in a single substance.

This maxim is applied in cases where the impossibility of

two opposite attributes combined in a single individual at the same time is to prove such as youth and old age can notstay at the same time in a single man or woman.

(सं) अर्द्धवैशसन्यायः।

(हिं) जहां असंभव अर्थ हो वहां यह न्याय लगता है। जैसे कोई मांसभक्षी मांस खाने की इच्छा से मुर्गी का गला काटकर खाता है और उसके बच्चे की इच्छा से उदर की रक्षा करता है।

(अं) The maxim of cutting up half an animal

A man cuts off the head, the thorax, the wings and the lowerlimbs of a hen, leaving the abtomen intact with the hope that she might lay the eggs that are inner.

This maxim is used in cases where an absurd ridiculous, foolish or unreasonable act is done.'

(सं) अब्भक्षन्यायः।

(हिं) जैसा यह महात्मा जल पीकर रहता है, ऐसा कहने से जल से अतिरिक्त भोजन का निषेध प्रतीत होता है। तात्पर्य यह है कि विशेष शब्द के प्रयोग से सामान्य का निषेध समझा जाता है।

(अं) The maxim of living on water alone.

If it is said that Saint lives on wateronly, it is to be inferred that having water, he does not take any food or drink.

This maxim is used in those cases where by the use of particular attributes to an object, its generic attributes are negatived.

(सं) अन्ते रण्डाविवाहश्चेदादावेव कुतो न स इति न्यायः।

(हिं) जब अनर्गल व्यभिचार से बचाने के लिये अत्यन्त व्यभिचारिणी विधवा का विवाह अन्त में करना ही पड़ेगा तो वह पहले ही क्यों न किया जाय? तात्पर्य यह है कि जिस कार्य को अन्त में करना ही है, उसको पहले ही क्यों न करें?

(अं) The maxim of marrying a widow,,

If a widow is to be married at all, why not before she becomes corrupt ?

This maxim is used in those cases where an act is done after the proper time for its performance is passed.

(सं) अशोकवनिकान्याय :।

(हिं) जहां एक साध्य और अनेक साधन हों और एक ही साधन से साध्य की सिद्धि भी होती हो तो वहां यह न्याय लगता है। जैसे रावण ने राक्षसियों से कहा कि सीता को अशोक वन में रक्खो। वहां अनेक अशोक वन थे, परन्तु एक में रखने से अन्यान्य अशोक वनों की अनुपयोगिता आप ही आप सिद्ध हो गई ।

(अं) The maxim of the grove of Asoka trees.

Ravana kept Sita in the garden of Asoka trees, when he could keep her in any other garden.

This maxim is used in those cases where a man finds several ways of doing a thing, any one of them being as good as another, and the preference of any particular one cannot be accounted for.

(सं) अश्मलोष्ट्रन्यायः।

(हिं) रुई की अपेक्षा मिट्टी का ढेला अत्यन्त कठिन होने पर भी पाषाण की अपेक्षा मृदु है।

(अं) The maxim of the stone and clod of earth.

A clod of earth may be considered to be hard as compared with cotton, but is soft as compared with a stone. So a person may be considered to be very important when compared with his inferiors, but sinks into insignificance when compared with his betters.

This maxim is used to denote the relative importance of two things.

(सं) अश्वतरीगर्भन्यायः।

(हिं) खच्चर से यदि खच्चरी में बच्चे उत्पन्न किये जायँ तो फिर उससे आगे बच्चे उत्पन्न नहीं होते अर्थात् उनका वंश (नसल) नष्ट हो जाता है। यहां तक कि गर्भ रहने से कभी-कभी उस (खच्चरी) की मृत्यु तक हो जाती है।

(अं) The maxim of conception of a female mule.

It is said that a female mule never conceives, or if she is ever made to, she dies.

This maxim is used in connection with anything which has no existence.

(सं) अहिभुक्कैवर्तन्यायः।

(हिं) कोई अहिभुक् नाम का पुरुष नाव पर चढ़ कर सैर करने चला। वहां मनुष्यों की अधिक भीड़भाड़ देखकर विचारने लगा, कहीं मैं किसी से बदल न जाऊँ। इस विचार से अपने पैर में रस्सी बांध कर सो गया। उस नाव के नाविक (मल्लाह) ने परिहास (मजाक) करने के लिये रस्सी खोलकर अपने पैर में बांध ली। नाव के पार जाने पर अहिभुक् कैवर्त (मल्लाह) के पैर में रस्सी बंधी हुई देखकर कहने लगा कि तू मैं हूँ, उस मल्लाह ने कहा नहीं 'मैं तू हूँ, ऐसा विवाद दोनों में होने लगा। मूर्खता के वर्णन में यह न्याय लगता है।

(अं) The maxim of Ahibhuk and the boatman.

A man named Ahibhuk, intending to cross a broad river, boarded a boat in which there was a large number of persons.

Now the man thought within himself, "there are so many persons in the boat that it would be no wonder if I lose myself and be transferred and changed to one of them." In order to avert such a cala mity, Ahibhuk, bound his foot with a piece of rope to keep a mark upon himself, and then feeling easy in his mind, fell fast asleep. The boatman chanced to overhear the man's loud soliloquy, and saw his queer manoeuvres and soon finding the man snoring stentoriously, he untied the rope from the man's feet and fastened it to his own. Ahibhook on waking exclaimed, "Alas ! I am changed to a boatınan !"

The maxim is used to show a man's idiocy.

(सं) अहिनिर्ल्वयिनीन्यायः।

(हिं) जैसे सांप अपनी केंचुल को छोड़ने के बाद उसको अपनी नहीं समझता है, वैसे ही जीव बोध से पहले देह को आत्मा से अभिन्न मानता हुआ भी बोध हो जाने पर पृथक मानने लगता है।

(अं) The maxim of the cast off slough of a serpent.

The meaning of this maxim is: Just as a serpent, after it has cast off its slough, does no longer regard the game as a part of itself, so a man,on acquiring vidya or true knowledge, regards his self as distinct from his body.

(सं) अहिकुण्डलन्यायः।

(हिं) जैसे सर्प का कुण्डलाकार वेष्टन होना स्वाभाविक है, वैसे ही जो जिसका स्वाभाविक धर्म है, उसमें उसकी अवश्य ही प्रवृत्ति होती है।

(अं) The maxim of the coils of a snake.

Just as the coils of a venomous serpent are natural to it so are the crooked ways to a wicked man.

This maxim is used to denote the natural propensites and impulses of a man.

(सं) अन्धकवर्तकीन्यायः।

(हिं) जैसे कोई मनुष्य दोनों हाथों से ताली बजा रहा हो और उसी समय उसके उन दोनों हाथों के बीच में वर्त्तक पक्षी (बटेर) आजाय, यह असम्भव है। इसी प्रकार के असम्भव अर्थ में इस न्याय का प्रयोग होता है।

(अं) The maxim of the man clapping his hands and the sparrow.

It is unthinkable that a sparrow will perch on the hands of a person clapping.

This maxim is used to denote impossibility.

(सं) अजाकृपाणीयन्यायः।

(हिं) किसी खम्भे में बिना म्यान की तलवार टँगी हुई थी, उसमें बकराआकर स्वयं सिर खुजलाने लगा जिससे उसका सिर कट गया। अघटित घटना में यह न्याय लगता है।

(अं) The maxim of the goat and the naked sword.

A goat was scratching its neck at the sharp edge of a naked sword and cut it.

One should not meddle with dangerous things.

(सं) अग्न्यानयनन्यायः।

(हिं) अग्नि लाओ, यह कहने से ही अग्निपात्र का भी लाना सिद्ध हो जाता है। साहचर्यद्योतक अर्थ में इस न्याय का प्रयोग होता है।

(अं) The maxim of asking to bring fire.

When a person is asked to bring some fire, it is implied that he is to bring it in a pot or vessel.

This maxim is used in those cases where anything is not explicitly expressed, but implied.

(सं) अन्यद्भुक्तमन्यद्वान्तमितिन्यायः।

(हिं) खाया कुछ और वमन किया कुछ, यह परस्पर विरुद्ध है। 'कहे आम सुने इमली' 'मांगे हर्रे दे बहेरा' इत्यादि कहावतों के अनुरूप अर्थ में इस न्याय का प्रयोग होता है।

(अं) The maxim of eating one thing and vomiting something else.

This maxim is used in cases where the answer to a question does not touch the question at all.

(सं) अन्धस्यैवान्धलग्नस्येतिन्यायः।

(हिं) एक अन्धा दूसरे अन्धे को पकड़ कर चलने लगा, रास्ते में कई जगह ठोकरें खाकर गिर गया। उसी प्रकार जिसका नेता (अगुआ) भी मूर्ख हो और वह स्वयं भी मूर्ख हो तो उसके काम में सफलता कभी नहीं होती, प्रत्युत काम में अनेक बाधाएँ उपस्थित हो जाती हैं। मूर्ख नेता के अनुयायी बनने में यह न्याय घटता है।

(अं) The maxim of the association with the blind.

What shall it profit a man if he associates with man of little knowledge ? A man should always keep the company of persons, superior to him in learning, wisdom, and good qualities.

(सं) अर्द्धं त्यजति पण्डित इतिन्यायः।

(हिं) यदि सर्व वस्तु का नाश होना संभव हो और उसमें से आधा त्याग देने से आधा मिल जाता हो, तो विद्वान् पुरुष आधे को छोड़ कर आधे ही को ले लेता है।

(अं) The maxim of saving one half.

When a man is likely to lose all, he ought to sacrifice one-half in order to save the other half.

(सं) अल्पस्यहेतोर्बहुहातुमिच्छन्नितिन्यायः।

(हिं) थोड़े के लिये बहुत का त्याग कर देना यह बुद्धिमत्ता नहीं है। तो पुरुष 'त्यजेदेकं कुलस्यार्थे आत्मार्थे पृथिवीं त्यजेत्' अर्थात् कुल के लिये एक व्यक्ति को छोड़ देना चाहिये और आत्मा के लिये पृथ्वी का त्याग करना चाहिये, इस नीति का आश्रय नहीं करते, उनके लिये ऐसे न्याय का प्रयोग होता है।

(अं) The maxim of a person sacrificing much in order to gain a trifle.

What sacrifices does not a man make, what troubles does he not take to win transient worldly gain ? But he is a truly wise man, who seeks That, gives up his all for That, on obtaining which he obtains everything.

The English proverb : "Penny-wise, pound-foolish."

(सं) अलाभेमत्तकाशिन्याइतिन्यायः।

(हिं) मत्तकाशिनी नाम की स्त्री को जब और कहीं सुरतोत्सव का मौका न मिला तब उसने तिर्य्यग्योनि में सुरतोत्सव किया। तात्पर्य यह है कि जीव की इच्छा पूरी नहीं होती तो वह निकृष्ट उपाय द्वारा भी इच्छा को पूर्ण करने का प्रयत्न करता है।

(अं) The maxim of the passionate Kasini,

The passionate Kasini, failing to secure other means of satisfying her passion was obliged to satisfy the sasme on an animal.

This maxim is used to denote the irresistiole powers of lust and vile passions, and the degradation caused by them.

(सं) अण्डकुक्कुट्टीन्यायः।

(हिं) किसी ने एक मुर्गी पाली, वह रोज एक अण्डा देती थी। एक दिन उसके पालक ने विचारा, रोज-रोज एक अण्डा पाने की अपेक्षा एक ही साथ

इसके सब अण्डों को निकाल लूं तो अच्छा हो। इसलिये उसने मुर्गी को मार डाला। फल यह हुआ कि मुर्गी और अण्डे दोनों से उसको हाथ धोना पड़ा। यह न्याय मूर्खताद्योतक है।

(अं) The maxim of the hen and the eggs.

A hen used to lay one egg daily. Its owner thought that he would have all the eggs that were in her at one time. Accordingly he ripped open the abdomen of the hen with the result that might be imagined.

This maxim is used in cases where a person becomes a loser on account of covetousness.

(सं) अश्वभृत्यन्यायः।

(हिं) यह घोड़ा किसका है? ऐसा पूछने पर किसी ने कहा कि जिसका मैं नौकर हूँ। तब फिर उसने पूछा कि किसका तू नौकर है? तब उसने जवाब दिया कि जिसका यह घोड़ा है। ऐसे कथोपकथन से निर्णय कुछ भी नहीं होता है, परस्पर ज्ञान की सापेक्षता में यह न्याय लगता है।

(अं) The maxim of the horse and its owner.

A man asked an hostler who was attending to a horse, "whose horse is this ?"

The hostler replied, "His, whose servant I am."

The man again asked, " whose servant are you, my good man ?"

The hostler replied readily, "why, his, whose horse this is ! "

This maxim is applied to a person who argues in a circle, or gives evasive answers.

(सं) अजातपुत्रनामोत्कीर्तनन्यायः।

(हिं) पुत्र होने से पहले ही पुत्र का नामकरण करना व्यर्थ है। यह न्याय निष्प्रयोजनताद्योतक है।

(अं) The maxim of christening the babe yet unborn.

This maxim is applied to superfluous, foolish, or useless acts of persons.

(सं) अन्तेयामतिःसागतिरितिन्यायः।

(हिं) मरने के समय जैसी बुद्धि होती है, वैसी ही गति होती है, अर्थात् मृत्युकालीन भावना के अनूरूप ही परलोक में जीव की गति होती है। यह न्याय अन्तिम विचार का सर्वोत्कृष्टद्योतक है।

(अं) The maxim of: As thou thinkest in thy last moments, so shall thou be.

King Bharata had a favourite antelope, who used to follow him wherever he went, and whom the King laved very much. While on death-bed, the dying King's thoughts were of his pet antelope. The King in his next birth was born as an antelope.

From Bliagawad Gita.

(सं) अपराह्णच्छायान्यायः।

(हिं) मध्याह्न के बाद की छाया उत्तरोत्तर बढ़ने वाली होने के कारण बहुकालव्यापिनी होती है। यह न्याय उत्तरोत्तर वृद्धि और चिरकालव्यापकता के अर्थ में घटता है।

(अं) The maxim of the shadow of the evening.

This maxim is applied in cases where prosperity or intimacy is on a continued wax.

(सं) असाराणामपिबहूनामितिन्यायः।

(हिं) अनेक क्षुद्र वस्तुओं का भी मेल बहुत बड़े कार्य को कर सकता है, जैसे क्षुद्र घासों से रस्सी बनाई जाती है उससे हाथी भी बांधा जाता है। यह संघशक्तिद्योतक न्याय है।

(अं) The maxim of many trifles.

A straw is an insignificant thing of little strength, but when it unites with others to make a stout rope, itcan bind and hold in check even a mad elephant.

The English proverbs : " Union is strength." " Many a little makes a mickle."

(सं) अस्नेह दीपनन्यायः।

(हिं) बिना तेल के दीपक नहीं जल सकता है। कारण के अभाव से कार्य्य का भी अभाव हो जाता है ऐसे अर्थ में इस न्याय का प्रयोग होता है।

(अं) The maxim of burning a lamp without oil.

This maxim is used in the following and like senses. A man spends more than he earns ; he builds a structure on a foundation which is weak ; he looks more to show than real worth; he cares for a transient effect instead of permanancy, etc.

आ

(सं) आकाशपरिच्छिन्नत्वन्यायः।

(हिं) आकाश का माप नहीं हो सकता है। किसी व्यापक तत्त्व के विषय में उदाहरण देते समय इस न्याय का व्यवहार होता है।

(अं) The maxim of dividing and limiting the limitless and All-pervading. Akash (sky, ether).

The infinite sky cannot be measured, divided or limited.

This maxim is used in those cases where a person undertakes or attempts an impossible task or where one wants to illustrate the infinite, eternal and all-pervasive character of a category, such as the self.

(सं) आकाशमुष्टिहननन्यायः।

(हिं) आकाश को मुठ्ठी से मारना असंभव है। असंभव अर्थ में यह न्याय प्रयुक्त होता है।

(अं) The maxim of striking the sky with fists.

This maxim is used to denote an impossible act.

(सं) आदावन्तेचेतिन्यायः।

(हिं) आदि और अन्त का उल्लेख होने से मध्य भी समझा जाता है। उस अर्थ में इस न्याय का व्यवहार होता है।

(अं) The maxim of the beginning and the end.

If anything has a beginning, it must have an end; and if it has a beginning and an end, it has a middle also.

(सं) आचारार्यत्वन्यायः।

(हिं) वर्णाश्रम सम्बन्धी सदाचार के बिना मनुष्य जाति में आर्यत्व नहीं हो सकता। धर्माधर्मनिर्णय में इस न्याय का प्रयोग होता है।

(अं) The maxim of the existence of the Arya race and good conduct.

It is on the practice and Continuance of the Varna and Ashram Dharma and rules of good conduct that, the existence and prosperity of the Arya race depends.

This maxim is used in those cases where one thing depends upon another for its very life.

(सं) आभाणकन्यायः।

(हिं) जहां मिथ्या किंवदन्ती पर विश्वास करके काम किया जाता है वहां इस न्याय का प्रयोग होता है। जैसे अमुक स्थान में भूत रहता है, यह झूठी अफवाह लोगों में चली आती है और उस पर विश्वास करके लोग उस स्थान पर जाने में भयभीत होते हैं।

(अं) The maxim of believing in a rumour.

This maxim is used in cases where people believe in false rumours as ghost etc and are swayed by the same.

(सं) आम्रवणन्यायः।

(हिं) जहां आम के वन बहुत हों वहां अन्य वृक्षों के रहने पर भी आम्रवन के नाम से ही प्रसिद्धि होती है। यह न्याय बाहुल्य का महावव्यंजक है।

(अं) The maxim of the mango grove,

In a mango grove, there may be some other trees, but still people call it a mango grove.

This maxim is used to denote the force of habit or the effect of a company or an association, good and bad.

(सं) आयुर्घृतमितिन्यायः।

(हिं) आयु और घृत का घनिष्ठ सम्बन्ध है या यों कहना चाहिये कि घृत आयु रुप ही है। परस्पर घनिष्ठ सम्बन्ध बतलाने में यह न्याय लगता है।

(अं) The maxim of long life and ghee,

Ghee is the cause of long life; for, if one regularly takes at meals a little pure ghee every day, one is healthier for it. and lives to a ripe old age.

This maxim is used to denote the relation of cause and effect.

(सं) आषाढ़वातेचलतिद्विपेन्द्रइतिन्यायः।

(हिं) आषाढ़ महीने की हवा चलने पर हाथी को सर्वत्र समुद्र ही मालूम पड़ता है। तात्पर्य यह है कि हाथी का उत्साह वर्षा में और निरुत्साह गर्मी में हुआ करता है। निरुत्साह के बढ़ाने वाले स्थल में यह न्याय लगता है।

(अं) The maxim of the elephant and the wind blowing in the month of Ashard (July)

When the wind blows in the month of Ashard (July) everything around an elephant appears to him like the sea and so he becomes very exultant, but when the summer sets in he becomes very dispirited and morose.

This maxim is used in discouraging one in any matter.

इ

(सं) इक्षुविकारन्यायः।

(हिं) ईख के पेरने से रस, रसके पकाने से गुड़ और गुड़ के साफ़ करने से खाँड़ आदि वस्तुएँ उत्तरोत्तर उत्तम बनती जाती हैं। इसी प्रकार जहां क्रमशः उत्तरोत्तर विशेष उन्नति दिखाई जाय वहां इस न्याय का व्यवहार होता है।

(अं) *The Maxim of the modifications of the sugar-cane.*

The Raw sugar-can is first pressed and the juice extracted therefrom. The liquid juice is then boiled, and made into solid *gur,* which is then refined and turned into fine white crystallised sugar.

This maxim is used to denote gradual progress.

(सं) इक्षुरसन्यायः।

(हिं) ईख को कोल्हू में पेरने से ही रस निकलता है। तात्पर्य यह है कि जहां कठिन व्यवहार करने से ही फल अच्छा हो, ऐसे स्थल पर यह न्याय काम में आता है।

(अं) *The maxim of the juice of sugar-cane.*

You cannot extract the juice out of sugar-cane without first crushing it. So, in order to obtain particular results in certain cases, you have to assume a severe, stern and unyielding attitude.

(सं) इषुवेगक्षयन्यायः।

(हिं) धनुष से छूटे हुए बाण का वेग लक्ष्य तक जाकर ही समाप्त होता है, बीच में नहीं। जो पुरुषार्थ लक्ष्यसिद्धि के बिना विरत न हो, वहां ही यह न्याय व्यवहृत होता है।

(अं) *The maxim of the ceasing of the impulse of a Discharged arrow.*

Just as an arrow discharged from a bow flies on and on, till it pierces the object aimed at, when it stops, so a worthy man toils day and night and stops not, unless and untill he obtains his heart's desire, when he puts his tools aside and joyfully takes rest.

(सं) इच्छेष्यमाणसमभिव्याहारेऽइतिन्यायः।

(हिं) तात्पर्य यह है कि इच्छा के उत्पन्न होने में इच्छा को उत्पन्न करने वाली वस्तु ही कारण होती है। यह न्याय हेतुहेतुमद्भाव का सूचक है।

(अं) *The maxim of the will to attain an end and the means.*

If a man has an earnest and ardent desire to achieve anything, the means will not be wanting.

The English Saving : "Where there is a will, there is a way".

उ

(सं) उपास्यमहिलान्यायः।

(हिं) जैसे उपासक के लिये जब तक एक उपास्य इष्टदेव न होगा तब तक कदापि सिद्धि नहीं होगी। उसी प्रकार आर्यनारी जब तक एक पति-निष्ठा न होगी, तब तक उसका कल्याण नहीं हो सकता। यह एकपरायणताद्योतक न्याय है।!

(अं) *The maxim of Upasya (object of worship) —and a women.*

As firm belief in one is essentially necessary for a worshipper to attain success, so unflinching devotion to her husband is equally necessary for an Aryan woman for the attainment of highest good in life.

This maxim is intended to teach firm faith in one.

(सं) उत्खातदंष्ट्रोरगन्यायः॥४९॥

(हिं) जिसका दांत उखाड़ा हुआ है ऐसा सांप काट नहीं सकता , जैसे शक्तिहीन दुष्ट, निर्बल डाकू और वृद्ध कामी आदि। ऐसे ही स्थलों में यह न्याय घटता है।

(अं) *The maxim of a Fangless serpent.*

As a serpent deprived of its fang is harmless, so also a wicked man, who has lost his power, a robber who has become weak and infirm or a voluptuous debauch in his old age can do no harm to any one.

This maxim teaches that the evil propensities lose their force with the decline of physical strength.

(सं) उदकनिमज्जनन्यायः।

(हिं) जल में डूबी हुई वस्तु बड़ी कठिनता से मिलती है ऐसे ही दुःसाध्य काम को सुसाध्य करने के अर्थ में यह न्याय लगता है।

(अं) *The maxim of sinking into water.*

It is very difficult to find out a thing that has sank into water.

The maxim is used to denote the difficulty to be experienced in attempting a thing, which is not easy of performance.

(सं) उष्ट्रकण्टकभक्षणन्यायः।

(हिं) जिस वस्तु में जिसकी रुचि होती है, उसी में वह आनन्द समझता है। जैसे ऊंट बबूल आदि कंटीले वृक्षों के कांटे सहित पत्तों को खाने में ही आनन्द समझता है। उत्तम खांड आदि वस्तुओं में उसकी रुचि नहीं होती है। रुचि के अनुकूल प्रवृत्ति में यह न्याय लगता है।

(अं) *The maxim of a camel and a thorny plant.*

The camel likes much to eat the thorny leaves and bark of a certain plant though it has to suffer much pain.

It is used to denote that one woule be pleased to follow his own taste however inconvenient or undesirable it may in reality be.

(सं) उपनयन्नपनयन्धर्मोविकरोतिहिधर्मिणमितिन्यायः।

(हिं) धर्मी में से धर्म निकल जाने पर उसमें विकार उत्पन्न हो जाता है, जैसे अग्नि में से उष्णत्व निकल जाने पर वह कोयला बन जाता है इसी प्रकार के उदाहरण में यह न्याय लगता है।

(अं) *The maxim of a thing and its altered condition.*

The maxim originates from the fact that a burning fuel when fully burnt down, and fire is extinguished loses its true nature and is reduced to ashes, and is used to signify that a thing ceases to be called as such when it is deprived of its essential properties.

(सं) उपवासाद्वरंभिक्षेतिन्यायः।

(हिं) भूखे रहने से भीख मांगकर खाना अच्छा है। आपद्धर्म में यह न्याय लगता है।

(अं) *The maxim of Apat-Dharma (rules of conduct in time of danger).*

It is better to beg than to fast.

(सं) उभयतः पाशारज्जुरितिन्यायः।

(हिं) दोनों ओर जाल फैलाने पर हिरण जिधर जाता है उसी ओर फंस जाता है। जिस कार्य के करने और न करने, दोनों में ही आपत्ति हो, वहां यह न्याय लगता है।

(अं) *The maxim of nets in both sides.*

When there are nets on either side, one is sure to get entangled to whichever direction he may move. it is used to denote the difficulty of situation of a person when it is injurious for him either to do a thing or to leave it undone.

(सं) उष्ट्रलगुडन्यायः।

(हिं) ऊंट जिस लाठी को ढोता है उसी से वह मार खाता है। मूर्खता के उदाहरण में यह न्याय घटता है।

(अं) *The maxim of a camel and a club.*

The camel is beaten by the rod which it carries on its back. So a fool has to suffer much as the conseqeunce of his foolish conduct.

ऊ

(सं) ऊषरवृष्टिन्यायः।

(हिं) ऊषर जमीन में बहुत वर्षा होने पर भी बीज से अंकुर की उत्पत्ति नहीं होती है। जहां कार्य में सफलता असंभव हो, वहां उद्योग व्यर्थ है। ऐसे ही स्थलों पर यह न्याय लगता है।

(अं) *The maxim of sterlity and rain.*

The seeds sown in a barren land do not germinate though there may be a copious rainfall. It is used to denote fruitlessness of efforts in a matter which it is impossible to perform.

ऋ

(सं) ऋजुमार्गेणसिद्ध्यतइतिन्यायः।

(हिं) जो काम सुगम उपाय से हो सकता है उसको कठिनाई के साथ करना अनुचित है।

(अं) *The maxim of easy way of success.*

It is not proper to take recourse to a difficult way for doing a thing when it can be done easily.

ए

(सं) एकवृन्तगतफलद्वयन्यायः।

(हिं) जैसे एक ही गुच्छे में दो फल लगते हैं, वैसे ही दो अर्थों के रखने वाले एक शब्द के प्रयोग में यह न्याय लगता है।

(अं) *The maxim of two fruits in one stem.*

As two fruits sometimes grow in one stem, so the same word may sometimes be used in two senses.

(सं) एकसंधित्सतोऽपरंप्रच्यवतइतिन्यायः।

(हिं) एक ओर जोड़ता है तो दूसरी ओर बिगड़ता है और दूसरी ओर जोड़ता है तो तीसरी ओर छिद्र निकल आता है। नाना विघ्न बाधाएं एक साथ उपस्थित होने पर यह न्याय लगता है।

(अं) This logical formula is applicable to those cases where one part of argument breaks down, while the other part holds good. At the same time a whole test of logical inconsistencies crop up to make the situation untenable.

(सं) एकत्रनिर्णीतःशास्त्रार्थोऽन्यत्रापितथेतिन्यायः।

(हिं) प्रमाण आदि से एक स्थान में निर्णय किया हुआ शास्त्र का अर्थ, अन्य स्थानों में भी अनुमान से उसी प्रकार का हो सकता है। यह न्याय सिद्धान्त समर्थक है।

(अं) Two similar lines of argument when applied to cases of similar character in different circumstances tend to make for certainty in reasoning.

(सं) एकदेशविकृतमनन्यवदितिन्यायः।

(हिं) किसी भी वस्तु के क़िसी एक अंश में विकार (कमी या अधिकता) हो जाने से वह वस्तु दूसरी नहीं हो जाती, यथा–पुच्छहीन अश्व (घोड़ा) अश्व ही रहता है, गदहा नहीं हो जाता अथवा एक हाथ में छः अंगुलियों के होने से मनुष्य पशु नहीं हो जाता।

(अं) *The maxim of a thing remaining unchanged in form though it may be maimed in part.*

A horse continues to be a horse and is not transformed into an ass, though its tail may be cut off or a man does not become a beast though he may lose one of his fingers.

It is used to denote that external deformity is no indication of any change of the true nature of a thing.

(सं) एकाकिनीप्रतिज्ञाहिन्यायः।

(हिं) केवल प्रतिज्ञामात्र से ही कार्य की सिद्धि नहीं होती है। बहुत बोलने और व्यर्थ बोलने वाले के सम्बन्ध में यह न्याय लगता है।

(अं) *The maxim of promise alone.*

Mere words of promise cannot secure success, (action is essentially necessary).

It is used to denote that those who talk much are not men of action.

(सं) एकाऽसिद्धिंपरिहरतोद्वितीयापद्यतइतिन्यायः।

(हिं) एक असिद्धि को दूर करते हुए दूसरी आ जाती है। संसार की आपत्ति-बहुल अवस्था में यह न्याय लगता है।

(अं) *The maxim of one failure bringing other failures in its train,*

In going to remedy one failure, another thing requiring attention is neglected, and that, too, therefore, ultimately proves to be a failure.

(सं) एक वाक्यतापन्नानामितिन्यायः।

(हिं) एक वाक्य में जिन शब्दों के अन्वय हों वह उसी वाक्य के कहलाते हैं। जो कोई व्यक्ति यदि अपने भाव को छिपाकर बहुत कुछ बोलना चाहे वहां यह न्याय लगता है।

(अं) *The maxim of being one in mouth and at heart.*

It is used in cases where a man has one thing at heart, and expresses quite a different thing by words.

(सं) एकसम्बन्धिदर्शनन्यायः।

(हिं) एकसम्बन्धिज्ञान दूसरे का स्मारक है। विचार सादृश्य के निर्णय में यह न्याय लगता है।

(अं) *The maxim of association.*

This maxim is used in cases where a thing reminds one of other things with which it is associated or with which it has some resemblance.

औ

(सं) औपाधिकाकाशभेदन्यायः।

(हिं) विभिन्न उपाधि से युक्त जाति में अवश्य भेद है। भेद प्रतिपादन में यह न्याय काम आता है।

(अं) *The maxim of the surnames and the sky.*

As the same atmosphere appears to be different, being circumscribed differnt things, so the same class of things becomes different according to the difference of designations and surnames.

It is used to establish the difference among things.

क

(सं) क्षीरंविहायरोचकग्रस्तस्यसौवीररुचिमनुभवतीतिन्यायः।

(हिं) जिसमें खाने की रुचि नहीं होती ऐसे रोग से पीड़ित पुरुष दूध को छोड़कर कढ़ी में रुचि करता है। कुपथगामी तथा असद् विषय की इच्छा करने वाले के लिये इस न्याय का व्यवहार होता है।

(अं) *The maxim of preferring a sour thing to milk.*

There are patients who would not like to take milk, but would long for curd or some prepartion of it.

It is used to denote the vitiated taste of those that have gone astray or that are addicted to evil practice.

(सं) कण्टकन्यायः।

(हिं) कांटे से कांटा निकाला जाता है, अर्थात् दुष्ट का दमन करने के लिये दुष्ट या दुष्टता का प्रयोग युक्तियुक्त है।

(अं) *The maxim of thorn.*

To draw out a thorn from any part of the body, the help or use of another thorn is necessary. So wicked means may be adopted for putting down a wicked man.

(सं) कण्ठचामीकरन्यायः।

(हिं) जैसे किसी ने गले में भूषण पहना हुआ है और भूल से दूसरे से पूछ रहा है कि कहां है, दूसरे ने कहा गले में देखो तब उसने कहा हां मिल गया।

(अं) *The maxim of the neck and the necklace.*

One day a lady was anxiously engaged in search for her necklace, though in fact she had it then round her neck. When she enquired of another person about it, she was asked only to feel her neck.

It is used to denote the useless attempt of a person to obtain a thing from somewhere else though in fact he is in possession of it, only he is not aware of it.

(सं) कण्ठाभरणन्यायः।

(हिं) यह भी उपरोक्त प्रकार का न्याय है, भ्रम प्रतीति में लगता है।

(अं) This sort of reasoning is also held to be logical like the above, but it is still not free from error.

(सं) कन्याविक्रययिद्विजन्यायः।

(हिं) ब्राह्मण के लिये कन्या देकर धन लेना महापाप है। इस कारण यह पाप बोधक न्याय है।

(अं) *The maxim of a Brahman who accepted maney to give his daughter in marriage.*

It is sinful on the part of a Brahman, to accept money as a consideration for giving away his daughter in marriage.

(सं) करस्थबिल्वन्यायः।

(हिं) जैसे हाथ में रखा हुआ बिल्व का फल स्पष्ट दिखाई पड़ता है। वैसे ही ज्ञानी व्यक्ति के संमुख जगत्प्रपञ्च का स्वरूप खुल जाता है।

(अं) *The maxim of a Bilwa fruit on the palm of hand.*

As a Bilwa fruit may be fully well-known on minute examination when it is placed on the hand, so it is possible for man to acquire a thorough knowledge of this world as he is always in direct contact with it.

(सं) करिवृंहितन्यायः।

(हिं) वृंहित यह शब्द सब की बोलियों के अर्थ में व्यवहृत हो सकने पर भी वृंहित कहने से केवल हाथी के ही शब्द का बोध होता है। एक शब्द अनेक अर्थ में प्रयुक्त होने पर भी जिसमें उसकी प्रसिद्धि है उसी अर्थ का बोध करायेगा। ऐसे उदाहरण में यह न्याय व्यवहृत होता है।

(अं) *The maxim of Kari-vrinhita (the elephant and its particular sound).*

As the word *Vrinhita* is ordinarily taken to mean the sound of an elephant, although the word properly means the sound of all animals, so a word though from its derivation may be applied in various senses, is by usage is restricted to any particular sense.

का

(सं) कांस्यभोजीन्यायः।

(हिं) जैसे किसी शिष्य ने ऐसा नियम किया कि मैं नित्य गुरु का उच्छिष्ट खाऊंगा और कांसे के बर्तन में कभी नहीं खाऊंगा। गुरु उसका नियमभंग करने के लिये सदा कांसे के बर्तन में खाने लगे, तब शिष्य को कांसे के पात्र में ही खाना पड़ेगा अतः परस्पर सम्बन्ध से एक को प्रधानता देते समय यह न्याय लगता है।

(अं) *The maxim of one eating on a bell-metal plate.*

A disciple promised never to take his meal from a bell-metal plate. But his *guru* was resolved to break that promise, and so he began to use bell-metal plates at the dinner time. As it was binding on the part of the disciple to eat the remainder of the food left by the *guru,* he could not but break his promise.

It is used to denote that in cases of mutual relations preference must be given to him who is higher in position.

(सं) काफोणिगुडन्यायः।

(हिं) कफोणि अर्थात् केहुन (कोहनी) में यदि गुड़ लग जाय तो यह चाटा नहीं जा सकता है। ऐसे असंभव भावप्रकाश में यह न्याय लगता है।

(अं) *The maxim of the elbow and molasses.*

It is impossible for one to lick out the molasses which is stuck on his elbow.

It is used in cases where one is called upon to perform an impossible task.

(सं) काकतालीयन्यायः।

(हिं) कौआ अपनी इच्छा से उड़ा आ रहा था, किसी ताड़ के पेड़ के नीचे आने पर दैवात् ताड़ का फल गिरा, कौआ मर गया ऐसी ही दैवीय घटना के प्रकाश में यह न्याय लगता है।

(अं) *The maxim of a crow and the palm fruit.*

It takes its origin from the unexpected and sudden fall of a palm fruit upon the head of a crow (so as to kill it) at the very moment of its sitting on a branch of that tree.

It is used to denote an unexpected and accidental occurrence, whether welcome or otherwise.

(सं) काकदधिघातकन्यायः।

(हिं) जैसे कौए से दही बचाना कहने पर ऐसा समझना चाहिये कि सब पक्षी आदि से दही बचाने को कहा जाता है।

(अं) The maxim of a crow and vessel of curd.

It has thus come in use :—A vessel containing co-agulated milk is placed by a man in charge of another with a request to protect it carefully from the crow. Here though the man mentions only crow, he means that it shuold be properly taken care of so that it might not be spoiled by any animal whatever.

It is used to denote that the intention of the speaker is to be marked and given effect to, though his words may not clearly express it.

(सं) काकाक्षिगोलकन्यायः।

(हिं) ऐसी किंवदन्ती है कि कौआ दोनों आँख का उपयोग नहीं कर सकता। ऐसे उदाहरण पर इस न्याय का व्यवहार होता है।

(अं) *The maxim of the crow's eye-ball.*

It originates from the supposition that the crow has but one eye, and that it can move it, as occasion requires, from the socket on one side into that of the other.

This maxim is applied to a word or phrase which though used only once in a sentence, may, if occasion requires, serve two purposes.

(सं) काकदन्तपरीक्षान्यायः।

(हिं) कौए के दांतों की परीक्षा करना व्यर्थ है। असंबद्ध और निष्फल कार्यों के लिये इस न्याय का उपयोग है।

(अं) *The maxim of searching after a crow's teeth.*

It is used to denote any useless, unprofitable, or impossible task.

(सं) कामनागोचरत्वेनशब्दबोधएवशब्दसाधनतान्वयइतिन्यायः।

(हिं) अर्थ का बोध ही मनोवांच्छित अर्थ का विषय है इसलिये अर्थबोध में शब्द ही कारण है। यदि कोई मनोभाव छिपाये उस समय यह न्याय प्रयुक्त होता है।

(अं) *The maxim of Sound with meaning is expressive of mental conditions or states.*

This reasoning is applicable only in cases when mental reservation is practised.

(सं) कारणगुणप्रक्रमन्यायः।

(हिं) जैसा कारण में गुण हो कार्य में भी वैसा ही होता है, जैसे तन्तुरूप पटरूप का कारण है। जैसा तन्तु का रूप रहता है वैसा ही पट का रूप होता है।

(अं) *The maxim of properties of cause and effect.*

It is used to denote that the properties or qualities belonging to the cause pass to the effect.

(सं) कामिपतिसपत्नन्यायः।

(हिं) कामी पति स्त्री को बिगाड़ डालते हैं अतः शत्रु हैं। यह स्त्रियों की पवित्रता के विषय में व्यवहृत होता है।

(अं) *The maxim of the lewed husband corrupting his wife.*

It is used to denote that husbands are responsible (oftentimes) for the corrupted course of life led by their wives.

(सं) कार्येणकारणसंप्रत्ययन्यायः।

(हिं) कार्य से कारण का अनुमान होता है। गुप्त कारण पर जोर देने पर यह न्याय लगता है।

(अं) *The maxim of effect proving the existence and nature of the cause.*

proverb—A tree is known by the fruit it bears.

(सं) कारणनाशेकार्यनाशन्यायः।

(हिं) कारण के न रहने से कार्य नहीं रहता है। जैसे दीप के जलने में तेल कारण है तेल के अभाव से दीप नहीं रह सकता। उसी प्रकार द्वेष आदि कारण नष्ट होने पर द्वेष आदि का कार्य कदापि नहीं रह सकता।

(अं) *The maxim of the destruction of the cause results in the destruction of the effect.*

The effect cannot exist if the cause giving rise to it ceases to exist.

कि

(सं) किमज्ञानस्यदुष्करमितिन्यायः।

(हिं) अज्ञानी क्या नहीं कर सकता है। अज्ञान की निन्दा में इस न्याय का प्रयोग होता है।

(अं) *The maxim of nothing is impossible on the part of a fool.*

A foolish and ignorant man is equal to any task.

की

(हिं) कीटभृङ्गन्यायः।

(हिं) भ्रमरकीट तैलपाई कीट को पकड़ लेता है और पकड़ कर

अपने बिल में बन्द कर देता है और हर समय बिल पर जाकर बोलता रहता है, तैलपाई कीट भय से भ्रमरकीट का ध्यान करते-करते भ्रमरकीट बन जाता है।

(अं) *The maxim of a cockroach and a black-bee.*

A cockroach was seized and carried away by a black-bee to its nest, kept there in close coafinement, and at last transformed into a black-bee as an effect of its constant hearing of the buzzing of the bees and being occupied with their thought.

The maxim denotes that mind acts powerfully upon the body.

कु

(सं) कुक्कुटध्वनिन्यायः।

(हिं) मुर्गे के शब्द की ध्वनि क्रम से बढ़ती है, जैसे पहले एक मात्रा तब दो मात्रा फिर तीन मात्रा की ध्वनि होती है।

(अं) *The maxim of crowing of a cock.*

The crowing of cocks grows louder and louder by gradual steps.

It is used to denote the gradual course to be followed in the path of improvement, which is brought about step by step and not by leaps and bounds.

(सं) कुम्भीधान्यन्यायः।

(हिं) जिसके पास घड़ाभर अन्न है उसके लिये अन्नदान निष्प्रयोजन है। इस न्याय का सार यह ही है कि अभाव में न देना उचित है।

(अं) *The maxim of an earthern jar full of paddy.*

It is needless to give in charity to one who is in possession of a big vessel full of paddy.

It is used to denote that charity is meant for the poor and needy and not for those that have sufficient means of subsistence.

proverb : —To send coal to New Castle.

(सं) कुसीदग्राहीब्राह्मणन्यायः।

(हिं) सूद खाना ब्राह्मणों के लिये पाप है क्योंकि उससे ब्रह्मतेज जाता रहता है। अतः यह नीचता सूचक न्याय है।

(अं) *The maxim of a usurious Brahman.*

The Brahman who lives by means of usury is a sinner, for, thereby he loses the spiritual power which is the peculiar possession of Brahman.

It is used to denote that a man degrades himself by taking recourse to unworthy or base profession.

(सं) कुशकाशावलम्बनन्यान्यः।

(हिं) जैसे नदी में पड़ा हुआ मनुष्य किसी मजबूत आधार को न पाकर कुश या काश का आलम्बन करके विफल मनोरथ होता है ऐसे ही अच्छी युक्तियों से परास्त पुरुष छोटी युक्ति का अवलम्बन करके हास्यास्पद होता है।

(अं) *The maxim of catching a straw.*

As a ship-wrecked person in making struggles for saving his life, catches hold of even a straw that he comes across (if he cannot get any thing more solid) though quite in vain, so a person in course of a debate, when he fails to gain his point by a strong argument, takes recourse to a frivolous one and thus becomes only a butt of ridicule.

कू

(सं) कूपखानकन्यायः।

(हिं) कूप के खोदने से देह पर पड़ा हुआ कीचड़ कूप के जल ही से धोया जाता है।

(अं) *The maxim of digging a well.*

The object of the maxim is to denote that as in course of digging a well the body of the worker becomes soiled with the dust, clay, etc., but these may be washed off again with the water of that well, so the sins committed by one at first may be removed by the merits of the virtuous acts done by him afterwards.

(सं) कूपन्यायः।

(हिं) बिना लोटा-डोरी के कूप में जल रहने पर भी उसका कुछ उपयोग नहीं होता है।

(अं) *The maxim of a well.*

There is water in the well, but it cannot be obtained without the help of a jar and a rope, so the Shastras are storehouses of knowledge no doubt, but they are inaccessible to those that are ignorant.

(सं) कूपयन्त्रघटीन्यायः।

(हिं) भाग्य किसी का अभ्युदय और किसी की अवनति करता है, जैसे कूपयन्त्र में बंधे हुए पात्रों में से किसी में जल भरता है और किसी का खाली होता है।

(अं) *The maxim of the buckets attachea to the water-wheel.*

It takes its origin from the fact that while some of the buckets filled with water go up, some are emptied of their contents, while others go down quite empty.

It is used to denote the various vicissitudes of worldly existence.

(सं) कूपमण्डूकन्यायः।

(हिं) कोई समुद्र का मण्डूक दैववश तीर में आकर कुएं में पड़ गया। कुएं के मण्डूक ने उसको देख कर पूछा आप कहां से आये? उसने कहा मैं समुद्र से आया हूँ। तब उसने पूछा समुद्र कितना बड़ा है? उसने कहा बहुत बड़ा है। तब उसने कहा क्या मेरी जंघा के बराबर? उसने कहा बहुत बड़ा है। तब कूपमण्डूक ने कहा मेरी दोनों जंघाओं के बराबर है? समुद्रमण्डूक ने कहा नहीं बहुत बड़ा है, ऐसे कहने पर कहा क्या कुएं के समान तो नहीं है? उसने कहा समुद्र अपार और अति गम्भीर है। यह सुनकर कूपमण्डूक बोला तुम मिथ्या कहते हो, सुन कर वह हंसने लगा।

(अं) *The maxim of a frog in a well.*

The maxim is supposed to originate thus :—One day sea frog came upon the shore. Proceeding onwards for a time it came at last to a well and accidentally fell into it. There lived a frog in that well, on seeing the stranger it came up and held the following conversation :

The second frog :— "Where do you come from?"

The first frog :—"I came from the sea I live in."

The second frog :—"How big is a sea?"

The first frog :— "Very big."

The second frog :— "As big as my thihg."

The first frog :— "Bigger than that."

The second frog :—"As big as my both the thighs together."

The First frog :—"Bigger still."

The second frog :—"Certainly not bigger than this well?"

The First frog :—"The sea is, my friend, much bigger than this well. It is a vast expanse of water and appears to have no limit."

Hearing this the frog in the well laughed at the sea frog and said that it was a lie. There could not be anything bigger than this well.

It is used to denote that a man of limited ideas, having experience only of his own neighbourhood cannot make himself believe that there can be anything better than what he himself knows.

(सं) कूर्माङ्गन्यायः।

(हिं) कछुआ अपनी इच्छा से अपना शरीर काम करने के लिये फैलाता है और आपत्ति से बचने के लिये सिकोड़ लेता है।

(अं) *The maxim of the movement of the limbs of a tortoise.*

It originates from the fact that a tortoise projects its limbs, i.e., its legs and neck, when it has to serve any purpose and again it draws them in, when that purpose is served or any danger is apprehended.

It is used to denote that a sensible person will like a tortoise make an exhibition of his power only when there is an opportunity or necessity for it.

(सं) कृत्वाचिन्तान्यायः।

(हिं) चिन्ता करके कार्य करना बुद्धिमान् का काम है, कार्य करके चिन्ता करना बुद्धिहीन का काम है।

(अं) *The maxim of doing an act after due consideration.*

A sensible man will think twice before he undertakes to do anything. But to do something in hot haste and then to consider the propriety or otherwise about it, is the sign of foolishness.

(सं) कैमुतिकन्यायः।

(हिं) बिना परिश्रम के जहां अर्थसिद्धि हो वहां यदि व्यर्थ परिश्रम किया जाय, तो ऐसे स्थल पर इस न्याय का उपयोग होता है।

(अं) *The maxim of "how much more"*

This maxim is applied to cases where it is unnecessary to do any labour, if the object may be gained without any labour whatsoever.

(सं) कोषपानन्यायः।

(हिं) यह न्याय दिव्य परीक्षा में होता है। चोरी आदि करने वाले मनुष्य को मन्त्रादि से पवित्र किया हुआ जल पिलाते हैं। यदि वह जल पीकर चौदह दिन तक निरोगी रहे तो बिना अपराध का समझा जाता है, नहीं तो अपराधी समझा जाता है।

(अं) *The maxim of drinking water.*

It thus originates that a man guilty of theft or some such crime is given to drink a quantity of water sanctified by means of *mantra*. If in the course of a fortnight he gets no attack of any disease that would go to prove his innocense, but if he becomes inwell any way, that would go to show that he is guilty.

This maxim is used in the cases of ordeals.

(सं) कौण्डिन्यन्यायः।

(हिं) कहीं निमन्त्रण में ऐसा कहा गया, सब को दही और कौण्डिन्य को तक्र (दही का घोल) दो, यहां कौण्डिन्य को दही देना उचित नहीं है, ऐसा समझा गया।

(अं) *The maxim of Kaundinya.*

This maxim has its origin in the following story. There was a Brahman named Kaundinya. On the occasion of a feast in which many Brahmans were invited, curdled milk was served cut to all except Kaundinya for whom *ghol* (a species of that milk) was provided for.

It is used to denote "Exception proves the rule."

(सं) कौन्तेयराधेयन्यायः।

(हिं) जैसे कर्ण कुन्ती का ही पुत्र था, परन्तु ज्ञान न होने से अपने को राधा का पुत्र समझता था, बाद में किसी आप्त पुरुष के कहने से अपने को कुन्ती का पुत्र समझने लगा।

(अं) *The maxim of Kaunteya Radheya.*

It has its origin in the fact that *Karna* a hero of the Mahabharat was in reality the son of *Kunti* but as he was brought up from his infancy by a carpenter-woman named Radha, he was ordinarily called Radheya.

This maxim is applied to the cases in which a fictitious appellation gets currency in suppression of the real one.

(सं) खल्वाटबिल्वीयन्यायः।

(हिं) कोई खल्वाट अर्थात् चांदुल पुरुष धूप को नहीं सहन करता हुआ बिल्व के पेड़ के नीचे गया। वहां उसके अभाग्यवश बिल्व का फल गिरा, उसका सिर फट गया। ऐसे भाग्यहीन पुरुष जहां जाते हैं वहां ही आपत्तियां आ पड़ती हैं।

101. *The maxim of a bold-headed man and the Bilwa fruit.*

It takes its origin from the story that one day at noon a bald headed man tired of the exessive heat of the sun, took shelter under the shadow of a *Bilwa tree*. Unfortunately for the man a ripa *Bilwa* fruit fell down and struck him severely on the head.

It is used to denote that an unfortunate man in pursued by the evil fate wherever he goes.

(सं) खलमैत्रीन्यायः।

(हिं) दुर्जनों की मैत्री पहले बहुत बड़ी होती है, बाद में धीरे-धीरे छोटी हो जाती है अथवा खल की मैत्री बालू की भीत के समान मिथ्या होती है।

(अं) *The maxim of the friendship of a Villain.*

It has its origin in the fact that a Villain is at first very profuse in the profession of his friendship. But as time rolls on its intensity gradually diminishes.

It is used to denote that the friendship of a mischievous villain is as unreliable as a bund of sand.

(सं) खलेकपोतन्यायः।

(हिं) खलिहान में बूढ़ा, जवान तथा बच्चा सब ही कबूतर एक साथ आ जाते हैं। ऐसे मनोरथ पूर्ति होने योग्य महत्स्थान का सब ही सहारा लेते हैं।

(अं) *The maxim of the barn of corn and the pigeons.*

As all kinds of pigeons, young and old, go flying into a barn and help themselves to the corn therein to their heart's content, so this maxim is used to denote that all kinds of men repair to a great man's place to fulfil their own respective ends.

(सं) खादकघातकन्यायः।

(हिं) भक्ष्य और भक्षक की प्रीति कदापि नहीं हो सकती, हो तो स्थायी नहीं रह सकती।

(अं) *The maxim of the eater and the eatable.*

It is used to denote that there can be no friendly relation between one that eats and the thing that is eaten. It there be any such relation ever it invariably ends in misery and troubles.

(सं) गजघंटान्यायः।

(हिं) आडम्बर वर्णन में यह न्याय लगता है।

(अं) *The maxim of an assemblage of elephant.*

This maxim is used in discribing any pagentry.

(सं) गजभुक्तकपित्थन्यायः।

(हिं) हाथी द्वारा खाया गया कैथ का फल जैसा खाया है वैसा ही निकलता है परन्तु भीतर का गूदा गल जाता है। अस्तु जब भीतर साररहित हो बाहर ठीक दिखाई दे तो यह न्याय लगता है।

(अं) *The maxim of a wood-apple eaten by an elephant.*

It takes its origin from the fact that in a wood-apple eten by an elephent is execreted apparently quite unchanged though in fact its contents have all been digested and its has become quite empty.

It is used to denote the internal worthless state of a thing though externally it looks all right.

(सं) गड्डुलिकाप्रवाहन्यायः।

(हिं) जाते हुये भेड़ के समूह में से एक यदि कुएं में गिरे तो सब गिर जाते हैं या एक जिधर जाता है उधर ही सब जाते हैं।

(अं) *The maxim of a continuous current.*

This maxim takes its origin from the fact that in a flock of sheep, if one accidentally slips into a well, the rest will also fall into that well.

It is used to denote the tendency of blindly following others without pausing to think whether the course is right or wrong.

(सं) गणपतिन्यायः।

(हिं) किसी की प्रधानता या प्रथम सम्मान वर्णन में यह न्याय लगता है।

(अं) *The maxim of Ganapati.*

This maxim has its origin in the custom of worshiping Ganapati first on the occasion of the worship of the gods and goddesses whoever they may be and is used to denote the first place to be assigned or the highest respect to be shown to a person who deserves it.

(सं) गतानुगतिकोलोकइतिन्यायः।

(हिं) संसार में जो प्रवाह पड़ जाता है उसी ढंग पर बिना विचारे लोग चलने लगते हैं।

(अं) *The maxim of a blind follower.*

This maxim is used to signify the tendency of imitation prevailing in men. When any fashion becomes current many would follow it without any judgment as to its propriety or importance.

(सं) गर्दभरोमगणनन्यायः।

(हिं) गदहे के रोमों की गिनती करना व्यर्थ है, क्योंकि अशुचि और अप्रयोजनीय है।

(अं) *The maxim of the fur of the asses.*

The fur of the asses is unholy and so it is useless to shear these animals. It is used to denote an unprofitable undertaking in which one may be engaged.

(सं) गलेपादुकान्यायः।

(हिं) असंबद्ध वर्णन में इस न्याय का उपयोग होता है। गले में कोई पादुका नहीं पहनता है।

(अं) *The maxim of wearing shoes or sandals in the neck.*

This maxim is used in reference to any absured or preposterous thing.

(सं) गगनरोमन्थन्यायः।

(हिं) आकाश की ओर बैल के पागुर (रोंयना) का फेन गिरना असंभव है, क्योंकि वह जमीन ही पर गिरता है।

(अं) *The maxim of chewing the end in the air.*

The maxim is used to denote impracticability of any absurd attempt like the remaining suspended in the air of the froth from the mouth of a cow as it is chewing the end.

(सं) गुडजिह्विकान्यान्यः।

(हिं) निम्ब नहीं पीने वाले बालक को पहले गुड़ पिलाते हैं फिर निम्ब पिलाते हैं।

(अं) *The maxim of the Molasses and the Nimba (a kind of bitter fruit).*

The maxim takes its origin from the fact that when it is necessary for a child to use *Nimba* fruit, he is at first given some molasses to taste and then he can eat the *nimba* fruit.

It is used to denote when one feels reluctant to do a thing on account of its very seeming difficult or which is uninteresting to him, he is first given some easy and congenial task to prepare him gradually for the difficult task.

(सं) गुणोपसंहारन्यायः।

(हिं) दोष न देखने में और गुण देखने के सम्बन्ध में इस न्याय का प्रयोग होता है।

(अं) *The maxim of collecting or gathering virtues.*

This maxim is used in overlooking the faults or defects and observing and gathering merits in others.

(सं) गृहार्थमारोपितस्य दीपस्येतिन्यायः।

(हिं) घर में दरवाजे के सामने जलाया गया दिया गली में भी उजाला करता है।

(अं) *The maxim of the lamp placed over the threshold.*

It takes its origin from a lamp hanging over the threshold of a house, which, by its peculiar position, serves to light both the house and the path leading to it.

It is used to denote something which serves a two-fold purpose at the same time.

(सं) गोवलीवर्दन्यायः।

(हिं) गो यह शब्द बैल तथा गाय का वाचक है तथापि गो शब्द की अधिक प्रसिद्धि गाय के अर्थ में होती है इसलिये बैल के अर्थ में गोबलीवर्द का प्रयोग करते हैं।

(अं) *The maxim of a bull-cow*

The origin of the maxim lies in this that the word *cow* strictly signifies both a male cow and a female cow, ordinarily it is used in the sense of a female cow, and a different word "*bull*" is used to mean a male cow.

It is used to denote that the ordinary acceptance of a word is not always what it strictly or derivatively signifies.

(सं) गोक्षीरं श्वदन्तैर्धृतमितिन्याय:।

(हिं) गाय का दूध कुत्ते के दांतों से पकड़ा गया। उत्तम वस्तु भी असत्पर्श से असत् हो जाती है।

(अं) *The maxim of the cow-milk being touched by a dog's teeth.*

It takes its origin from the cow-milk, a pure thing, getting polluted by the touch of a dog's teeth.

It is used to denote that a good and holy thing becomes corrupted and unholy by coming in contact with something that is bad and impure.

(सं) गोमहिष्यादिन्याय:।

(हिं) गाय भी दूध देती है और भैंस भी दूध देती है, परन्तु दोनों के दूध और शरीर में आकाश पाताल-सा अन्तर है।

(अं) *The maxim of the cow, buffalo, etc.*

The maxim has its origin in this that the cows give milk, as well as the buffalos give milk, but there is a vast difference in the quality of these two kinds of milk.

It is used to denote that the individual objects falling under one general class are not alike in every respect but have many peculiarities especial only to them.

(सं) ग्रहराशिभेदनन्याय:।

(हिं) जैसे राशि स्थित रहती है और ग्रह की अलग-अलग चाल होती है जिससे यह दिखाई पड़ता है कि अमुक ग्रह अमुक जगह है और अमुक कक्षा में है। उसकी चाल, उसकी गति और दूरी में आकाश

पाताल-सा भेद होने पर भी मालूम कुछ और ही होता है। इस बात को ज्योतिषी लोग ठीक समझ सकते हैं। विकल्प वृत्ति में यह न्याय लगता है।

(अं) *The maxim of the planets and their movement in the Zodiac.*

As the movements of the planets and the Zodiac are not easily comprehensible this maxim is applicable to the circumstances in which eyes fall prey to the illusions of sight.

(सं) घट्टकुटीप्रभातन्यायः।

(हिं) किसी घाट के पास चुंगी घर था। किसी रोज रात में चुंगी देने के डर से कोई मुसाफिर चुंगी घर के रास्ते को छोड़ कर दूसरे रास्ते से चला परन्तु रात भर घूम कर सवेरे उसी चुंगी घर के पास आ गया।

(अं) *The maxim of the octroi house in the morning.*

The maxim has its origin in the story that one night a passenger with a view to avoid payment of octroiduty proceeded to his destination by a different way. But he walked throughout the whole night and to his great surprise found himself just before the octroi house when it was morning.

It is used to denote that there is no avoiding the payment of the dues. They must be satisfied sooner or later.

(सं) घटप्रदीपन्यायः।

(हिं) घड़े के अन्दर रखा हुआ दिया केवल घड़े के भाग को ही प्रकाशित कर सकता है।

(अं) *The maxim of a lamp in a jar.*

The maxim takes its origin from the fact that if a lamp is placed in a jar, it will light only the inside of the jar and nothing else and is used to denote that bright intelligence, if confined to a private place can be of no use to others.

(सं) घुणाक्षरन्यायः।

(हिं) घुने हुये काठ में बिना यत्न से ही अक्षर बन जाते हैं।

(अं) *The maxim of letters bored by an insect in wood.*

It takes its origin from the unexpected and chance resemblance of an incision in wood or in the leaf of a book, made by an insect to the form of some letter.

It is used to denote any fortuitous or chance occurrence.

(सं) चक्रभ्रमणन्यायः।

(हिं) जब तक चक्र में वेग रहेगा तब तक चक्र घूमता ही रहेगा।

(अं) *The maxim of a wheel in motion.*

It takes its origin from the fact that a wheel will continue to be in motion, so long as the force which imparted motion to it remains unspent.

It is used to denote that all kinds of movement, whether social, religious or political, remain in active state, so long as the prime movers can keep up their energy.

(सं) चतुर्वेदविन्न्यायः।

(हिं) किसी मूर्ख ने सुना कि स्वर्ण आदि अधिक धन चारों वेद जानने वाले को ही दिया जाता है। ऐसा सुनकर वह कहने लगा मैं चारों वेद जानता हूँ। लेकिन उसको धन नहीं मिला और वह हास्य का पात्र बना।

(अं) *The maxim of one well versed in all the four Vedas.*

It takes its origin from the story that an ignorant and unlettered man heard that the possession of the knowledge of the four *Vedas* has the effect of procuring wealth. Hearing this he went on proclaining himself fully conversant with the *Vedas*. But unhappily for him he got no gold, on the other hand he became a laughing stock of all wherever he went.

It is used to denote that by false representation no one can gain any honour, rather thereby he lowers himself in the estimation of others.

(सं) चम्पकपटवासन्यायः।

(हिं) चम्पा के फूल से सुगन्धित कपड़े में फूल के हटा लेने पर भी गंध रहती है।

(अं) *The maxim of the* Champaka *flower in a cloth.*

The *champaka* flowerleaves its fragrance in the piece of cloth in which it is kept, even after the flower is taken away.

The maxim is used to denote that the virtues of a man continue to exercise their genial influence upon others even after the man has departed from this world.

(सं) चन्द्रचन्द्रिकान्यायः।

(हीं) चन्द्र के साथ ही चन्द्रिका रहती है।

(अं) *The maxim of the moon and her lustre.*

The maxim originates from the inseparable connection between the moon and her pleasing lustre, and is used to denote that where there is cause there is effect.

(सं) चाण्डालब्राह्मणन्यायः।

(हिं) यद्यपि असद्वृत्ति धारण करके ब्राह्मण चाण्डाल के समान हो जाता है। परन्तु ब्राह्मण का यदि रज और वीर्य शुद्ध रहे तो उसकी जाति नष्ट नहीं होती। उस हालत में ब्राह्मण चाण्डाल के समान हो जाता है चाण्डाल नहीं होता। वह पतित ब्राह्मण समझने योग्य है।

(अं) *The maxim of a Brahman and a* chandal *(a man of the lowest and most despised class.)*

A Brahman by his wicked conduct becomes as low and despicable as a *Chandal,* but he is not thereby changed into a *Chandal* provided the blood and the seed of which he was born were pure.

This maxim is used to denote that unworthy use may bring a thing into diserpute, but will never change its nature.

(सं) चित्रपटन्यायः।

(हिं) चित्रपट केवल देखने में काम आता है।

(अं) *The maxim of a painting.*

It originates from the fact that the value of a picture consists only in pleasing the eyes and is used to denote the worthlessness of a person who possesses only personal elegance and no other merits.

(सं) चित्रामृतन्यायः।

(हिं) चित्र में लिखे हुये अमृतभाण्ड के द्वारा अमृत सम्बन्धीय तृप्ति की प्राप्ति नहीं होती।

(अं) *The maxim of the word nectar.*

It takes its origin from the impossibility on the part of one of satisfying his desire for nectar merely by writing or reading the word (nectar) and is used to denote that it would be useless to try to get a thing from a quarter from which its can never be expected.

(सं) चित्राङ्गनान्यायः।

(हिं) चित्र में लिखी हुई स्त्री साक्षात् स्त्री के आकार वाली होने पर भी स्त्री का काम नहीं दे सकती।

(अं) *This maxim shows that an unreal thing can* ***never*** stand for a real one however great efforts may be made to make it perfect.

(सं) चित्रालानन्यायः।

(हिं) चित्र के खूंटे से हाथी नहीं बांधा जाता है।

(अं) *The maxim of the picture of a post.*

No elephant can be fastened to a post drawn in a picture.

The maxim is used to denote the worthlessness of a thing that is good only for representation and for nothing else.

(सं) चिंतामणिं परित्यज्य काचमणिग्रहणन्यायः।

(हिं) चिन्तामणि रत्न छोड़ कर काँचमणि ग्रहण करना मूर्खता है।

(अं) *The maxim of accepting glass in preference to* chintamani *(a kind of precious jewel).*

The maxim is used to denote that as it is foolish to prefer glass to ***chintamani*** which is very precious, so it is like wise an act of foolishness on the part of a man to consider an object valuable led away only by its outward charm.

proverb. "All is not gold that glitters."

(सं) चौरापराधान्माण्डव्यनिग्रहन्यायः।

(हिं) किसी चोर के अपराध से निरपराधी माण्डव्य पकड़ा गया।

(अं) *The maxim of* Rishi Mandavya *being punished for theft.*

The maxim takes its origin from the story that one day a thief committed theft in a Raja's house and being purused by the police ran away leaving the goods where *Mandavya Rishi* was engaged in devotion. The police came up there and arrested the *Rishi* and took him to court. The *Rishi* was punished for theft.

It is used to denote that sometimes honest and innocent men have to suffer the consequences of the wicked conduct of villainous men.

(सं) छत्रिन्यायः।

(हिं) छत्रधारी जाता है ऐसा कहने से छत्र धारण करने वाले नौकर आदि भी समझे जाते हैं।

(अं) *The maxim of the persons with umbrella.*

The maxim originates from a number of persons walking along a road with their umbrellas spread overhead. There may be a master and his retinues in that number, but to an onlooker they are all known by the same designation *viz.*, the persons with umberallas.

It is used to denote that things are not always what they seem.

(सं) जलतुम्बिकान्यायः।

(हिं) जल में तुम्बी फेंकने से वह जल के ऊपर ही रहती है।

(अं) *The maxim of a gourd on the water.*

It takes its origin from the fact of the gourd not sinking down when thrown into water.

It denotes that a light-minded person cannot dive deep into a matter he may be called upon to be engaged in.

(सं) जलमन्थनन्यायः।

(हिं) पानी का मंथन करना निष्फल है।

(अं) *The maxim of churning water.*

It takes its origin from the fact that to churn water would be productive of no good whatsoever and is used to denote the fruitlessness of spending labour on a thing from which no good can result.

(सं) जलकतरेणुन्यायः।

(हिं) कीचड़ वाले जल में रखी हुई निर्मली जल से कीचड़ को अलग कर आप निवृत्त हो जाती है।

(अं) *The maxim of the muddy water.*

The muddy water becomes clear and fit for drinking purposes when a fruit called *nirmali* is dipped into it. So the maxim is used to denote that a bad man becomes good and honest in the company of a good and honest man.

proverb. company mkes a man.

(सं) जलमृणालन्यायः।

(हिं) तालाब में जल बढ़ जाने से कमल के मृणाल भी बढ़ जाते हैं। बाद में प्रचण्ड ऋतुओं में जल घटने से कमल के पौधे सूख जाते हैं परन्तु मृणाल छोटे नहीं होते हैं। उसी प्रकार महत् व्यक्ति या महत् जाति दीन हो जाने पर भी अपना महत्व नहीं छोड़ सकती। यह स्वाभिमानसूचक न्याय है।

(अं) *The maxim of the lotus stalk.*

It takes its origin from the growth of the stalk of a lotus with the increase of water in a tank during the rains. Again when the dry season comes and the surface of the water begins to sink, the stalk of the lotus gets dry but it does not die away.

Similarly when a great man or nation by the freaks of fortune is reduced to miserable condition he does not lose thereby his usual nobleness of mind.

(सं) जलानयनन्यायः।

(हिं) जल लाओ कहने से जल पात्र का लाना स्वतः हो जाता है।

(अं) *The msxim of "bring water".*

It takes its origin from the fact that when a man is asked to bring water he will get also the vessel containing water.

It is used to denote that an unimportant thing acquires importance when connected with an important thing.

(सं) जलौकान्यायः।

(हिं) जैसे मक्खी सुन्दर शरीर में व्रण को ही चाहती है वैसे ही जोंक स्त्री के स्तन में लगने पर दूध को छोड़ कर खून को ही पीती है।

The maxim of the a leech.

It takes its origin from the fact that a leech will suck blood from the breast of a woman and not milk, just as a fly would sit not on any elegant part of the body but where there is a sore.

It denotes that a depraved man will mind not the virtues but the faults, in others.

(सं) जलौष्णान्यायः।

(हिं) दूसरे के धर्म का दूसरे मे आरोप करने में यह न्याय लगता है। जल की ठंडी तासीर होने पर भी अग्निसंयोग से जल गरम है ऐसा व्यवहार होता है।

(अं) *The maxim of the hot u'a'e'.*

It takes its origin from the fact that water is naturally cold, but when heat is applied its nature is changed and it becomes hot.

It is used to denote that the nature of a person becomes

altered by coming in contact with a person of different character.

(सं) जातिपितृन्यायः।

(हिं) जिस मनुष्य जाति को पितरों की सहायता नहीं मिलती वह जाति चिरकाल तक जीवित नहीं रहती। वर्णाश्रमधर्मी हिन्दू जाति पर पितरों की कृपा रहने से वह चिरकाल जीवित रहती है। वर्णाश्रम धर्म द्वारा पितरों की कृपा प्राप्त होती है क्योंकि उसमें रज-वीर्य की शुद्धि की प्रधानता है। एकान्त आवश्यकता में इस न्याय का प्रयोग होता है।

(अं) *The maxim of caste system and Pitris.*

The Pitries are a class of celestial Beings : the nation that does not believe the blessing and care of these Beings is sure to be extinct on day. According to the Hindu scriptures the followers of Varna and Ashram order receive such care and blessing and can therefore never die.

This maxim is used to show the indispensableness of something.

(सं) जामात्रार्थंक्लृप्तस्यसूपस्यातिथ्युपकारकत्वमितिन्यायः।

(हिं) जमाई के लिये बनाई दाल उसके साथ रहने वालों की भी उपकारक होती है।

(अं) *The maxim of the son-in-law and the dish prepared for him.*

The *dal* prepared for the son-in-law will come to the use of other guests that sit to dine with him.

It is used to denote that a thing though primarily intended for one may come to the benefit of many others.

(सं) ज्ञानादेर्निष्कर्षवदुत्कर्षोप्यङ्गीकार्यइति न्यायः॥१४४॥

(हिं) जैसे स्थावर बहुत अल्पज्ञान वाले हैं और ईश्वर सर्व ज्ञान वाला है। ज्ञान का अधिकार सब तरह का होता है।

(अं) *The maxim of the loweast and the highest degree of knowledge.*

The trees and plants possess the least amout of knowledge, on the other hand, God has it to the fullest amount.

It is used to denote that everything in this world has two extremities.

(सं) ज्ञानिविमानन्यायः।

(हिं) जैसे जमीन पर चलता हुआ मनुष्य पहाड़ की ऊंचाई, गह्वर की नीचाई, नदी का गर्भ और उपत्यका की समता सब कुछ देखता है परन्तु विमान पर चढ़ कर आकाश में गमन करने वाला व्यक्ति सब को समान देखता है। वैसे ही अज्ञानी व्यक्ति धर्ममतों में और छोटे-बड़े में भेद देखता है, किन्तु ज्ञानी में समदर्शिता आ जाती है।

(अं) *The maxim of the wise and the air-boat.*

It takes its origin from the fact that a man walking on the field can mark distinctly the height of a hill, the depth of a cave and the level surface of a plateua, but when he soars high up by means of an air-ship, these differences are not distinguishable to him; everything below then appears to him to be of even surface.

It is used to denote that the consideration of the distinction of high and low, great and small, good and bad, etc., in a man so long as he is at the lowest step of the ladder of wisdom or knowledge, but when he reaches the highest step, all the religious and sectarian differences vanish away. To him then everything appears to be of equal importances.

(सं) ज्योतिर्न्यायः।

(हिं) गृह में दिये के प्रकाश होने पर वस्तु दिखाई पड़ती है।

(अं) *The maxim of light.*

It arises from everything becoming visible when it is day.

It is used to denote that ignorance is darkness and knowledge is light.

(सं) टिट्टिभन्यायः।

(हिं) समुद्र के किनारे रहने वाले किसी टिट्टिभ पक्षी के अण्डे को

समुद्र ने अपनी तरङ्गो से हरण कर लिया। पक्षी ने क्रोध कर अपने पंख और चोंच से समुद्र को सुखाने की इच्छा से जल फेंकना आरम्भ किया। उस पक्षी की दृढ़ता देख कर समुद्र ने अण्डे को वापिस कर दिया।

(अं) *The maxim of the bird tittiva.*

The maxim originates from the story that a bird called tittiva lived on the beach of a sea, one day the beach was washed away by a huge wave of the sea. The eggs which the bird lay in the nest were also washed away in consequence. Enraged at this the bird resloved to laddle off the sea and began to throw away the water with its beak and also with its wings, which it once dipped into the sea and then came up and shook them. Struck with wonder at the firun determination of the bird the sea returned its eggs.

It is used to denote that all sorts of difficulties, however unsurmountable they may seem to be, melt away before firm determination.

proverb: Labour surmounts every difficulty.

(सं) तण्डुलभक्षणन्यायः।

(हिं) यह एक प्रकार का दिव्य है। सफेद साठी के चावल मिट्टी के पात्र में रख कर सूर्य के सामने जल से मिलाकर रात भर रखना। प्रातःकाल जिसकी परीक्षा करना है उसको खिला के पीपल के पत्ते पर थुकाये, यदि दाढ़ी लाल हो जाये और तालु फटने लगे, शरीर कांपने लगे तब समझना कि यह अपराधी है अन्यथा नहीं।

(अं) *The maxim of eating rice.*

The maxim takes its origin from a particular kind of ordeal taken recourse to, for ascertaining the guilt of a man, some quantity white Satti rice is to be kept in an earthen pot containing water while it is day. The pot is to be allowed to remain in this state throughout the wholenight. In the morning the accused is to be made to eat the rice first and then to disgarge it on the leaf of a peepal tree. If the beard of the man becomes red and there be a splitting pain in the throat and also a shivering comes upon the whole frame, then the guilt of the man is proved.

(सं) तपःस्वाध्यायत्यागिब्राह्मणन्यायः।

(हिं) तप और शास्त्र का त्यागी ब्राह्मण पतित ब्राह्मण कहा जाता है। यह पातित्य बोधक न्याय है।

(अं) *The maxim of a Brahmin who has given up his sandhya prayer and study of the Vedas.*

The Brahmin who never says his prayer and never reads the Vedas becomes fallen thereby.

It is used to denote that the non-performance of the most essential duties of life makes one quite un ragarded.

(सं) तदागमेहिदृश्यतेन्यायः।

(हिं) जैसे तेल में उष्णत्व अग्नि के संयोग से होता है इसलिये वह तेल का धर्म नहीं है अग्नि का है।

(अं) *The maxim of the virtue which is acquired and not natural.*

It takes its origin from the fact that the heated state of oil is due to the action of the fire, therefore heat is not a property of the oil but of the fire.

It is used to denote that it is meaningless to assume an important air in consequence of the power derived from another. Such a man is a veritable jackdaw in borrowed feather.

(सं) तमः प्रकाशन्यायः।

(हिं) प्रकाश होते ही अन्धकार दूर हो जाता है। जहां प्रकाश है उसके नीचे अन्धकार है।

(अं) *The maxim of the darkness dispelled.*

It takes its origin from the fact that darkness is changed the away when it is daylight.

It is used to denote that the darkness of foali shall. . . . . . removed by the acquisition of knoweldge.

(सं) तम उद्दीपनन्याय्यः।

(हिं) प्रकाश लेकर अन्धकार ढूंढना यह मूर्खता है क्योंकि प्रकाश का अभाव ही अन्धकार है।

(अं) *The maxim of lighting darkness.*

It is foolishness to go out in search of darkness with lamp in hand,for, darkness is nothing but absence of light.

It is used to express foolishness on the part of one to go to perfrom a thing by employing a means which is unsuitable for the purpose.

(सं) तालसर्पन्यायः।

(हिं) सांप यदि ताड़ के पेड़ पर चढ़ता है तो वह मर जाता है।

(अं) A serpent dies if it climbs upon a palm tree.

This maxim is used to denote foolishness of the doer of a thing.

(सं) तप्तपरशुग्रहणन्यायः।

(हिं) तपा हुआ फरसा पकड़ा नहीं जा सकता, अतः वह काम नहीं आ सकता, उससे अपना ही हाथ जलता है।

(अं) *The maxim of heated axe.*

When an exe is greatly heated it cannot be held in hand, and so nothing can be done with it.

The maxim is used to denote that the means employed for the performance of a work just be such as may be easily used by the doer.

(सं) तप्तमाषविधिन्यायः।

(हिं) यह भी एक दिव्य है, जैसे तपे हुये तेल से एक भाशा सोना निकालने में यदि हाथ में जलन से फोड़ा पड़े तो अपराधी समझा जाता है अन्यथा नहीं।

(अं) *The maxim of the heated gold.*

It takes is origin from an ordeal in which the guilt of an

accused is ascertained by placing a small quantity of heated gold taking it out from a kettle full of boiling oil.

(सं) तवाहमस्मिन्यायः।

(हिं) भगवान् की भक्ति, गुरु की भक्ति और पति की भक्ति ऐसी होनी चाहिये जिससे 'मैं तुम्हरा हूं,' यह भाव दृढ़ हो जाय। यह भक्तिप्रतिपादक न्याय है।

(अं) *The maxim of I am yours.*

This maxim is a proof inward *bhakti* and is employed in reference to the love and reverence for husband, for *guru* and for God.

(सं) त्वं ममासिन्यायः।

(हिं) तुम मेरे हो ऐसा विचार मित्र कलत्रादि में स्नेह और प्रेम के द्वारा होना चाहिये। यह प्रेमप्रवर्तक न्याय है।

(अं) *The maxim of "Thou art mine."*

This maxim indicating love and affection is used in confection with sons, daughters, wife, etc.

(सं) तिर्यगाधिकरणन्यायः।

(हिं) तिर्यक् का स्थान मनुष्य के लिये अवलम्बनीय नहीं है।

(अं) *The maxim of the bird's nest.*

The maxim takes its origin from the nests of birds being no use to a man for the purpose of living in.

(सं) तिलतण्डुलन्यायः।

(हिं) तिल पितृ अन्न है और चावल देवान्न है, दोनों का मेल है क्योंकि यज्ञादिक में दोनों का मेल होता है।

(अं) *The maxim of a sesamum seed and rice.*

Rice is the food of the *devas* or Gods and till (sesamum seed) of the ancestors (pitriloka). Both these being mixed together used in sacrifices.

(सं) तुलोन्नमनन्यायः।

(हिं) तराजू एक तरफ उठने से दूसरे तरफ आप ही नम जाती है।

(अं) *The maxim of the balance.*

It originates from the fact that when one pan of the balances goes down the other arises up. It is used to dènote that improvement to be properly called so must bt all round, partial improvement is no improvement. This may be applied to the education of boys and youngmen.

(सं) तुल्यायव्ययन्यायः।

(हिं) जिसका खर्चा आमदनी बराबर है वह न घटता है न बढ़ता है।

(अं) *The maxim of equal income and expenditure.*

The person whose receipts and disbursements are equal is neither rich nor poor, and is, on the whole, quite happy.

English proverb :— Cut the coat according to cloth.

(सं) तुष्यतुदुर्जनन्यायः।

(हिं) जहां दुर्जनों को खुश करने की नीति से बात कही जाय वहां यह न्याय लगता है।

(अं) *The maxim of "Please the villain".*

This maxim is used in the cases in which it is thought advisable to satisfy a mischievous man.

(सं) तुष्यत्वितिन्यायः।

(हिं) जब प्रसन्न करना ही सिद्धान्त होता है तो सब कुछ किया जा सकता है।

(अं) *The Maxim of "please others".*

When the principle to be followed is to please other then everything, whether right or wrong may be right.

(सं) तृणजलौकान्यायः।

(हिं) जैसे जल की जोंक दूसरे तृण को आश्रय करके पहले तृण को छोड़ती है।

(अं) *The maxim of "a caterpillar".*

It takes its origin from the fact that a caterpillar does not leave the grass on which it sits until it can get hold of another. It is used to denote that it would be unwise on the part of a man to abandon the means he has in hand till another is secured.

A bird in hand is in the bush.

(सं) त्याज्यादुस्तटिनीनदी।

(हिं) जिस नदी का किनारा गिरने वाला हो उसका तट छोड़ देना चाहिये।

(अं) *The maxim of "the river making erosion on all the banks."*

It takes its origin from the advisability of saving the banks of a river which is constantly encroaching up on the banks. It is used to denote that it is unwise to put with one that is dangerous in nature.

द

(सं) दण्डचक्रन्यायः।

(हिं) घट का दण्ड चक्र चीवर आदि समुदाय कारण हैं।

(अं) *The maxim of the potter's rod, wheel and knife.*

The rod, wheel, and knife of a potter are all the causes an earthen jar.

It is used in cases in which a certain effect followes from general casuses together.

(सं) दग्धपटन्यायः।

(हिं) जला हुआ कपड़ा कपड़े के समान दिखाई देता है तब भी उसमें कुछ सार है।

(अं) *The maxim of the burnt cloth.*

It takes its origin from the fact that a piece of cloth is set on fire in a place where there is no air would is all right even after the fire is extinguished, though set it has no substance in it.

It is used to denote a thing which is in reality quite unless, though from the outward appearance it seems to right.

(सं) दग्धबीजन्यायः।

(हिं) बीज जलने से नहीं उगता वैसे ही जब ज्ञान द्वारा कर्मबीज दग्ध होते है तब उस जीव का आवागमन नहीं होता है।

(अं) *The maxim of the burnt seed.*

It takes its origin from the fact that seeds that have been burnt would not germinate if shown, and is used to denote that those souls would not have some back again into this life in whom Karma accurive ignorance has been burnt down with the fire of knowledge.

(सं) दग्धेन्धनवह्निन्यायः।

(हिं) अग्नि काठ को जलाकर स्वंय शान्त हो जाती है।

(अं) *The maxim of "the burning fuel and the fire".*

It takes its orign from the fire becoming extinguished then the fuel is completely burnt down, and is used to denote that a man of ability never stops to work till he has finished the task undertaken.

(सं) दग्धरशनान्यायः।

(हिं) जली हुई रस्सी तीन गुणवाली मालूम होने पर भी सार से रहित होती है।

(अं) *The maxim of the burnt cord.*

A cord, twisted in three folds, after being burnt, wood appear quite unchanged, though in fact it has than no sustance in it. It is used to denote an unletterd fool who outwardly as a perfectly good man though in fact behave worth whatever.

(सं) दण्डसर्पमारण्न्यायः।

(हिं) दण्ड से सर्प को ऐसा मारना चाहिये कि लाठी न टूटै और सर्प मर जाय।

(अं) *The maxim of the stick and the serpent.*

The maxim originates from good care to be tak beating a serpent with a stick so that the serpent may be killed but at the same time the stick may not be broken.

It is used to denote that a clever man should conduct his in such a way in performing a task that the object in may be accomplished without any injury.

(सं) दण्डापूपिकन्यायः।

(हिं) जैसे दण्ड में बांधा हुआ मालपुआ दण्ड के खींचने से खींचा जाता है।

(अं) *The maxim of the stick and cakes.*

When a stick and cakes are tied together, and one says that the stick has been pulled down, we are naturally led to expect that the cakes have also been pulled down, the two being so closely connected together. So when one thing is closely connected with another in a particular way, and we say something of the one, it naturally follows that what is asserted of the one can, as a matter of course, be asserted of the other.

(सं) दन्तपरीक्षान्यायः।

(हिं) दन्त की परीक्षा से मनुष्य की प्रकृति पहिचानी जाती है।

(अं) *The maxim of "the Examination of teeth"*

By the examintion of teeth, the nature of a man can be ascertained.

(सं) दामव्यालकरन्यायः।

(हिं) शम्बर नामक राक्षस ने अपनी माया से दाम व्याल और कर इन तीन राक्षसों को बनाया। वे अपने हाथ के प्रहार से मेरु पर्वत को भी तोड़ने वाले थे परन्तु अज्ञान की महिमा से मच्छर की योनि में उत्पन्न हुए ऐसी पौराणिक कथा है।

(अं) *The maxim of Dam, Byal, Kar.*

There was a *rakshasa* names Sambar by means of enchantment he created three rakshas named Dam, Byal and Kar who were so strong that they could reduce the mountain Meru to dust by their blows but as they were deprived of the knowledge of truth they had to be born again after death as mosquitoes.

It is used to denote that knowledge is more powerful than physical strength.

(सं) दानशून्यक्षत्रियन्यायः।

(हिं) दान शून्य क्षत्रिय लज्जास्पद निन्दास्पद और स्वरूपच्युत होता है। ऐसे स्थल में इस न्याय का प्रयोग होता है।

(अं) *The maxim of an uncharitable Kshatriya.*

If a person of the Kshatriya caste has no inclination for practising charity, he mases his position thereby very shameful and blameworthy and moreover he forfcits his claim to be called a Kashatrya.

(सं) देवासुरसंग्रामन्यायः।

(हिं) जैसे अन्तर्जगत् में देवासुर संग्राम प्रायः होता रहता है उसी तरह मनुष्यों के अन्तःकरण में भी पुण्य और पाप वृत्तियों की लड़ाई होती रहती है।

(अं) *The maxim of "strugle between the Devas and Āsuras.'*

The maxim teaches that like the struggle between the *Devas* and *Asuras* mentioned in tha Puranas, a constant struggle is going on in the mainds of men between the virtuous and the vicious propensities.

(सं) दाहकदाह्यन्यायः।

(हिं) काठ को जलाने वाली ज्वालारहित अग्नि ने जिस काठ को जलाया है। वह काठ के समान ही दिखाई पड़ती है।

(अं) *The maxim of the burner and the thing burn.*

The fire burning a piece of wood and reducing ashes would itself at last be transformed into ashes.

It is used to denote that the harm done to and would recoil at last upon the doer.

(सं) दुर्बलैरपिबाध्यन्ते पुरुषाः पार्थिवाश्रितैः।

(हिं) यदि राजा के भृत्यु दुर्बल भी हों तो बलवान् मनुष्य भी उनसे दब जाते हैं।

(अं) *The maxim of the weak becoming powerful with the power of the King at his back.*

The person in the employ of a king can lord over at most powerful man, though personally he may be very weaken.

(सं) देवदत्तहन्तृहतन्यायः।

(हिं) किसी मनुष्य को मार भी दिया जाये तो उससे मरा मनुष्य पुनः जीवित नहीं हो सकता है।

(अं) "*The maxim of the killer of the Debadatta being killed.*"

The man who has killed another named, say, Debadatta, is killed again in his turn by a third person.

It is used to denote that no man can be all powerful. Every one has his superior.

(सं) देवदत्तपुत्रन्यायः।

(हिं) पिता का बड़प्पन प्रकाश करने के लिये कहा जाता है कि यह अमुक का लड़का है।

(अं) *The maxim of "the son of Devadatta".*

Tha maxim is used to denote that the principal object of the life of a son should be to make the name and character of his father glorious and honourable.

(सं) देहलीदीपन्यायः।

(हिं) देहली पर रखा हुआ दीपक भीतर तथा बाहर भी प्रकाश करता है।

(अं) *The maxim of the lamp on the threshold.*

It originates from the fact that a lamp placed over the threshold of a house would have the effect of lighting the house as well as the approach leading to the house.

It is used to denote something that serves two purposes at the same time.

(सं) देहाधोमुखत्वन्यायः।

(हिं) देह के नीचे मुख है यह दुःसाध्य अर्थ है।

(अं) *The maxim of "the mouth being at the lower part of the body."*

This maxim is used to denote something quite impossible and absurd.

(सं) द्रविडप्राणायामन्यायः।

(हिं) सिर को घुमाकर नासिका स्पर्श करना। किसी विषय को जटिल करने के संबंध में यह न्याय लगता है।

(अं) *The maxim of "lengthened pranayama (regulation of breathing)."*

The maxim takes its origin from the attempt made to catch hold of the nose by moving the hand round the head and is used to denote the making a matter more difficult than what it ordinarily is.

ध

(सं) धरारोहणन्यायः।

(हिं) दिव्य परीक्षा में "घटघटत्वम्" इस मन्त्र से जिसको शपथ कराना है उसे बुलाते हैं, बुलाकर तराजू पर बैठाते हैं यदि वह अधिक हो तो निरपराध समझा जाता है यदि बराबर या कम हो तो अपराधी समझा जाता है।

(अं) *The maxim of weighing on a balance.*

In proof of a guilty or non-guilty, one who swears is upon a pan of a balance reciting some mantras. If the weight becomes heavier he is supposed to be non-guilty, if equal of less he is considered as guilty.

This maxim is used in ascertaining guilty or non-guilty of persons.

(सं) धर्मवसन्तागमन्यायः।

(हिं) जैसे वसन्तु ऋतु के उदय होते ही सब वृक्ष और लता आदि में नये पत्ते, नये फूल, नई शोभा ये अपने आप ही हो जाते हैं। उसी प्रकार जिस गृहस्थ में धर्म का उदय रहता है वहां सब संपदा अपने आप ही आ जाती है। यह धर्मसूचक न्याय है।

(अं) *The maxim of virtue and advent of the spring.*

It takes its origin from the nature assuming a charming appearance with new leaves and flowers when the spring sets in, and similarly the possession of virtue bringing wealth and happiness in its train.

It is used to denote the importance of virtue.

(सं) धर्मिकल्पनान्यायः।

(हिं) धर्म से धर्मी की कल्पना हो सकती है।

(अं) *The maxim of "property and the thing possessing it".*

The name of a certain property signifies the thing which possesses that property.

(सं) धर्मकल्पनान्यायः।

(हिं) धर्मी से धर्म की कल्पना हो सकती है।

(अं) *The maxim of "the thing and its property."*

The name of the thing cannotes the property or properties forming the essence of that thing.

(सं) धान्यपलालन्यायः।

(हिं) खेत में ऊपर तृण समूह रहने पर भी बीज तृणसमूह को हटाकर ऊपर उग जाता है।

(अं) *The maxim of "the paddy and the straw."*

It originates from the fact that the paddy seed sown in

field from which weeds have not been carefully rooted out will in the long run outgrow the grass and is used to denote that seed of wisdom and piety are sure to germinate even if sown in a mind not properly cultivated and prepared.

न

(सं) नटाङ्गनान्यायः।

(हिं) नाटक में नट पूछता है तुम किसकी स्त्री हो? नटी कहती है तुम्हारी हूँ। तात्पर्य यह है कि नाटक का संबंध मिथ्या और सामयिक दृश्य के उपयोगमात्र के लिए ही होता है।

(अं) *The maxim of "a hero and herione."*

It takes its origin from the conversation between a hero and a herione on a theatrical stage in course of which the hero asks the herione whose wife she is, and she says in reply that she is his wife, and is used to denote that the theatrical relation is false, its usefulness being only to produce a temporary and musing effect. Man's life is also a stage of theatre and its connection with other in various kinds of relationship is therefore nothing but an illusion.

(सं) नष्टाश्वदग्धरथन्यायः।

(हिं) दो मनुष्य अपने-अपने रथ पर चढ़कर नगर के बाहर गये, दैववश आग लगने से एक का घोड़ा और दूसरे का रथ जल गया, वे दोनों परस्पर मिलकर एक का घोड़ा एक का रथ जोड़कर अपने नगर में चले आये।

(अं) *The maxim of "the destroyed carriage and horse."*

It takes its origin from the story that one day two persons went out in their own respective carriages. In the way their carriages accidentally caught fire. The consequence was that the carriage of one and the horse of the other were destroyed. At last by mutual agreement they got one carriage ready with what remained of their carriages and they returned home by that carriage. It is used to denote that by united efforts we can make up our individual wants.

Union is strength.

(सं) नहि कङ्कणस्य दर्शनायादर्शापेक्षेतिन्यायः।

(हिं) हाथ का कंगन देखने के लिये दर्पण की आवश्यकता नहीं होती। वह स्वतः दिखाई देता है।

(अं) *The maxim of "a bracelet and a mirror".*

It takes origin from the fact that there is absolutely no necessity of looking-glass for seeing the appearance the bracelet worn on the wrist as it is easily visible to the eyes and is used to denote that a medium is quite unnecessary doing a thing that can easily be performed directly by the own efforts.

(सं) नहि दृष्टेऽनुपपन्नं नामेतिन्यायः।

(हिं) कोई भी वस्तु देखने पर अज्ञात नहीं होती है।

(अं) *The maxim of "the thing seen rquiring no proof."*

A thing which has seen by one with his own requires no proof to convince him of its existence, etc.

It is used to signify that the direct knowledge of a thing is superior to a second hand one.

(सं) नहि निन्दा निन्दितुं प्रवर्तते इतिन्यायः।

(हिं) निन्दा निन्दा करने के लिये प्रवृत्त नहीं होती है। निन्दनीय के विषय वर्णन के लिये होती है।

(अं) *The maxim of blaming.*

It signifies that blame is directed to a thing that deserves it but not to the act of blaming.

(सं) नहि वरविघाताय कन्योद्वाह इतिन्यायः।

(हं) वर के नाश करने के लिये कन्या का विवाह नहीं होता है अर्थात् उसके लिये ही होता है।

(अं) *The maxim of a bride's marriage being intending not for killing the bridegroom.*

A man gives his daughter marriage not for bringing happiness and comfort to a good old age.

It signifies that happiness and not sorrow is the end and aim of life of everyone.

(सं) नहि प्रतिज्ञामात्रेण अर्थसिद्धिरितिन्यायः।

(हिं) केवल चिह्न से ही वस्तु की सिद्धि नहीं होती है।

(अं) *The maxim of promise and the success in an attempt.*

It signifies that mere words of mouth cannot secure success in anything, earnest efforts are indispensably necessary for the purpose.

(सं) नहि भिक्षुको भिक्षुकमितिन्यायः।

(हिं) भीख मांगने वाला भीख मांगने वाले से भिक्षा नहीं मांगता है, धनी से ही भीख मांगता है।

(अं) *The maxim of a poor man's begging, not of a beggar.*

It takes its origin from the fact of a begger's not asking alms of another beggar. He would invariably go to one in affluence for the satisfaction of his wants.

It is used to denote the tendency of human nature to seek helf from the quarter where it may be reasonably expected.

(सं) नहि विवाहानन्त. वरपरीक्षा क्रियत इतिन्यायः।

(हिं) विवाह के बाद वर की परीक्षा नहीं होती अर्थात् जो कुछ परीक्षा करना हो पहले ही की जाती है।

(अं) *The maxim of examining a bridegroom after marriage.*

It takes its origin from the uselessness of minutely observing a bridegroom after the marriage is over. This should be done before.

It is used to denote that the consideration of propriety or otherwise of a course should be carefully made before it is adopted. After thought in this concern is of no use whatever.

(सं) नहि सुतीक्ष्णाप्यसिधारा स्वयमेवच्छेतुमाहितव्यापारा भवतीति न्यायः।

(हिं) तीखी भी तलवार अपने आप नहीं काट सकती।

(अं) *The maxim of a keen sword.*

It takes its origin from the fact that a sword, however keen it may be, would not cut an object unless it is wielded by some body.

It denotes that mere possession of a good thing produces no good, but there must be some one properly qualified to make good use of it.

(सं) नहि सुशिक्षितोपि वटुः स्वस्कंधमारोढुं पटुः।

(हिं) अच्छी शिक्षा पाने वाला भी बालक अपने कंधे पर नहीं चढ़ सकता।

(अं) *The maxim of a highly educated youngman not being able to mount upon his own shoulder.*

It denotes that an impossible and impracticable thing cannot be effected by any one however highly qualified he may be just as a youngman though very learned and wise cannot get upon his own shoulder when he is asked to do so.

(सं) नागोष्ट्रन्यायः।

(हिं) किसी के ऊंट के शरीर में सांप लिपट गया। उसने ऊंट को बचाते हुए सांप को मारा अर्थात् इष्ट की रक्षा के लिये अनिष्ट का निवारण करना चाहिये।

(अं) *The maxim of a serpent and a camel.*

It takes its origin from a serpent which was killed for saving the life of a camel that was attacked by that serpent and is used to denote that doing of an injury to another may be excused provided it be for effecting a very useful end.

(सं) नाज्ञातविशेषणबुद्धिर्विशेष्यं संक्रामतीतिन्यायः।

(हिं) विना विशिष्ट ज्ञान के विशेष्य विशेषण ज्ञान नहीं होता है।

(अं) *The maxim of the Adjective and the Noun.*

The sense of the adjective cannot be comprehended so

long as the sense of the noun it qualifies is realised Or the meaning of the adjective depends upon that of the noun.

It denotes that knowledge of the principal part must first be acquired and then the subsidiary parts may be understood in their proper light.

(सं) नान्यदृष्टे स्मरत्यन्य इतिन्यायः।

(हिं) दूसरे के देखे हुए को दूसरा नहीं स्मरण करता है।

(अं) *The maxim of the memory and a thing.*

A thing to be borne in mind must be witnessed by one with his own eye and not with eye of another person.

(सं) नारिकेलफलाम्बुन्यायः।

(हिं) जैसे नारियल के फल में पानी कहां से आया यह अनुमान करना कठिन है इसी प्रकार दैवी कृपा जानी नहीं जाती।

(अं) *The maxim of the cocoanut-water.*

It takes its origin from the difficulty of explaining how water could exist inside a cocoanut fruit and is used to denote that it is not in the power of man to understand clearly the kind ways of providence.

(सं) निम्नगाप्रवाहन्यायः।

(हिं) नदी का प्रवाह सदा नीचे की ओर ही बहता है।

(अं) *The maxim of the current of water.*

It originates from the fact that the water of a streating always flows downwards and is used to denote that the thoughts of an ignorant person has a downward tendency.

(सं) नीरक्षीरन्यायः।

(हिं) हंस पानी मिले हुए दूध को पीने के समय दूध पी जाता है और पानी छोड़ देता है। बुद्धिमान् के सद्विचार में इस न्याय का प्रयोग होता है।

(अं) *The maxim of the milk mixed with water.*

It takes its origin from the fact that when a gose is made to drink milk mixed withwater it will take only the milk and leave the water behind and is used to denote that in judging of another a truely wise man will sift out his merits and would leave the defects in him out of consideration.

(सं) नीलेन्दीवरन्यायः।

(हिं) नील कमल बहुत कठिनता से मिलता है। प्रायः असंभव विषय में यह न्याय लगता है।

(अं) *The maxim of a blue lotus.*

The maxim is applied in the cases of varities just as a blue lotus is a very rare thing.

(सं) नृपनापितपुत्रन्यायः।

(हिं) किसी राजा का नौकर नाई था। प्रातः काल किसी दिन राजा ने उससे कहा-खोज कर अति सुंदर एक बालक लाओ। उसने समस्त नगर में अति सुंदर-सुंदर लड़कों से अपने लड़के को अति सुंदर समझ कर वह अपने पुत्र को ही राजा के पास लाया। राजा देखकर बहुत रुष्ट हुए कहने लगे-क्या तुम ने मेरी दिल्लगी की है। नाई ने कहा महाराज मैंने दिल्लगी नहीं की, मेरे मत से ऐसा लड़का तीनों लोक में नहीं है।

(अं) *The maxim of the King and Barber's son.*

It is used to denote a man's natural foundness of his own possession however ugly or despicable it may be in the eyes of others. It takes its origin from a story which states that a king on one occasion asked his barber to bring to him the finest boy that he could find in his kingdom. The barber roamed for a long time over every part of the realm, but could get no boy such as the king wanted. At last wearied and disappointed he returned home, and being armed with the beatuy of his own boy, who was in factnot personification of ugliness and deformity, went to the king and presented the boy to him. The king was at first kind angry with the barber for having trifled with him, but own consideration excused him, as he ascribed the barber's. preference of as own ugly boy to the dominent desire of human beings to consider their own possessions as supremely good.

(सं) नौनाविकन्यायः।

(हिं) नाविक के विना नौका नहीं चल सकती है।

(अं) *The maxim of the boat and the boat man.*

It takes its origin from the fact that a boat cannot be steered without the help of the boatmen and is used to denote that no act, great or small, can be performed without the guidance of the principal head.

प

(सं) पञ्चकोषावरणन्यायः।

(हिं) पञ्चकोष ही में निर्लिप्त आत्मा फंसती है। असंभव को संभव दिखाने के समय यह न्याय लगता है।

(अं) *The maxim of the five Kosha or vestures. (sheaths or cases) which is successively make the body.*

It is used to denote that what apparantly seems impossible many turn out possible, just as the soul resides in the sheaths or cases (*Koshas*) that enshrine it, nevertheless it is not attached to any of these vestures.

(सं) पञ्जरमुक्तपक्षिन्यायः।

(हिं) पिंजरे से छुटा हुआ पक्षी आकाश में उड़ जाता है। जीव के शरीर त्याग के संबंध में इस न्याय का प्रयोग होता है।

(अं) *The maxim of the bird out of the cage.*

It is used to denote the flight of the soul when the trammel of the body is loosened after the death, just as a bird in a cage flies away in the air if it can get out of the cage anyhow.

(सं) पतन्तमनुधावतो बद्धोपि गत इति न्यायः।।२१४।।

(हिं) जाल से निकल कर उड़ने वाले पक्षी के पीछे बहेलिया दौड़ा, तब जो पहले पकड़ी हुई चिड़ियां थीं वे सब भी उड़ गईं।

(अं) *The maxim of the fowler and the birds.*

It originates from the story of a fowler running after a

bird that escaped from his trap to find to his great sorrow on his return that the birds which were caught before had also flid away meanwhile.

proverb—A bird in hand in worth two in the bush.

(सं) पतिंवरान्यायः।

(हिं) स्वयंवर में कन्या सब से उत्तम पति का हाथ ग्रहण करके दूसरे में प्रीति नहीं करती है।

(अं) *The maxim of a girl making a selection of her husband.*

In a choice-marriage in which choice of the husband is made by the bride herself, the bride would elect a husband who is most deserving. It denotes the tendency of human nature for what is best.

(सं) पदमप्यधिकाभावादिति न्यायः।

(हिं) अधिक के न मिलने से एक पग ही मांगने से कार्य सिद्धि होती है, जैसे वामन बलि की कथा।

(अं) *The maxim of a part being preferable if not the whole.*

If the whole of a thing be not available, one should be ready to be contented with only a part.

proverb :—Something is better than nothing.

(सं) पराह्णच्छायान्यायः।

(हिं) अपराह्ण की छाया क्षण स्थायिनी होती है।

(अं) *The maxim of the afternoon-shade.*

The maxim denote that the power and influence assumed at the fag-end of life may be enjoyed only for a short time just as the shade of a tree in the afternoon is very short-lived.

(सं) पर्वताधित्यकान्यायः।

(हिं) जैसे पर्वत के ऊपर से भूमि निकट सी दिखाई देती है परन्तु वहां पहुंचने में बहुत कष्टदायक और विलम्बप्रद होता है।

(अं) *The maxim of a table-land.*

The maxim takes its origin from the fact that a level contract of land at the top of a mountain appears from a distance to be not very far off, but in fact it is very difficult and troublesome to go there and is used to denote those happy prospects which from a distance looks very fascinating, but their attainment costs much pain and trouble.

(सं) पर्वतोप्रत्यकान्यायः।

(हिं) पर्वत से उतरना सरल है।

(अं) *The maxim of a valley.*

It denotes that going downward is very easy, just as going down hill to a valley does not cost much trouble.

(सं) परशुग्रहणन्यायः।

(हिं) छोटे अपराध के लिये बड़े दण्ड का आयोजन करना।

(अं) *The maxim of raising the axe.*

It is used in connexion with infliction of heavy punishment for a trifling offence.

(सं) पारिषदन्यायः।

(हिं) समुदाय में रहने वालों में से एक के मरने पर जो बाकी रहते हैं वे उस के काम को करते हैं और काम बिगड़ने नहीं पाता है।

(अं) *The maxim of a member of a community.*

If a member of a community dies, his work becomes divided among the rest so that the work does not suffer and is used to signify that a work for the performance of which many hands are engaged does not suffer even if any one among the workers dies or leaves the work.

(सं) पाषाणेष्टिकान्यायः।

(हिं) जहां छोटे और बड़े ऊंचे और नीचे का विचार करना हो वहां यह न्याय लगता है।

(अं) *The maxim of stone and brick.*

Its used to signify something done with the united house of all kinds of persons, great and small, just as a small built with the help of stone—a big thing, and brick—something.

(सं) पिण्डं हित्वा करं लेढि।

(हिं) ग्रास को छोड़कर हाथ का चाटना मूर्खता है।

(अं) *The maxim of licking the hand letting the morsel fall of.*

It is used to signify a foolish attempt, just as it is foolishness to lick the hand after letting fall the morsel.

(सं) पिष्टपेषणन्यायः।

(हिं) पीसे हुए को पीसना व्यर्थ है।

(अं) *The maxim of grinding flour.*

It is used to denote a superfluous or unprofitable exercise like the attempt of a man to grind pounded flour.

कृतस्य करणं वृथा It is of no use to go to do a thing which is already been done.

(सं) त्रलिप्सयां देवं भजन्त्या भर्तापि विनष्ट इति न्यायः।

(हिं) कोई स्त्री पुत्र की इच्छा से देवता का भजन करने लगी परन्तु उसका पति भी नष्ट हो गया।

(अं) *The maxim of a prayer for a son and the loss of the husband.*

It takes its origin from a story that a certain woman was shipped a God with a view of being blessed with a son, born fortunately it so happened that she lost her husband. It used to denote the loss of the cause while the effect is denestly wished for.

It is used to denote the absurdity of a wish or desire.

(सं) प्रदुष्टलगुडन्यायः।

(हिं) दुष्ट ढोर या पशु लाठी से ही वशीभूत होते हैं।

(अं) *The maxim of a big mace.*

It takes its origin from the fact that ignorant fools. beasts, are intractable, and can be managed only by the strong rods.

It is used to denote that stringent mostly are required to be adopted for controlling those the easily unmanageable.

(सं) पुंश्चलीसतीन्यायः।

(हिं) जो स्त्री दो पुरुषों से संबंध कर ले वह सती नहीं हो सकती क्योंकि उसके धर्म का संबंध शरीर और मन दोनों से है इस कारण परस्पर विरोध का वर्णन में यह न्याय लगता है।

(अं) *Tha maxim of the unchaste and the chaste.*

It is used to signify the controdictory qualities, of the characters of the unchaste and the chaste women opposed to each other.

(सं) पूर्वात्परबलीयस्त्वन्यायः।

(हं) पहले के शास्त्र से परशास्त्र प्रबल है।

(अं) *The maxim of the thing coming after being stronger in force than that going before.*

It is used when superiority or inferiority between two things is a point of consideration.

(सं) प्रकल्प्यचापवादविषयं तत उत्सर्गोभिनिविशते।

(हिं) अपवाद शास्त्र के विषय को छोड़कर उत्सर्ग शास्त्र लगता है।

(अं) *The maxim of the general and the special.*

The application of the general holds true everywhere except the cases coming under the special, similarly the subordinate are to exercise their power in the places that are not within the province of the superior.

(सं) प्रकाशाश्रयन्यायः।

(हिं) प्रकाश उजाले का पूरा आश्रय हो जाता है तथा उजाले में भय दूर हो जाता है।

(अं) *Tha maxim of the light.*

It is used to denote that ignorance or fear if remove from where there is knowledge or wisdom, just as darkness is chased away from the place when there is light.

(सं) प्रकृतिप्रत्ययार्थयोः प्रत्ययार्थस्य प्रधानत्वमिति न्यायः।

(हिं) प्रकृत्यर्थ और प्रत्ययार्थ इन दोनों में प्रत्ययार्थ ही प्रधान है।

(अं) *The maxim of the root and the suffix.*

The meaning of a word or a root depends upon that of suffix for completion of sense. It is applied in cases in which the question of the superiority or inferiroity is to decided.

(सं) पङ्कप्रक्षालनन्यायः।

(हिं) कीचड़ के धोने से कीचड़ नहीं लगाना ही ठीक है।

(अं) *The maxim of washing off the mud.*

Just as it is more advisable for one to avoid getting into mud that to go into it and then wash it off, so it is more advisable for one to avoid getting into danger than to expose oneself to it and then to try to get out of it somehow or other.

Prov. Prevention is better than cure.

(सं) प्रत्यक्षे किमनुमानम्।

(हिं) प्रत्यक्ष प्रमाण में अनुमान करना व्यर्थ है।

(अं) *The maxim of inference.*

This maxim is used to indicate that it is utterly useless to make an inference about a thing or to call for any proof about it when it is visible or present before the eye.

(सं) प्रजाशोषकराजन्यायः।

(हिं) राजा का धर्म प्रजा का पुत्रवत् पालन करना है। जो राजा प्रजा का धन हरण करना ही केवल जानता है वह राज्यपद के योग्य नहीं है। ऐसे अयोग्य पदाधिकारी के वर्णन के समय इस न्याय का प्रयोग होता है।

(अं) *The maxim of a tyrant king.*

It takes its origin from the fact that it is the duty of a worthy king to do everything in his power to secure the comforts and happiness of his subjects.

It is used to indicate worthlessness of a king who seeks his own interest at the cost of that of his subjects.

(सं) प्रधानमल्लनिर्वहणन्यायः।

(हिं) पहलवानों में यदि बड़ा पहलवान जीता गया तो औरों का जीतना सरल है।

(अं) *The maxim of defeating the leader of the wresling.*

It is applied in which one, having many adversaried encounter, has to seek out the chief and give him a crushed defeat and then he has not to care for others.

(सं) प्रयोजनमनुद्दिश्यमन्दोपि न प्रवर्तते।

(हिं) प्रयोजन के बिना मूर्ख भी किसी काम में प्रवृत्त नहीं होता है।

(अं) *The maxim of a guard and a thief.*

This maxim takes its origin from the story of a gurad and attached a richman's house waking up from sleep after the theif, who committed theft in the house, made good his escape. It is used to indicate the vain alertnness of one after the opportunity for doing his duty has slipped away.

(सं) प्रासादवासिन्यायः।

(हिं) एक ही मनुष्य महल के नीचे और ऊपर रहता हुआ प्रासादवासी कहलाता है।

(अं) *The maxim of a dweller in mansion.*

Whoever occupies a mansion will be called a dweller in it, whether he lived in the ground floor or in the upper flat. This maxim is used to signify the ownership of a person over a thing whether he enjoys it exclusively or partially.

(सं) प्रदीपे प्रदीपं प्रज्वाल्य तमोनाशाय यतमानः।

(हिं) दीपक जलते हुए भी उसके नीचे के अन्धकार को दूर करने के लिये दूसरा दीवा जलाना, परन्तु उसमें भी छाया रह जाती है।

(अं) *The maxim of a candle under a candle.*

It takes origin from the attempt of chasing the darkness under a lamp by lighting a second lamp which again has darkness underueath it, and so on, and is used to indicate that efforts made for effecting what is impracticable always prove to be fruitless.

फ

(सं) फलवत्सहकारन्याय:।

(हिं) फल हुआ आम का वृक्ष बिना मांगे फल और छाया देता है।

(अं) *The maxim of a mango tree with fruits on.*

The maxim indicates the advisability of taking a shelter through truly great man, just as it is advisable to take shelter a mango tree that supplies, quite unasked, fruits and Shadwo to a weary way-farer.

ब

(सं) बकबन्धनन्याय:।

(हिं) बगुले को पकड़ना सर्वथा अप्रयोजकता है।

(अं) *The maxim of catching a heron.*

The maxim takes its origin from the fact that a fowler derives no advantage by catching a heron as it has very small flesh in its body and indicates the impropriety of causing sea unnecessary harm to any one.

(सं) बधिरकर्णजापन्याय:।

(हिं) बहरे के कान में सलाह करना व्यर्थ है।

(अं) *The maxim of whispering to the deaf.*

This maxim indicates a vain attempt of a man to do a useless thing like whispering a word to one who is absolutely short of hearing.

(सं) बहुच्छिद्रघटन्याय:।

(हिं) बहुत से छेद वाले घड़े के अन्दर पानी रखने से पानी रह नहीं सकता है।

(अं) *The maxim of a pot having many holes.*

This maxim denotes the unprofitableness of imparting instructions to one destitute of capacities to retain them, just as a pot having holes cannot contain the water poured into it.

(सं) बहुवृकाकृष्टमृगन्यायः।

(हिं) बहुत से लकड़बग्घाओं (वृकों) से हिरण पकड़ा गया। तात्पर्य यह है कि हिरण का पकड़ना कठिन है परन्तु बहुत से भेड़िये होने से वह पकड़ा गया।

(अं) *The maxim of a deer being attacked by many wolves.*

It denotes the certainly of defeat of a person, however strong he may be, when attacked simultaneously on all sides by many enemies, as a deer attacked by many wolves at the same time is sure to be killed by them.

(सं) बहुराजकपुरन्यायः।

(हिं) बहुत राजा वाले नगर का नाश होता है अर्थात् बहुत शासक जहां हैं वहां की शासन प्रणाली अच्छी नहीं चलती।

245. *The maxim of a city of many kings.*

It is used to denote the total mismanagement of affair in which there are all to lead and none to follow.

(सं) बहूनामनुग्रहोन्यायः।

(हिं) बहुत से लोगों की कृपा बड़ी ही होती है।

(अं) *The maxim of favour received from many.*

This maxim suggests the fortunate condition of a many when he is in receipt of favour from his numerous friend and patrons.

(सं) ब्राह्मणपरिव्राजकन्यायः।

(हिं) ब्राह्मण परिव्राजक कहने से पहले ब्राह्मण था ऐसा बोध हुआ अर्थात् वर्णाश्रम मर्यादा के अनुसार परिव्राजक ब्राह्मण ही हो सकता है।

(अं) *The maxim of the Brahmin hermit.*

It takes its origin from a Brahmin becoming a hermit is quite in accordance with the rules of *Varanashram Dharma,* and is used to denote something which carries two-fold senses at the same time.

(सं) ब्रह्मैव ब्रह्मदानमितिन्यायः।

(हिं) सब दानों में ब्रह्मदान श्रेष्ठ है। यह विद्यादानमाहात्म्य सूचक न्याय है।

(अं) *The maxim of giving away Brahma in charity.*

It takes its origin from the Vedas being known as the Brahman and is used to denote the superiority of free teaching over all other charitable acts.

(सं) बिलवर्तिगोधाविभजनन्यायः।

(हिं) बिल में रहने वाली गोह का निकालना कठिन है। किसी कार्य की कठिनता दिखाने में यह न्याय लगता है।

(अं) *The maxim of the alligator in the hole.*

It is used to denote the troubles of a difficult undertaking as the drawing of an alligator out if its hole is always found to be a very difficult task.

(सं) बिल्वखल्वाटन्यायः।

(हिं) कोई चानुल (खल्वाट) छाया की आशा से बिल्व वृक्ष के पास गया, बिल्व का फल गिरने से उसका सिर फूट गया।

(अं) *The maxim of a bald-headed man under a Bilva tree.*

The maxim has its origin in the story of a bald-headed having his skull broken by the fall of bilva fruit as soon as he took shelter under the tree, and is used to denote an accidental happening.

(सं) बीजवृक्षन्यायः।

(हिं) बीज से वृक्ष और वृक्ष से बीज की उत्पत्ति होती है।

(अं) *The maxim of seed and sprout.*

It takes its origin from the relation of mutual causation which subsists between seed and sprout, seed being the cause of sprout, which in its turn is the cause of seed.

It is used in those cases in which two things stand to each other in the relation of both cause and effect.

(सं) ब्राह्मणश्रमणन्यायः।

(हिं) जैसे कोई ब्राह्मण बौद्ध संन्यासी हुआ। वहां ब्राह्मण श्रमण कहने से श्रमण शब्द के साथ भी ब्राह्मण का महत्व सूचित हुआ।

(अं) *The maxim of Brahmana—Shraman.*

It takes its origin from a brahmin be coming a shraman is quite is accordance with rules of sanyas and is used to denote same thing which earries two fold senses at the same time.

(सं) वैश्यवृत्तिकराजन्यायः।

(हिं) सूद खाना, व्यापार करना आदि व्यापारधर्म है। राजा में वैश्यधर्म निन्दनीय है, यह न्याय निन्दासूचक है।

(अं) *The maxim of a merchant-king.*

The maxim takes its origin from the fact that buying and selling, etc., are the functions of merchant and are quite suitable, nay—blame worthy, for a king and is used to denote any unworthy undertaking.

(सं) ब्राह्मणवशिष्ठन्यायः।

(हिं) ब्राह्मण आये और वशिष्ठ भी आये ऐसा कहने से वशिष्ठ भी ब्राह्मण ही है। तथापि वशिष्ठ विशिष्ट ब्राह्मण है जो ऐसा बोध हुआ।

(अं) *The maxim of Brahmana Bashishta.*

It takes its origin from the fact that as Bashishtha was a Brahmana, the word Brahman suggests the idea of Bashishtha too, yet Bashishtha is specially named only to add to his importance. It is used to denote the special importance of a person over others of his class.

(सं) ब्राह्मणग्रामन्यायः।

(हिं) जहां बहुत ब्राह्मण हों और जातियां कम हों वहां उस ग्राम का नाम ब्राह्मण ग्राम पड़ता है।

(अं) *The maxim of the Brahmin Village.*

The fact of a village in which the Brahmins form that majority of dwellers, going by the name of Brahmin village has given rise to this maxim. It is used to denote that the thing is known by the name of its predominating element.

भ

(सं) भक्षितेपि लशुने न शान्तो व्याधिः।

(हिं) लशुन खाने पर भी रोग नहीं छूटा! लशुन एक अशुद्ध पदार्थ है। प्राणान्त के भय से लशुन खाया तब भी फल की प्राप्ति नहीं हुई।

(अं) *The maxim of garlic and illness.*

It take its origin from one's eating garlic, an unholyness and prohibited thing, as a remedy of an illness, but unfortunately the illness is not thereby remedied ; and is used to denote the regrettable condition of one who does an unworthy act to gain an end, though unhappily the end is not gained thereby.

(सं) भर्क्षुन्यायः।

(हिं) किसी राजा का भर्क्षु नामक एक मन्त्री था। राजा की आज्ञा से शत्रुओं को मारने के लिये वह दूर देश गया। वहां शत्रुओं को मार कर आप भी सत्ता जमाने के लिये बहुत दिन वहां रह गया। यहां के मन्त्रियों ने शत्रुता से राजा को ऐसा समझाया कि भर्क्षु को शत्रुओं ने मार डाला और उसकी भेजी हुई चिट्ठियां दबा लीं। बहुत दिनों के बाद भर्क्षु सेना सहित राजनगर में आया। वृत्तान्त सुनकर भाग्यवश सेना को छोड़ अकेले ही राजा से मिलने को गया। राजा ने सचिवों की बात का स्मरण कर सोचा कि यह प्रेत है।

(अं) *The maxim of Bharkshu.*

It takes its origin from a story that a certain king had a minister named Bharkshu, whom he sent on an expedition against an enemy across the sea. Bharkshu defeated the enemy and himself became the king of that country, meanwhile a rumour was spread that Bharskhu was dead—Believing the rumour to be true, the king appointed another person in place of Bharkshu, but to his utter surprise Bharkshu made his appearance after a few days.

The maxim is used to indicate the impropriety of doing any thing in hot baste and without due circumspection.

(सं) भावप्रधानख्यातमिति न्यायः।

(हिं) सब के विषय में भाव की प्रधानता रहती है।

(अं) *The maxim of the import (of a thing).*

It is used to signify the superiority of import or sense of a thing over anything else that it has

(सं) भामतीन्यायः।

(हिं) जैसे एक ही व्यक्ति तीन रूप हैं। यह बात असत्य नहीं है क्योंकि एक ही अग्नि में दाहकत्व, पाचकत्व और प्रकाशकत्व है।

(अं) *The maxim of fire.*

This maxim takes its origin from the fact that fire has the attributes of burning, cooking and removing darkness and is used to denote that various kinds of qualities may be possessed by one and the same man.

(सं) भिक्षुपादप्रसारणन्यायः।

(हिं) कोई भीख मांगने वाला किसी धनिक के घर गया वहां सोचा कि एक ही बार हमारे सब मनोरथ नहीं सिद्ध हो सकेंगे इसलिये पहले उसने बैठने की आज्ञा मांगी उसके अनन्तर पैर फैलाने लगा।

(अं) *The maxim of the beggar gradually extending his legs.*

It takes its origin from a story that one day a beggar went to a rich man's house. Thinking that his object would not be gained if he were to make a clean breast of his wants all at once, he first begged persmission to sit and then little by little had everything that he needed. It is used to denote cleverness on the part of one in dealing with a person who is very uncharitable and close fisted.

(सं) भिक्षुभियःस्थाल्यनधिश्रयणन्यायः।

(हिं) भिक्षुक के डर से अन्न पाक के लिये पात्र को चूल्हे पर नहीं चढ़ाना यह कृपणतासूचक न्याय है।

(अं) *The maxim of not cooking food for fear of a beggar.*

This maxim is used to signify the miserliness of a person as he refrains from cooking his food in the presence of a beggar lest the latter should beg for a share.

(सं) भूदेवब्राह्मणन्यायः।

(हिं) राजा एक देश का राजा होता है परन्तु यथार्थ ब्राह्मण पृथ्वी भर का राजा होता है क्योंकि ब्राह्मण यथार्थ ज्ञानप्रवर्तक है। यह ज्ञानप्रवर्तक न्याय है।

(अं) *The maxim of Bhudev Brahmin.*

It takes its origin from a king-being loved and honoured by his subjects, whereas a Brahmin, the seer of truth and the knower of Brahman, is *Bhudeva* or king of the whole earth, loved and honoured as he is everywhere.

It is used to denote the importance of knowledge.

(सं) भीमभासदृढन्यायः।

(हिं) एक दम जो बढ़ता है वह नीचे भी गिरता है।

(अं) *The maxim of rapid rise.*

This maxim is used to signify that a person who prospers in life rather too rapidly has surely to suffer fall soon again.

(सं) भूलिङ्गपक्षिन्यायः।

(हिं) भूलिङ्ग नामक पक्षी सिंह के दांत के पास का मांस ले लेता है। यह अति साहस का उदाहरण है।

(अं) *The maxim of the bird named Bhulinga.*

This maxim takes its origin from the fact that this bird gathers bits of flesh from the jaws of a lion and is used to denote extra-ordinary courage.

(सं) भूशैत्यौष्ण्यन्यायः।

(हिं) जल का गुण ठण्डापन और तेज का गुण उष्ण है। इनके संयोग से भूमि भी ठण्डी और गरम कही जाती है।

(अं) *The maxim of earth being cold or hot.*

This maxim originates from the fact that earth becomes cold by coming in contact with water whose property is coldness and again becomes hot by coming in contact with light whose chief property is heat and is used to indicate the effects of a company that exerts a part influence upon the character of a person.

(सं) भ्रमरन्यायः।

(हिं) भ्रमर सब कुछ छोड़कर केवल पुष्परस ही ग्रहण करता है।

(अं) *The maxim of the black bee.*

The maxim is used to indicate the nature of the truly wise men who always take note of the merits in others just as the black bees always drink only honey and no other kind of juice from the flowers.

(सं) भैरबन्यायः।

(हिं) भैरव नामक ब्राह्मण का किसी राजा ने बहुत सत्कार किया। अतः अहंकार वश उसने राजा के मंत्रियों से विरोध किया। इसलिये उन लोगों ने सभा में उसका आना आना बन्द कर दिया और राजा से कह दिया कि वह मर गया। किसी दिन राजा जब शिकार करने को निकला तब वह ब्राह्मण पेड़ पर चढ़ कर कहने लगा, मैं भैरव हूं आपको दर्शन करना चाहिये। राजा ने उसे पिशाच समझ कर नहीं देखा।

(अं) *The maxim of Bhairab.*

It takes its origin from a story which runs as follows :—

Once there was a Brahmin named Bhairab who grew very conceited on account of the honour and respects he received at the hands of the king. The foolish Brahmin forgot his position and quarrelled with the ministers of the king, who enraged at his conduct, prevented his admission into the royal court and told the king meanwhile that the Brahmin was dead. After some time, one day when the king went out a—hunting, the Brahmin got upon a tree and spoke to the king that he was Bhairab and begged for an interview with the king; but the king taking him for an evil spirit refused his prayer.

It is used to teach that no one should be too much inflated with prosperity to forget his position and to conduct himself in an unbecoming way ; for, by so doing he would be doing himself a positive and unretrievable harm.

म

(सं) मक्षिकान्यायः।

(हिं) मक्खी अति सुंदर शरीर में भी व्रण को ही चाहती है।

(अं) *The maxim of the fly.*

It is used to denote the fault finding spirit of ill-natured men, who may be likened to the flies that are always in search of wounds and ulcers even on the most beautiful body.

(सं) मज्जनोन्मज्जजनन्यायः।

(हिं) तैरना जो नहीं जानता है वह कदाचित् नदी आदि में गिर पड़ने पर कभी डूबता है और कभी तैरता है।

(अं) *The maxim of immersing and emerging.*

It takes its origin from a person ignorant of the art of swimming, now immersing into and now coming on the surface of the water, when he happens to fall into a river; and is used to denote the struggling condition in which one finds himself when he is required by circumstance to deal with a matter over which he has no mastery.

(सं) मण्डूकतोलनन्यायः।

(हिं) यदि मण्डूक को तोलने के लिये तराजू पर रखा जाये तो वह कूद कर अलग हो जाता है।

(अं) *The maxim of weighing a frog.*

Just as it is very difficult to make a frog remain steady on a balance with a view to ascertain its weight, so it is equally difficult to keep a fickle nature steadily employed in any pursuit.

(सं) मण्डूकप्लुतिन्यायः।

(हिं) मण्डूक कूदता हुआ चलता है।

(अं) *The maxim of the frog moving by jumps.*

It is used to denote the movement by fits and starts of fickle nature men like the movement of frogs.

(सं) मत्स्यकण्टकन्यायः।

(हिं) मत्स्य खाने वाले कांटे के साथ मछली को पकड़ते हैं। पकड़ने पर कांटे को छोड़ कर उसके और हिस्से को ग्रहण करते हैं।

(अं) *The maxim of fish and its bone.*

It originates from the fact that when a fish is caught, it is caught with its bone, but when eating, only its flesh is retained, and bone is thrown out. It is used to denote the policy of a truly wise man who would observe everything in nature and would gather from it what conduces to his welfare and reject the rest.

(सं) महिषीप्रसवोन्मुखी इति न्यायः।

(हिं) भैंस का प्रसव होना सरल है।

(अं) *The maxim of she-buffalo in labour.*

It is used to denote a work which is very easy of performance like the labour of a she-buffalo which is easy and not attended with much pain.

(सं) महिलाशीलभङ्गन्यायः।

(हिं) शील भङ्ग होकर निर्लज्ज होने से आर्य नारीत्व नष्ट हो जाता है। यह स्त्रियों का धर्मसूचक न्याय है।

(अं) *The maxim of a female destitute of the nature and character peculiar to her.*

It is used to denote the virtues of the Aryan females which

consist in the purity of their nature and character and which being lost everything worth possessing by them is lost.

(सं) मरणाद्वरं व्याधिः।

(हिं) मरने से रोग सहित रहना अच्छा है।

(अं) *The maxim of sickliness being preferable to death.*

It is used to denote the great love of live which is common to all beings, as no one would like to part with this life.

(सं) मल्लग्रामन्यायः।

(हिं) जहां बहुत मल्ल हों वहां और व्यक्तियों के रहने पर भी उस ग्राम का नाम मल्लग्राम पड़ता है।

(अं) *The maxim of the Mallagrama or a village of wrestlers.*

This maxim is used to denote that unworthy persons living in the company of worthy souls often enjoy the honour and respect paid to the latter, just as weak men living in the same village with gigantic wrestlers are indirectly honoured, their village being known as the village of wrestlers.

(सं) मात्स्यन्यायः।

(हिं) जहां बलवान् से दुर्बल का बोध हो वहां यह न्याय लगता है, क्योंकि मछली दुर्बल होती है। अतः सब का भक्ष्य होती है।

(अं) *The maxim of fish.*

The maxim is used to denote the oppression which the weak have often to suffer at the hands of the strong and the powerful, as fish, being a very weak animal, is killed and eaten by men and other creatures.

(सं) मारणाय गृहीत अङ्गच्छेदं स्वीकरोति।

(हिं) मारने के लिये पकड़ा हुआ व्यक्ति अङ्गभङ्ग को स्वीकार करता है।

(अं) *The maxim of parting with a limb is preferable to life.*

This maxim is used to denote the advisability of averting a great loss by suffering a comparatively light one, just as a man condemned to death would be glad if the sentence be commuted to the loss of any limb.

(सं) मुञ्जादिषीकोद्धरणन्यायः।

(हिं) मूंज की जड़ के बाण को बुझाकर यदि जीव पर प्रयोग किया जाता है तो थोड़े घाव से भी मर जाता है।

(सं) *The maxim of a poisoned arrow.*

This maxim takes its origin from the fact that a small arrow if poisoned would have the effect of killing a man easily which may not be effected sometimes even by good many arrows and is used to denote the feasibility of doing a deed.

(सं) मृगशस्यानाश्रयणन्यायः।

(हिं) हिरण के डर से अन्न का नहीं बोना।

(सं) *The maxim of the deer and corn.*

This maxim is intended to denote abstaining from doing a duty on account of any fear, just as a cultivator may cease from sowing seeds lest the plants and corn should be eaten by the deer.

(सं) मृतमारणन्यायः।

(हिं) मरे को मारना व्यर्थ है।

(सं) *The maxim of slaying the slain.*

This maxim is used to denote any cruel and unprefitable attempt like that of striking a dead body.

(सं) मृतस्तनन्धयन्यायः।

(हिं) मृत प्राणी का बालक जैसे अनाथ होता है।

(सं) *The maxim of the dead and their helpless infants.*

It is used to denote a most helpless condition of a person like that of a child that has lost its parents and has none to take its care.

(सं) मणिमन्त्रादिन्यायः।

(हिं) विशेष-विशेष मणि और विशेष-विशेष मन्त्र से अनेक कार्यों की सिद्धि हो सकती है।

(अं) *The maxim of a precious stone and incantation.*

It is used to denote especial efficacious properties of some things as some precious stones and incantations possess the magical virtues of producing good in a wonderfull way.

(सं) मध्यदीपिकान्यायः।

(हिं) गृह के मध्य में दीपक यदि किसी वस्तु को देखने के लिये ले आया जाय तो सब ही वस्तुएं दिखाई पड़ती है।

(अं) *The maxim of a hight placed at the middle of a hall.*

This maxim takes its origin from the fact that a light taken inside a room and placed at the middle on some particular purpose, will make everything visible in the room and is used to denote something which serves various purposes at the same time.

य

(सं) यः कारयति स करोत्येवेति न्यायः।

(हिं) जो कराता है वह करता ही है।

(अं) *The maxim of the employer and the doer.*

This maxim is used to denote the responsibility of one who sets another to do a thing to be quite equal to that of the doer himself.

(सं) यः कुरुते स भुंक्ते इति न्यायः।

(हिं) जो करता है वह भोगता है।

(अं) *The maxim of the doer and the eater.*

It is used to denote that he who does labour enjoys the fruit derived from it.

(सं) यत्कृतकं तदनित्यम् इति न्यायः।

(हिं) जो बनाया गया है वह सदा नहीं रहता है।

(अं) *The maxim of the destructibility of created things.*

This maxim is used to denote that every created thing in the world is liable to destruction.

(सं) यत्परः शब्दः सः शब्दार्थ इति न्यायः।

(हिं) जिस तात्पर्य से शब्द का उच्चारण किया जाता है वह सब अर्थ शब्द ही का है।

(अं) *The maxim of the words and their imports.*

It is used to denote that the true import or significance of a word is the thing to indicate when the word was originally coined.

(सं) यः प्रायः श्रूयते यादृक् तत्तादृगवगम्यते इति न्यायः।

(हिं) जो जैसा सुना जाता है वह वैसा ही समझा जाता है।

(अं) *The maxim of understanding follows hearing.*

This maxim indicates that one's understanding a thing depends upon the manner in which it comes to his hearing.

(सं) यथासंख्यन्यायः।

(हिं) जहां तुल्य विधि हो वहां क्रम से अन्वय होता है।

(अं) *The maxim of arranging in regular succession.*

This maxim takes its origin from want of necessity of minding any order in arranging or considering some things that are of equal worth any one of them being fit to be taken at first and then the rest arranged one after another in regular succession and is used to denote that things being of equal merit, the rule of preference has no application.

(सं) यद्विवाहस्तग्दीतमिति न्यायः।

(हिं) जिसका विवाह हो उसी का गीत गाया जाता है।

(अं) *The maxim of the bridgroom being the hero of the marriage procession.*

This maxim originates from the fact that in a marriage procession, the bridegroom is the most important figure to whom all eyes are directed and who is the subject of talk in every mouth and is used to denote that the principal character in every affair is considered to be possessed of great importance.

(सं) यन्निवृत्तिमदितिन्यायः।

(हिं) निवृत्ति में प्रवृत्ति का लक्षण नहीं होता है।

(अं) *The maxim of abstaining from wordly activity.*

It is intended to teach that enjoyment and abstinence are opposed to each other, there being no trait common to them.

(सं) यस्याज्ञानं भ्रमस्तस्य इति न्यायः।

(हिं) जिसको अज्ञान है, उसको भ्रम है।

(अं) *The maxim of ignorance is illusion.*

It is used to denote that the darkness of ignorance is chased away as soon as the light of knowledge appears.

(सं) यादृशं मुखं तादृशी चपेटा इति न्यायः।

(हिं) जैसा मुख है वैसा ही (चपेटा) थप्पड़ मारा गया।

(अं) *The maxim of the slap being proportionate to the cheek.*

It is used to denote that a measure must be taken for con trolling one must be sufficiently strong in consideration of the particular case in question, just as the slap administered to a man must be tight enough in consideration of his physique and strength to produce the intended effect.

(सं) यादृशो यक्षस्तादृशो बलिरिति न्यायः।

(हिं) जैसा देव वैसी पूजा।

(अं) *The maxim of a god and his worship.*

It takes its origin from the practice of making different kinds of offer to different gods according to their nature and taste and is used to denote that in dealing with others it would be advisable to adopt such means as would suit the requirements of the case in question.

(सं) यावच्छिरस्तावती शिरोव्यथा इति न्यायः।

(हिं) जब तक सिर है उतनी सिर की पीड़ा है।

(अं) *The maxim of the head and headache.*

This maxim is used to denote the sense that there is ache only so long as there is ache only so long as there is head.

(सं) यावत्तैलं तावद् व्याख्यानमिति न्यायः।

(हिं) जब तक तेल है तब ही तक व्याख्यान है।

(अं) *The maxim of the lamp and reading.*

This maxim originates from the fact that one can go on with one's study in the light of a lamp so long as there is oil in the hold of the lamp to enable it to burn and is used to denote that a person is held in honour and respect so long as he has means to keep up his position.

(सं) यूकाभिया कन्यात्यागन्यायः।

(हिं) जूं के डर से पुत्री का त्याग करना।

(सं) *The maxim of daughter and louse.*

It takes its origin from a daughter being turned out of doors for fear of the lice that infested her hair and is used to denote the folly of a coward who is prepared rather to part with a valuable possession than to bravely meet and successfully grapple with a difficulty or danger.

(सं) येनोपक्रमते येनोपसंह्रियते स वाक्यार्थ इति न्यायः।

(हिं) जिससे उपक्रम और उपसंहार किया जाय वह वाक्यार्थ है।

(अं) *The maxim of the sense of a sentence or a speech.*

This means that a sentence or a speech is what has beginning and conclusion . *i.e.,* what begins to say some thing about an object and finishes completely what is to be said about that object.

(सं) योग्यो योग्येन संबन्ध इति न्यायः।

(हिं) योग्य के साथ योग्य का समागम होता है।

(अं) *The maxim of a suitable connection.*

It is used to denote that unity, between persons of equal or similar merits or disposition is a suitable connection.

(सं) योजनप्राप्यायां कावेर्यां मल्लबन्धनन्यायः।

(हिं) चार कोस और कावेरी नदी के जाने में रहने पर मल्लाह का बन्धन करना उचित नहीं है। अर्थात् काम की सिद्धि में थोड़ा सा विलम्ब रहते समय कार्य विघ्न करना मूर्खता हैं।

(सं) *The Kaveri and the Kavaria (a fisherman.)*

It takes its origin from the conduct of a man who wanted to across the river Kaveri and so took with him a fisherman for the purpose, but fearing that the man might escape, he bound the fisherman, hand and foot while the river was yet 8 miles off ; and is used and foot while the river was yet 8 miles off ; and used to denote the foolishness on the part of one in being overcautions for the prevention of a danger, and thus making one's position embarassing before the danger actually happens.

(सं) याचितकमण्डनन्यायः।

(हिं) मांगा हुआ भूषण सदा अपने पास नहीं रहता है।

(अं) *The maxim of the borrowed ornaments.*

This maxim is used to denote the folly on the part of a man to try to pass for more beautiful or charming, than what he is by nature by adorning himself with dress and ornaments borrowed from others, as no person has any control on a thing, which has been lent to him by another as it may be taken away by the owner whenever he choses without carring for the convenience or otherwise of the borrower.

र

(सं) रक्तपटन्यायः।

(हिं) रक्त वस्त्र के धारण करने से सधवा का ही बोध होता है।

(अं) *The maxim of red cloth.*

This maxim is used to denote that a female wearing red cloth is taken to be one whose husband is alive.

(सं) रज्जुसर्पन्यायः।

(हिं) रस्सी को सर्प समझना भ्रान्ति से होता है।

(अं) *The maxim of the cord and the serpent.*

This maxim takes its origin from mistaking a cord by delusion for a serpent and denotes the false impression under which men are seen to labour sometimes.

(सं) रथवाडवान्यायः।

(हिं) रथ में जोड़ी हुई घोड़ियां मिल के ही रथ को खींचती हैं।

(अं) *The maxim of the carriage and the pair.*

This maxim is used to denote the co-operation of the workers necessary for the due performance of a work, just as in a carriage drawn by two horses, the horses must work unitedly in order that the carriage may go on regularly.

(सं) रश्मितृणादिन्यायः।

(हिं) सूर्य की किरणों से समय पर घास की अंकुरोत्पत्ति तथा समय पर नाश भी होता है।

(अं) *The maxim of the sunlight and the grass.*

It is used denote that a thing which is found to be of essential importance at one time, may at another time prove to be the cause of distinction, just as the sunlight, which is indispensably necessary for the grass to grow up, is also the cause of the drying up of the same grass.

(सं) राजपुत्रव्याधन्यायः।

(हिं) किसी राजपुत्र को उसकी विमाता ने जंगल में फेंक दिया। दैववश किसी व्याध ने लेकर उसको पाला। समयान्तर में मन्त्रियों ने निश्चय किया कि यह राजपुत्र है अतः सिंहासन पर निवेशित किया।

(अं) *The maxim of a prince and a fowler.*

It takes its origin from a story that once upon a time an infant prince was left in a jungle by its stepmother. The child was accidentally found by a fowler who took it home and brought it up as his own son. Many years afterwords, the prime minister of the king happened to meet the boy and recognised him by his appearance to be no other than the king's son. The minister took the boy with him and installed him on the throne. The maxim is used to denote that truth can never be suppressed for ever, it is sure to establish itself in course of time.

(सं) राहुग्रासन्यायः।

(हिं) शास्त्रों में लिखा है कि भूच्छाया को राहु कहते हैं और जब छाया पड़ती है तब ही ग्रहण होता है। इधर लोग समझते हैं कि राहुदैत्य सूर्य-चन्द्र को ग्रास करता है।

(अं) *The maxim of the Rahugrasa or the act of being swallowed by Rahu.*

This maxim is used to denote the erroneous notions that popularly act upon the minds of men, as in the case of eclipse of the moon, it is popularly believed that those great luminaties are swallowed for the time being by the demon Rahu, whereas the fact is that the shadow of the earth falling on them makes them invisible for a while.

(सं) राजसं तामसं चेति न्यायः।

(हिं) रजोगुणसम्बन्धी और तमोगुणसम्बन्धी दोनों प्रकार के पदार्थ बन्धन के हेतु हैं।

(अं) *The maxim of the Rajas and Tamas.*

The maxim denotes that both the *gunas* the *Rajas* and the *Tamas* are the cause of bondage.

(सं) राजानुगतविवाहप्रवृत्तभृत्यन्यायः।

(हिं) भृत्य के विवाह में राजा भी भृत्य के पीछे ही चलता है।

(अं) *The maxim of the king and the marriage procession of a servant of his.*

This maxim is used to denote that due regard must be paid to the position of a person irrespective of his caste or social standing just as even a king has to follow his servant on the occasion of his marriage.

(सं) रासभरटितन्यायः।

(हिं) गदहे का शब्द पहले बड़ा होता है और फिर धीरे-धीरे कम होता जाता है। जो पहले बहुत शोर मचाते हैं वे अन्त में निष्फलता दिखाते हैं।

(अं) *The maxim of the braying of an ass.*

This maxim takes its origin form the fact that an ass brays at first very loudly, but gradually its sound sinks lower and lower, and is used to denote that anything that makes much noise in the beginning proves, in the long run, to be quite hollow and worthless.

(सं) राजशून्यप्रजान्यायः।

(हिं) राजा से शून्य होकर प्रजा उन्नति और शान्ति को प्राप्त नहीं हो सकती। उन्नति और शान्ति के अभाव में इस न्याय का प्रयोग होता है।

(अं) *The maxim of the subjects without a king.*

This maxim takes its origin from want of peace and happiness of the people in a country where there is no king and is used to denote that a controlling hand is essentially necessary for the happy and peaceful management of human affairs.

(सं) रेखागवयन्यायः।

(हिं) ग्राम के रहने वाले ने जंगली मनुष्य से पूछा कि नीलगाय कैसी होती है। जंगली ने रेखा खींच कर बताया। उस मूर्ख ने रेखा के समान नीलगाय होती है ऐसा समझ लिया। फिर जब जंगल में देखा तब उसका भ्रम दूर हुआ।

(अं) *The maxim of the outline of a Gaya's image.*

This maxim originates from a story that one day, an illiterate rustice living in a village went to a forest, and enquired of an inhabitant of that forest about a Gaya which that rustic villager never saw before. The forester thereupon drew an outline on the ground to show the villager, what sort of animal a Gaya was. The foolish villager was satisfied. But on another occasion of his going into the forest when he accidentally came across a Gaya he saw that he idea of the animal given him by the forester was quite wrong.

It is used to denote that one should be careful in selecting his preceptor. An incompetent preceptor does more harm than good.

(सं) राजपुरप्रवेशन्यायः।

(हिं) राजा के नगर में यथानियम पंक्तिबद्ध होकर प्रवेश होता है।

(अं) *The maxim of a king's entrance to the capital.*

This maxim is used to denote that everything should be done in regular order as on the occasion of a king's entering his city, the soldiers and the followers follows him in proper order.

(सं) रोगिन्यायः।

(हिं) रोगी पथ्यापथ्य का विचार नहीं करता है।

(अं) *The maxim of the patient.*

This maxim is used to denote that under the influence of evil propensities a man loses the power of judging what is right and what is wrong, just as a patient labouring under diseases for a long time becomes very careless about the regulation of his diet.

ल

(सं) लाङ्गलं जीवनमिति न्यायः।

(हिं) जल जोत कर जीना यह अत्यंत कष्टकर है।

(अं) *The maxim of plough as a means of livelihood.*

It is used to show that to live by ploughing the land with one's own hand (*i.e.*, by cultivation) is attended with great hardship.

(सं) लतावृक्षन्यायः।

(हिं) जिस प्रकार बिना वृक्ष के लता खड़ी नहीं रह सकती और न फैल ही सकती है उसी प्रकार बिना पुरुष के अवलम्बन के स्त्रियां स्वाधीन हो कर उन्नति नहीं कर सकतीं।

(अं) *The maxim of trees and creepers.*

This maxim takes its origin from the fact that no creeper can stand or grow without the help of a tree and is used to denote that a female can neither live nor make any progress in life without the assistance of her husband or any other male guardian.

(सं) लोहचुम्बकन्यायः।

(हिं) चुम्बक पत्थर लोहे को आकर्षण कर लेता है। उसी प्रकार जहां स्वाभाविक आकर्षण हो वहां इस न्याय का प्रयोग होता है।

(अं) *The maxim of iron and magnet.*

It is used to denote a very close affinity between two things, by virtue of which they are instinctively attracted towards each other though at a distance, just as iron is attracted by magnet.

(सं) लोहाग्निन्यायः।

(हिं) अग्नि से तपा हुआ लोहा गर्म हो जाने पर उसको जैसा चाहें वैसा घढ़ सकते हैं।

(अं) *The maxim of iron and fire.*

This maxim is used to denote that the best use of an opportunity ought to be made no sooner than it presents itself, as one desirous of making things of iron must do so by striking hard so long as it is hot by being put into fire.

व

(सं) वटयक्षन्यायः।

(हिं) वट के वृक्ष पर यक्ष रहता है इतने ही से लोग डर जाते हैं। बिना सोचे काम में प्रवृत्त होने पर यह न्याय लगता है।

(अं) *The maxim of a fig-tree and a ghost.*

This maxim has its application in cases in which something is done without proper exercise of care and judgment just as men feel afraid in passing by a huge fig-tree, specially alone and at night, as it is popularly believed, without any rhyme or reason, that an evil spirit dwells in that tree.

(सं) वध्यघातकन्यायः।

(हिं) वध्य के देखने से घातक की स्थिति अनुमान में आती है जैसे जहां सांप अधिक होते हैं वहां जाना जाता है कि यहां सांप के वध करने वाले नहीं हैं।

(अं) *This maxim of the killer and the killed.*

This maxim is used to denote the absence of a controlling agency in a place where there is plenty of things requiring control, as abundance of serpents in a place indicates that there is no one to kill the snakes.

(सं) वनव्याघ्रन्यायः।

(हिं) जैसे वन की रक्षा व्याघ्र करता है वैसे व्याघ्र की रक्षा वन करता है। यदि व्याघ्र न रहे तो मृग वन को खा जाते हैं और वन न रहने से व्याघ्र का रहना असंभव है।

(अं) *The maxim of a forest and the tiger.*

This maxim is used in place in which mutual help is intended to be meant, just as a forest is preserved by a tiger and the tiger by that forest. If there be no tiger in the forest the herbivorous animals come there in a large number whenever they choose and the plants and creepers etc., are eaten away by them and thus the forest is destroyed in a short while, on the other hand, if there be no forest it becomes difficult for a tiger to find out a place to live in.

(सं) वह्निधूमन्यायः।

(हिं) धूम के देखने से वह्नि का होना निश्चय होता है।

(अं) *The maxim of the invariabal concomitance of fire and smoke : (wherever there is smoke there is fire.)*

It is used to denote such invariable concomitance between two persons or things ; (*e.g.*, where there is A, there is B, where there is not B, there is not A.)

(सं) वरघाताय कन्यावरणमिति न्यायः।

(हिं) वर के भोग के लिये कन्या का पाणिग्रहण किया जाता है, वर के नाश के लिये नहीं।

(अं) *The maxim of the bridegroom and the bride.*

A man takes a woman for his life with a view to make the life as enjoyable as possible and not for the purpose of bringing about his own destruction. The maxim is therefore used to indicate that whatever a man does he does for his own happiness and comfort.

(सं) वरगोष्ठीन्यायः।

(हिं) वर और कन्या के एक मत होने से विवाह होता है।

(अं) *The maxim of the union of the bride and the bridegroom.*

The marriage between a man and a women, holding the same kind of opinion in every concern of live, always turns out to be a happy one.

(सं) वाजिमन्दुरान्यायः।

(हिं) मन्दुरा घोड़ों के ही रहने के स्थान को कहते हैं। गाय आदि के स्थान को नहीं कह सकते।

(अं) *The maxim of the stable.*

This maxim is used to denote that every object has a peculiar name given to it, so that it cannot be interchanged with anything else without causing a great confusion ; just as the name 'stable' is applied to the shed intended for the horses and not the cows or any other animals to live in.

(सं) वातादिन्यायः।

(हिं) वात, पित्त, श्लेष्म आपस में विरुद्ध हैं परन्तु जब समभाव से मिलते हैं तब शरीर की रक्षा करते हैं।

(अं) *The maxim of the wind and other humours of the body.*

This maxim is used to denote that as wind, bile, and phlegm, the three humours of the body, though quite different from one another by nature, prove to be the source of sound health when they are harmoniously combined, so acts of very great importance may be well performed by persons of different nature and disposition if they act in concert.

(सं) वायुभक्षन्यायः।

(हिं) जैसे यह वायु भक्षी है ऐसा कहने से अन्य वस्तु नहीं खाता है ऐसा प्रतीत होता है।

(अं) *The maxim of living on air.*

When one is said to be living on air, it denotes that he does not eat any thing else.

It is applied to those cases in which one is exclusively devoted to one thing only.

(सं) वायुशैत्यौष्ण्यन्यायः।

(हिं) जल और तेज के संग से हवा में ठण्डापन और गर्मी का व्यवहार होता है।

(अं) *The maxim of hot and cold air.*

This maxim used to denote that merits and demerits are often the results of company, just as wind itself neither hot nor cold, becomes so coming in contact with fire and water respectively.

(सं) वसुधैव कुटुम्बकमिति न्यायः।

(हिं) ज्ञानी व्यक्ति के लिये वसुधा ही कुटुम्ब है। यह न्याय उदारता प्रतिपादक है।

(अं) *The maxim of the universal family.*

This maxim is used to signify that to a truly nobel-minded man the distinction between a thing being one's own or not disappears altogether. One who is possessed of really noble mind, is far above that narrowness which induces one to make a distinction between what belongs to him and what belongs to another.

(सं) बालाग्रशतभागोपिन्यायः।

(हिं) बाल का सौंवा हिस्सा-ऐसा कहने से न्यून से न्यून विभाग समझा जाता है।

(अं) *The maxim of splitting hair into hundred parts.*

This maxim is used to denote a very small portion of a thing.

(सं) विधेयं हि स्तूयते वस्त्विति न्यायः।

(हिं) प्रयोजन ही से किसी वस्तु में प्रवृत्ति होती है।

(अं) *The maxim of necessity being the mother of praise.*

This maxim is used to denote that a thing necessary is always considered valuable and is also highly thought of.

(सं) विपरीतं बलाबलमिति न्यायः।

(हिं) बली को अबल कहना और अबल को बलवान् कहना अर्थात् विपरीत भाषण के समय यह न्याय लगता है।

(अं) *The maxim of contrary assertion.*

This maxim originates from the assertions made of a weak one being strong or an incompetent one being competent and so on. Such remarks are made either in rony or out of partiality.

(सं) विशिष्टवैशिष्ट्यन्यायः।

(हिं) बिना विशेषण के विशेष्य नहीं जाना जाता है।

(अं) *The maxim of a special distinction.*

Without the help of a qualifying thing, the true excellence of an object cannot be made known. It is the knowledge of distinguishing features of an end oraim, that makes one's mind fixed at it.

(सं) विषवृक्षोपीति न्यायः।

(हिं) अपना लगाया हुआ विष का वृक्ष भी नहीं काटना चाहिये अर्थात् जिस को बनाया जाय उसको बिगाड़ना नहीं चाहिये।

(अं) *The maxim of the poison-tree.*

This maxim is used to denote that a thing, though hurtful and mischievous, does not deserve to be destroyed by the very person who has reared it, just as a poison-tree ought not to be cut down by the planter himself.

(सं) विषं मृत्युरिति न्यायः।

(हिं) विष मृत्यु करने वाला है।

(अं) *The maxim of deadly poison.*

It is used to denote that an evil always produces a disastrous effect, just as poison causes death.

(सं) विषभक्षणन्यायः।

(हिं) विष भक्षण आत्महत्या का बोधक है।

(अं) *The maxim of drinking poison.*

This maxim is used to denote a suicidal course, just as one causes suicide by drinking poison.

(सं) वीचितरङ्गन्यायः।

(हिं) वायु के वेग से नद्यादिक में लहरें उठती हैं। एक लहर से दूसरी, दूसरी से तीसरी इसी प्रकार बढ़ती हैं।

(अं) *The maxim of a wave urging forward a wave.*

In the ocean one wave propels another till the first and all others in succession reach the shore. So this maxim is used to denote successive operations, as in the case of the production of sound.

(सं) वृक्षप्रकम्पनन्यायः।

(हिं) वृक्ष के हिलने से उसके सब अवयव हिलने लगते हैं।

(अं) *The maxim of a tree being shaken.*

Just as when a tree is shaken, its branches and other parts are shaken too so this maxim is used to denote that whatever affects the whole affects the parts also.

(सं) वृद्धकुमारीवाक्यन्यायः।

(हिं) किसी वृद्धा कुमारी से इन्द्र ने कहा, वर मांगो। उसने वर मांगा, हमारा पुत्र कांचनपात्र में दूध भात खावे। उसका विवाह नहीं हुआ था और वह वृद्धा हो गई थी अतः ऐसा वर मांगना हास्यास्पद है।

(अं) *The maxim of the old virgin's boon.*

This maxim is used to denote asking such a boon as will cover all that one wishes to have. The Mahabhashya says that an old virgin, when aksed by Indra to choose a boon, said :—पुत्रा मे बहुक्षीरघृतमोदनं काञ्चनपात्र्यां भुञ्जीरन् This one boon, if granted, would give her a husband, progeny, abundance of corn, cattle, gold, &etc.,

(सं) वृद्धिमिष्टवतो मूलमिति न्यायः।

(हिं) यज्ञ करने वाले की अवश्य वृद्धि होती है क्योंकि कर्म के फलदाता देवता जब यज्ञ से प्रसन्न होते हैं तो यज्ञकर्त्ता की वृद्धि होना स्वतः सिद्ध है।

(अं) *The maxim of Sacrifice—the root of prosperity.*

This maxim denote that one who performs sacrifices is sure to prosper in life, because the gods, the givers of the rewards of *karma* (rituals) being propitiated by sacrifices, good fortune must attend him who performs those sacrifices.

(सं) वृश्चिकीगर्भन्यायः।

(हिं) बिच्छू के बच्चे माता का पेट काट कर निकलते हैं।

(अं) *The maxim of Scorpion enceinte.*

The maxim is used to denote ingratitude on the part of

those that do harm to the persons to whom they are indebted for their very life, just as the young ones of scorpions come out by tearing up the womb and thus causing death of the mother.

(सं) वेण्याकाशन्यायः।

(हिं) बहुत लम्बी आकृतिवाली स्त्री के लिये इस न्याय का प्रयोग होता है।

(अं) *The maxim of the tuft of hair reaching the sky.*

It is used to denote the extraordinary tallness of a women, so that the tuft of hair on the head seems to be in touch with the sky.

(सं) विषकृमिन्यायः।

(हिं) विष खाने से अन्य जीव मरते हैं परन्तु विष में उत्पन्न हुए कीड़े उसी में जीते हैं।

(अं) *The maxim of the worms bred in poison.*

It is used to denote a state of things which, though fatal to others, is not so to those who being bred in it, are inured or naturalized to it, like poison which, though fatal to others is not so to the worms bred in it.

(सं) व्यञ्जकव्यङ्ग्यभावन्यायः।

(हिं) प्रकाशक प्रकाश्य का बोधक होता है।

(अं) *The maxim of the indicate and the indicated.*

It is used to signify the thing which is manifested as well as that by which it is manifested.

(सं) व्याघ्रीक्षीरन्यायः।

(हिं) व्याघ्री का दूध सोने के बर्तन में रखने से गुणदायक है परन्तु उसका मिलना असंभव है।

(अं) *The maxim of the tigress's milk.*

It is used to denote the extreme difficulty of attainment of a thing, though it may be useful, like the milk of a tigress which, if preserved in a golden cup or vessel, becomes very efficacious, though it is very difficult to gather or obtain it.

(सं) व्यापकव्यावृत्या व्याप्यव्यावृत्तिरिति न्यायः।

(हिं) व्यापक की व्यावृत्ति होने से व्याप्य की भी व्यावृत्ति हो जाती है।

(अं) *The maxim of the genus and the species.*

It is used to denote that exclusive or inclusion of the *genus* means the exclusion or inclusion of the *species* as well.

(सं) व्रणं शिशमिषोः शस्त्रग्रहणन्यायः।

(हिं) यद्यपि शस्त्र घाव कर देता है परन्तु घाव के मिटाने के लिये शस्त्र प्रयोग की आवश्यकता होती है।

(अं) *The maxim of the boil and the surgeon's knife.*

This maxim originates from the fact the unceration caused by surgical operations, is oftentimes healed by the same surgical operation again ; and is used to denote that sometimes it so happens that an injury caused by a thing, is made up again by that very thing.

(सं) व्रीहिबीजन्यायः।

(हिं) जैसे धान्य का एक बीज रहने पर भी पुनः संसार भर में धान्य फैल सकता है।

(अं) *The maxim of the paddy-seed.*

This maxim denotes that so long as a single seed of a thing is left, there is every chance of its propagation just as from one single seed of paddy, all the granaries in the land may be expected to be filled in course of time.

(सं) विधवाविवाहन्यायः।

(हिं) विधवा का विवाह एक हास्यास्पद बात है क्योंकि हिन्दू शास्त्र के अनुसार कन्या का दान एक ही बार होता है। इसलिये विधवा विवाह असंभव है। विधवा का पुरुषान्तर ग्रहण हो सकता है परन्तु विवाह नहीं। यह असंभव द्योतक न्याय है।

(अं) *The maxim of widow marriage.*

This maxim is used to denote an impossible and ludicrous attmp, as, according to the scriptures of the Hindus a woman can marry only once. The taking of a second husband is quite opposed to the Shastric injunctions of the Hindus, and is therefore quite impossible on the part of a Hindu lady.

श

(सं) शक्तिः सहकारिणीति न्यायः।

(हिं) शक्ति शक्तिमान् के साथ ही रहती है।

(अं) *The maxim of an object and its attributes.*

This maxim is used to denote that the attributes of an object are inseparably connected with the object itself, where there is one the other must be there too.

(सं) शतपत्रपत्रशतभेदन्यायः।

(हिं) हजार पत्ते वाले कमल का फूल सुई से छेदने में जान पड़ता है कि एक ही बार सब छिद गया परन्तु प्रत्येक दल के भेद करने में अलग-अलग समय अवश्य लगता है।

(अं) *The maxim of piercing through the leaves of a lotus.*

This maxim is used to denote an easy and short process of doing a thing, just as hundreds of petals of a lotus being taken together, may be easily strung together at once by means of a needle, whereas to string them one by one would take much time and be a tediou process.

(सं) शते पञ्चाशन्न्यायः।

(हिं) सौ में पचास बीज गया अर्थात् आधी उमर बीत गई।

(सं) *The maxim of fifty out of a hundred.*

When fifty out of a total of hundred has been spent, it shows half the part has already been spent up.

(सं) शवोद्वर्तनन्यायः।

(हिं) मरे हुए का करवट लेना। यह अत्यंत असंभवतासूचक न्याय है।

(अं) *The maxim of turning sides of the dead.*

This maxim is used to denote an impossibility, as turning round from one side to the other on the part of a dead body is quite impossible.

(सं) शाखाचन्द्रन्यायः।

(हिं) वृक्ष में होकर चन्द्रमा दिखाई देते समय कहा जाता कि वृक्ष की शाखा में चन्द्रमा देखो। वास्तव में चन्द्रमा का स्थान और ही है। केवल उपाधि भेद से ऐसा कहा जाता है।

(अं) *The maxim of the bough and the moon.*

As the moon, though considerably distant from the bongh of a tree, is spoken of as the moon on the bough, because she appears to be near it, so this maxim is used when the position of an object, though at a very great distance, is fixed by that of another object to which it appears to be continuous.

(सं) शाब्दी ह्याकांक्षा शब्देनैव प्रपूर्यते इति न्यायः।

(हिं) शब्द में रहने वाली आकांक्षा शब्द से ही पूर्ण होती है।

(अं) *The maxim of the words and their complements.*

It denotes that the complements necessary to complete an idea suggested by a word are also themselves words.

(सं) शालिसमृद्धौ कोद्रवाशनत्यागन्यायः।

(हिं) शालिधान्य के अधिक रहने पर कोद्रव (कोदों) नहीं खाया जाता है।

(अं) *The maxim of fine rice and coarse rice.*

It is used to denote that a coarse thing is not used so long as good thing is available, as, nobody likes to use coarse rice so long as fine rice is procurable.

(सं) शिरो वेष्टने नासिकस्पर्शन्यायः।

(हिं) शिर के वेष्टन करने में नाक छूना। असंबद्ध स्थल में इस न्याय का प्रयोग होता है।

(अं) *The maxim of touching the nose in binding a piece of cloth round the head.*

This maxim is used to denote any uncalled for and quite irrelevant thing just as touching the nose and binding a piece of cloth round the head are quite unconnceted and have no relation to each other.

(सं) शिष्यस्वातन्त्र्यन्यायः।

(हिं) शिष्य यदि गुरु से स्वतंत्र विचार और स्वतंत्र आचार का हो जाये तो शिष्य उन्नति नहीं करेगा। यह शिष्य कर्तव्यबोधक न्याय है।

(अं) *The maxim of an independent disciple.*

A disciple can make no advance in spiritual life, should he differ from his spiritual guide (Gurudev) in judgment and conduct. So this maxim is used to teach the duty of a disciple.

(सं) शूर्पन्यायः।

(हिं) सूप भूसा छोड़ देता है केवल साफ अन्न ग्रहण कर लेता है।

(अं) *The maxim of the winnowing fan.*

This maxim is used to denote the power of appreciating the merits or of keeping the kernel and rejecting the husk, just as it is done by a winnowing fan which preserves only the corn and throws away the chaff.

(सं) शैलूषीन्यायः।

(हिं) नटी बहुत से रूप धारण करती है परन्तु वास्तव में उन रूपों के साथ उसका कोई भी सम्बन्ध नहीं है।

(अं) *The maxim of an actress on the stage.*

In a theatre the self-same actress makes her appearance on the stage in different sorts of dress and guise on different occasions, but non of these has any concern with her real form, so this maxim is used to denote the delusiveness of the world.

(सं) श्यालशुनकन्यायः।

(हिं) किसी ने अपने कुत्ते को साला बनाकर अपनी स्त्री के

चिढ़ाने के लिये गाली देना प्रारम्भ किया। स्त्री ने इस वृथा नाते से गुस्सा किया।

(अं) *The maxim of a dog, the wife's brother.*

It takes its origin from a story that a man called his dog to be his brother-in-law (wife's brother), and called it names often times only with a view to try the patience of his wife, who would fly into rage at this conduct of the husband and it is used to denote an unbecoming conduct of a person towards any one among his friends and relatives.

(सं) श्वपुच्छोन्मनन्यायः।

(हिं) कुत्ते की पूंछ का सीधा करना असंभव है।

(अं) *The maxim of a dog's tail.*

This maxim is used to denote inflexibility of nature just as the tail of a dog, which is naturally crooked, can never be made straight, however hard one may try for the purpose.

(सं) शौर्यहीनक्षत्रियन्यायः।

(हिं) शूरता से हीन क्षत्रिय पतित क्षत्रिय कहलाता है। यह पातित्यबोधक न्याय है।

(अं) *The maxim of a Kshatriya without prowess.*

This maxim is used to denote fallen condition was a Kshatriya, *i.e.*, one belonging to the warrior class, without bravery, is considered to be a disgrace of his race.

(सं) श्वश्रूनिर्गच्छोक्तिन्यायः।

(हिं) घर में जैसा श्वश्रू का अधिकार है वैसा ही पुत्रवधू का भी अधिकार है।

(अं) *The maxim of "Mother-in-law, go out."*

No lady has any right to turn her mother-in-law out of doors, as the mother-in-law has has same right to occupy the house as she has, so this maxim is used to denote improper excercise of one's power.

(सं) श्वः कर्तव्यमद्यकुर्विति न्यायः।

(हिं) जो कल करना है वह आज ही करो।

(अं) *The maxim of "Do to-day what you have to do to-morrow".*

This maxim is used to denote that it is proper to make use of the earliest possible opportunity to perform one's duties.

ष

(सं) षड्दर्शनन्यायः।

(हिं) जैसे नास्तिक दर्शन छः होने से वैदिक दर्शन का भी नाम षड्दर्शन पड़ गया है। नहीं तो वैदिक दर्शन सप्तज्ञान भूमि के अनुसार सात ही हैं।

(अं) *The maxim of the six schoolls of philosphy.*

It is used to mean that the atheistic schools of philosophy being six, the atheistic or the Vaidic philosophies are also regarded as being divided into six schools, while in fact the philosophies re of seven schools according to the seven planes of *Janana* or knowledge.

स

(सं) संकरपितृन्यायः।

(हिं) जैसे अर्यमा आदि पितरों की सहायता उस कुल या जाति को मिल सकती है जिसमें संकरता दोष न हो और जिसमें रजोवीर्य की शुद्धि हो क्योंकि संकर प्रजा पर पितरों की उपेक्षा रहती है। यही कारण है कि संकर जाति या संकर कुल थोड़े दिनों में नष्ट हो जाता है। असंभवता में इस न्याय का प्रयोग होता है।

(अं) *The maxim of the intermixed parents.*

This maxim of used to denote an impossible exception. The wishes of the issues of the intermixed parents of presenting libations of water of the names of the deceased ancestors, cannot be realised, as their offerings are not acceptable to *Aryama* amd other *pitars*.

(सं) सच्छिद्रघटाम्बुन्यायः।

(हिं) छिद्र वाले घड़े में जल नहीं ठहरता।

(अं) *The maxim of a water-vessel with holes in it.*

A water-vessel, even if filled to the brim, becomes soon emptied of all water, if there be holes in it. So this maxim is used to denote utter fruitlessness of efforts on the part of an instructor to help a pupil who is naturally defective, to grow in knowledge and character.

(सं) संदिग्धप्रयोजनं च विचारमर्हतीति न्यायः।

(हिं) संदेह वाले प्रयोजन में विचार करना पड़ता है।

(अं) *The maxim of necessity and judgment.*

This maxim denotes that a necessity, if suspected to be of doubtful utility or importance, should not be done at once, without considering it very carefully and minutely in all its bearings.

(सं) समुद्रवृष्टिन्यायः।

(हिं) समुद्र में वर्षा होना-अर्थात् समुद्र में वर्षा होने का प्रयोजन न होने पर भी अधिकता होती है।

(अं) *The maxim of the sea and rain.*

This maxim is used to denote supply of a thing to one who is the least need of it just as rain is quite unnecessary in the sea where there is no want of water.

Pro.—"To carry coal to New Castle."

(सं) सर्वं वाक्यं सावधारणं न्यायः।

(हिं) जितनी बातें होती हैं वे निश्चय अर्थ को कहने वाली हैं।

(अं) *The maxim of a sentence and the assertion it makes.*

This maxim denotes that what a sentence asserts must necessarily be so.

(सं) सर्वं विशेषणं सावधारणमिति न्यायः।

(हिं) सर्व विशेषण विशेष्य का बोधक अवश्य ही होता है।

(अं) *The maxim of the adjectives and their significations.*

This maxim means that all adjectives express the qualities of the nouns they modify. It is used to denote that nature and character of great person may be understood from those of his attendants and followers.

(सं) सर्वशाखाप्रत्ययन्यायः।

(हिं) जो विषय है वह अवश्य ही एक लक्ष्य से युक्त होगा। जैसे वेद की अनेक शाखाओं से किये हुए कर्म लक्ष्य के हिसाब से एक ही हैं।

(अं) *The maxim of the things and their aim.*

As the Vedas have different branches but they all aim at the great one, so the variety of things in creation have one and the same aim.

(सं) संप्रदायकलहन्यायः।

(हिं) कर्मकाण्ड के संप्रदाय और उपासना काण्ड के संप्रदाय, सब एक ही लक्ष्य की ओर जाने पर भी आपस में अज्ञान से विरोध किया करते हैं। ऐसे वृथा विरोध के स्थल में इस न्याय का प्रयोग होता है।

(अं) *The maxim of the different systems of religious teaching and their discordance.*

Different systems of religious teaching quarrel among themselves as regards the details of their doctrine, but in reality they all inculate the worship of the One Being. So this maxim is used to denote the futility of such differences.

(सं) साक्षात्प्रकृताविति न्यायः।

(हिं) सबका लय मूलकारण में होता है जैसे घड़े का लय मिट्टी ही में होता है।

(अं) *The maxim of universal union in Nature.*

As an earthen vessel is finally reduced to earth of which it is made, so everything in the universe will at last be dissolved into the Great First cause from which they emanated.

(सं) साधुमैत्री न्यायः।

(हिं) सज्जनों की मैत्री चिरस्थायी होती है और दिनों दिन बढ़ती है।

(अं) *The maxim of friendship of the good and the honest.*

This maxin is used to denote that friendship with persons that are good and honest is permanent in nature and grows in strength and intensity with the increase of years.

(सं) सावकाशनिरवकाशन्यायः।

(हिं) चरितार्थ और अचरितार्थ में चरितार्थ बली है।

(अं) *The maxim of applicability and non-applicability.*

This maxim denotes that applicability is always more powerful than its reverse.

(सं) साहंकारज्ञानीन्यायः।

(हिं) यदि ज्ञानी में अहंकार हो जाय तो उसका ज्ञानमार्ग बन्द हो जाता है।

(अं) *The maxim of the wise who is proud.*

The maxim originates from the fact that if a person possessed of wisdom be also proud, his wisdom proves ineffectual, as it thus loses its worth and utility. The maxim is therefore used to determine the course that is proper and advisable.

(सं) सिंहमृगन्यायः।

(हिं) सिंह और हिरण का स्वाभाविक वैर है क्योंकि खाद्य खादक संबन्ध है।

(अं) *The maxim of the lion and the deer.*

The maxim originates from the fact that there is natural enmity between the lion and the deer as the former lives upon the flesh of the latter, and is used to denote the feeling of enmity that naturally exists between the two, one of whom is stronger than and is always bent upon doing harm to the other.

(सं) सिंहमेषन्यायः।

(हिं) कोई सिंह का बच्चा किसी गांव में जाकर भेड़ों के साथ चरने लगा। जवान होने पर भी अपने को भेड़ ही समझने लगा। फिर जंगली सिंह के उपदेश से उसने अपने को सिंह समझा।

(अं) *The maxim of the lion and the sheep.*

The maxim has its origin in the fact that a young lion once strayed into a village and mixed with a flock of lambs. It lived there for some days, and then when it was able to make sound peculiar to its own race or class, it did not perceive it in its proper elements. Afterwards a lion from the forest came there and taught it what it was, whereupon it left the flock of the lambs and went to the forest to join the company of lions there. The maxim denotes that under the circumstances, one may for the time being be in a position not to realise one's true worth but at last when under instruction his eyes are opened he behaves in a manner true to his self and nature.

(सं) सिंहावलोकनन्याय:।

(हिं) सिंह स्वभाव ही से बड़ा धीर होता है। वह सामने ही देखता है, चंचलता से इधर-उधर नहीं देखता है।

(अं) *The maxim of the lion's glance.*

A lion is very grave by nature, casts his glance towards the fron, and does not see sideways through fickleness.

(सं) सार्वजनीनतुल्यायव्ययन्याय:।

(हिं) जमा और खर्च समान होने से लाभ का होना असंभव है।

(अं) *The maxim of equal receipt and disbursemtns.*

It denotes that one, whose expenditure equals his income, can make no savings in his life.

(सं) सुतजनिमृतिन्याय:।

(हिं) किसी ने देव की आराधना से पुत्र लाभ करके फिर दूसरे पुत्र के लिये दूसरे देव की आराधना की। दूसरे पुत्र के जन्म समय में ही पहले देव के कोप से पहला पुत्र मर गया।

(अं) *The maxim of the birth of a son and death of a son.*

The maxim originates from a story that a person got a son by propitiating a certain god, and then again he worshipped and propitiated a different god for another son. The result was that when the second son was born, the first one breathed his last. It is intended therefore to teach that one should devote himself to the worship of one and the same god or oneness of aim and purpose is indispensably necessary for success in life.

(सं) सुभगाभिक्षुकन्यायः।

(हिं) यदि दरिद्री के पास भी धर्मवती स्त्री हो तो उसकी दरिद्रता एक दिन अवश्य ही कट जाती है क्योंकि सुभगा स्त्री लक्ष्मीरूपा है।

(अं) *The maxim of on unlucky husband and a lucky wife.*

If a poor man can marry a wife who is a favourite of fortune, he is also sure to enjoy fortune's smile in course of time. The maxim therefore denots that a woman plays an imporrtant part in the fortune of a man to make him prosperous in life.

(सं) सुन्दोपसुन्दन्यायः।

(हिं) सुन्द और उपसुन्द नामक दैत्य तिलोत्तमा अप्सरा के लिये आपस में लड़कर मर गये।

(अं) *The maxim of Sunda and Upasunda.*

The maxim originates from a *Pauranic* story that two *daityas* or demon brothers of the names of Sunda and Upasunda became enamoured of one and same woman, and the outcome was that they quarrelled among themselves for the damsel, and at last met with their death by fighting with each other, and it denots that rivalry on account of woman often proves to be the cause of total destruction.

(सं) सूचीकटाहन्यायः।

(हिं) कोई कढ़ाई बनवाने के लिये लोहार के पास पहले गया। सुई बनवाने के लिये कोई दूसरा पीछे गया। लोहार को पहले कढ़ाई बनाना उचित था परन्तु सुई के बनाने में अल्प समय लगने से पहले सुई ही को बनाया।

(अं) *The maxim of the needle and the kettle.*

It is used to denote that when two things one easy and the

other difficult are required to be done, the easier should be first attended to, as when a smith is required to make a needle and a kettle, he should first take in hand the needle as it is comparatively easier.

(सं) सूत्रशाटिकान्यायः।

(हिं) साड़ी बुनते समय में ही साड़ी शब्द का व्यवहार होता है परन्तु उस समय साड़ी सूत के रूप में ही रहती है।

(अं) *The maxim of thread and cloth.*

The maxim takes its origin from the word 'cloth' being used even when it is not in existence, the threads only being put in order for the purpose of making it, and denotes that a thing is freely-talked of as an accomplished fact even when materials only are gathered and all other preparations are made for making that thing.

(सं) सूर्योदयास्तन्यायः।

(हिं) जैसे सूर्य का उदय अस्त नहीं होता है, सूर्य अपनी कक्षा में ही रहता है, ऐसे भ्रमोत्पादक विषय में इसका प्रयोग होता है।

(अं) *The maxim of sunrise and sunset.*

The maxim takes its origin from the erroneous notion regarding the motion of the sun who has, broadly, speaking, no motion, but still erroneously believed by people to be rising in the east and setting down in the west and is used to denote various sorts of erroneous notions that the human nature is subject to.

(सं) सोपानारोहणन्यायः।

(हिं) जैसे महल पर चढ़ने वाला एक सीढ़ी से दूसरी सीढ़ी चढ़ता हुआ महल के ऊपर चढ़ जाता है वैसे ही शनैः-शनैः कार्य करने में इस न्याय का प्रयोग होता है।

(अं) *The maxim of going upstairs.*

It is used to denote that one must perform his duties, gradually, just as one going upstairs must proceed by passing the steps one after another.

(सं) सोपानावरोहणन्यायः।

(हिं) जिस क्रम से सीढ़ी पर चढ़ा जाता है शनैः-शनैः उलटे क्रम से उतरा जाता है, नहीं तो गिरने का डर रहता है।

(अं) *The maxim of coming downstairs.*

Just as one coming down from the first floor or the second floor must have to pass the steps in gradual succession or there is every chance of suffering a fall and breaking his limbs, so in retracing one's course in the performance of a work, he should proceed very cautiously or his whole previous labour may come to nothing.

(सं) स्थालीपुलाकन्यायः।

(हिं) बटुआ में एक चावल पका हुआ देखने से मालूम होता है कि समस्त चावल पक गया।

(अं) *The maxim of the cooking pot and boiled rice.*

In a cooking pot all grains being equally moistened by the hot water, when one grain is found to be well cooked, the same may be inferred with regard to other grains. So the maxim is used when the condition of the whole class is inferred from that of a part.

(सं) स्थावरजङ्गमविषन्यायः।

(हिं) विष स्थावर हो अथवा जंगम-दोनों में ही मृत्यु के कारण हैं।

(अं) *The maxim of poison—movable and immovable.*

Poison, obtained whether from any thing or any animal, may in all cases prove fatal. Similarly an evil, be it done by a friend or a foe, always produces an injurious effect.

(सं) स्थूणानिखननन्यायः।

(हिं) स्थूण (खम्भा) बार-बार हिलाकर मजबूत गाड़ा जाता है।

(अं) *The maxim of digging of fixing in the post.*

As a stake or post to be firmly fixed in the ground is again and again moved and thrust inward, so this maxim is used when one (say a disputant) adds several corroborative illustrations, arguments etc. to strangthen and confirm still more his position already strong.

(सं) स्थूलारुन्धतीन्यायः।

(हिं) वर और वधू की विधि के अनुसार ध्रुव और अरुन्धती के तारे को दिखाने के लिये लोग पहले चन्द्रमा को दिखाते हैं। तब चन्द्रमा के समीप में रहने वाले तारा को दिखाते हैं, उसके समीप में होने वाले सप्तर्षि तारा दिखाते हैं, फिर वशिष्ठ की तारा के निश्चय करके बताते हैं।

(अं) *The maxim of huge thing and a tiny thing (like the star Arundhoti).*

This maxim takes his origin from the custom of showing the star *Aundhati* to the bride and the bridgroom at the close of the marriage ceremony. At that time attention of both is first drawn to the moon and from the moon to a big star close by and thus gradually to *Arundhati,* which is a very tiny star. It is used in cases when with a view to bring a very small thing to one's notice, his attention is first drawn to a big and conspicuous object near by and then gradually to the thing in question.

(सं) स्फटिकलौहित्यन्यायः।

(हिं) स्फटिक मणि के सामने जपा के फूल रखने से वह लाल दिखाई पड़ता है फिर हटाने से सफेद ही रहता है।

(अं) *The maxim of the crystal and the red flowe called japa.*

This maxim is used to denote the property of a purely transparent object to reflect the colour of a thing presented before it, just as a crystal which is naturally white, looks red, when a red flower called *japa*, is placed before it, and the flower being removed, the crystal assumes its own white colour again.

(सं) स्वकरकुचन्यायः।

(हिं) जैसे अपने आप कुच मर्दन करने वाली युवती आनन्द नहीं पाती है वैसे ही जिज्ञासु अपने से ज्ञान नहीं पाता।

(अं) *The maxim of a female's pressing her breast.*

This maxim is used to denote the fruitlessness of attempts on the part of a seeker of knowledge to acquire it only through his own exertion without any help from a teacher, just as the attempt of a young woman to enjoy pleasure by rubbing her own breast proves quite fruitless.

(सं) स्वप्नमन्त्रलाभन्यायः।

(हिं) स्वप्न के मन्त्रलाभ से कोई सिद्धि नहीं होती है।

(अं) *The maxim of getting a mantra in dream.*

This maxim takes its origin from the fact that a *mantra* in order that it may secure success to a worshipper must be obtained not in a dream but from a *guru* or a preceptor, who has himself attained success and is used to denote that to be able to attain success in any undertaking one must submit himself to the guidance of an experienced teacher.

(सं) स्वप्नव्याघ्रन्यायः।

(हिं) स्वप्न में मिला हुआ व्याघ्र स्वप्न के बाद नहीं रहता है।

(अं) *The maxim of the tiger dreamt in a dream.*

This maxim if used to indicate the unsubstantial and worthless nature of an imaginary dread just as the fear of the tiger dreamt in sleep is quite worthless.

(सं) स्वभावो दुरतिक्रमो न्यायः।

(हिं) अपनी आदत नहीं छुटती है।

(अं) *The maxim of Nature is unchangeable.*

This maxim is used to denote that one's own nature is not changed.

(सं) स्वामिभृत्यन्यायः।

(हिं) स्वामी प्रधान और नौकर अप्रधान है।

(अं) *The maxim of the maste and the servant.*

This maxim is used to denote the unchangeableness of the relation subsisting between the two persons and the necessity of the discharge of duties is attached to the positions of those persons respectively, just as it is with regard to the master and the servant.

(सं) स्वाङ्गं स्वव्यवधायकं न भवति न्यायः।

(हिं) अपना अंग अपने से नहीं छिपा रहता है।

(अं) *The maxim of a person and his limbs.*

Just as a person knows fully well the condition of his different limbs, so the head of a family or a corporate body is expected to know the merits and demerits of all under his protection or guidance.

(सं) स्वपक्षहानिकर्तृत्वात्स्वकुलाङ्गारतांगत इति न्यायः।

(हिं) अपने कक्ष की हानि करने वाला कुलाङ्गार के समान है।

(अं) *The maxim of the one who fouls one's own nest.*

This maxim is used to denote that he who fouls his own nest is a disgrace of the family he belongs to.

ह

(सं) हस्तामलकन्यायः।

(हिं) हाथ पर धात्रीफल रखने से उसका सब अंग देखने में आता है।

(अं) *The maxim of the amalak (a fruit of the Emblis amaroblams) on the palm of the hand.*

This maxim is used to denote the facility of studying a thing most familiarly over which one has full control just as an *amalak* fruit on the palm of the hand may be easily and fully known in all its various particulars.

(सं) हस्तियूथपतिन्यायः।

(हिं) हाथी के झुण्डों का जो नेता होता है वह वीर सबके आगे चलने वाला सबका रक्षक, सहायक और पालक होता है। मनुष्य के सामाजिक नेता को वैसा ही होना चाहिये। यह नेतृत्व प्रतिपादकन्याय है।

(अं) *The maxim of the leader of a herd of elephants.*

The maxim is used to denote that a popular leader must have courage, strength and discretion enough to guide, help, and protect his followers, just as a leader of the herd of elephants.

(सं) ह्रदनक्रन्यायः।

(हिं) जलाशय में रहकर मगर से विरोध असंभव है अर्थात् जिसके अधिकार में रहना है उससे विरोध असंभव है।

(अं) *The maxim of the lake and the crocodile.*

This maxim originates from an idea, that if any one live in a lake and quarrel with the crocodile in possession of that lake, he is sure to get the worst of it and is used to denote that it is unwise and injurious, on the part of a person to serve a master and at the same time to find fault with his principles etc.

उपदेशात्मक कहावतें

अ

ओमित्येकाक्षरं ब्रह्म व्याहरन्मामनुस्मरन्।

यः प्रयाति त्यजन्देहं स याति परमाङ्गतिम्॥

"ॐ" एकाक्षर ब्रह्म के नाम को कहते हुए और श्रीभगवान् का स्मरण करते हुए जो स्थूल शरीर को छोड़ता हुआ जाता है वह परमगति को प्राप्त होता है।

अकुण्ठं सर्वकार्येषु धर्म्मकार्यार्थमुद्यतम्।

वैकुण्ठस्य हि यद्रूपं तस्मै कार्य्यात्मने नमः॥

जो सब कार्य्यों में अवारितगति हैं, जो धर्मकार्य्यों के लिये उद्यत हैं और जो वैकुण्ठ के अर्थात् अकुण्ठित भाव के स्वरूप हैं उन कार्य्यात्मा भगवान् को प्रणाम है।

अवेक्षते केलिवनं प्रविष्टः क्रमेलकः कण्टकजालमेव।

ऊँट क्रीड़ावन में जाकर कांटों को ही देखता है।

अज्ञातकुलशीलस्य वासो देयो न कस्यचित्।

जिसके कुल और स्वभाव ज्ञात नहीं हैं ऐसे किसी को वासस्थान न देना चाहिये।

अतीत्य हि गुणान् सर्वान् स्वभावो मूर्ध्नि वर्तते।

सब गुणों को दबाकर स्वभाव ऊपर ही रहता है।

अधोमुखस्यापि कृतस्य वह्ने–

र्नाधः शिखा यातित कदाचिदेव।

अग्नि का निम्न मुख करने पर भी उसकी ज्वाला कभी भी नीचे को नहीं जाती।

अङ्गीकृतं सुकृतिनः परिपालयन्ति।

सुकृती पुरुष स्वीकृत वस्तु का पालन करते हैं।

अपकारिषु यः साधुः स साधुः सद्भिरुच्यते।

जो अपकार करने वाले की भलाई करता है, सज्जन पुरुष उसी को साधु कहते हैं।

आमोदं कुसुमभवं मृदेव धत्ते

मृद्गन्धं न च कुसुमानि धारयन्ति।

मिट्टी ही फूल की गन्ध धारण करती है परन्तु फूल मिट्टी की गन्ध धारण नहीं करता है।

अरक्षितं तिष्ठति दैवरक्षितं।

सुरक्षितं दैवहतं विनश्यति॥

भाग्य अनुकूल रहने से रक्षा न करने पर भी रक्षित रहता है किन्तु भाग्य के प्रतिकूल होने पर भली-भांति रक्षा करने पर भी विनष्ट हो जाता है।

असंपादयतः कंचिदर्थं जातिक्रियागुणैः।

यदृच्छाशब्दवत्पुंसः संज्ञायै जन्म केवलम्॥

जाति, क्रिया और गुणों से किसी प्रयोजन को नहीं संपादन करने वाले पुरुष का जन्म यदृच्छा शब्द के समान केवल संज्ञा के लिये होता है।

अन्तःसारविहीनस्य सहायः किं करिष्यति।

जो अन्तःसाररहित है उसका सहायक क्या करेगा अर्थात् कुछ भी नहीं कर सकता।

अति सर्वत्र वर्जयेत्।

अति सब जगह वर्जनीय है।

अतिरमणीये काव्येपि पिशुनो दोषमन्वेषयत्येव।

अति मनोहर काव्य में भी खल दोष का ही अन्वेषण करता है।

अयं निजः परो वेति गणना लघुचेतसाम्।

यह अपना है और वह दूसरा है-यह विचार छोटे हृदय वालों का है।

अहो गुणानां प्राप्त्यर्थं यतन्ते बहुधा नराः।

अहो! गुणों की प्राप्ति के लिये मनुष्य अनेक प्रकार के यत्न करते हैं।

अल्पानामपि वस्तूनां संहतिः कार्यसाधिका।

छोटी वस्तुओं का भी सङ्घ कार्यसाधक होता है।

अहो दुर्जनसंसर्गादात्महानिः पदे पदे।

अहो! दुर्जन के संसर्ग से पद-पद में अपनी हानि होती है।

अणुरप्यसतां सङ्ग सद्गुणं हन्ति विस्तृतम्।

दुर्जन का अणुमात्र भी संसर्ग विस्तृत उत्तम गुण को नष्ट करता है।

असत्सङ्गाद् गुणज्ञोपि विषयासक्तमानसः।

दुष्ट के संसर्ग से गुणज्ञ भी विषयासक्त चित्त (विषयी) हो जाता है।

अयाचितः सुखं दत्ते याचितश्च न यच्छति।
सर्वस्वं चापि हरते विधिरुच्छृङ्खलं नृणाम्।।

उद्दण्ड दैव विना मांगे मनुष्यों को सुख देता है और मांगने पर नहीं देता है प्रत्युत सर्वस्व हर लेता है।

अलसमपि भाग्यवन्तं भजते पुरुषायितेव श्रीः।

भाग्यवान् यदि आलसी भी हो तो उसको लक्ष्मी पुरुष के समान कामुकी बनकर भजती है।

अव्यक्तानि च भाषन्ते धनिनो मद्यपा इव।

धनी लोग मद्यपों के समान स्पष्ट नहीं बोलते।

अन्तरं नैव पश्यामि निर्धनस्य मृतस्य च।

धनहीन और मृतक में भेद नहीं देखता हूँ।

अनुगन्तुं सतां वर्त्म कृत्स्नं यदि न शक्यते।
स्वल्पमप्यनुगन्तव्यं मार्गस्थो नावसीदति।।

यदि सज्जनों के मार्ग का पूर्णतया अनुगमन नहीं कर सके तो थोड़ा भी उसका अनुगमन करना चाहिये क्योंकि मार्ग पर चलने वाला दुःख नहीं पाता है।

अपि सम्पूर्णतायुक्तैः कर्तव्याः सुहृदो बुधैः।

बुद्धिमानों को चाहिये कि सम्पूर्ण समृद्धियुक्त होने पर भी मित्रों का संग्रह करें।

अन्यायोपार्जितं वित्तं दशवर्षाणि तिष्ठति।

अन्याय से उपार्जित धन दश वर्ष तक ठहरता है।

असती भवति सलज्जा क्षारं नीरं च शीतलं भवति।
दम्भी भवति विवेकी प्रियवक्ता भवति धूर्त्तजनः॥

व्यभिचारिणी स्त्री सलज्जा होती है, क्षार (खारा) जल ठण्डा होता है, कपटी पुरुष विवेकी होता है और धूर्त्त प्रियवक्ता होता है।

अनुक्तमप्यूहति पण्डितो जनः।

पण्डित लोग न कही हुई बात को भी समझ जाते हैं।

असंतुष्टा द्विजा नष्टाः।

असंतोषी ब्राह्मण नष्ट होते हैं।

असंमाने तपो वृद्धिः।

सम्मान न होने पर तप की वृद्धि होती है।

अपुत्रस्य गृहं शून्यम्।

पुत्रहीन का घर शून्य है।

अजरामरवत्प्राज्ञो विद्यामर्थं च चिन्तयेत्।

विद्वान् पुरुष को अजर अमर के समान अपने को समझ कर विद्या और धन का चिन्तन करना चाहिये।

अजीर्णे भोजनं विषम्।

अजीर्ण होने पर भोजन करना विष है।

अपशः प्राप्यते येन येन चापगतिर्भवेत्।
स्वर्गाच्च भ्रश्यते येन तत्कर्म न समाचरेत्॥

जिससे अपकीर्ति हो, जिससे अधोगति हो और जिससे स्वर्ग से पतन हो उस कार्य को न करना चाहिये।

अकाञ्चनेऽकिञ्चननायिकाङ्के किमारकूटाभरणेन न श्रियः।

सुवर्ण के भूषण से रहित दरिद्र स्त्री के अंग में क्या पीतल के भूषण से शोभा नहीं होती है?

अनुकूलं दैवं सर्वस्मै स्वस्ति करोति।

अनुकूल दैव सबका कल्याण करता है।

अलङ्घनीया राजाज्ञा।

राजा की आज्ञा का उलङ्घन नहीं करना चाहिये।

अपेयेषु तटाकेषु बहुतरमुदकं भवति।

अपेय (जिसका जल पीने योग्य नहीं है) तलावों में बहुत जल होता है।

अबन्ध्यकोपस्य विहन्तुरापदां

भवन्ति वश्याः स्वयमेव देहिनः।

जिसका कोप बंधा हुआ नहीं है अर्थात् अव्यर्थ क्रोध करने वाले और इसी कारण आपत्तियों को नाश करने वाले के सब लोग स्वयं वशीभूत हो जाते हैं।

अपि ग्रावा रोदित्यपि दलति वज्रस्य हृदयम्।

पाषाण भी रोता है और वज्र का हृदय भी फटता है।

अहेतुः पक्षपातो यस्तस्य नास्ति प्रतिक्रिया।

बिना कारण के पक्षपात का प्रतीकार नहीं है।

अनेकशः संस्तुतमप्यनल्पा नवं नवं प्रीतिरहो करोति।

अधिक प्रीति अनेक बार परिचय होने पर भी अहो बार-बार नवीनता को ही प्रगट करती है।

अनवहितमानसानां भवन्ति नित्यं भयोदयस्थानम्।

असावधान चित्त वालों के लिये सदा भयोत्पत्ति का स्थान बना रहता है।

अर्थो हि कन्या परकीय एव।

कन्या दूसरे का ही धन है यह निश्चित है।

अन्यायिनं द्रुतमुदस्यति राज्यलक्ष्मीः।

अन्यायी व्यक्ति को राज्यलक्ष्मी शीघ्र छोड़ देती है।

अहं त्वां सर्वपापेभ्यो मोक्षयिष्यामि मा शुचः।

श्रीभगवान् शरणागत व्यक्ति को सब पापों से छुड़ा देते हैं। इस कारण शरणागत व्यक्ति को कोई चिन्ता नहीं करनी चाहिये।

अतिपरिचयादवज्ञा।

अत्यन्त परिचय हो जाने से अवज्ञा होती है।

आचारः परमो धर्म्मः।

आचार परमधर्म स्वरूप है।

आचारमूला जातिः स्यादाचारः शास्त्रमूलकः।

जाति आचारमूलक होती है और आचार शास्त्रमूलक होता है।

आत्मनि सर्वभूतानि सूत्रे मणिगण इव।

आत्मा में ही सर्वप्राणिमात्र हैं जैसे सूत्र में माला की मणियाँ रहती हैं।

आत्मवर्गहितमिच्छति सर्वः।

सब लोग अपने वर्ग का हित चाहते हैं।

आनीय झटिति घटयति विधिरभिमतमभिमुखीभूतः।

अनुकूल भाग्य इच्छित वस्तु को लाकर शीघ्र जुटा देता है।

आरभन्तेऽल्पमेवाज्ञाः कामं व्यग्रा भवन्ति च।
महारम्भाः कृतधियस्तिष्ठन्ति च निराकुलाः॥

मूर्ख लोग तुच्छ कार्य को आरम्भ करके बहुत व्यग्र हो जाते हैं और धीर पुरुष महान् कार्य को आरम्भ करके भी अव्यग्र (स्वस्थचित्त) रहते हैं।

आमरणान्ताः प्रणयाः कोपास्तत्क्षणभङ्गुरः।
परित्यागाश्च निःसङ्गा भवन्ति हि महात्मनाम्॥

महात्माओं का प्रेम मरण पर्यन्त रहता है, क्रोध उसी क्षण तक रहता है और परित्याग सङ्गरहित होता है।

आलस्यं हि मनुष्याणां शरीरस्थो महान् रिपुः।

आलस्य ही मनुष्यों के शरीर में रहने वाला महान् शत्रु है।

आपदि मित्रपरीक्षा।

मित्र की परीक्षा आपत्ति में होती है।

इ

इहलोकेपि धनिनां परोपि स्वजनायते।

इस संसार में धनवान् पुरुष के लिये शत्रु भी अपना कुटुम्ब हो जाता है।

इन्द्रोपि लघुतां याति स्वयं प्रख्यापितैर्गुणैः।

अपने गुण की स्वयं प्रशंसा करने से इन्द्र भी तुच्छ हो जाते हैं।

ईशभक्ते न दारिद्र्यम्।

शङ्करजी का भक्त दरिद्र नहीं होता।

उ

उद्योगिनं पुरुषसिंहमुपैति लक्ष्मीः।

उद्यमी पुरुषश्रेष्ठ को लक्ष्मी मिलती है।

उद्यमेन हि यच्छक्यं न तच्छक्यं मनोरथैः।

जो कार्य उद्यम से सिद्ध होने वाला है वह मन में विचार करने से नहीं सिद्ध हो सकता है।

उपदेशो न दातव्यो यादृशे तादृशे जने।

हर किसी मनुष्य को उपदेश नहीं देना चाहिये।

उद्योगः खलु कर्त्तव्यः फलं मार्जारवद्भवेत्।

उद्योग अवश्य ही करना चाहिये क्योंकि उसका फल बिडाल की तरह होता है, जैसे बिडाल गौ न रहने पर भी दूध रोज ही पीता है।

उदारचरितानां तु वसुधैव कुटुम्बकम्।

उदार पुरुष का कुटुम्ब पृथ्वी के सब लोग हैं।

उपदेशो हि मूर्खाणां प्रकोपाय न शान्तये।

मूर्खों के लिये उपदेश क्रोधवर्धक होता है, शान्ति के लिये नहीं।

उपकारमेव तनुते विपद्गतः सद्गुणो महताम्।

विपत्ति में रहने वाला भी सज्जन बड़ों का उपकार ही करता है।

उपचरितव्याः सन्तो यद्यपि कथयन्ति नैकमुपदेशम्।

यद्यपि सज्जन एक भी उपदेश नहीं दें तथापि उनकी सेवा करनी चाहिये।

उद्यमं साहसं धैर्यं बुद्धिः शक्तिः पराक्रमः।

षडेते यत्र विद्यन्ते तत्र देवः सहायकृत्॥

उद्यम, साहस, धैर्य, बुद्धि, शक्ति और पराक्रम ये छः जहां रहते हैं वहां देव भी सहायक होता है।

उद्योगिनः करालम्बं करोति कमलालया।

लक्ष्मी उद्यमी का हस्तावलम्बन करती है।

उदारस्य तृणं वित्तम्।

उदार के लिये धन तृण के समान है।

उपकर्तुं यथा स्वल्पः समर्थो न तथा महान्।

प्रायः कूपस्तृषां हंति सततं न तु वारिधिः॥

छोटा जितना उपकार कर सकता है उतना महान् पुरुष नहीं कर सकते हैं। कूप सदा ही प्यास को दूर करता है, समुद्र प्यास नहीं मिटा सकता।

उत्तमस्तोषमायाति तदङ्गं पोष्यते यदि।

उत्तम पुरुष उनकी अङ्गभूत वस्तु की रक्षा करने से प्रसन्न होते हैं।

उपाधिभिः संततसंगतोपि न हि स्वभावं विजहाति भावः।

अनेक प्रकार की उपाधियों से संबंध होने पर भी वस्तु अपने स्वभाव को नहीं छोड़ती है।

उचितमनुचितं वा कुर्वता कार्यजातं

परिणतिरवधार्या यत्नतः पण्डितेन।

उचित या अनुचित कार्य करने वाले विद्वान् को परिणाम अवश्य सोचना चाहिये।

उद्योगेन हि सिद्ध्यन्ति कार्याणि न मनोरथैः।

उद्यम से कार्यसिद्धि होती है मनोरथ से कार्य्यसिद्धि नहीं हो सकती।

उत्साहात्कार्यसिद्धिः स्यात्।

उत्साह से कार्य की सिद्धि होती है।

उत्साहः परमं पदम्।

उत्साह ही उत्कृष्ट स्थान है।

उपकर्त्रारिणा सन्धिर्न मित्रेणापकारिणा।

उपकार करने वाले शत्रु से सन्धि करना चाहिये और अपकार करने वाले मित्र से सन्धि नहीं करना चाहिये।

उपकृत्य निसर्गतः परेषामुपरोधं न हि कुर्वते महान्तः।

महान् पुरुष स्वभाव से ही दूसरे का उपकार कर प्रत्युपकार नहीं चाहते हैं।

उपचितेषु परेष्वसमर्थतां व्रजति कालवशाद्बलवानपि।

शत्रुओं के बढ़ जाने पर समयानुसार बलवान् भी असमर्थ हो जाता है।

उदीरितोर्थः पशुनापि गृह्यते।

कही हुई वस्तु को पशु भी ग्रहण कर सकता है।

ऋ

ऋणकर्ता पिता शत्रुः।

ऋण करने वाला पिता शत्रु है।

ऋणशेषं न कारयेत्।

ऋण का शेष नहीं करना चाहिये-अर्थात् ऋण बाकी नहीं रखना चाहिये।

ऋषयो राक्षसीमाहुर्वाचमुन्मत्तदप्त्योः।

ऋषि लोग उन्मत्त और उच्छृङ्खल के वचन को राक्षसी वचन कहते हैं।

ऋणी लभेन्नैव कदापि मोक्षम्।

ऋणकर्ता का कभी मोक्ष नहीं हो सकता है जो कि ऋण करके ऋण नहीं देता है।

ऋषिर्नैव वदेन्मिथ्या।

ऋषि मिथ्या नहीं बोलते हैं।

ए

एकादिमध्यपरिणतिरमणीया साधुजनमैत्री।

सज्जनों की मैत्री आदि, मध्य और अन्त में एकरूप तथा मनोहर होती है।

एको हि दोषो गुणसन्निपाते निमज्जतीन्दोः किरणेष्विवाङ्कः।

गुण के समूह में एक दोष चन्द्रकिरण में कलङ्क के समान छिप जाता है।

एकश्चन्द्रस्तमो हन्ति न च तारागणोपि च।

एक ही चन्द्रमा अन्धकार को दूर करता है। ताराओं का समूह अन्धकार दूर नहीं कर सकता।

एकेनापि सुपुत्रेण सिंही स्वपिति निर्भयम्।
सहैव दशभिः पुत्रैर्भारं वहति गर्दभी॥

एक ही पुत्र से सिंही निर्भय सोती है और दश पुत्रों को साथ लेकर गर्दभी भार ढोती है।

एकस्य कर्म संवीक्ष्य करोत्यन्योपि गर्हितम्।

एक का निन्दित कर्म देखकर दूसरा भी करता है।

एकस्मै स्पृहयालूनामिष्टाय सुधियामपि।
करस्थमेव ब्रुवते कलहं निधनावधिम्।

एक ही इष्टवस्तु को चाहने वाले विद्वान् पुरुष को भी मरण पर्यंत कलह हस्तगत रहता है।

एको देवः केशवोवाशिवो वा एका भार्या सुन्दरी वादरी वा।
एकं मित्रं भूपतिर्वा यतिर्वा एको वासः पत्तने वा वने वा॥

एक ही देव होना चाहिये केशव हों या शिव हों। स्त्री एक ही होना चाहिये सुन्दरी हो या गुफा हो। मित्र एक ही होना चाहिये राजा हो या साधु हो। निवास एक ही जगह होना चाहिये नगर में हो या वन में हो।

एकेन राजहंसेन सुशोभा सरसी भवेत्।

एक ही राजहंस से सरोवर की उत्तम शोभा होती है।

एतदेव हि पाण्डित्यं न स्वल्पाद् भूरिनाशनम्।

यही विद्वता है कि थोड़े के लिये बहुत का नाश नहीं करना।

क

किं दूरं व्यवसायिनाम्।

व्यवसाय करने वाले पुरुष को कोई देश दूर नहीं है।

किं दुष्करं महात्मनाम्।

महान् पुरुष को कोई कार्य करना कठिन नहीं है।

क्व भोगमाप्नोति न भाग्यभाग्जनः।

भाग्यवान् पुरुष कहां भोग नहीं पाता है अर्थात् सब जगह उसको भोग्य पदार्थ मिलता है।

काचः काचो मणिर्मणिः।

काँच, काँच ही है और मणि, मणि ही है।

कीर्तिर्यस्य स जीवति।

जिसकी कीर्ति है वही जीता है।

कृत्घ्ने नास्ति निष्कृतिः।

कृतघ्न पुरुष की निष्कृति नहीं है अर्थात् कृतघ्नता का अपराध दूर करने के लिये कोई उपाय नहीं है।

किं न कुर्वन्ति सुभगे कष्टमर्थार्थिनो जनाः।

धनार्थी पुरुष क्या नहीं कर सकते हैं अर्थात् सब कुछ कर सकते हैं।

कृपणेन समो दाता न भूतो न भविष्यति।
अस्पृशन्नेव वित्तानि यः परेभ्यः प्रयच्छति।।

कृपण के समान कोई दाता न हुआ न होगा क्योंकि अपने धन को नहीं स्पर्श करते हुए दूसरे को देता है।

कोऽतिभारः समर्थानाम्।

सामर्थ्य वाले को कोई भीं कार्य भारी नहीं होता है।

क्षमारूपं तपस्विनाम्।

तपस्वी पुरुष का क्षमा ही रूप है।

कार्याकार्यविचारो लोभविमूढस्य नास्त्येव।

लोभग्रस्त पुरुष को कर्तव्याकर्तव्य का विचार नहीं होता है।

किं करोति नरः प्राज्ञः शूरो वाप्यथ पण्डितः।

दैवं यस्य छलान्वेषि करोति विफलाः क्रियाः॥

भाग्य जिससे सदा छल कर रहा है वह मनुष्य वीर हो या पण्डित हो तब भी कुछ नहीं कर सकता।

कृशेः कस्यास्ति सौहृदम्।

दुर्बल से किसकी मैत्री होती है।

किं कुलेन विशालेन विद्याहीनस्य देहिनः।

विद्याहीन मनुष्य का उत्तम कुल में जन्म होने से क्या?

कवीश्वराणां वचसां विनोदैर्नन्दन्ति विद्यानिधयो न चान्ये।

उत्तम कवियों के वाग् विलास से उत्तम विद्वान् लोग ही आनन्दित होते हैं, मूर्ख लोग नहीं।

कर्पूरः पावकस्पृष्टः सौरभं लभतेतराम्।

अग्नि से स्पृष्ट होने पर कपूर से अधिक सुगन्धि निकलती है।

क्षणक्षयिणि सापाये भोगे रज्यन्ति नोत्तमाः।

क्षणमात्र में नष्ट होने वाले और विघ्न से भरे हुए भोग में उत्तम पुरुष नहीं अनुरक्त होता है।

क्षारं पिबति पयोधेर्वर्षत्यम्भोधरो मधु ह्यम्भः।

मेघ समुद्र का क्षार जल पीकर अमृत के समान जल बरसाता है।

किमात्मना यो न जितेन्द्रियो भवे्त।

शरीर धारण करके यदि जितेन्द्रिय न हुआ तो सब व्यर्थ है।

क्रियासिद्धिः सत्त्वे भवति महतान्नोपकरणे।

महान् पुरुष की क्रियासिद्धि पराक्रम में होती है बाह्योपकरण में नहीं।

क्वचित्सर्पोपि मित्रत्वमायान्नैव खलः क्वचित्।

कभी सर्प मित्र बन जाता है परन्तु खल मित्र नहीं होता है।

काव्यशास्त्रविनोदेन कालो गच्छति धीमताम्।

काव्यशास्त्र के विनोद में बुद्धिमानों का समय जाता है।

कवित्वं दुर्लभं लोके शक्तिस्तत्र सुदुर्लभा।

लोक में कविता करना कठिन है उसमें भी शक्ति का होना और भी कठिन है।

कृच्छ्रेपि न चलत्येव धीराणां निश्चलं मनः।

धीर पुरुष का मन क्लेश में भी चलायमान नहीं होता।

क्षमाशस्त्रं करे यस्य दुर्जनः किं करिष्यति।

जिसके हाथ में क्षमा शस्त्र है उसका दुर्जन क्या कर सकता है।

किंचिदाश्रयसंयोगाद्धत्ते शोभामसाध्वपि।

किसी उत्तम आश्रय के संयोग से नीच वस्तु भी शोभा को धारण करती है।

कर्मणा बाध्यते बुद्धिर्न बुद्ध्या कर्म बाध्यते।

कर्म से बुद्धि बाधित होती है और बुद्धि से कर्म बाधित नहीं होता है।

कलौ वेदान्तिनो भान्ति फाल्गुने बालका इव।

जैसे फाल्गुन मास में बालक मनमाना बकते हैं वैसे ही कलियुग में वेदान्ती बकते हैं।

कुपुत्रेण कुलं नष्टम्।

कुपुत्र होने से कुल का नाश होता है।

कृतस्य करणं नास्ति।

किये हुए को करना नहीं होता है।

कृते प्रतिकृतिं कुर्याद्धिंसिते प्रतिहिंसितम्।

उपकार करने वाले का उपकार करना चाहिये, हिंसा करने वाले के प्रति हिंसा करनी चाहिये।

किमाराध्यं सदा पुण्यं कश्च सेव्यः सदागमः।

को ध्येयो भगवान् विष्णुः किं काम्यं परमं पदम्।

सदा किसकी आराधना करनी चाहिये? पुण्य की, और किसी सेवा करनी चाहिये? उत्तम शास्त्र की, किसका ध्यान करना चाहिये? विष्णु भगवान् का, और किसकी इच्छा रखनी चाहिये? मोक्षपद की।

कार्यापेक्षी जनः प्रायः प्रीतिमाविष्करोत्यलम्।

प्रायः कार्याभिलाषी मनुष्य अधिक प्रीति प्रगट करता है।

कटुकं वा मनोहरं वा प्रस्तुतवाक्यं मनोहारि

वामे गर्दभनादश्चित्तप्रीत्यै प्रयाणेषु।

कटु हो या मनोहर हो परन्तु समयोपयोगी वाक्य मनोहर ही होता है जैसे यात्रा में वाम भाग में गदहे का स्वर उत्तम शकुन होता है।

कुपात्र दानाच्च भवेद्दरिद्रः।

कुपात्र में दान करने से दरिद्र होता है।

क्रोधो हि शत्रुः प्रथमं नराणाम्।

मनुष्यों का प्रथम क्रोध ही शत्रु है।

कुदेशमासाद्य कुतोर्थसंचयः।

कुदेश में जाकर धनसंचय कैसे हो सकता है।

कुपुत्रमासाद्य कुतो जलाञ्जलिः।

कुपुत्र को पा कर जलाञ्जलि कैसे मिल सकती है।

कुगेहिनीं प्राप्य कुतो गृहे सुखम्।

दुष्ट स्त्री पाकर कैसे घर में सुख हो सकता है।

कुशिष्यमध्यापयतः कुतो यशः।

दुष्ट शिष्य को पढ़ाने वाले का यश कहां से हो सकता है।

किं जीवितेन पुरुषस्य निरक्षरस्य।

निरक्षर होकर जीवित रहना व्यर्थ है।

किं सेवया यदि परोपकृतौ न यत्नः।

यदि परोपकार में यत्न न किया जाय तो केवल सेवा करना व्यर्थ है।

किं यौवनेन विरहो यदि वल्लभायाः।

यदि स्त्री का वियोग ही रहे तो यौवन निरर्थक है।

किं संगमेन तनयो यदि नेक्षणीयः।

स्त्रीप्रसंग करना व्यर्थ है यदि पुत्रोत्पत्ति न हो।

किं भूषणं सुदृढमत्र यशो न रत्नम्।

इस संसार में अच्छा भूषण क्या है? यश है, रत्न नहीं है।

कलासीमा काव्यम्।

कला की सीमा काव्य ही है।

कर्मायत्तं फलं पुंसाम्।

पुरुष को कर्मानुसार ही फल मिलता है।

किं करिष्यन्ति वक्तारः श्रोता यत्र न विद्यते।

यदि सुनने वाला न हो तो वक्ता क्या कर सकता है।

किं कोकिलस्य विरुतेन गते वसन्ते।

वसन्त के व्यतीत हो जाने पर कोकिल की मनोहर ध्वनि से क्या?

किं कातरस्य बहुशस्त्रपरिग्रहेण।

कातर पुरुष के बहुत से शस्त्र धारण करने से क्या फल है।

कुलीनता यत्र न तत्र रूपं यत्रास्ति रूपं न कुलं च तत्र।

जहां रूप है वहां कुलीनता नहीं है, जहां कुलीनता है वहां रूप नहीं है।

किमिव हि मधुराणां भूषणं नाकृतीनाम्।

मनोहर आकार वाले का सब ही भूषण है।

कमीशते रमयितुं गुणाः।

गुण किसको प्रसन्न करने में समर्थ नहीं है?

काव्यशास्त्रविनोदेन कालो गच्छति धीमताम्।

विद्वान् का समय काव्यशास्त्र के आनन्द में व्यतीत होता है।

क्रियासु युक्तैर्नृप चारचक्षुषो न वञ्चनीयाः प्रभवोऽनुजीविभिः।

क्रिया में नियुक्त किये गये कर्मचारियों को स्वामी को वञ्चित करना नहीं चाहिये।

काले काले समारब्धाः फलं बध्नन्ति नीतयः।

समय-समय में नियुक्त नीति फल को देती है।

के वा न स्युः परिभवपदं निष्फलारम्भयत्नाः।

जो निष्फल आरम्भ में यत्न करते हैं वे अनादर को प्राप्त होते हैं।

कार्पण्यं तु सदा हेयम्।

कृपणता सदा छोड़नी चाहिये।

कार्पण्यं दोषपोषकम्।

कृपणता दोषों को बढ़ाती है।

काले फलन्ति नीतयः।

नीति का फल समय आने पर मिलता है।

का चिन्ता मम जीवने यदि हरिर्विश्वम्भरो गीयते।

यदि विष्णु संसार के पोषक कहे जाते हैं तो हमारे जीवन में क्या चिन्ता है।

काकः काकः पिकः पिकः।

कौआ कौआ ही है और कोकिल कोकिल ही है।

कालः कं नैव भक्षयेत्।

काल किसको नहीं खा सकता है।

कालो हि बलवान् सदा।

काल सदा ही बलवान् है।

कर्म्मण्येवाऽधिकारस्ते मा फलेषु कदाचन।

कर्म करने का ही तुम्हारा अधिकार है। कर्मफल की ओर दृष्टि डालने का तुम्हारा कभी भी अधिकार नहीं है।

कामार्त्ता हि प्रकृतिकृपणाश्चेतनाऽचेतनेषु।

चेतन अर्थात् चेतन राज्य के जीव मनुष्यादि और अचेतन अर्थात् जड़ राज्य के उद्भिज्ज, स्वेदज, अण्डज और जरायुज जीव, इन दोनों प्रकार के ही जीवों में कामोन्मत्त होने के समय स्वभाव से ही कृपणता अर्थात् कायरपन आ जाता है। कामी स्वभाव से ही कायर होता है यही तात्पर्य है।

कोऽर्थः पुत्रेण जातेन यो न विद्वान् न धार्मिकः।

उस पुत्र के उत्पन्न होने से क्या लाभ है जो कि न विद्वान् है और न

धार्मिक है। मूर्ख और पापी पुत्र के उत्पन्न होने की अपेक्षा उसका उत्पन्न न होना ही अच्छा है यही तात्पर्य है।

किं किं न साधयति कल्पलतेव विद्या।

विद्या के द्वारा कल्पवल्ली के समान क्या-क्या साधन नहीं हो सकता है, अपितु विद्या के द्वारा सकल कार्य सिद्ध हो सकते हैं।

क्षमातुल्यं तपो नास्ति।

क्षमा के समान तप नहीं है।

ख

खलः सत्क्रियमाणोपि ददाति कलहं सताम्।
दुग्धधौतोपि किं याति वायसः कलहंसताम्।।

दुर्जन मनुष्य सत्कार करने पर भी सज्जनों के साथ कलह करता है। यह बात सत्य ही है क्योंकि दूध से धोने पर भी कौआ हंस नहीं बन सकता।

खलसङ्गेपि नैष्ठुर्यं कल्याणप्रकृतेः कुतः।

श्रेष्ठ प्रकृतिधारी में खल के संसर्ग से भी क्रूरता नहीं आती।

खद्योतो द्योतते तावद्यावन्नोदयते शशी।

खद्योत तभी तक प्रकाश कर सकता है जब तक चन्द्रमा का उदय नहीं होता है।

ग

गुणः सर्वत्र पूज्यन्ते पितृवंशो निरर्थकः।

गुण सर्वत्र पूजित होता है मातृवंश तथा पितृवंश का बड़ापन व्यर्थ है।

गुणैर्गौरवमायाति न महत्यापि संपदा।

गुण से गौरव होता है, बड़ी संपत्ति से नहीं।

गुणैः सर्वज्ञकल्पोपि सीदत्येको निराश्रयः।

गुणों से शङ्कर के समान होने पर भी आश्रय के बिना मनुष्य क्लेश पाता है।

गुणेषु क्रियतां यत्नः किमाटोपैः प्रयोजनम्।

गुण में ही यत्न करना चाहिये, वृथा आरोप से कुछ प्रयोजन नहीं सिद्ध होता है।

गुणैरुत्तुङ्गतां याति नोच्चैरासनसंस्थितः।

मनुष्य गुण से ऊंचा होता है, ऊंचे आसन पर बैठने से नहीं।

गुणो दूषणतां याति दूषणं गुणतां क्वचित्।

कहीं गुण दोष होता है और कहीं दोष गुण हो जाता है।

गुणवन्तः क्लिश्यन्ते प्रायेण भवन्ति निर्गुणाः सुखिनः।

प्रायः गुणवान् पुरुष ही क्लेश पाते रहते हैं और निग्रुण पुरुष सदा सुखी रहते हैं।

गोत्रस्थितिं न मुञ्चति सदा सन्नतिमाश्रिताः।

उदन्वन्तश्च सन्तश्च महासत्त्वतयानया।।

समुद्र और महान् पुरुष महासत्त्ववान् होने से अपनी गोत्र मर्यादा को नहीं छोड़ते हैं और सदा नम्र रहते हैं।

गुणमेव वक्ति साधुर्दोषमसाधुः प्रकाशयति।

सज्जन गुण को ही प्रकाश करता है और असज्जन दोष को ही प्रकाश करता है।

गुणिनामपि निजरूपप्रतिपत्तिः परत एव भवति।

गुणवान् को भी अपने स्वरूप का ज्ञान दूसरे के द्वारा ही होता है।

गुण गुणज्ञेषु गुणा भवन्ति।

गुण गुण के जानने वाले में ही गुण होता है।

गुणवज्जनसंपर्काद् याति स्वल्पोपि गौरवम्।

गुणीजन के संसर्ग से निर्गुण भी गौरव युक्त हो जाता है।

गुणोपि दोषतां याति वक्रीभूते विधातरि।

विधाता के प्रतिकूल होने पर गुण भी दोष हो जाता है।

गुणिनं जनमालोक्य निजबन्धनशङ्कया।

राजंल्लक्ष्मीः कुरङ्गीव दूरं दूरं पलायते।

हे राजन्! गुणी पुरुष को देखकर अपने बन्धन की शङ्का से लक्ष्मी मृगी के समान दूर भागती है।

गतेपि वयसि ग्राह्या विद्या सर्वात्मना बुधैः।

अवस्था बीत जाने पर भी विद्वान् पुरुष को सर्वथा विद्या ग्रहण करनी चाहिये।

गुणवानपि नोपयाति पूजां पुरुषः सत्पुरुषैरकथ्यमानः।

गुणवान् पुरुष भी सत्पुरुषों के बिना कहीं पूजित नहीं होता है।

गुणैकपक्षपातिनां रिपोरपि गुणाः प्रीतिं जनयन्ति।

केवल गुण में पक्षपात रखने वाले को शत्रु का भी गुण प्रीति प्राप्त करा सकता है।

गुणाः प्रियत्वेधिकृता न संस्तवः।

प्रियता में गुण ही अधिकारी हैं स्तुति नहीं।

गुणेन केनापि जनेऽनवद्ये दोषान्तरोक्तिः खलु तत्खलत्वम्।

दोष से सर्वथा रहित मनुष्य में जो दोष लगाता है वह उसको खलता है।

गुणगृह्या वचने विपश्चितः।

विद्वान् लोग वचन में गुणग्राही होते हैं।

गुणाः पूजास्थानं गुणिषु न च लिङ्गं न च वयः।

गुणी में पूजा के स्थान गुण ही होते हैं लिङ्ग (चिह्न) और अवस्था की पूजा नहीं होती है।

च

चण्डालश्च दरिद्रश्च द्वावेतौ सदृशाविह।

चण्डालस्य न गृह्णनित दरिद्रो न प्रयच्छति।

चाण्डाल और दरिद्र दोनों समान ही हैं क्योंकि चण्डाल की वस्तु कोई ग्रहण नहीं करता है और दरिद्र किसी को देता नहीं है।

चीयते बालिशस्यापि सत्क्षेत्रपतिता कृषिः।

उत्तम क्षेत्र में की हुई खेती मूर्ख को भी फलती है।

चिन्ता जरा मनुष्याणाम्।

मनुष्यों के लिये चिन्ता ही बुढ़ापा है।

चिन्तासमं नास्ति शरीरदूषणम्।

चिन्ता के समान कोई शरीर का दूषण नहीं है।

चकास्ति योग्येन हि योग्यसंभवः।

योग्य के साथ योग्य का समागम शोभता है।

ज

जन्मिनो मानहीनस्य तृणस्य च समागतिः।

मानहीन पुरुष और तृण बराबर ही है।

जलसेकेन वर्धनते तरवो नाश्मसंचयाः।

जल से सींचने से वृक्ष बढ़ते हैं पाषाण नहीं।

जीवन्तोपि मृताः पञ्च व्यासेन परिकीर्तिताः।

दरिद्रो व्याधितो मूर्खः प्रवासी नित्यसेवकः।

व्यासजी ने कहा है कि जीते हुए पांच मरे के समान हैं–जैसे–दरिद्र, रोगी, मूर्ख, परदेशी और नित्य सेवक।

जन्तोर्निरुपभोगस्य दृश्यते भुवि रुक्षता।

उपभोग से हीन पुरुष रुक्ष रहता है।

जवो हि सप्तेः परमं विभूषणम्।

घोड़े का वेग ही उत्तम भूषण है।

ज्यायांसमपि शीलेन विहीनं नैव पूजयेत्।

अपने से श्रेष्ठ भी यदि शीलहीन हो तो उसकी पूजा नहीं करनी चाहिये।

जात्यो न भाति तुरगः खरयूथमध्ये।

जात्यश्व घोड़ा गदहों के बीच में नहीं शोभता है।

ज्ञेयः स नित्यसंन्यासी यो न द्वेष्टि न काङ्क्षति।

उसको नित्य संन्यासी जानना चाहिये जो न किसी से द्वेष करता हो और न कुछ किसी से चाहता हो।

जनिता चोपनेता च यश्च विद्यां प्रयच्छति।

अन्नदाता भयत्राता पञ्चैते पितरः स्मृताः॥

जनक, उपनयन करने वाला, विद्या पढ़ाने वाला, अन्नदाता और भय से रक्षा करने वाला ये पांच पिता हैं।

जरा रूपं हरति।

बुढ़ापा रूप को हरण कर लेता है।

जरया बलं विनष्टं स्यात्।

बुढ़ापे से बल का नाश हो जाता है।

जनः किलाचारमुचं विगायति।

आचारहीन पुरुष की लोग निन्दा करते हैं।

जननी जन्मभूमिश्च स्वर्गादपि गरीयसी।

गर्भधारिणी माता और जन्मभूमि ये दोनों स्वर्ग की अपेक्षा भी विशेष सुखप्रद होती हैं।

जडैर्जीवगणैर्विश्वं विषयात्मकमीक्ष्यते।

जगत्प्रपञ्चजातं तु ज्ञानवद्भिर्विवेकिभिः।

परिणामीति विज्ञाय दुःखरूपं प्रतीयते॥

जड़ अर्थात् मूर्ख या अज्ञानी जीव इस जगत् को विषयात्मक देखते हैं और विवेकवान् ज्ञानी व्यक्तियों को तो यह सब जगत् प्रपञ्च परिणामी होने के कारण दुःखरूप प्रतीत होता है।

त

ते सर्वे धनवृद्धस्य द्वारे तिष्ठन्ति किंकराः।

ज्ञानवृद्ध, वयोवृद्ध आदि सभी पुरुष धनवृद्ध पुरुष के पास भृत्य होकर रहते हैं।

त्यजेन्मायाविनं मित्रं धनं प्राणहरं त्यजेत्।

यदि मित्र कपटी हो तो उसका परित्याग करना चाहिये और जो धन प्राण का नाश करने वाला हो तो उसका भी परित्याग करना चाहिये।

त्यजति कटुतां न स्वां निम्बः स्थितोपि पयोह्रदे।

दूध के तालाब में रखने पर भी निम्ब अपनी कटुता को नहीं छोड़ता है।

तुल्यं परोपतापित्वं क्रुद्धयोः साधुनीचयोः।

न दाहे ज्वलतोर्भिन्नं चन्दनेन्धनयोः क्वचित्।

क्रोध करने वाला सज्जन और दुर्जन, दूसरे को समान ही कष्ट देने वाले हैं, जैसे जलते हुए चन्दन और काठ में कोई भेद नहीं होता है।

तृणादपि लघुस्तूलस्तूलादपि च याचकः।

वायुना किं न नीतोसौ मामयं प्रार्थयेदिति।।

तृण से हलकी रुई और रुई से हलका याचक है, वायु ने डर से उसको नहीं उड़ाया क्योंकि उसने समझा कि मुझसे भी यह मांगेगा।

तेजस्विमध्ये तेजस्वी दवीयानपि गण्यते।

दूर रहने वाला भी तेजस्वी पुरुष तेजस्वियों के मध्य में गिना जाता है।

तेजस्विनि क्षमोपेते नातिकार्श्यं समाचरेत्।

क्षमाशील तेजस्वी पुरुष के ऊपर कठोरपना नहीं करना चाहिये।

तुङ्गत्वमितरन्नाद्रौ नेदं सिन्धावगाधता।

अलङ्घनीयताहेतुरुभयं तन्मनस्विनि।।

पर्वत में ऊंचाई होती है और गम्भीरता नहीं होती और समुद्र में गम्भीरता होती है ऊंचाई नहीं रहती, मनस्वी में अलंघनीयता के कारण दोनों रहती हैं।

तादृशी जायते बुद्धिर्यादृशी भवितव्यता।

जैसा होनहार होता है वैसी ही बुद्धि हो जाती है।

त्यजेदेकं कुलस्यार्थे।

कुल के लिये एक का त्याग करना चाहिये।

तपःसीमा मुक्तिः।

तपस्या की सीमा मुक्ति है।

त्रिभुवनविषये कस्य दोषो न चास्ति।

त्रैलोक्य में किसमें दोष नहीं है।

तावच्च शोभते मूर्खो यावत्किंकिन्न भाषते।

मूर्ख तभी तक शोभता है जब तक बोलता नहीं।

तन्मित्रं यदकृत्रिमम्।

वही मित्र है जो अकृत्रिम हो।

तीर्थोदकं च वह्निश्च नान्यतः शुद्धिमर्हतः।

तीर्थ का जल और अग्नि, इनकी दूसरे के द्वारा शुद्धि नहीं होती है।

तीव्रः स्मरसन्तापो न तथाऽऽदौ बाधते यथाऽऽसन्ने।
तपति प्रावृषि नितरामभ्यर्णजलागमो दिवसः॥

काम का सन्ताप अर्थात् उत्ताप जैसा काम्य वस्तु के निकट होने पर बाधा देता है अर्थात् कष्टप्रद होता है वैसा आदि में अर्थात् संकल्प करने का समय कष्टप्रद नहीं होता है। जैसे चातुर्मास्य में वर्षा होने से पहले गर्मी अधिक होती है।

द

दुर्जनः परिहर्तव्यो विद्ययालंकृतोपि सन्।

विद्या से भूषित भी दुर्जन मनुष्य का परित्याग करना चाहिये।

दारिद्र्यदोषो गुणराशिनाशी।

दरिद्रता आने से गुण का समूह नष्ट हो जाता है।

दुश्चारिणी च हसति स्वपतिं पुत्रवत्सलम्।

पुंश्चली स्त्री पुत्र को प्यार करने वाले पति पर हंसती है।

दन्तिदन्तसमानं हि निःसृतं महतां वचः।
कूर्मग्रीवेव नीचानां पुनरायाति याति च॥

जैसे हाथी का दांत एक बार बाहर निकल जाने पर भी भीतर नहीं जाता वैसे ही महान् पुरुष का वाक्य परिवर्तित नहीं होता है और नीचों का वाक्य कछुआ के गले के समान आता जाता रहता है।

द्रष्टदुर्जनदौरात्म्यः सज्जने रज्यते जनः।

दुर्जनों की नीचता देखकर लोग सज्जन में अनुरक्त होते हैं।

दोषा दोषा गुणा गुणाः।

दोष दोष ही है और गुण गुण ही है।

दुर्जनवचनाङ्गारैर्दग्धोपि न विप्रियं वदत्यार्यः।

दुर्जनों के वचनरूपी अङ्गार से जले हुए भी सज्जन पुरुष कटुवाक्य नहीं बोलते हैं।

दोषो गुणाय गुणिनाम्।

गुणी के लिये दोष भी गुणदायक होता है।

दानेन श्लाघ्यतां यान्ति पशुपाषाणपादपाः।

दान से पशु, पाषाण और पादप भी प्रशंसनीय होते हैं।

दुर्वृत्तसंगतिरनर्थपरम्पराया

हेतुः सतां भवति किं वचनीयमत्र।

सज्जनों को दुश्चरित्र पुरुष की संगति अनर्थकारिणी होती है।

दैवमुल्लङ्घ्य यत्कार्यं क्रियते फलवन्न तत्।

अदृष्ट के प्रतिकूल होने पर जो कार्य किया जाता है वह निष्फल होता है।

दैवे विमुखतां याते न कोप्यस्ति सहायवान्।

अदृष्ट के प्रतिकूल होने पर कोई सहायक नहीं होता है।

दैवं फलति सर्वत्र न विद्या न च पौरुषम्।

अदृष्ट ही सब जगह फलता है विद्या और पुरुषार्थ नहीं।

दैवं हि फलसाधनम्।

फल का साधक दैव ही है।

दीपशिखाचञ्चला राजलक्ष्मीः।

दीपज्वाला के समान राजलक्ष्मी चञ्चला है।

द्रव्येण सर्वे वशाः।

द्रव्य के आधीन सब हैं।

दोषोपि गुणतां याति प्रभोर्भवति चेत्कृपा।

यदि प्रभु की कृपा हो तो दोष भी गुण हो जाता है।

दानेन भोगी भवति।

दान देने से भोक्ता होता है।

दूरतः शोभते मूर्खः।

मूर्ख दूर ही से शोभता है।

दीपनिर्वाणगन्धं च सुहृद्वाक्यमरुन्धतीम्।
न जिघ्रन्ति न शृणवन्ति न पश्यन्ति गतायुषः॥

जो मरणासन्न होते हैं वे दीवा बुझने की सुगन्धि को नहीं सूंघ सकते और मित्र वाक्य नहीं सुन सकते और अरुन्धती के तारा को नहीं देख सकते हैं।

दारिद्र्यान्मरणाद्वा मरणं मम रोचते न दारिद्र्यम्।
अल्पक्लेशं मरणं दारिद्र्यमनन्तकं दुःखम्।

दरिद्र होना और मरण होना इनमें हमको मरण ही अच्छा लगता है दरिद्रता नहीं क्योंकि मरण में अल्प क्लेश होता है और दरिद्रता में अनन्त दुःख है।

देवे तीर्थे द्विजे मन्त्रे दैवज्ञे भेषजे गुरौ।
यादृशी भावना यस्य सिद्धिर्भवति तादृशी॥

देव, तीर्थ, ब्राह्मण, मन्त्र, ज्योतिषी, वैद्य और गुरु-इनमें जिसकी जैसी भावना होती है वैसी ही सिद्धि होती है।

दरिद्रता धीरतया विराजते।

दरिद्रता धीरता से शोभती है।

देशाटनं पण्डितमित्रता च वाराङ्गना राजसभाप्रवेशः।
अनेकशास्त्रार्थविलोकनं च चातुर्यमूलानि भवन्ति पञ्च॥

देश परिभ्रमण, पण्डितों से मैत्री, वेश्या, राजसभा में प्रवेश और अनेक शास्त्रों का अवलोकन-ये पांच चतुर होने के कारण हैं।

दर्पणं किमपेक्षन्ते कङ्कणस्य निरीक्षणे।

कंगना देखने के लिये क्या दर्पण की आवश्यकता होती है?

ध

धर्मस्य त्वरिता गतिः।

धर्म की गति बहुत शीघ्र है।

धनिनोपि निरुन्मादाः युवानोपि न चञ्चलाः।

प्रभवोप्यप्रमतास्ते महामहिमशालिनः।।

महान् पुरुष धनवान् होने पर भी उन्माद नहीं करते और युवावस्था आने पर भी चंचल नहीं होते और स्वामी होने पर भी प्रमाद नहीं करते हैं।

धीराः सूनृतां वाचमाहुः।

धीर सत्य वाणी बोलते हैं।

धनेन किं यो न ददाति याचके।

जो याचक को न दिया जाये उस धन से क्या प्रयोजन है।

धन्यो जनः प्राकृतः।

स्वाभाविक आचरण वाला मनुष्य धन्य है।

धनमपि परदत्तं दुःखमौचित्यभाजाम्।

धन भी यदि दूसरे के पास हो अथवा दूसरों का दिया हुआ हो तो सहृदयों के लिये दुःखदायक ही होता है।

धनैर्निष्कुलीना कुलीना भवन्ति।

धन होने से नीचकुल भी कुलीन ही कहलाता है।

ध्यानशस्त्रं बकानां च।

बगुलों का ध्यान ही शस्त्र है।

धातुः परीक्षा दुर्भिक्षे।

दुष्काल में धातु (सोना-चांदी) की परीक्षा होती है।

धनार्थी कार्यार्थी गणयति न दुःखं न च सुखम्।

धनार्थी और कार्यार्थी दुःख और सुख को नहीं गिनता है।

धर्म एको हि निश्चलः।

एक धर्म ही स्थिर रहता है।

धनाद्धर्मस्ततः सुखम्।

धर्म से धर्म और धर्म से सुख होता है।

धर्मेण हन्यते व्याधिः।

धर्म से व्याधि हटाई जाती है।

धर्महीना विगर्हिताः।

धर्म से हीन की निन्दा होती है।

धूसरापि कला चान्द्री न च बध्नाति लोचनम्।

मलिनता भी चन्द्रकला लोचन की प्रतिबन्धक नहीं होती है।

धर्म्मं यो बाधते धर्म्मो न सद्धर्म्म कुधर्म तत्।

जो धर्म अन्य धर्म का बाधक होता है वह सद्धर्म नहीं है कुधर्म है।

धर्म्मो रक्षति रक्षितः।

जो धर्म की रक्षा करता है उसकी धर्म स्वयं रक्षा करता है।

न

न हि दैवात्परं बलम्।

दैव से बढ़कर कोई बल नहीं है।

न ह्युद्यमसमो बन्धुः।

उद्यम के समान कोई बन्धु नहीं है।

न च व्याधिसमो रिपुः।

रोग के समान कोई शत्रु नहीं है।

नहि बन्ध्या विजानाति गुर्वीं प्रसववेदनाम्।

बन्ध्या स्त्री प्रसव की कठिन पीड़ा को नहीं जानती है।

न शालेः स्तम्बकरिता वप्तुर्गुणमपेक्षते।

शाल के पेड़ के बड़ापन या छोटापन होने में बोने वाले के गुण की अपेक्षा नहीं रहती।

नहि सर्वत्र पाण्डित्यं सुलभं पुरुषे क्वचित्।

सब मनुष्यों में पाण्डित्य नहीं पाया जाता है।

न कूपखननं युक्तं प्रदीप्ते वह्निना गृहे।

घर में आग के लगने पर कुआं खोदना व्यर्थ है।

निजप्रतिज्ञामनुरुद्ध्यमाना महोद्यमाः कर्मसमारभन्ते।

उद्योग करने वाले पुरुष अपनी प्रतिज्ञा का पालन करते हुए कार्य का आरम्भ करते हैं।

न्याय्यात्पथः प्रविचलन्ति पदं न धीराः।

धीर पुरुष न्यायमार्ग से च्युत नहीं होते हैं।

नहि संहरते ज्योत्स्नां चन्द्रश्चाण्डालवेश्मतः।

चन्द्रमा चण्डाल के घर में भी अपनी चन्द्रिका प्रदान करता है।

निर्गुणेष्वपि सत्त्वेषु दयां कुर्वन्ति साधवः।

साधु पुरुष निर्गुण प्राणी के ऊपर भी दया करते हैं।

नीचो वदति न कुरुते न वदति सुजनः करोत्येव।

नीच पुरुष बकता है परन्तु कार्य नहीं करता है और सज्जन पुरुष वचन से कुछ नहीं कहता हुआ केवल कार्य ही करता है।

नाल्पीयसि निबध्नन्ति पदमुन्नतचेतसः।

उच्च मन वाले पुरुष अल्प कार्य में पैर नहीं रखते हैं।

निर्गुणोपि मृतः पश्य जनैः शिरसि धार्यते।

निर्गुण भी मरा हुआ सिर पर रखा जाता है।

निरवद्यानि पद्यानि यद्यनाढ्यस्य का क्षतिः।
भिक्षुकक्षाविनिक्षिप्तः किमिक्षुर्नीरसोभवेत्॥

दरिद्र पुरुष के भी बनाये हुए श्लोक यदि मनोहर हों तो क्या हानि है। जैसे भीख मांगने वाले के घर में रक्खी हुई ईख रस सहित ही होती है।

न विषममृतं कर्तुं शक्यं यत्नशतैरपि।

सैकड़ों यत्न करने पर भी विष अमृत नहीं बन सकता।

नियतिः केन लङ्घ्यते।

भाग्य का कोई भी उल्लंघन नहीं कर सकता है।

न दैवमिति संचिन्त्य त्यजेदुद्योगमात्मनः।

अनुद्यमेन कस्तैलं तिलेभ्यः प्राप्तुमर्हति॥

भाग्य सब कुछ करेगा ऐसा समझ कर उद्योग नहीं छोड़ना चाहिये क्योंकि बिना यत्न किये तिल से तैल कौन प्राप्त कर सकता है।

निःसारस्य पदार्थस्य प्रायेणाडम्बरो महान्।

साररहित पदार्थ का प्रायः आडम्बर बड़ा होता है।

निरस्तपादपे देशे एरण्डोपि द्रुमायते।

जिस प्रदेश में कोई अन्य वृक्ष न हो वहां एरण्ड भी वृक्ष कहा जाता है।

न पण्डिताः साहसिका भवन्ति श्रुत्वापि ते संतुलयन्ति चार्थम्।

पण्डित लोग साहस करने वाले नहीं होते हैं किन्तु किसी भी कार्य को सुनकर अनुमान करते हैं।

ना गुणी गुणिनं वेत्ति गुणी गुणिषु मत्सरी।
गुणी च गुणरागी च विरलः सरलो जनः॥

गुणहीन गुणी को नहीं जानता है और गुणी पुरुष गुणवान् में मत्सर रखता है जो कि गुणी हो और गुण में प्रेम रखने वाला हो ऐसा मनुष्य विरला ही होता है।

निर्गुणेष्वपि सत्त्वेषु दयां कुर्वन्ति साधवः।

साधु पुरुष निर्गुण प्राणियों के ऊपर भी दया करते हैं।

न गुणाः क्वापि पूज्यन्ते सत्स्वीकारो हि गौरवम्।
पीतिमागुणसाम्येपि हरिद्रास्वर्णयोरिव॥

कहीं गुण की भी पूजा नहीं होती केवल स्वीकृतमात्र ही पूजित होता है जैसे सुवर्ण और हरिद्रा के एक रंग होने पर भी सुवर्ण ही का अधिक आदर है।

न कदाचित्सतां चेतः प्रसरत्यघकर्मसु।

सज्जनों का अन्तःकरण कभी दुष्कर्म में प्रवृत्त नहीं होता है।

न पिबन्ति भौममम्भः सरजसमिति चातका एते।

चातक पक्षिगण धूलि मिश्रित पृथ्वी का जल नहीं पीते हैं।

निग्रुणमप्यनुरक्तं प्रायो न समाश्रितं जहाति सन्तः।

सज्जन पुरुष गुणहीन होने पर भी अनुराग रखने वाले अपने आश्रित को नहीं छोड़ते हैं।

नयहीनादपरज्यते जनः।

नीतिहीन पुरुष से मनुष्य अपरक्त (दूर) हो जाते हैं।

न गणस्याग्रतो गच्छेत्।

समुदाय से आगे होकर कोई कार्य नहीं करना चाहिये।

न सा सभा यत्र न सन्ति वृद्धाः।

जहां वृद्ध न हों वह कोई सभा नहीं है।

न तज्जलं यन्न सुचारु पङ्कजम्।

जिसमें मनोहर कमल न हो वह जल नहीं है।

न भवति पुनरुक्तं भाषितं सज्जनानाम्।

सज्जनों का भाषण दो बार नहीं होता है।

निरक्षरे वीक्ष्य महाधनत्वं विद्यानवद्या विदुषा न हेया।

निरक्षर पुरुष को धनवान् देखकर विद्वान् अपनी सुविधा को न छोड़े।

न निश्चितार्थाद् विरमन्ति धीराः।

धीर पुरुष अपने निर्णीत अर्थ से विराम नहीं लेता है।

नरस्यासाभरणं रूपं रूपस्याभरणं गुणः।

गुणस्याभरणं ज्ञानं ज्ञानस्याभरणं क्षमा।।

नर का भूषण रूप है, रूप का भूषण गुण है, गुण का भूषण ज्ञान है और ज्ञान का भूषण क्षमा है।

नासत्यवादिनः सख्यम्।

असत्यवादी की मैत्री नहीं होती।

न गुणं न च सौभाग्यं स्वयं स्वगुणवर्णने।

अपना गुण अपने से वर्णन करने में न सुख होता और न कोई सौभाग्य मिलता है।

न कुलं वृत्तहीनानां प्रमाणमिति मे मतिः।

आचरणहीन पुरुष के कुल का प्रमाण नहीं होता है।

नष्टस्य कान्या गतिः।

नष्ट पुरुष की दूसरी क्या गति हो सकती है।

न वित्तं दर्शयेत्प्राज्ञः कस्यचित्स्वल्पमप्यहो।

स्वल्प भी अपने पास धन हो तो किसी को नहीं दिखाना चाहिये।

न नरस्य नरो दासो दासश्चार्थस्य भूपते।

हे राजन् मनुष्य का दास मनुष्य नहीं होता है किन्तु अर्थ का दास मनुष्य होता है।

न दुर्जनः सज्जनतामुपैति बहुप्रकारैरपि सेव्यमानः।

अनेक प्रकार से सेवा करने पर भी दुर्जन सज्जनता को प्राप्त नहीं हो सकता।

नास्ति क्षुधासमं दुःखम्।

क्षुधा के समान दुःख नहीं है।

नृपः कामासक्को गणयति न कार्यं न च हितम्।

कामी राजा कार्य और हित को नहीं गिनता है।

नालसाः प्राप्नुवन्त्यर्थान्।

आलसी को अर्थ नहीं मिलता है।

निर्विषेणापि सर्पेण कर्तव्या महती फणा।

विषशून्य सर्प को भी फणका आटोप करना चाहिये।

नास्ति विद्यासमं चक्षुः।

विद्या के समान कोई नेत्र नहीं है।

नित्यं क्रोधाच्छ्रियं रक्षेत्।

सदा क्रोध से लक्ष्मी की रक्षा करनी चाहिये।

नापृष्टः कस्यचिद् ब्रूयात्।

बिना पूछे किसी से नहीं बोलना।

न क्रोधयातुधानस्य धीमान् गच्छेद्विधेयताम्।

बुद्धिमान् पुरुष क्रोधरूपी निशाचर की अनुकूलता को प्राप्त न करे।

न जातुकामः कामानामुपभोगेन शाम्यति।

मनोरथ यथेच्छ कामों के भोगने से शान्त नहीं होता है।

नास्ति सत्यसमं तपः।

सत्य के बराबर कोई तप नहीं है।

न संतोषात्परं सुखम्।

संतोष से बढ़कर कोई सुख नहीं है।

न च तृष्णा परो व्याधिः।

तृष्णा के समान कोई रोग नहीं है।

न च धर्मो दयापरः।

दया से बढ़कर कोई धर्म नहीं है।

नास्ति रागसमं दुःखम्।

स्नेह के समान कोई दुःख नहीं है।

निकटस्थं गरीयांसमपि लोके न मन्यते।

समीप में रहने वाले श्रेष्ठ को भी लोग नहीं मानते हैं।

नरत्वं दुर्लभं लोके।

संसार में मनुष्य का तन दुर्लभ है।

निन्दां यः कुरुते साधोस्तथा स्वं दूषयत्यसौ।
खे भूतिं यस्त्यजेदुच्चैर्मूर्ध्नि तस्यैव सा पतेत्॥

जो साधु की निन्दा करता है वह अपने ही को दूषित करता है। जैसे जो आकाश में राख फेंकता है वह उसी के मस्तक पर पड़ती है।

निरुत्सुकानामभियोगभाजां समुत्सुकेवाङ्कमुपैति लक्ष्मीः।

उत्कंठ रहित उद्योगों के पास लक्ष्मी उत्कण्ठित होकर स्वयं आ जाती है।

न वेत्ति यो यस्य गुणप्रकर्षं स तस्य निन्दां सततं करोति।

जो जिसके गुणाधिक्य को नहीं जानता है वह उसकी सदा निन्दा करता है।

निवृत्तरागस्य गृहं तपोवनम्।

अनुराग से निवृत्त पुरुष के लिये घर ही तपोवन है।

निमित्तमुद्दिश्य हि यः प्रकुप्यति।

ध्रुवं सतस्यापगमे प्रसीदति।।

जो किसी निमित्त से क्रोध करता है वह उसके निवृत्त हो जाने पर प्रसन्न हो जाता है।

नये च शौर्ये च वसन्ति संपदः।

नीति और शूरता में संपत्ति रहती है।

नीचं समृद्धमपि सेवति नीच एव।

तं दूरतः परिहरन्ति पुनर्महान्तः।

समृद्धि से परिपूर्ण नीच की सेवा नीच ही करता है और महान् पुरुष उसे दूर ही से परित्याग करते हैं।

नागो भाति मदेन कं जलरुहैः।

हाथी मदस्राव से शोभता है और जल कमलों से शोभता है।

नित्योत्सवैर्मन्दिरम्।

गृह नित्योत्सव से शोभता है।

न चापत्यसमः स्नेहः।

अपत्य के समान किसी पर स्नेह नहीं होता है।

न स्वल्पस्य कृते भूरि नाशयेन्मतिमान्नरः।

बुद्धिमान् पुरुष थोड़े के लिये अधिक का नाश नहीं करता है।

न विश्वसेदमित्रस्य मित्रस्यापि न विश्वसेत्।

कदाचित् कुपितं मित्रं सर्वं गुह्यं प्रकाशये्।।

शत्रु का विश्वास नहीं करना चाहिये और मित्र का भी विश्वास नहीं करना चाहिये, क्योंकि मित्र भी कभी रुष्ट होने पर सब गुप्त प्रकाश कर सकता है।

नाद्रव्ये निहिता काचित् क्रिया फलवती भवेत्।

अद्रव्य में नियुक्त की हुई क्रिया फलवती नहीं होती है।

नष्टं मृतमतिक्रान्तं नानुशोचन्ति पण्डिताः।

भूले हुए का, मरे का और व्यतीत वस्तु का पण्डित पश्चात्ताप नहीं करते हैं।

न बन्धुमध्ये धनहीनजीवनम्।

भाइयों के बीच में धनहीन का जीवन ठीक नहीं है।

नास्ति रागसमं दुःखम्।

अनुराग के समान कोई दुःख नहीं है।

नास्ति त्यागसमं सुखम्।

त्याग के समान कोई सुख नहीं है।

न स्थातव्यं न गन्तव्यं क्षणमप्यधमैः सह।
पयोऽपि शौण्डिकीहस्ते मदिरां मन्यते जनः॥

नीचों के साथ एक क्षण भी न रहना चाहिये न जाना चाहिये। शौण्डिकी के हाथ के दुग्ध को भी लोग मदिरा मानते हैं।

न देवो विद्यते काष्ठे न पाषाणे न मृण्मये।
भावेषु विद्यते देवस्तस्माद्भावो हि कारणम्॥

देव काष्ठ या पाषाण या मिट्टी में नहीं रहते हैं, किन्तु भाव ही में देव रहते हैं इसलिये भाव ही मुख्य कारण है।

नाविदग्धः प्रियं ब्रूयात्स्फुटवक्ता च वञ्चकः।

मूर्ख प्रिय वचन नहीं बोलता है और वञ्चक स्पष्ट नहीं बोलता है।

निषिद्धमप्याचरणीयमापदि क्रिया सती नावति यत्र सर्वथा।

जहां उत्तम क्रिया नहीं रक्षा करती हो उस आपत्ति के समय में निषिद्ध वस्तु का भी आचरण करनाा चाहिये।

न महानिच्छति भूमितन्यतः।

महान् पुरुष दूसरे से विभूति (ऐश्वर्य) को नहीं चाहते हैं।

न निहन्ति धैर्यमनुभावगुणः।

अनुभवित गुण धैर्य को नहीं हटा सकता है।

निपातनीया हि सतामसाधवः।

सज्जन को दुर्जन का नाश करना चाहिये।

न पादपोनमूलनशक्तिरंहः शिलोच्चये मूर्च्छति मारुतस्य।

वृक्ष के उखाड़ने वाले वायु का वेग पर्वत के शिखर को नहीं उड़ा सकता है।

नक्षत्रताराग्रहसंकुलापि ज्योतिष्मती चन्द्रमसैव रात्रिः।

नक्षत्र ताराग्रहादिक से युक्त होने पर भी रात्रि चन्द्रमा से ही शोभती है।

न वसन्त्येकत्र सर्वगुणाः।

एक पुरुष में सब गुण नहीं रहते हैं।

न गर्दभा वाजिधुरं वहन्ति।

गदहा घोड़े का भार नहीं वहन कर सकता है।

न पर्वताग्रे नलिनी प्ररोहति।

पर्वत के शिखर पर कमलिनी नहीं उगती है।

न च मिथ्या मुनिवचः।

मुनियों का वाक्य मिथ्या नहीं होता है।

न प्रभातरलं ज्योतिरुदेति वसुधातलात्।

प्रभाशाली ज्योति पृथ्वीतल से नहीं उदय हो सकती है।

नैसर्गिकी सुरभिणः कुसुमस्य सिद्धा
मूर्ध्निस्थितिर्न चरणैरवताडनानि।

सुगन्धयुक्त पुष्प स्वभाव से ही सिर पर धारण किया जाता है, पैर से नहीं दबाया जाता है।

नैवात्मनीनमथवा क्रियते मदान्धैः।

मदान्धपुरुष आत्महित भी नहीं कर सकता है।

न हि कमलं मधुपाः परित्यजन्ति।

भ्रमर कमल को नहीं छोड़ सकता है।

ननु भवति विनीतं द्रव्यमेव क्रियाभिः।

क्रिया द्वारा व्यक्ति ही विनीत होता है।

नहि कश्चित् क्षणमपि जातु तिष्ठत्यकर्मकृत्।

कर्म्म न करके एक क्षण भी कोई नहीं रह सकता है।

निवृत्तिपोषक आश्रमधर्मः।

सांसारिक विषयों से जो निवृत्ति है उसको पोषण करने वाला अर्थात् बढ़ाने वाला आश्रम धर्म है।

प

पयःपानं भुजङ्गानां केवलं विषवर्द्धनम्।

सांप को दुग्ध पिलाने से केवल विष की ही वृद्धि होती है।

पश्यति पीतोपहतः शशिशुभ्रं शङ्खमपि पीतम्।

पाण्डुरोगी चन्द्रमा के समान सफेद शङ्ख को भी पीला देखता है।

पठतो नास्ति मूर्खत्वम्।

पढ़ते हुए को मूर्खता नहीं होती है।

प्रायो गच्छति यत्र भाग्यरहितस्तत्रैव यान्त्यापदः।

भाग्यहीन मनुष्य प्रायः जहां जाता है आपत्ति भी वहां पहुंच जाती है।

प्रतिकूलतामुपगते हि विधौ विफलत्वमेति बहुसाधनता।

भाग्य के प्रतिकूल होने पर सब उत्तम साधन व्यर्थ हो जाते हैं।

पण्डिते हि गुणाः संर्वे मूर्खे दोषाश्च केवलाः।

पण्डित में सब गुण रहता है मूर्ख में केवल दोष ही रहता है।

पुस्तकेषु च नाधीतं नाधीतं गुरुसन्निधौ।
न शोभते सभामध्ये हंसमध्ये बको यथा॥

जो पुस्तक से तथा गुरु के पास नहीं पढ़ा है वह व्यक्ति सभा के बीच में नहीं शोभता है, जैसे कि हंसों के बीच में बगुला नहीं शोभता है।

प्रायेण हि सुवृत्तानामस्थायिन्यो विपत्तयः।

प्रायः सच्चरित्र पुरुषों की विपत्तियां अस्थायिनी होती हैं।

प्रलयेप्यचला महात्मानः।

महात्मा पुरुष प्रलय होने पर भी चलायमान नहीं होते हैं।

प्रकृतिरियं विमलानां क्लिश्यन्ति यदन्यकार्येषु।

उत्तम पुरुष का यह स्वभाव ही होता है कि दूसरे के कार्य के लिये क्लेश करते हैं।

प्रतिपन्नममलमनसां न चलति पुंसां युगान्तेपि।

निर्मल चित्त वाले महान् पुरुष का स्वीकृत वचन प्रलय होने पर भी नहीं विचलित होता है।

पेशलमपि खलवचनं दहतितरां मानसं सुतत्त्वविदाम्।
परुषमपि सुजनवाक्यं मलयजरसवत्प्रमोदयति॥

दुष्टों का मनोहर वचन भी तत्ववेत्ता के मन को जलाता है और सुजन का पुरुष वचन भी मलय चन्दन के समान आनंदित करता है।

प्रकृतिः खलु सा महीयसः सहसे नान्यसमुन्नतिं यया।

वह शक्तिमान् पुरुषों की प्रकृति होती है जिससे कि वे दूसरे के अभ्युदय को नहीं सहन करते।

परोपकाराय सतां विभूतयः।

सज्जनों की विभूति परोपकारार्थ होती है।

प्रायेण धनिनामेव धनलोभो निरन्तरम्।

प्रायः धनवान् को ही अत्यंत धन का लोभ होता है।

पुरुषस्तावदेवासौ यावन्मानान्न हीयते।

जब तक मान से च्युत नहीं होता तब ही तक वह पुरुष गिना जाता है।

पूर्वजन्मकृतं कर्म तद्दैवमिति कथ्यते।

पूर्व जन्म में जो कर्म किया गया है उसको दैव कहते हैं।

परोपदेशे कुशला दृश्यन्ते बहवो जनाः।

परोपदेश करने में बहुत से मनुष्य निपुण होते हैं।

पाण्डित्यस्य विभूषणं मधुरता।

पण्डिताई का भूषण माधुर्य है।

प्राज्ञः शठैर्हस्यते।

खल विद्वान् पर हंसते हैं।

पर्जन्य इव भूतानामाधारः पृथिवीपतिः।

मेघ के समान राजा प्राणियों का आधार है।

पञ्चभिः सह गन्तव्यम्।

पांच के साथ जाना चाहिये अर्थात् पंचों की सम्मति से काम करना चाहिये।

प्रभुप्रसादे विश्वासो न कुर्यात्स्वप्नसंन्निभे।

स्वप्न के तुल्य मालिक की प्रसन्नता पर विश्वास नहीं करना चाहिये।

प्रियवाक्यप्रदानेन सर्वे तुष्यन्ति देवताः।

प्रिय वाक्य के प्रयोग करने से सब देव प्रसन्न होते हैं।

प्रसूतान्तं च यौवनम्।

प्रसव के पर्यंत ही युवावस्था रहती है।

प्रत्यक्षे गुरवः स्तुत्याः परोक्षे मित्रबान्धवाः।

गुरु की प्रत्यक्षरूप से स्तुति करनी चाहिये और मित्र तथा कुटुम्बियों की परोक्ष में स्तुति करनी चाहिये।

पटुत्वं सत्यवादित्वं कथायोगेन बुध्यते।

पटुता और सत्यवादिता ये वार्तालाप से जान पड़ती हैं।

प्रसीदन्ति जपैर्देवाः।

देवता जप से प्रसन्न होते हैं।

परापकारनिरतैर्दुर्जनैःसह संगतिः।
वदामि भवतस्तत्त्वं न विधेया कदाचन॥

दूसरों का अपकार करने वाले दुर्जनों के साथ संबन्ध नहीं रखना चाहिये, यह तत्त्वोपदेश है।

प्रायः सन्त्युपदेशार्हा धीमन्तो न जडाशयाः।

प्रायः उपदेश के योग्य बुद्धिमान् ही होते हैं मूर्ख नहीं।

प्रागल्भ्यहीनस्य नरस्य विद्या शस्त्रं यथा कापुरुषस्य हस्ते।

न तृप्तिमुत्पादयते शरीरे वृद्धस्य दारा इव दर्शनीयाः।।

प्रगल्भता शून्य पुरुष की विद्या और भीरु के हाथ में शस्त्र, ये तृप्तिप्रदान नहीं कर सकते हैं केवल वृद्ध के वास्ते युवा स्त्री के समान शरीर में दर्शनीय हैं।

परिहरत पराङ्गनानुसङ्गं यदि जीवितमस्ति वल्लभं वः।

यदि जीवन प्रिय हो तो दूसरे की स्त्री का संबंध छोड़ो।

पराधीनं वृथा जन्म।

पराधीन रहने वाले का जन्म व्यर्थ है।

परस्त्रीषु वृथा सुखम्।

अन्य की स्त्री के साथ सुख भोगना व्यर्थ है।

परगेहे वृथा लक्ष्मीः।

अपना द्रव्यादि दूसरे के घर हो तो व्यर्थ ही है।

पुत्रं विद्यासु योजयेत्।

पुत्र को विद्या में नियुक्त करना चाहिये।

प्रायो भृत्यास्त्यजन्ति प्रचलितविभवं स्वामिनं सेवमानाः।

प्रायः क्षीण धन वाले स्वामी की सेवा करते हुए भृत्य लोग भी छोड़ देते हैं।

पुराणमित्येव न साधु सर्वम्।

पुराना होने से सब समीचीन ही है ऐसा नहीं समझना चाहिये।

पूर्णो गुणविहीनोपि जनैः शिरसि धार्यते।

गुणहीन पुरुष भी यदि धनादिक से पूर्ण हो तो लोग उसको सिर पर धारण करते हैं।

पित्रोर्नित्यं प्रियं कुर्यात्।

माता-पिता का नित्य ही प्रिय करना चाहिये।

पथ्ये सति गदार्तस्य किमौषधनिषेवणैः।

यदि रोगी सुपथ्य करे तो औषध का कोई प्रयोजन नहीं है।

पिपासुता शान्तिमुपैति वारिजा

न जातु दुग्धान्मधुनोधिकादपि।

जल की पिपासा दूध से अथवा अधिक से अधिक मधु से भी नहीं शान्त होती है।

प्रारब्धमपरित्याज्यम्।

प्रारब्ध वस्तु की जब तक समाप्ति नहीं होती तब तक त्यागने योग्य नहीं है।

पिशाचानां पिशाच भाषैवोत्तरं देयम्।

पिशाचों को पिशाच भाषा से ही उत्तर देना चाहिये।

प्रकृतिर्दुस्त्यजा भवेत्।

प्रकृति नहीं छुटती है।

पराभवोप्युत्सव एव मानिनाम्।

मानी पुरुष का पराजय भी उत्सव ही है।

परलोकजुषां स्वकर्मभिर्गतयो भिन्नपथा हि देहिनाम्।

परलोक में रहने वाले प्राणियों की अपने-अपने कर्म के अनुसार भिन्न-भिन्न गतियां होती हैं।

पीत्वा मोहमयीं प्रमादमदिरामुन्मत्तभूतं जगत्।

मोहमयी प्रमाद मदिरा को पीकर जगत् उन्मत्त हो रहा है।

प्रक्षालनाद्धि पङ्कस्य दूरादस्पर्शनं वरम्।

कीचड़ के लगने पर उसको धो डालने की अपेक्षा कीचड़ से दूर रहकर उसको स्पर्श नहीं करना ही अच्छा है।

प्रकृतिं यान्ति भूतानि निग्रहः किं करिष्यति।

प्राणीमात्र अपनी-अपनी प्रकृति के अनुसार चेष्टा करते हैं। प्रकृति का निग्रह क्या कर सकता है अर्थात् प्रकृति का निग्रह होना अति कठिन है।

परिवर्त्तिनि संसारे मृतः को वा न जायते।

परिवर्तन युक्त संसार में मरकर कौन उत्पन्न नहीं होता है अर्थात् जो मरता है वह उत्पन्न होता है और उत्पन्न होता है वह मरता है।

प्रभवति शुचिर्बिम्बोद्ग्राहे मणिर्न मृदाञ्चयः।

शुद्ध मणि प्रतिबिम्ब ग्रहण करने में समर्थ होती है। मिट्टी का ढेला प्रतिबिम्ब ग्रहण नहीं कर सकता।

प्रवृत्तिरोधको वर्णधर्मः।

वर्णधर्म सांसारिक विषयों में जो स्वाभाविक प्रवृत्ति होती है उसको रोकने वाला है।

पूजात् कोटिगुणं स्तोत्रं स्तोत्रात् कोटिगुणं जपः।

जपात् कोटिगुणं गानं गानात्परतरं न हि॥

स्तोत्र पूजा की अपेक्षा कोटिगुण अधिक फलप्रद होता है, स्तोत्र की अपेक्षा कोटिगुण से अधिक फलप्रद जप है, जप की अपेक्षा कोटिगुण से अधिक फलप्रद भगवद्गुणगान और भगवद्गुणगान से अधिक फलप्रद संसार में कोई साधन नहीं है।

परोपकारः पुण्याय पापाय परपीडनम्।

परोपकार करने से पुण्य होता है और किसी को कष्ट देने से पाप होता है।

पतिरेको गुरुः स्त्रीणाम्।

स्त्री का गुरु एकमात्र पति ही है।

ब

बालः पयसा दग्धो दध्यपि फूत्कृत्य पिबति।

दुग्ध से जला हुआ लड़का दही को भी फूंक कर पीता है।

बलेन किं यश्च रिपून्न बाधते।

बल से क्या हुआ यदि शत्रु को नहीं बन्धन किया गया।

बुद्धिः कर्मानुसारिणी।

कर्म के अनुसार ही बुद्धि होती है।

ब्रह्मघ्नोपि नरः पूज्यो यस्यास्ति विपुलं धनम्।

ब्रह्म घातकी भी यदि अधिक धनवान् हो तो पूजित होता है।

बुभुक्षितैर्व्याकरणं न भुज्यते।

भूखे व्याकरण को नहीं खा सकते हैं।

बालोपि नावमन्तव्यो मनुष्य इति भूमिपः।

राजा बालक भी हो तो मनुष्य है इस कारण से उसका अपमान नहीं करना चाहिये।

ब्राह्मणा गणका वेश्या सारमेयाश्च कुक्कुटाः

दृष्टेष्वन्येषु कुप्यन्ति न जाने तस्य कारणम्।

ब्राह्मण, ज्योतिषी, वेश्या, कुत्ते और कुक्कुट ये दूसरे को आते हुए देखकर न मालूम क्यों क्रोध करते हैं।

बुद्धिप्रारब्धकार्यस्य नास्ति किंचन दुष्करम्।

जो बुद्धिपूर्वक कार्य करता है उसको कुछ दुष्कर नहीं है।

बुधाग्रे न गुणान् ब्रूयात्साधुवेत्ति यतः स्वयम्।

पण्डितों के सामने अपने गुण का प्रकाश नहीं करना चाहिये। वे स्वयं सब जानते हैं।

बहुभाषिणं न श्रद्दधाति लोकः।

बहुत बोलने वाले का लोग विश्वास नहीं करते हैं।

ब्राह्मण धर्म्मवक्तारः क्षत्रिया धर्म्मपालकाः।

ब्राह्मण धर्म्म के बताने वाले हैं और क्षत्रिय धर्म्म के पालन कराने वाले हैं।

भ

भवति विपद्यपि महतामङ्गीकृद्वस्तु निर्वाहः।

महान् पुरुष विपत्ति आने पर भी स्वीकृत वस्तु का पालन करता है।

भक्तिर्भवे न विभवे व्यसनं शास्त्रे न कामास्त्रे।

चिन्ता यशसि न वपुषि प्रायः परिदृश्यते महताम्।।

प्रायः महान् पुरुष की भक्ति शंकर में होती है धन में नहीं और व्यसन शास्त्र में होता है काम के अस्त्र में नहीं और चिन्ता कीर्ति की होती है शरीर की नहीं।

भक्त्या हि तुष्यन्ति महानुभावाः।

महान् पुरुष भक्ति से प्रसन्न होते हैं।।

भिन्ने चित्ते कुतः प्रीतिः।

चित्त में भेद होने पर प्रीति कैसे रह सकती है।

भार्यासमं नास्ति शरीरतोषणम्।

स्त्री के समान कोई शरीरतुष्टिकारक नहीं है।

भ्रान्तिभाजि भवति क्व विवेकः।

भ्रान्तिमान् पुरुष को विवेक कहां से हो सकता है।

भवति महत्सु न निष्फलं प्रयासः।

महान् पुरुषों का प्रयास करना निष्फल नहीं होता है।

भवति च सदोपहास्यो यः खलु शरणागतं त्यजति।

जो शरणागत का परित्याग करता है वह सदा हास्य का पात्र होता है।

भाग्यवन्तं प्रसूयेथा मा शूरं मा च पण्डितम्।
शूराश्च कृतविद्याश्च वने सीदन्ति पाण्डवाः॥

भाग्यवान् ही का प्रसव करो, शूर और पण्डित का नहीं, क्योंकि विद्वान् और शूर होते हुए भी पाण्डुपुत्र वन में क्लेश पाए थे।

भक्त्या तुष्यन्ति देवताः।

देवता भक्ति से प्रसन्न होते हैं।

भूयसीरपि कलाः कलङ्किताः
प्राप्य कश्चिदपचीयते शनैः।
एकयापि कलया विशुद्धया
योपि कोपि भजते गिरीशताम्॥

कलङ्कित बहुत सी कला पाकर भी कोई पुरुष धीरे-धीरे क्षीण हो जाता है। एक ही निर्मल कला पाकर कोई भी गिरीशत्व को प्राप्त होता है।

भवाब्धितारकः शिवः।

शिव संसारसमुद्र से तारने वाले हैं।

भवे भक्तिः सदा कार्या।

शिव की भक्ति सदा करनी चाहिये।

भोगे रोगभयं नूनं कुले पतनजं भयम्।

भयं निन्दकजं शक्तौ गुणे खलभयं खलु।।

भोग करने में रोग हो जाने का भय है, कुलीन होने में पतित हो जाने का भय है, शक्तिमान् होने में निन्दकों का भय है और गुणवान् होने में दुष्टों का भय है।

म

मनसि च परितुष्टे कोर्थवान् को दरिद्रः।

मन का संतोष हो जाने पर न कोई धनवान् है और न कोई दरिद्र है।

मूर्खमन्यायकर्तारं नाधिपत्ये नियोजयेत्।

मूर्ख और अन्यायकारी पुरुष को स्वामित्व के पद पर नहीं रखना चाहिये।

मूर्खो हि जल्पतां पुंसां श्रुत्वा वाचः शुभाशुभाः।

अशुभं वाक्यमादत्ते पुरीषमिव शूकरः।।

मूर्ख मनुष्य वार्तालाप करने वाले पुरुष का वचन सुनकर उत्तम बात को छोड़कर अशुभ बात को ग्रहण कर लेता है। जैसे कि सुअर उत्तम पदार्थों को छोड़कर केवल पुरीष को ही ग्रहण करता है।

महतां प्रार्थनेनैव विपत्तिरपि शोभते।

महान् से प्रार्थना करने से यदि विपत्ति भी हो तो अच्छी है।

मान्या एव हि मान्यानां मानं कुर्वन्ति नेतरे।

माननीय पुरुष ही माननीय पुरुषों का सत्कार करते हैं इतर नहीं।

मूकः परापवादे परदारनिरीक्षणेप्यन्धः।

पंगुः परधनहरणे स जयति लोकत्रयं पुरुषः।।

जो दूसरे के अपवाद में मूक और अन्य की स्त्री के देखने में अन्धा और अन्य के धन हरण करने में लंगड़ा होता है वह तीनों लोक में जयी है।

महाजनाचारपरम्परेदृशी स्वनामनामाददते न साधवः।

महाजनों की ऐसी परम्परा है कि सज्जन पुरुष अपना नामोच्चारण नहीं करते हैं।

महाजनो येन गतः स पन्थाः।

जिस मार्ग से महान् पुरुष लोग गये हैं वही अच्छा मार्ग है।

मणिना भूषितः सर्पः किमसौ न भयङ्करः।

मणि से शोभित सांप से क्या डर नहीं होता है।

मूर्खस्य नास्त्यौषधम्।

मूर्ख के लिये कोई औषधि नहीं है।

मित्राणां च परीक्षा स्यादापत्काले ह्युपस्थिते।

आपत्तियों के आने पर मित्रों की परीक्षा होती है।

मौनिनः कलहो नास्ति न भयं चासित जाग्रतः।

मौन रहने वाले के साथ झगड़ा नहीं होता है और जागते हुए पुरुष को भय नहीं होता है।

मा हिंस्यात्सर्वभूतानि।

किसी प्राणी की हिंसा नहीं करना चाहिये।

महावैश्वानरः खलः।

खल अग्नि के समान है।

मानिनो हतमानस्य मानोपि न सुखप्रदः।

जिसका मान च्युत हो गया ऐसे मानी पुरुष के लिये मान भी सुखकर नहीं होता है।

मन्दोप्यमन्दतामेति संसर्गेण विपश्चितः।

विद्वान् के संसर्ग से मन्द (मूर्ख) भी विद्वान् हो जाता है।

मूर्खशिष्योपदेशेन दुष्टस्त्री भरणेन च।

द्विषतां संप्रयोगेण पण्डितोप्यवसीदति।।

मूर्ख शिष्य को उपदेश देने से और दुष्ट स्त्री के पालन करने से और शत्रु के प्रयोग से पण्डित भी क्लेश पाता है।

मक्षिका मशको वेश्या मूषको याचकस्तथा।

ग्रामणीर्गणकश्चैव सप्तैते परभक्षकाः॥

मक्खी, मच्छर, वेश्या, मूषक, याचक, ग्रामणी, ज्योतिषी ये सात दूसरे को खाने वाले हैं।

मूर्खाणां पण्डिता द्वेष्याः।

मूर्ख लोग पण्डितों से द्वेष करते हैं।

मद्यपाः किं न जल्पन्ति।

मदिरापान करने वाला क्या नहीं बक सकता है।

मेधावी वृद्धसेवया।

वृद्ध की सेवा करने से मेधावी होता है।

मक्षिका व्रणमिच्छन्ति धनमिच्छन्ति पार्थिवाः।

मक्खी व्रण को ही चाहती है और राजा धन चाहते हैं।

मातासमं नास्ति शरीरपोषणम्।

माता के समान कोई शरीरपोषक नहीं है।

महान् महत्येव करोति विक्रमम्।

महान् पुरुष महत् कार्य में ही पराक्रम लगाता है।

महतां यदि निन्दने मतिर्गुणसंख्यैव तदा विधीयताम्।

यदि महान् की निन्दा करने में बुद्धि हो तो गुणों की संख्या (गिनती) से करनी चाहिये।

ममतया चात्मप्रकाशो हतः।

ममत्व करने से अपने (आत्मा के) प्रकाश की हानि होती है।

मनुष्ये सति दुर्लभा पुरुषता।

मनुष्यत्व होने पर भी पुरुषत्व होना दुर्लभ है।

मूलं दोषस्य हिंसादेरर्थकामौ स्म मा पुषः।

हिंसा आदि दोषों के मूलरूप अर्थ और काम की पुष्टि मत करो।

मनसा चिन्तितं कर्म वचसा न प्रकाशयेत्।

मन में विचारित कार्य को वचन से नहीं प्रकाश से करना चाहिये।

मूर्खस्य दिशः शून्याः।

मूर्ख के लिये तमाम दिशाएं शून्य हैं।

मित्रेण किं व्यसनकाल पराङ्मुखेन।

जो दुःख के समय में पराङ्मुख हो उस मित्र से क्या लाभ है।

मणिना वलयं वलयेन मणिः।

मणि से कंकण और कंकण से मणि शोभती है।

मित्रं स्वच्छतया रिपुं नयबलैर्लुब्धं धनैरीश्वरम्,

कार्येण द्विजमादरेण युवतिं प्रेम्ण शमैर्बान्धवान्।

अत्युग्रं स्तुतिभिर्गुरुं प्रणतिभिर्मूर्खं कथाभिर्बुधम्,

विद्या भी रसिकं रसेन सकलं शीलेन कुर्याद्वशम्।।

मित्र को स्वच्छ भाव से वशीभूत करना चाहिये और नीतिबल से शत्रु को और लोभी को धन से, स्वामी को कार्य से और ब्राह्मण को आदर से और युवती को प्रेम से और बन्धुजन को शान्ति से, अत्युग्रस्वभाव पुरुष को स्तुति से, गुरुदेव को प्रणाम से, मूर्ख को कथाओं से, विद्या से विद्वान् को, रस से रसिक पुरुष को और सबको शील से वशीभूत करना चाहिये।

मुग्धेषु कः सत्यमृषाविवेकः।

भोले भाले मनुष्य को सत्य और मिथ्या का विचार नहीं होता है।

मितं च सारं च वचो हि वाग्मिता।

मित और सार वचन जिसका हो वही वाग्मी है।

मनोरथानामतटाः प्रवाहाः।

मनोरथों का प्रवाह बिना तट का होता है अर्थात् मनोरथ की सीमा नहीं है।

मित्रं न कश्चिद्विषमस्थितस्य।

आपत्ति में ग्रसित पुरुष का कोई मित्र नहीं है।

मम तु मनो न मनागपैति धर्म्मात्।

मेरा तो मन धर्म से थोड़ा भी नहीं डिगता है।

मद्भाग्योपचयादयं समुदितः सर्व्वो गुणानां गणः।

मेरे भाग्योदय से यह सब गुणों का गण अर्थात् समुदाय उदय हुआ है।

मनस्वी कार्य्यार्थी गणयति न दुःखं न च सुखम्।

कार्य्य करने की इच्छा करने वाला मनस्वी पुरुष सुख-दुःख की परवाह नहीं करता है।

मुक्तिमिच्छसि चेत्तात विषयान्विषवत्त्यज।

क्षमार्जवदयातोषसत्यं पीयूषवद्भज॥

हे तात! यदि मुक्ति को चाहता है तो विषयों को विष के समान त्याग दे और क्षमा, सरलता, दया, संतोष और सत्य को अमृत के समान आचरण कर।

मन्नाथः श्रीजगन्नाथो मद्गुरुः श्रीजगद्गुरुः।

मेरा नाथ श्रीजगन्नाथ है और मेरा गुरु श्रीजगद्गुरु है।

य

यः स्तोकेनापि संतोषं कुरुते मन्दधीर्जनः।

तस्य चोत्साहहीनस्य दत्ता श्रीरपि मार्ज्यते॥

जो मन्द बुद्धि वाले मनुष्य अल्प वस्तु से संतोष कर लेते हैं उन निरुत्साहियों की दी हुई लक्ष्मी भी नष्ट हो जाती है।

यादृशी भावना यस्य सिद्धिर्भवति तादृशी।

देव, तीर्थ, ब्राह्मण, मन्त्र, ज्योतिषी, वैद्य और गुरु, इनमें जिसकी जैसी भावना होती है वैसी ही सिद्धि होती है।

यतोऽभ्युदयनिःश्रेयसः सिद्धिः स धर्मः।

जिससे इहलौकिक अभ्युदय और पारलौकिक अभ्युदय और मुक्ति होती है उसी को धर्म कहते हैं।

यस्य नास्ति स्वयं प्रज्ञा शास्त्रं तस्य करोति किम्।

लोचनाभ्यांस विहीनस्य दर्पणः किं करिष्यति॥

जिसकी बुद्धि स्वयं नष्ट है उसके लिये शास्त्र क्या कर सकता है। जैसे जिसके आंख नहीं है उसको दर्पण क्या कर सकता है।

यस्येश्बरेण यदलेखि ललाटपट्टे

तत्स्यादयोग्यमपि योग्यमपास्य तस्य।

ईश्वर ने जिसके ललाट में जैसा लिखा है वह अयोग्य भी उसके लिये योग्य हो जाता है।

यो यस्य मित्रं नहि तस्य दूरम्।

जो जिसका मित्र है वह उससे दूर नहीं है।

यदि सन्ति गुणाः पुंसां विकसन्त्येव ते स्वयम्।
गुणैः सर्वज्ञकल्पोपि सीदत्येको निराश्रयः॥

यदि पुरुष में गुण हो तो स्वयं प्रकाशित होता है। गुण से शङ्कर के समान होने पर भी यदि निराधार हो तो क्लेश पाता है।

यथा ह्येकेन चक्रेण न रथस्य गतिर्भवेत्।

तथा पुरुषकारेण विना दैवं न सिद्ध्यति॥

जैसे एक चक्र से रथ नहीं चलता है वैसे बिना दैव के केवल पुरुषार्थ से सिद्धि नहीं होती है।

योजनानां सहस्त्रं तु शनैर्गच्छेत्पिपीलिका।

अगच्छन् वैनतेयोपि पदमेकं न गच्छति॥

पिपीलिका धीरे-धीरे हजार कोस जा सकती है और गरुड़ भी यदि न चले तो एक पैर भी नहीं जा सकता।

यः स्वभावो हि यस्यास्ते स नित्यं दुरतिक्रमः।

जिसका जो स्वभाव होता है वह अनुल्लंघनीय होता है।

यथा हि मलिनैर्वस्त्रैर्यत्र तत्रोपविश्यते।

एवं चलितवृत्तस्तु वृत्तशेषं न रक्षति॥

जैसे मैले वस्त्र वाले जहां तहां बैठ जाते हैं ऐसे ही आचरणहीन पुरुष अपने किसी वृत्त को रक्षित नहीं कर सकता।

या यस्य प्रकृतिः स्वभावजनिता केनापि न त्यज्यते।

जिसकी जो स्वभावोत्पन्न प्रकृति पड़ जाती है वह नहीं छूटती।

यस्यार्थास्तस्य मित्राणि।

जिसके धन है उसके ही मित्र हैं।

यस्यार्थास्तस्य बान्धवः।

जिसके धन है उसके कुटुम्ब है।

यस्यार्थाः स पुमांल्लोके।

जिसके धन है वही संसार में पुरुष कहलाता है।

यस्यार्थाः स च पण्डितः।

जिसके धन है वह ही पण्डित है।

याचनान्तं हि गौरवम्।

याचक का याचना पर्यन्त ही गौरव रहता है।

यत एवागतो दोषस्तत एव निवर्तते।

दोष जहां से आता है वहीं से ही निवृत्त होता है।

युद्धे शूरपरीक्षा स्यात्।

वीर की परीक्षा युद्ध में होती है।

या सुंदरी सा पतिना विहीना

यस्याः पतिः सा वनिता कुरूपा।

यत्र द्वयं तत्र सुतस्य हानि-

र्यत्र त्रयं तत्र दरिद्रता च॥

जो सुंदरी होती है वह पतिहीना होती है और जिसके पति होता है वह कुरूपा होती है। जहां पति भी है और सौंदर्य भी है वहां लड़का नहीं होता और जहां ये तीनों बातें हैं वहां दरिद्रता होती है।

याञ्चामोघा वरमधिगुणे नाधमे लब्धकामा।

गुणवान् पुरुष से यदि याचना निष्फल भी हो तो उत्तम ही है और नीच पुरुष के द्वारा इच्छा पूर्ण भी हो जाय तो वह ठीक नहीं है।

यवाः प्रकीर्णा न भवन्ति शालयो

न वेश्याजाताः शुचयस्तथाङ्गनाः॥

यव बोने से शालिधान्य नहीं जमता है, वैसे ही वेश्याकुल में उत्पन्न स्त्रियां पवित्र नहीं होती हैं।

यस्यागमः केवलजीविकायै

तं ज्ञानपण्यं वणिजं वदन्ति।

जिसका शास्त्र केवल जीविका के लिये होता है वह ज्ञानविक्रेता वणिक् कहा जाता है।

यत्नेन सेवितव्यः कुलशीलवान् दरिद्रोपि।

कुलीन और सुशील दरिद्र हो तब भी उसकी सेवा करना चाहिये।

यत्ने कृते यदि न सिद्धयति कोऽत्र दोषः।

यत्न करने पर भी यदि कार्य्यसिद्धि न हो तो इसमें क्या दोष है।

योगः कर्म सुकौशलम्।

सुकौशलपूर्ण कर्म योग अर्थात् कर्मयोग कहा जाता है।

यो बुद्धेः परतस्तु सः।

जो बुद्धि से भी परे है वही आत्मा है।

यतो धर्मस्ततो जयः।

जहां धर्म है वहीं जय होती है।

यतो धर्मस्ततः कृष्णः।

जहां धर्म है वहीं कृष्ण अर्थात् भगवान् विद्यमान हैं।

या बिभर्ति जगत्सर्व्वमीश्वरेच्छा ह्यलौकिकी।

सैव धर्म्मो हि सुभगे नेह कश्चन संशयः।।

जो अलौकिक ईश्वरेच्छा इस सब जगत् को धारण और पोषण करती है वही धर्म है, हे सुभगे! इसमें कोई संशय नहीं है।

या निशा सर्व्वभूतानां तस्यां जागर्ति संयमी।

यस्यां जाग्रति भूतानि सा निशा पश्यतो मुनेः।।

सब प्राणियों के लिये जो रात्रि है अर्थात् सब प्राणी जिन वस्तुओं को नहीं देख सकते हैं उन वस्तुओं को देखने के लिये संयमी जागता है अर्थात् देखता रहता है। सब प्राणी जिन वस्तुओं को देखते हैं उन वस्तुओं को देखने के लिये देखने वाला मुनि भी नहीं देखता है। तात्पर्य यह है कि संयमी के लिये जो रात्रि

है प्राणियों के लिये वह दिन है और प्राणियों के लिये जो रात्रि है वह संयमी के लिये दिन है।

योगश्चित्तवृत्तिनिरोधः।

चित्तवृत्तियों के रोकने को योग कहते हैं।

यं पृथग्धर्म्मचरणाः पृथग्धर्म्मफलैषिणः।

पृथग्धर्म्मैः समर्चन्ति तस्मै धर्मात्मने नमः॥

पृथक्-पृथक् धर्म का आचरण करने वाले पृथक्-पृथक् धर्म फल की इच्छा करने वाले पृथक्-पृथक् धर्मों के द्वारा जिसकी अर्चना करते हैं उस धर्मोत्मा भगवान् को प्रणाम है।

यागपरः पुरुषधर्म्मः तपः प्रधानो नार्य्याः।

पुरुषधर्म यज्ञ प्रधान है और नारीधर्म तपःप्रधान है।

यत्र नार्य्यस्तु पूज्यन्ते रमन्ते तत्र देवताः।

जहां स्त्री जाति की पूजा होती है वहां देवता रमण करते हैं अर्थात् जिस घर में स्त्रियों की खातिर होती (उनके गुणों की पूजा होती) है उस घर में देवताओं का निवास रहता है।

यथा हि गृहिणीधर्म्मे प्रवृत्तेः पूर्णता स्थिता।

तथा निवृत्तिधर्म्मस्य नारीणां विधवाव्रते॥

जिस प्रकार गृहिणी के धर्म्म में प्रवृत्ति की पूर्णता स्थित है वैसे ही निवृत्ति धर्म्म की पूर्णता विधवा के व्रत में स्थित है।

र

रतिपुत्रफला नारी।

स्त्री होने का फल रति (रमण) और पुत्र है।

रिक्तः सर्वो भवति हि लघुः पूर्णता गौरवाय।

सब पदार्थ यदि रिक्त हों तो लघु होते हैं, यदि पूर्ण हों तो गौरव के लिये होते हैं।

रसनासु च सुकवीनां निवसति सारस्वतं चक्षुः।

कवियों की जिह्वा में सारस्वत नेत्र (सरस्वती स्वरूप नेत्र) रहता है।

राजानमनुवर्त्तन्ते यथा राजा तथा प्रजा।

प्रजा राजा का अनुवर्त्तन करती है इसी कारण जैसा राजा होता है प्रजा भी वैसी ही होती है।

राजा कालस्य कारणम्।

सत्य त्रेतादि युगों के काल का कारण राजा है।

ल

लक्ष्मीवन्तो न जानन्ति प्रायेण परवेदनाम्।

लक्ष्मीवान् पुरुष प्रायः दूसरे की पीड़ा को नहीं जानता है।

लोभात्क्रोधः प्रभवति क्रोधाद्द्रोहः प्रवर्तते।
द्रोहेण नरकं याति शास्त्रज्ञोपि विचक्षणः।।

लोभ से क्रोध होता है और क्रोध से द्रोह होता है और द्रोह करने से यदि शास्त्रवेत्ता भी हो तो नरक में पड़ता है।

लोभः पापस्य कारणम्।

लोभ पाप का कारण है।

लोभेन बुद्धिश्चलति लोभो जनयते तृषाम्।
तृषार्तो दुःखमाप्नोति परत्रेह च मानवः।।

लोभ से बुद्धि चंचल होती है और लोभ से तृष्णा बढ़ती है, तृष्णा-पीड़ित इह लोक और परलोक में दुःख पाता है।

लुब्धेन संचितं द्रव्यं समूलं च विनश्यति।

लोभी के द्वारा संचित द्रव्य मूलसहित नष्ट हो जाता है।

लज्जातीर्थे कुलयुवतयः पातकं क्षालयन्ति।

कुलाङ्गनाएं लज्जारूपी तीर्थ में अपने पाप को धोती हैं।

लज्जा भूषणं कुलस्त्रीणाम्।

कुलाङ्गनाओं का लज्जा ही भूषण है।

लिखितमपि ललाटे प्रोज्झितुं कः समर्थः।

भाग्य में लिखित लेख को मिटाने में कौन समर्थ है?

व

वर्णाश्रमधर्मोपेता आर्य्यजातिः।

वर्ण, धर्म और आश्रम धर्म से युक्त जो जाति है वही आर्य जाति है।

विद्या हृद्यापि सावद्या विना विनयसंपदम्।

विनय के बिना हृदयग्राही विद्या भी दोष से युक्त है।

बृहत्सहायः कार्यान्तं क्षोदियानपि गच्छति।

महान् सहायक को पाकर क्षुद्र मनुष्य भी बड़ा कार्य कर सकता है।

विद्या रूपं कुरूपाणम्।

कुरूप पुरुषों को विद्या ही भूषण है।

वृद्धस्य तरुणी भार्या प्राणेभ्योपि गरीयसी।

बूढ़े को युवती स्त्री प्राण से भी अधिक प्यारी है।

विकृतिं नैव गच्छन्ति सङ्गदोषेण साधवः।

साधु पुरुष संसर्गदोष से विकृत नहीं होते हैं।

वेपथुर्मलिन वक्त्रं दीना वाग् गद्भगदस्वरः।
मरणे यानि चिह्नानि तानि चिह्नानि याचके।।

मरण के समय जो चिह्न होतें हैं वे सब याचक में रहते हैं जैसे कम्प, मुखमालिन्य, वचन में दीनता और स्वलित वाक् इत्यादि।

विधिलिखिताक्षरमालं फलति कपालं न च भूपालः।

विधि के द्वारा लिखित अपना कपाल ही फलता है राजा नहीं।

विहाय पौरुषं यो हि दैवमेवावलम्बते।
प्रासादसिंहवत्तस्य मूर्ध्नि तिष्ठन्ति वायसाः।।

जो पुरुषार्थ को छोड़ कर केवल भाग्य का ही अवलम्बन करता है, राजभवन में बने हुए सिंह के समान उसके मस्तक पर कौवे बैठते हैं।

विद्या विनयोपेता हरति न चेतांसि कस्य मनुजस्य।

विनय से युक्त विद्या किस मनुष्य के मन को नहीं हरण करती है।

वस्त्रपूतं पिबेद्वारि मनः पूतं समाचरेत्।

वस्त्र से छानकर जल पीना चाहिये और मनः पूत अर्थात् सुविचारित आचरण करना चाहिये।

वेश्यानामिव विद्यानां मुखं कैः कैर्न चुम्बितम्।

वेश्या के समान विद्या के मुख को किसने-किसने चुम्बन नहीं किया है।

व्याख्यातुमेव केचित्कुशलाः शास्त्रं प्रयोत्कुमलमन्ये।

कोई पुरुष शास्त्र का केवल व्याख्यान ही कर सकता है और कोई शास्त्र का प्रयोग करने में चतुर होता है।

वरं पर्वतदुर्गेषु भ्रान्तं वनचरैः सह।

न मूर्खजनसंपर्कः सुरेन्द्र भवनेष्वपि॥

जङ्गलवासियों के साथ पर्वत तथा दुर्गभूमि में घूमना अच्छा है परन्तु इन्द्र के गृह में यदि मूर्खों का संपर्क हो तो अच्छा नहीं है।

विद्याहीनो नरः प्राज्ञः सभायां नैव शोभते।

विद्या से हीन पुरुष चतुर हो तो सभा में नहीं शोभता है।

विद्यया शस्यते लोके पूज्यते चोत्तमैः सदा।

विद्या से मनुष्य प्रशस्त गिना जाता है और उत्तम मनुष्यों से पूजित होता है।

विना परीक्षां नो तत्त्वं प्रसिद्धं ज्ञायते सतः।

बिना परीक्षा किये सज्जन पुरुष का प्रसिद्ध तत्त्व नहीं जान पड़ता है।

विप्रियमप्याकर्ण्य ब्रुते प्रियमेव सर्वदा सुजनः।

सुजन पुरुष अप्रिय सुनकर भी प्रिय वचन को ही बोलते हैं।

विषमगता अपि न बुधाः परिभवमिश्रां श्रियं वाञ्छन्ति।

कठिनावस्था को पाने पर भी विद्वान् पुरुष अनादरयुक्त लक्ष्मी को नहीं चाहते।

वैराग्यमेवाऽभयम्।

एकमात्र वैराग्य में ही कोई भय नहीं है।

विचित्ररूपाः खलु चित्तवृत्तयः।

चित्त की वृत्तियां अनेक प्रकार की होती हैं

वृद्धा न ते ये न वदन्ति धर्मम्।

जो धर्मोपदेश नहीं देते हैं वे वृद्ध नहीं हैं।

वाणी व्याकरणेन शोभते।

वचन व्याकरण पढ़ने से शोभता है।

विद्या ददाति विनयं विनयाद्याति पात्रताम्।

विद्या विनय को देती है और विनय आने से मनुष्य पात्र बन जाता है।

वृत्तं यत्नेनं संरक्षेद् वित्तमायाति याति च।

अपना वृत्त (आचरण) अच्छी तरह रक्षित करना चाहिये, धन तो आता जाता रहता है।

विद्या विप्रस्य भूषणम्।

ब्राह्मण का विद्या ही भूषण है।

विविक्तवर्णाभरण सुखश्रुतिः।
प्रसादयन्ती हृदयान्यपि द्विषाम्।।

मनोहराक्षरा सुखकरी वाणी शत्रुओं के हृदय को भी प्रसन्न करती है।

विरोधिवचसो मूकान् वागीशानपि कुर्वते।
जडानप्यनुलोमार्थान् प्रवाचः कृतिना गिरः।।

विरुद्ध बोलने वाले यदि बृहस्पति भी हों तो मूक कर दिये जाते हैं और अनुकूल वक्ता जड़ भी हो तो वक्ता समझा जाता है।

वंशभवो गुणवानपि सङ्गविशेषेण पूज्यते पुरुषः।

कुलीन और गुणवान् भी मनुष्य उत्तम के सङ्ग से शोभता है।

वरमेको गुणीपुत्रो न च मूर्खशतान्यपि।

गुणवान् एक ही पुत्र अच्छा है और सैकड़ों मूर्ख पुत्र अच्छे नहीं होते।

विद्याविहीना बहवोपि पुत्राः
कल्पायुषः सन्तु पितुः किमेतैः।

विद्याहीन बहुत से चिरायु पुत्रों के होने पर भी पिता को कुछ प्रयोजन नहीं होता।

विपत्तौ किं विषादेन संपत्तौ हर्षणेन किम्
भवितव्यं भवत्येव कर्मणां गतिरीदृशी॥

विपत्ति में विषाद नहीं करना चाहिये और संपत्ति आने पर हर्ष नहीं करना चाहिये, जो होनहार है वह होता ही है, कर्मों की ऐसी गति है।

वाणी दरिद्रस्य शुभा हितापि ह्यर्थेन शब्देन च संप्रयुक्ता।
न शोभते वित्तवतः समीपे भेरीनिनादोपहतेव वीणा॥

दरिद्र का वचन अर्थ और शब्द से युक्त होने पर भी धनी के पास नहीं शोभता, जैसे कि भेरी के नाद के सामने वीण नहीं शोभती।

विद्या विवादाय धनं मदाय शक्तिः परेषां परिपीडनाय।
खलस्य साधोर्विपरीतमेतद्दानाय भोगाय च रक्षणाय॥

खल की विद्या केवल विवाद के लिये होती है और धन गर्व के लिये और शक्ति देकर दूसरे को पीड़ित करने के लिये होती है, ये सब साधु के दान और भोग और रक्षण के लिये हैं।

वाणी रसवती यस्य भार्या पुत्रवती सती।
लक्ष्मीर्दानवती यस्य सफलंतस्य जीवितम्॥

जिसकी वाणी रसयुक्ता है और स्त्री पुत्रवती तथा सती है और लक्ष्मी दानयुक्त है उसका जीवन सफल है।

विपदोभिभवन्त्यविक्रमम्।

पराक्रमहीन को विपत्तियां घेर लेती हैं।

व्यसनानन्तरं सौख्यं स्वल्पमप्यधिकं भवेत्।

दुःख के पश्चात् अल्प भी सुख अधिक जान पड़ता है।

वितरति यावद्दाता तावत्सकलोपि भवति कलभाषी।

जब तक दाता दान देता है तब ही तक सब कोई मधुर बोलता है।

वनेषु दोषाः प्रभवन्ति रागिणाम्।

रागी को वन में भी दोष हो सकते हैं।

विना गोरसं को रसं भोजनानाम्।

बिना घृत आदि के भोजन में क्या स्वाद है।

वित्तेन किं वितरणं यदि नास्ति दीने।

यदि दरिद्र को दान न किया जाय तो उस धन से क्या प्रयोजन है।

विद्वान् विभाति पुरुषेषु विचक्षणेषु।

चतुर पुरुषों में विद्वान् शोभता है।

वरं वेश्या पत्नी न पुनरविनीता कुलवधूः।

वेश्या स्त्री होना उत्तम है परन्तु दुःशीला कुलाङ्गना उत्तम नहीं है।

विद्या या पुस्तके वृथा।

जो विद्या केवल पुस्तक में ही है वह व्यर्थ है।

वेश्यानां मोहमस्त्रकम्।

वेश्याओं का मोहित करना ही अस्त्र है।

व्यसने योजयेच्छत्रुम्।

शत्रु के ऊपर व्यसन डालना चाहिये।

विद्या मित्रं प्रवासेषु भार्या मित्रं गृहेषु च।

परदेश में विद्या मित्र है और घर में स्त्री मित्र है।

विद्यते हि नृशंसेभ्यो भयं गुणवतामपि।

क्रूर मनुष्यों से गुणवान् को भी भय होता है।

विषं सभा दरिद्रस्य।

दरिद्र के लिये सभा विष है।

विद्याभी रसिकं रसेन सकलं शीलेन कुर्याद्वशम्।

रसिक पुरुष को विद्या और रस से वशीभूत करना चाहिये और समस्त पुरुषों को शील से वशीभूत करना चायि।

वृक्षं क्षीणफलं त्यजन्ति विहगाः।

फलहीन वृक्ष को पक्षिगण छोड़ देते हैं।

व्यसनं प्राप्य यो मोहात्केवलं परिदेवयेत्।

क्रन्दनं वर्धयत्येव तस्यान्तं नाधिगच्छति॥

जो दुःख पाकर अज्ञान से केवल दुःखी होते हैं ये रोदन को ही बढ़ाते हैं और दुःख के अन्त को नहीं पाते।

वयो गते किं वनिताविलासः।

अवस्था के बीत जाने पर स्त्रीविलास व्यर्थ है।

विद्वान्न भाति पुरुषेषु निरक्षरेषु।

मूर्खमण्डल में विद्वान् नहीं शोभता है।

विकसित न वसन्ते मालती कोत्र हेतुः।

वसन्त ऋतु में मालती नहीं खिलती इसमें क्या कारण है।

विकारहेतौ सति विक्रियन्ते येषां न चेतांसि त एव धीराः।

विकार के कारण उपस्थित होने पर भी जिनका चित्त विकार को प्राप्त नहीं होता वे ही धीर हैं।

विकसति पतङ्गस्योदये पुण्डरीकम्।

सूर्य के उदय होने पर कमल खिलता है।

वेश्याः श्मशानसुमना इव वर्जनीयाः।

श्मशान के फूल के समान वेश्या का त्याग करना चाहिये।

वामे विधौ न फलन्त्यभिवाञ्छितानि।

भाग्य के प्रतिकूल होने पर मनोरथ सिद्ध नहीं होते हैं।

विरहीव विभो प्रियामयं परिपश्यामि भवन्मयं जगत्।

हे प्रभो! विरही जैसे जगत् को प्रियमय देखता है ठीक उसी प्रकार मैं जगत् को भवन्मय (शिवमय) देखता हूँ।

विद्यास्समस्तास्तव देवि भेदाः

स्त्रियः समस्ताः सकला जगत्सु।

हे देवि! जगत् में कलाओं के सहित सब विद्याएं और समस्त स्त्रियां ये सब आपके ही के भेद हैं।

वैकुण्ठस्य हि यद्रूपं तस्मै कार्य्यात्मने नमः।

जो कुण्ठित नहीं होने वाला रूप है उस कार्यात्मा भगवान् को नमस्कार है।

श

शतेषु जायते शूरः सहस्त्रेषु च पण्डितः।

वक्ता दशसहस्त्रेषु दाता भवति वा न वा।।

सैकड़ों में एक शूर होता है, सहस्त्रों में एक पण्डित होता है, दस सहस्त्रों में एक वक्ता होता है और दाता पैदा होता है कि नहीं यह कह नहीं सकते।

शास्त्रे नृपे च युवतौ च कुतो वशित्वम्।

शास्त्र, युवती (स्त्री) और राजा ये किसी के अधीन नहीं हैं।

शुचि भूषयति श्रुतं वपुः।

शुद्ध शास्त्र शरीर को भूषित करता है।

श्रुतेन किं यो न च धर्ममाचरेत्।

सुनने से क्या हुआ यदि सुनकर धर्म का आचरण न करें?

शास्त्रं सुचिन्तितमपि परिचिन्तनीयम्।

शास्त्र अच्छी तरह विचारित हो तब भी विचार करना चाहिये।

शीलं सर्वस्य भूषणम्।

शील सबका भूषण है।

शीलं परं भूषणम्।

शील ही उत्तम भूषण है।

श्रीपरिचयाज्जडा अपि भवन्त्यभिज्ञा विदग्धचरितानाम्।

लक्ष्मी के सम्बन्ध से मूर्ख भी चतुर पुरुषों का व्यवहार जान जाता है।

शत्रुर्दहति संयोगे वियोगे मित्रमप्यहो।

शत्रु संयोग होने पर जलाता है और मित्र वियोग होने पर जलाता है।

श्रुतं कृतधियां सङ्गात्।

विद्वान् के संसर्ग से शास्त्र आता है।

शस्त्रं निहन्ति पुरुषस्य शरीरमेकं

प्रज्ञा कुलं च विभवं च यशश्च हन्ति।

शस्त्र केवल पुरुष के शरीर का नाश करता है और बुद्धि कुल, विभव तथा कीर्ति का नाश करती है।

श्रवणसुखसीमा हरिकथा।

श्रवण-सुख की सीमा हरिकथा है।

शाठ्येन धर्मं कपटेन मित्रं परोपतापेन समृद्धिभावम्।

सुखेन विद्यां परुषेण नारीं वाञ्छन्ति ये व्यक्तमपण्डितास्ते॥

शठता से धर्म और कपट से मित्र, दूसरे को कष्ट देकर संपत्ति और सुख से विद्या और क्रूरता से स्त्री जो चाहते हैं वे अवश्य मूर्ख हैं।

शान्तिश्चेद्वचनेन किं किमरिभिः क्रोधोस्ति चेद्देहिनाम्।

यदि शान्ति है तो बोलने से क्या मतलब है और यदि क्रोध है तो शत्रुओं से क्या प्रयोजन है। तात्पर्य यह है कि यदि शान्ति है तो बकवास करना निष्फल है और यदि क्रोध है तो शत्रुओं का होना निष्फल है। क्रोध ही महान् शत्रु है।

शीलेन प्रमदा भाति।

स्त्री उत्तम शील होने से शोभती है।

शश्वदुपभोगे गिरिरपि नश्यति।

सदा उपभोग करने से पहाड़ भी समाप्त हो जाता है।

शशश्रृङ्गमसंभवम्।

शशक के श्रृंग (सींग) नहीं है।

शस्त्रेण रक्ष्यं यदशक्यरक्ष्यं न तद्यशः शस्त्रभृतां क्षिणोति।

जो शस्त्र से रक्षा करने लायक वस्तु रक्षित नहीं हो सके तो शस्त्रधारी का यश नहीं होता है।

शोकक्षोभे च हृदयं प्रलापैरेव धार्यते।

शोक से ग्रस्त होने पर हृदय प्रलाप द्वारा धारण किया जाता है।

शूरा रणे विराजन्ते।

वीर लोग युद्ध में शोभते हैं।

शूरा नैव विकत्थना भवेयुः।

वीर लोग आत्मश्लाघा करने वाले नहीं होते हैं।

शोभते वत्कृताशक्तिः सभायां महतां खलु।

महान् पुरुषों की सभा में वत्कृताशक्ति शोभा देती है।

शर्वरी बहुदोषदा।

रात्रि अधिक दोष देने वाली है।

शास्त्राभ्यासे सदा यत्नः कर्तव्यसो मानवैः सदा।

मनुष्य को विद्याभ्यास में सदा यत्न करना चाहिये।

शुनि चैव श्वपाके च पण्डिताः समदर्शिनः।

पण्डित अर्थात् ज्ञानी लोग कुत्ते में और चाण्डाल में समदर्शी ही होते हैं अर्थात् दोनों में समान रूप से आत्मा का दर्शन करते हैं।

शक्तिशक्तिमतोर्भेदं तत्त्वज्ञानविवर्जिताः।

बालिशा एव पश्यन्ति न तत्त्वज्ञानिनो जनाः।।

शक्ति और शक्तिमान् में तत्वज्ञानविवर्जित बालक ही भेद देखते हैं। तत्वज्ञानी महापुरुष तो शक्ति और शक्तिमान् में अभेद ही देखा करते हैं।

ष

षट्कर्णो भिद्यते मन्त्रश्चतुर्ष्णः स्थिरो भवेत्।

छः कान में जाने से मन्त्र (सलाह) प्रकाशित हो जाता है चार कान में स्थिर रहता है।

षड्गुणाः ब्राह्मण ज्ञेयाः।

ब्राह्मण के छः गुण हैं।

षड्गुणाः शक्तयस्तिस्त्रः सिद्धयश्चोदयास्त्रयः।

ग्रन्थानधीत्य व्याकर्तुमिति दुर्मेधसोप्यलम्।।

छः गुण और तीन शक्ति, तीन सिद्धियां और तीन उदय, ये ग्रन्थ पढ़कर अल्पबुद्धि भी व्याख्यान कर सकता है।

स

सङ्घशक्तिः कलौ युगे।

कलियुग में सङ्घशक्ति कार्यकारिणी हुआ करती है।

सामवादाः सकोपस्य तस्य प्रत्युतदीपकाः।

क्रुद्ध पुरुष के सामने शान्ति वचन उसके क्रोध को ही बढ़ाते हैं।

सर्वस्याभ्यागतो गुरुः।

अतिथि सबका गुरु है।

सुजनो न याति वैरं परहितनिरतो विनाशकालेपि।

परोपकार करने वाला सुजन पुरुष अपने विनाश का समय आने पर भी शत्रुता नहीं करता है।

संपदो महतामेव महतामेव चापदः।

महान् पुरुष को ही संपत्ति तथा आपत्ति आया करती है।

स्वाधीनता च पुंसां महदैश्वर्यं विनाप्यर्थैः।

पुरुषों का स्वाधीनपना, यह बिना द्रव्य का ही महान् ऐश्वर्य है।

सुखमास्ते निस्पृहः पुरुषः।

निस्पृही पुरुष सदा सुखी रहता है।

सर्वे गुणाः काञ्चनमाश्रयन्ति।

सब गुण सुवर्ण (धन) का आश्रय लेते हैं।

संसर्गाद् भवति हि साधुता खलानाम्।।

उत्तम पुरुषों के संसर्ग से खल पुरुष में भी साधुता आ जाती है।

साधुरेवार्थिभिर्याच्यः क्षीणवित्तोपि सर्वदा।

सुष्कोपि हि नदीमार्गः खन्यते सलिलार्थिभिः।।

क्षीण धन वाले भी सज्जन पुरुष से ही याचक लोग प्रार्थना करते हैं जैसे कि जल के इच्छावान् पुरुष सूखे हुए भी नदी के मार्ग को ही खोदते हैं।

सत्यान्नास्ति परो धर्मः।

सत्य से परे कोई धर्म्म नहीं है।

सहसा विदधीत न क्रियाम्।

बिना विचार किये शीघ्र कोई काम नहीं करना चाहिये।

संतोष एव पुरुषस्य परं निधानम्।

मनुष्य के लिये संतोष ही परम निधि है।

सर्वस्यैव परीक्ष्यन्ते स्वभावा नेतरे गुणाः।

सबके स्वभाव की ही परीक्षा करनी चाहिये इतर गुणों की नहीं।

स्वजनोपि दरिद्राणां तत्क्षणाद्दुर्जनायते।

पुरुष के दरिद्र होने पर अपना कुटुम्बीजन भी दुर्जन के जैसा हो जाता है।

स्थिरा शैली गुणवतां खलबुद्ध्या न बाधते।

गुणवान् की शैली स्थिर होती है अतः खलों की बुद्धि से बाधित नहीं हो सकती है।

साहित्यसंगीतकलाविहीनः

साक्षात्पशुः पुच्छविषाणहीनः।

जो साहित्य और संगीत कला से वर्जित है वह पुच्छ-सींग से रहित साक्षात् पशु है।

संपत्तौ च विपत्तौ च महतामेकरूपता।

महान् पुरुष संपत्ति तथा विपत्ति आने पर भी एक रूप रहते हैं।

सन्तः स्वतः प्रकाशन्ते गुणा न परतो नृणाम्।

मनुष्यों में सज्जन अपने गुण को स्वतः प्रकाश करते हैं दूसरों के द्वारा नहीं।

साधवः समदर्शिनः।

साधु लोग समदर्शी हुआ करते हैं।

साधुरेव प्रवीणः स्यात्सद्गुणमृतवर्णने।

नवचूतांकुरास्वादकुशलः कोकिलः किल॥

सज्जनों के गुण रूपी अमृत के वर्णन करने में सज्जन पुरुष ही निपुण हैं जैसे कि नवीन आम्रमञ्जरी के आस्वाद लेने में कोकिल ही चतुर होती है।

संपत्तौ कोमलं चित्तं साधोरापदि कर्कशम्।

सुकुमारं मधौ पत्रं तरोः स्यात्कठिनं शुचौ॥

साधुपुरुष का चित्त संपत्ति आने पर कोमल होता है और विपत्ति आने पर

कठिन होता है जैसे वसन्त ऋतु में वृक्षों के पत्ते कोमल होते हैं और ग्रीष्म में कठिन हो जाते हैं।

सज्जना एव साधूनां प्रार्थयन्ति गुणोत्करम्।

पुष्पाणां सौरभं प्रायस्तनुते दिक्षु मारुतः॥

सज्जनों के गुण समूह को सज्जन ही विस्तृत करते हैं जैसे पुष्प की सुगन्धि को वायु ही दिशाओं में फैलाता है।

स्वभावं नैव मुञ्चन्ति सन्तः संसर्गतोऽसताम्।

सज्जन खल के सम्बन्ध से अपना स्वभाव नहीं छोड़ते हैं।

स्वभावं न जहात्येव साधुरापद्गतोपि सन्।

आपत्ति के आने पर भी साधु अपने स्वभाव को नहीं छोड़ता है।

सज्जन एव हि विद्या शोभायै भवति दुर्जने मोघा।

सज्जन पुरुष ही में विद्या शोभती है और दुर्जन में निष्फलता होती है।

सन्त एव सतां नित्यमापदुद्धरणक्षमाः।

गजानां पङ्कमग्नानां गजा एव धुरंधराः॥

सज्जनों की आपत्ति के हटाने में सज्जन ही समर्थ हैं जैसे कीचड़ में फंसे हुए हाथी को हाथी ही निकाल सकता है।

स किं सखा साधु न शास्ति योऽधिपम्।

वह कैसा मित्र है जो राजा को अच्छी सलाह नहीं देता है।

सर्वप्राणहराः खलाः।

खल पुरुष सबके प्राण का नाश करने वाला होता है।

समूलघातमघ्नन्तः परान्नोद्यन्ति मानिनः।

मानी पुरुष यदि शत्रु का समूल नाश न करे तो उदय को नहीं पाता है।

संपदा सुस्थिरं मन्यो भवति स्वल्पयापि यः।

कृतकृत्यो विधिर्मन्ये न वर्धयति तस्य ताम्॥

जो थोड़ी सी ही संपत्ति से अपने को कृतकृत्य समझ लेता है उसकी संपत्ति आगे को नहीं बढ़ती है।

स्वयं तथा न कर्तव्यं स्वगुणख्यापनं पुनः।

अपने से अपने गुण की ख्याति नहीं करनी चाहिये।

सति शीले गुणा भान्ति पुंसां शौर्यादयो यथा।

यौवने सदलंकाराः शोभां विभ्रति सुभ्रुवः॥

जैसे स्त्रियों को युवावस्था आने पर भूषण अत्यंत शोभता है वैसे ही पुरुष को शील रहते शौर्यादिक गुण शोभते हैं।

स्थानभ्रष्टा न शोभन्ते दन्ता केशा नखा नराः।

दांत, केश तथा नख और मनुष्य स्थानच्युत होने से नहीं शोभते हैं।

संसर्गजा दोषगुणा भवन्ति।

दोष और गुण संसर्ग से होते हैं।

स बन्धुर्यो विपन्नानामापदुद्धरणक्षमः।

जो दीन पुरुष को आपत्ति से हटाने में समर्थ है वह बन्धु है।

समायाति यदा लक्ष्मीर्नारिकेलफलाम्बुवत्।

विनिर्याति यदा लक्ष्मीर्गजभुक्तकपित्थवत्॥

नारिकेल के जल के समान लक्ष्मी आती है और हाथों से खाए हुए कपित्थ फल के समान जाती है।

सर्वदेवमयो राजा।

राजा सब देवस्वरूप है।

सद्भिरेव सहासीत।

सज्जनों के ही साथ सदा बैठना चाहिये।

सद्भिः कुर्वीत संगतिम्।

सज्जनों के ही साथ संसर्ग करना चाहिये।

सा भार्य्या या प्रियं ब्रूते।

जो प्रिय बोलती है वही भार्या है।

स्थातव्यं पञ्चभिः सह।

पांच के साथ रहना चाहिये।

स देशो यत्र जीव्यते।

जहां जीवन रहता है वही देश है।

स सुहृद् व्यसने यः स्यात्।

वही मित्र है जो व्यसन (विपत्ति) में काम आये।

सच्छिद्रनिकटे वासो न कर्तव्यो कदाचन।

दोषयुक्त के पास कभी निवास नहीं करना चाहिये।

संतुष्यत्युत्तमः स्तुत्या।

उत्तम पुरुष स्तुति से प्रसन्न होता है।

सर्वस्यौषधशास्त्रमेव विहितं मूर्खस्य नास्त्यौषधम्।

सबकी औषध शास्त्र है परन्तु मूर्ख की कोई औषध नहीं है।

संस्थितस्य गुणोत्कर्षः प्रायः प्रस्फुरति स्फुटम्।
दग्धस्यागुरुखण्डस्य स्फारीभवति सौरभम्।।

प्रायः मरे हुए का गुणोत्कर्ष अधिक होता है। जले हुए अगर की ही सुगन्धि अधिक फैलती है।

स्वभावसुन्दरं वस्तु न संस्कारमपेक्षते।

स्वभाव से ही जो सुंदर वस्तु है वह संस्कार की अपेक्षा नहीं रखती है।

सुपात्रदानाच्च भवेद्धनाढ्यो धनप्रभावेण करोति पुण्यम्।

सुपात्र में दान देने से पुरुष धनवान् होते हैं और धन से धर्म कर सकते हैं।

स्वदेशजातस्य नरस्य नूनं गुणधिकस्यापि भवेदवज्ञा।

स्वदेश में रहने वाला यदि अधिक गुणी भी हो तो भी लोग अवज्ञा करते हैं।

सुखं हि दुःखान्यनुभूय शोभते।

दुःख का अनुभव करके सुख शोभता है।

स तापसो यः परितापकर्षणः।

जो खेद को दूर करे वही तपस्वी है।

सुखाच्च यो याति नरो दरिद्रतां

धृतः शरीरेण मृतः स जीवति।

सुख के पश्चात् जो दरिद्र हो वह केवल शरीर से ही जीता है।

सकलापि कलावतां कला विकला पुण्यकलां विना खलु।

कलावान् पुरुषों की सभी कलाएं पुण्यकला के बिना विकल होती हैं।

स्तब्धस्य नश्यति यशो विषमस्य मैत्री
नष्टक्रियस्य कुलमर्थपरस्य धर्मः।
विद्या फलं व्यसनिनः कृपणस्य सौख्यं
राज्यं प्रमत्तसचिवस्य नराधिपस्य॥

कर्तव्याकर्तव्य में आलसी की कीर्ति, क्रूर की मैत्री, क्रियाहीन का वंश, अर्थ में लोभ का धर्म, व्यसनी का विद्याफल, कृपण का सुख और उन्मत्त मन्त्री वाले राजा का राज्य नष्ट हो जाता है।

स पुरुषो यः खिद्यते नेन्द्रियैः।

जो इन्द्रियों से खेद को प्राप्त न हो वही पुरुष है।

सर्वस्य जन्तोर्भवति प्रमोदो विरोधिवर्गे परिभूयमाने।

शत्रु के पराभव होने से सब प्राणिमात्र प्रसन्न होते हैं।

सलज्जा गणिका नष्टा।

लज्जावती वेश्या नाश हो जाती है।

स्त्रीपरक्षा च निर्धने।

दरिद्र होने पर स्त्री की परीक्षा होती है।

सुकुले योजयेत्कन्याम्।

कन्या का विवाह अच्छे कुल में करना चाहिये।

संतोषस्त्रिषु कर्तव्यः स्वदारे भोजने धने।
त्रिषु चैव न कर्तव्यो दाने तपसि पाठने॥

अपनी स्त्री और भोजन तथा धन में संतोष रखना चाहिये और दान तपस्या और पाठन इनमें संतोष नहीं करना चाहिये।

सर्वशून्या दरिद्रता।

जहां दारिद्र्य हो वहां सब शून्य है।

सिंहो विभाति गिरिकन्दरगह्वरासु।

पर्वत की गुफा में सिंह शोभता है।

सा श्रीर्या न मदं करोति।

वही लक्ष्मी है जिससे मद न हो।

सर्वेषामेव शौचानामर्थशौचं परं स्मृतम्।

सब प्रकार की पवित्रताओं में अर्थ सम्बन्धी पवित्रता मानी गई है।

सतां हि सन्देहपदेषु वस्तुषु प्रमाणमन्तःकरणस्य वृत्तयः।

संदेहयुक्त वस्तुओं में सज्जनों का अन्तःकरण ही प्रमाण है।

सतां न कामः कलुषीकरोति।

सज्जनों को काम मलिन नहीं कर सकता है।

साधनेहि नियमोन्यजजनानां
योगिनां तु तपसाखिलसिद्धिः।

साधारण मनुष्यों को साधन का नियम होता है, परन्तु योगियों की तपस्या से ही सब कार्य सिद्ध होते हैं।

स्वाभाविकात्कृत्रिममन्यदेव।

स्वाभाविक की अपेक्षा कृत्रिम और ही है।

सर्वथा परिहर्तव्या दुर्जनैः सह संगतिः।

दुर्जनों का सङ्ग सर्वथा छोड़ना चाहिये।

संधत्ते भृशमरतिं हि सद्वियोगः।

सज्जन पुरुष का विरह अत्यंत कष्टदायक है।

सूर्यापाये न खलु कमलं पुष्यति स्वामभिख्याम्।

सूर्य के न रहने पर कमल अपनी शोभा को नहीं धारण करता है।

स्त्रीणामाद्यं प्रण्यवचनं विभ्रमो हि प्रियेषु।

स्त्रियों का पति में विलास ही प्रथम प्रेम वचन होता है।

सर्वाशुचिनिधानस्य कृतघ्नस्य विनाशिनः।

शरीरकस्यापि कृते मूढाः पापानि कुर्वते॥

अपवित्रता का निधान और कृतघ्न और विनाशी क्षुद्र शरीर के लिये मूर्ख लोग पाप करते हैं।

स्रजमपि शिरस्यन्धः क्षिप्तां धुनोत्यहिशङ्कया।

यदि अन्धे के शरीर में माला डाली जाये तो वह सांप की बुद्धि से सिर को कंपाता है।

समुद्रवीचीव चलस्वभावा संध्याभ्रलेखेव मुहूर्तरागा।

स्त्रियो हृतार्था पुरुषं निरर्थं निष्पीडितालक्तकवत्त्यजानित॥

समुद्र की तरङ्ग के समान चञ्चल स्वभाव वाली, संध्या काल की मेघ माला के समान मुहूर्त मात्र राग रखने वाली स्त्रियां मतलब निकल जाने के बाद अर्थहीन पुरुष को निचोड़े हुए अलक्तक (महावर) के समान छोड़ देती हैं।

स्त्रियो हि विषयः शुचाम्।

स्त्रियां शोक की विषय हैं।

स्त्रीणां हि साहचर्यद्भवन्ति चेतांसि भर्तृसदृशानि।

पति के साथ रहने से स्त्री का भी चित्त पति के समान हो जाता है।

सकलस्यास्य लोकस्य जातिर्भवति मातृतः।

ऋषीणां तु श्रुतिदृशां पितृतो धर्मनिर्णयः॥

सब जगत् की जाति माता से निर्णीत होती है। वेदद्रष्टा ऋषियों का धर्मनिर्णय पिता से होता है।

स्त्रीधर्म एषः यददुष्टस्य दुष्टस्य वा भर्तुरनुगन्तव्यम्।

स्त्री का यही धर्म है कि दुर्जन या सज्जन पति का अनुगमन करे।

सेयमाकृतिर्नव्यभिचरति शीलम्।

वही यह आकृति है जिसमें शील का व्यभिचार नहीं है।

सर्वेषु शास्त्रेषु यत्नः कर्तव्यः।

सब शास्त्रों में यत्न करना चाहिये अर्थात् पढ़ना चाहिये।

सर्वे क्षयान्ता निचयाः पतनान्ताः समुच्छ्रयाः।

संयोगा विप्रयोगान्ता मरणन्तञ्च जीवितम्।।

सञ्चय का अन्त क्षय है, उन्नति का अन्त पतन है, संयोग का अन्त वियोग है और जीने का अन्त मरण है।

स्वधर्मे निधनं श्रेयः परमधर्मो भयावहः।

अपने धर्म में रहकर मरना ही श्रेयस्कर है परन्तु पर धर्म में जाना भय जनकं है।

सत्यं भूतहितं प्रोक्तं न यथार्थाभिभाषणम्।

प्राणियों का हित जिससे हो वह सत्य है। ठीक-ठीक कहना सत्य नहीं है।

सर्वं खलस्य चरितं मशकः करोति।

दुष्ट पुरुष का सब चरित्र मशक (मच्छर) करता है!

सर्वधर्मान् परिज्यज्य मामेकं शरणं व्रज।

सब धर्मों को परित्याग करके एकमात्र मेरी शरण ले अर्थात् आत्मसमर्पणरूप धर्म का आचरण कर।

सहस्रगुणमुत्सृष्टुमादत्ते हि रसं रविः।

सूर्य हजार गुण वापस देने के लिये ही पृथ्वी से जल का आकर्षण करता है।

ह

हालाहलो नैव विषं विषं रमा।

विष विष नहीं किन्तु लक्ष्मी ही विष है।

हेम्नः संलक्ष्यते ह्यग्नौ विशुद्धिः श्यामिकापि वा।

सुवर्ण की शुद्धि अथवा कालिमा अग्नि में जानी जाती है।

हिमवति दिव्यौषधयः शीर्षे सर्पः समाविष्टः।

सिर पर सांप है और हिमालय में दिव्यौषधि है।

ह्रिया देयं भिया देयं।

लज्जित होकर देना चाहिये, भययुक्त होकर देना चाहिये। तात्पर्य यह है कि

दान करते समय यह समझकर कि यह मेरा दान कुछ भी नहीं है ऐसी ही बुद्धि उत्पन्न होनी चाहिये और दान न करने से मैं प्रत्यवाय का भागी होऊंगा इस डर से देना चाहिये।

हतं ज्ञानं क्रियाहीनम्।

क्रिया से हीन ज्ञान किसी काम का नहीं है।

हतं पुत्रमपण्डितम्।

मूर्ख पुत्र किसी काम का नहीं है।

हंसो विभाति नलिनीदलपुञ्जमध्ये।

कमलवृक्ष के पत्रपुञ्ज में हंस शोभता है।

हेया दुर्जनसंगतिः।

दुर्जनों का संग छोड़ना चाहिये।

हितं मनोहारि च दुर्लभं वचः।

हितकारक और मनोहर वचन दुर्लभ होता है।